DOMINIQUE PERRAULT ARCHITECTURE

© Éditions HYX, Paris 2008

© Adagp, Paris 2008
Carl Andre, « Magnesium plates » (1969)
Daniel Buren, « Peinture-sculpture VI » (1971)

© 2008 Dominique Perrault / Adagp
© 2008 DPA – Dominique Perrault Architecture
© 2008 Perrault Projets

Superstudio © Centre Pompidou / MNAM Dist. RMN

Droits réservés pour les autres artistes représentés.

ISBN : 978-2-910385-53-8
Dépôt légal : juin 2008

En couverture :
Détail (maille), photo Florian Kleinefenn

DOMINIQUE PERRAULT ARCHITECTURE

OUVRAGE PUBLIÉ À L'OCCASION DE L'EXPOSITION
« DOMINIQUE PERRAULT ARCHITECTURE »,
PRÉSENTÉE AU CENTRE POMPIDOU, GALERIE SUD,
DU 11 JUIN AU 22 SEPTEMBRE 2008

*WORK PUBLISHED IN CONJUNCTION WITH THE
"DOMINIQUE PERRAULT ARCHITECTURE" EXHIBITION,
PRESENTED AT THE CENTRE POMPIDOU, SOUTHERN
GALLERY, FROM JUNE 11 TO SEPTEMBER 22, 2008*

HYX — Centre Pompidou

CENTRE NATIONAL D'ART ET DE CULTURE GEORGES POMPIDOU

Alain Seban
Président

Agnès Saal
Directrice générale

Alfred Pacquement
Directeur du Musée national d'art moderne - Centre de création industrielle

Bernard Stiegler
Directeur du Département du développement culturel

François Trèves
Président de la Société des Amis du Musée national d'art moderne

COMMISSARIAT DE L'EXPOSITION

Concepteur
Dominique Perrault

Commissaire
Frédéric Migayrou
Directeur adjoint du Musée national d'art moderne - Centre de création industrielle
Conservateur en chef en charge de la création industrielle

Nous tenons en premier lieu à remercier les partenaires qui nous ont permis de réaliser, grâce à leur soutien, cette exposition,
We wish to extend our thank first and foremost to our partners whose support has enabled us to produce this exhibit,

en particulier / *With special thanks to* ArcelorMittal

ainsi que / *as well as* :
VINCI Immobilier, Codic, Aforge Finance, Kyotec Group, Poltrona Frau

avec le partenariat technique et opérationnel de / *With the technical and operational partnership of* :
GKD, Viry, Sammode, Marcal signalétique, Arc Moquette + Westbond, James + Hue Socoda + FINSA, Béchet, CEA, Les films d'ici

Nous tenons à remercier les partenaires qui ont participé à l'édition de cet ouvrage monographique :
We also wish to thank the partners who participated in the publication of this monograph:

Alberghifiera – CMB Cooperativa Muratori e Braccianti di Carpi (capogruppo), Pessina Costruzioni, Marcora Costruzioni
APLIX
BNP PARIBAS
Communauté d'agglomération rouennaise
Cour de justice des Communautés européennes
ESIEE L'école d'ingénieurs des sciences et technologies de l'information
Faur Construction
GE Real Estate – France
Groupe IOSIS
Loger Habitat
Marazzi Group
Metropolitana di Napoli
MPREIS Warenvertriebs
Rinaldi Structal
SAEM Euralille
Technocladd – Architectural & Technological Claddings

Le Centre national d'art et de culture Georges Pompidou est un établissement public national
placé sous la tutelle du ministère chargé de la culture (loi n° 75-1 du 3 janvier 1975).

REMERCIEMENTS / *ACKNOWLEDGEMENTS*

Nous exprimons également notre reconnaissance à ceux qui ont consenti au prêt de maquettes :
We also wish to thank all those who have graciously consented to lend architectural models:

Agrupación de Empresarios de la Construcción de León
Bibliothèque nationale de France
Christelijke Woningstichting Patrimonium
Cité de l'Architecture et du Patrimoine
Ciudad del Motor de Aragón
Communauté d'agglomération rouennaise
Consejería de Cultura de la Junta de Andalucía
Cour de justice des Communautés européennes
ESIEE
EuskoTren
Fiera Milano
Fondation François Pinault pour l'art contemporain
FRAC Centre
Fundación Cidade da Cultura de Galicia
Galleria nazionale d'arte moderna e contemporanea di Roma
Habitat Hotel
Intesa SanPaolo
London 2012 - Olympic Delivery Authority
Metropolitana di Napoli
Mnam/Cci - Centre Pompidou
Museo de Zaragoza
Museo Nacional Centro de Arte Reina Sofía
Perpignan Méditerranée Communauté d'Agglomération
SEM Val-de-Seine Aménagement
Signa Holding
TAV Treno Alta Velocità
Unibail-Rodamco
Universidad de Sevilla
Ville de Madrid
Ville de Paris
VINCI Immobilier
Vivico Real Estate
ZIP Consorzio Zona Industriale Padova

Nos remerciements les plus chaleureux s'adressent à ceux qui ont accompagné ce projet depuis ses débuts, en particulier :
We extend our warmest thanks to those who have accompanied this project from its inception, and especially:

Gaëlle Lauriot-Prévost pour sa direction artistique / *for her art direction*,

ainsi que / *as well as* :

Richard Copans pour ses films / *for his films*,
Gilles de Bure pour ses entretiens / *for his interviews*,
Jean-Paul Lamoureux pour ses conseils / *for his advice*,
Patrice Debois pour ses maquettes / *for his architectural models*

ainsi qu'à nos amis du Centre Pompidou et tout particulièrement
as well as our fiends at the Centre Pompidou and most especially

son président / *its president* Alain Seban,
sa directrice générale / *its managing director* Agnès Saal,
son directeur / *its director* Alfred Pacquement,

Notre gratitude va enfin à tous les membres de l'agence DPA d'hier et d'aujourd'hui.
We also express our gratitude to all the members of the DPA firm past and present.

Frédéric Migayrou remercie particulièrement / *especially thanks* Gaëlle Lauriot-Prévost et / *and* Dominique Perrault pour l'accès libre à l'ensemble des archives et aux documents de l'agence DPA / *for the unlimited access provided to DPA archives documents.*

Au Centre Pompidou, nous remercions enfin pour leur aide précieuse / *Finally, at the Centre Pompidou, we wish to thank for their precious assistance* : Céline Barreaud, Jean Claude-Boulet, Olivier Cinqualbre.

SOMMAIRE / *CONTENTS*

AVANT-PROPOS / *FOREWORD*

- 09. Alain SEBAN
- 11. Alfred PACQUEMENT
- 12. Dominique PERRAULT

ESSAIS / *ESSAYS*

- 19. **Frédéric MIGAYROU**
  Édifications d'une méréographie
  Edifications of a mereography

- 35. **Luis FERNÁNDEZ-GALIANO**
  Neuf contes moraux : de « l'esprit de géométrie »
  à « l'esprit de finesse »
  *Nine moral tales : from the « esprit de géométrie »
  to the « esprit de finesse »*

PROJETS / *PROJECTS*

44. RÉFÉRENTS / *KEY PROJECTS*

- 46. ÉCOLE SUPÉRIEURE D'INGÉNIEURS EN ÉLECTRONIQUE ET ÉLECTROTECHNIQUE (ESIEE)
  SCHOOL OF ELECTRONIC AND ELECTRO-TECHNICAL ENGINEERING
- 48. HÔTEL INDUSTRIEL BERLIER
  BERLIER INDUSTRIAL HOTEL
- 50. BIBLIOTHÈQUE NATIONALE DE FRANCE
  NATIONAL LIBRARY OF FRANCE
- 54. VÉLODROME ET PISCINE OLYMPIQUE DE BERLIN
  BERLIN VELODROME AND OLYMPIC SWIMMING POOL

58. BOITES / *BOXES*

- 60. TROIS SUPERMARCHÉS MPREIS
  THREE MPREIS SUPERMARKETS
- 63. DOMPLATZ HAMBURG
- 64. HÔTEL HABITAT SKY
  HOTEL HABITAT SKY
- 68. IMMEUBLE DE LOGEMENTS SUR LE SITE CENTRAL D'EUSKOTREN
  APARTMENT BUILDING ON THE MAIN EUSKOTREN SITE
- 70. IMMEUBLE DE BUREAUX
  OFFICE BUILDING
- 71. HÔTEL D'AGGLOMÉRATION
  METROPOLITAN HOTEL
- 72. IMMEUBLE DE LOGEMENTS, BUREAUX ET COMMERCES
  MIXED USE BUILDING
- 73. IMMEUBLE DE BUREAUX
  OFFICE BUILDING
- 74. DEUX TOURS POUR UN HÔTEL 3 ET 4 ÉTOILES
  TWO TOWERS FOR A 3 AND 4 STAR HOTEL
- 78. LOGEMENTS ET BUREAUX LA LIBERTÉ
  LA LIBERTÉ HOUSING AND OFFICES
- 79. IMMEUBLE DE BUREAUX OCH HANDELSKAI
  OCH HANDELSKAI OFFICE BUILDING

80. VOILES / *VEILS*

- 82. USINE APLIX
  APLIX FACTORY
- 84. MUSÉE NATIONAL CENTRE D'ART REINA SOFÍA
  REINA SOFÍA ART CENTER NATIONAL MUSEUM
- 85. SCÉNOGRAPHIE DE LA CITÉ RADIEUSE
  SCENOGRAPHY OF LA CITÉ RADIEUSE
- 86. USINE GKD-USA
  GKD FACTORY-USA
- 88. SIÈGE DE LA CCTV
  CCTV HEADQUARTERS
- 90. TOUR DE LA RECHERCHE
  RESEARCH TOWER

92. ENCEINTES / *ENCLOSURES*

- 94. COUR DE JUSTICE DES COMMUNAUTÉS EUROPÉENNES
  THE COURT OF JUSTICE OF THE EUROPEAN COMMUNITIES
- 98. MÉDIATHÈQUE LUCIE AUBRAC
  LUCIE AUBRAC MULTIMEDIA LIBRARY
- 100. MUSÉE DE SANDNES
  SANDNES MUSEUM
- 101. COUVENT DOMINICAIN SAINTE-MARIE-DE-PROUILHE
  SAINTE-MARIE-DE-PROUILHE DOMINICAN CONVENT
- 102. FAÇADE-ENVELOPPE DE L'ÎLE SEGUIN
  ENVELOPE-FAÇADE OF THE ÎLE SEGUIN
- 104. BANQUE SLOVENSKÀ SPORITEL'NA
  SLOVENSKA SPORITEL'NA BANK
- 105. STADE JEAN-BOUIN
  JEAN-BOUIN STADIUM

106. TABLES / *TABLES*

- 108. SIÈGE DE LA RADIO ET DE LA TÉLÉVISION DANOISES
  DANISH RADIO AND TELEVISION HEADQUARTERS
- 109. CENTRE DE CONFÉRENCE BARILLA
  BARILLA CONFERENCE CENTER
- 110. JARDIN BOTANIQUE DE PADOUE
  PADUA BOTANIC GARDEN
- 111. PALAIS DES SPORTS DE ROUEN
  ROUEN SPORTS PALACE
- 112. OPÉRA DE SÉOUL
  SEOUL OPERA

114. TECTONIQUES / TECTONICS

- **116.** BIBLIOTHÈQUE NATIONALE KANSAI-KAN
  KANSAI-KAN NATIONAL LIBRARY
- **117.** THÉÂTRE NÔ
  NOH THEATER
- **118.** CITÉ DE LA CULTURE DE GALICE
  CITY OF CULTURE OF GALICIA
- **120.** CENTRE OLYMPIQUE DE TENNIS
  OLYMPIC TENNIS CENTER
- **124.** GARE AFRAGOLA
  AFRAGOLA TRAIN STATION
- **126.** UNIVERSITÉ FÉMININE EWHA
  EWHA WOMANS UNIVERSITY
- **132.** PLACE GARIBALDI
  PIAZZA GARIBALDI
- **134.** CIUDAD DEL MOTOR

136. BLURS

- **138.** COMPLEXE SPORTIF DE MONTIGALA
  MONTIGALA SPORTS COMPLEX
- **139.** PISCINE OLYMPIQUE DE PÉKIN
  BEIJING OLYMPIC SWIMMING POOL
- **140.** AMÉNAGEMENT DE LA PLAGE ET CONSTRUCTION DE L'HÔTEL LAS TERESITAS
  LAS TERESITAS BEACH DEVELOPMENT AND HOTEL
- **142.** FONDATION FRANÇOIS PINAULT POUR L'ART CONTEMPORAIN
  FRANÇOIS PINAULT FOUNDATION FOR CONTEMPORARY ART
- **146.** THÉÂTRE MARIINSKY II
  THEATER MARIINSKY II
- **150.** CENTRE POMPIDOU-METZ

152. PILES / STACKS

- **154.** DC TOWERS
- **156.** BANQUE CENTRALE EUROPÉENNE (BCE)
  EUROPEAN CENTRAL BANK (ECB)
- **157.** TOUR SAMPAOLO IMI
  SANPAOLO IMI TOWER
- **158.** TOUR « PHARE »
  "PHARE" TOWER
- **160.** TOUR FUKOKU
  FUKOKU TOWER
- **162.** TOURS « FRENCH QUARTER »
  "FRENCH QUARTER" TOWERS

164. MÉRÉOLOGIES / *MEREOLOGIES*

- **166.** PALAIS DES CONGRÈS ET HALL D'EXPOSITION
  CONVENTION CENTER AND EXHIBITION HALL
- **168.** AMÉNAGEMENT DES RIVES DU MANZANARES
  MANZANARES RIVER SHORELINE DEVELOPMENT
- **169.** ÉTUDE POUR UNE PASSERELLE SUR LE MANZANARES
  STUDY FOR A FOOTBRIDGE OVER THE MANZANARES
- **170.** PONT SUR L'ARNO
  BRIDGE OVER THE ARNO
- **171.** PAVILLON DU PRIORY PARK
  PRIORY PARK PAVILION
- **172.** CENTRE DE CRÉATION D'ART CONTEMPORAIN DE CORDOUE
  CORDOBA CENTER FOR CONTEMPORARY ART CREATION
- **174.** VELOPARK DE LONDRES
  LONDON VELOPARK
- **176.** HÔTEL BERNIA
  BERNIA HOTEL
- **178.** THERMES
  THERMAL BATHS

DPA

- **182.** AGENCE DPA DOMINIQUE PERRAULT ARCHITECTURE
  DPA DOMINIQUE PERRAULT ARCHITECTURE OFFICES
- **184.** BIOGRAPHIE
  BIOGRAPHY
- **186.** ORGANIGRAMME
  ORGANIZATION CHART
- **187.** LISTE DES COLLABORATEURS DES PROJETS EN COURS
  COLLABORATORS ON PROJECTS UNDER WAY
- **190.** PROJETS ET RÉALISATIONS
  PROPOSALS AND PROJECTS
- **194.** BIBLIOGRAPHIE
  BIBLIOGRAPHY
- **202.** FILMOGRAPHIE
  FILMOGRAPHY

Après les expositions qu'il a récemment consacrées à Renzo Piano, à Thom Mayne ou à Richard Rogers, le Centre atteste une nouvelle fois son engagement en faveur de la création architecturale d'aujourd'hui en consacrant une ample exposition monographique à un architecte majeur : Dominique Perrault.

Très tôt, Dominique Perrault devient célèbre pour le concours international, remporté en 1989 – il a alors tout juste trente-cinq ans ! – de la Bibliothèque nationale de France. Bâtiment essentiel, dans lequel l'architecte déjà revendique le vide et le silence comme matériaux, et la disparition même de l'objet architectural comme dessein. Mais bâtiment aussi dont l'importance même, et le fracas de la polémique, aujourd'hui éteinte par le remarquable succès public, qui entoure sa conception, masque trop souvent aux yeux du grand public le développement d'une exceptionnelle carrière de bâtisseur et la construction progressive d'une œuvre.

C'est tout l'intérêt de cette première grande présentation monographique du travail de Dominique Perrault que de permettre au visiteur de découvrir, dans sa diversité mais dans sa cohérence, le travail intense des dix dernières années, à travers soixante projets présentés à l'aide de maquettes conceptuelles, de films, de documents, dans une mise en espace conçue pour le Centre Pompidou par Dominique Perrault lui-même, que je tiens à remercier chaleureusement pour son engagement personnel et celui de son agence dans ce projet que nous avons porté ensemble.

Ce qui se développe ainsi, au moment où sont livrés presque simultanément plusieurs projets internationaux majeurs menés à bien par Dominique Perrault Architecture, c'est d'abord l'histoire d'une formidable réussite d'un architecte français et de son agence, partout dans le monde, en France, bien sûr, mais aussi en Espagne, en Italie, en Allemagne, en Norvège, en Grande-Bretagne, en Russie, au Mexique ou en Corée.

En France, l'ESIEE, l'Usine de traitement des eaux Sagep, l'hôtel industriel Berlier, l'IRSID, le Centre Technique du Livre, l'usine Aplix, ou plus récemment la Médiathèque de Vénissieux, à l'étranger le vélodrome et la piscine olympique de Berlin, l'hôtel de ville d'Innsbruck, la Cour de justice des Communautés européennes à Luxembourg, l'hôtel Habitat Sky de Barcelone, l'université Ewha à Séoul, la plage et l'hôtel Las Teresitas à Tenerife témoignent également de la cohérence d'une vision exigeante et singulière du travail de l'architecte, d'une position esthétique et professionnelle originale fondée sur une compréhension innovante des domaines urbains.

Dominique Perrault avance la géographie contre l'histoire, une géographie physique, métissée, pétrie de toutes les contradictions de nos sociétés, entre norme et désordre, entre naturalisation et artifice. L'architecte se donne pour matériau les diagnostics d'une archéologie des territoires dont il tire des lignes de forces qui organiseront une reconfiguration des environnements.

Au-delà d'un aspect minimaliste, d'une réduction de l'architecture à un vocabulaire de formes simples, les projets prônent cette raréfaction des moyens pour s'attacher à une amplification de la perception collective de l'espace, dont la piscine et le vélodrome de Berlin sont une impressionnante démonstration. Les édifications ne s'imposent pas comme des objets, les bâtiments ne déterminent leurs formes que d'une relation active au contexte, relativisent la fonction du mur, de la séparation comme le démontrent les recherches engagées sur les enveloppes de mailles métalliques, initiées avec le concours pour le Musée Reina Sofía à Madrid, et poursuivies avec les projets pour la Fondation Pinault et le Théâtre Mariinsky.

Elle-même animée par ces trames de mailles métalliques qui syncopent l'espace, l'exposition du Centre Pompidou plonge directement le visiteur dans un univers unique et fascinant.

Alain SEBAN
Président du Centre Pompidou
President of the Pompidou Center

After recent exhibitions dedicated to Renzo Piano, Thom Mayne and Richard Rogers, the Center demonstrates once again its commitment to contemporary architectural creation by dedicating a broad monographic exhibition to a major architect: Dominique Perrault.

Early on, Dominique Perrault gained fame for the international competition he won in 1989 – only thirty five at the time – for the Bibliothèque nationale de France, essential building in which the architect already posits the use of the void and silence as materials, and the very disappearance of the architectural object as design. But also whose very importance and the uproar of the controversy surrounding its design, now extinguished by its remarkable public success, too often conceal from the public eye the development of an exceptional career as a builder and the gradual accumulation of his work.

And herein lies the interest of this first major monographic presentation of Dominique Perrault's work. It allows the visitor to discover the intense activity of the last ten years in all its diversity but also its coherence, in over sixty projects presented through conceptual models, films and documents, in a scenographic composition designed for the Pompidou Center by Dominique Perrault himself, whom I warmly thank or his personal involvement and that of his firm in this project that we have driven together.

Thus, what unfolds here, as several major international projects by Dominique Perrault Architecture simultaneously near completion, is a fantastic global success story of a French architect and his firm, in France, of course, but also in Spain, Italy, Germany, Norway, the United Kingdom, Russia, Mexico and Korea.

In France, the ESIEE, the Sagep water treatment plant, the Berlier Industrial Hotel, the IRSID, the Technical Book Center, the Aplix Factory, or more the more recent Venissieux Multimedia Library, abroad the Olympic velodrome and swimming pool in Berlin, the Innsbruck city hall, the Court of Justice of the European Communities in Luxembourg, the Habitat Sky Hotel in Barcelona, Ewha University in Seoul, Las Teresitas beach and hotel in Tenerife all attest to the coherence of the architect's demanding and singular vision of his work and to his original esthetic and professional position based on an innovative understanding of urban territories.

Dominique Perrault favors geography over history, a physical geography, a melting pot of all the contradictions inherent in our societies, between the norm and disorder, between ecology and artifice. The architect takes the diagnoses of an archeology of territories as the material from which he draws the main ideas he will use to organize a reconfiguration of environments.

Beyond the minimalist aspect, the reduction of architecture to a vocabulary of simple forms, through these projects the architect advocates the rarefaction of means to focus on enhancing the collective perception of space, the swimming pool and velodrome in Berlin offering an impressive demonstration. These buildings are not intrusive objects, but determine their forms only through an active relationship with their context, and relativize the function of the wall, the separation, as the research conducted on metallic-mesh envelopes attests, initiated with the competition for the Reina Sofía Museum in Madrid, and pursued in the proposals for the Pinault Foundation and the Mariinsky Theater.

The Pompidou Center exhibition draws the visitor into a unique and fascinating universe that comes alive in the weaves of metallic mesh that syncopate its space.

Lors de la récente installation de son agence dans de nouveaux locaux, Dominique Perrault choisit d'y présenter une importante collection privée d'art contemporain (celle de Françoise et Jean-Philippe Billarant) regroupant des œuvres d'artistes aussi déterminants que Carl Andre, Donald Judd, Daniel Buren, Lawrence Weiner. Un immense Lavier en néon, d'après les Shaped canvas de Frank Stella, éclaire également son bureau. L'attention de Dominique Perrault pour l'art contemporain dépasse le simple intérêt esthétique et s'impose comme le domaine d'un véritable dialogue, nourri de l'expérience qu'il eût précédemment avec Claude Rutault, l'invitant à réaliser une installation dans l'hôtel industriel Berlier, ou de sa collaboration avec Daniel Buren pour le projet de la façade-enveloppe de l'Île Seguin.

De l'art, Dominique Perrault retient une véritable alternative à une conception architecturale où l'espace est traditionnellement assimilé à un domaine extensif ouvert à l'inscription planificatrice de schémas organisationnels, tracés de voies, découpes de parcellaires, installation de bâtiments objets. Que l'intervention de l'architecte puisse être déterminante d'une qualification spatiale, qu'elle puisse être générative d'une perception des dimensions, qu'elle puisse organiser un entour, une conscience active, une véritable compréhension du territoire, c'est un ensemble de postulats nés des expériences des artistes du minimal art ou du land art que Dominique Perrault régénère pour les redéployer à une échelle urbaine.

Si ses premiers projets, l'ESIEE, l'usine Sagep, définissaient le positionnement d'un bâtiment dans une relation active à leur environnement, l'intégration en sous-sol du programme de l'IRSID ne laisse en surface qu'une ancienne maison bourgeoise, telle une sculpture posée sur une dalle de verre. Cette mise en exergue de l'objet architectural, outrée jusqu'à le nier, et qui trouve son plein accomplissement avec la Bibliothèque nationale de France et l'effacement des bâtiments du vélodrome et de la piscine olympique de Berlin pousse l'architecture à une limite critique, instrument d'une polarisation des territoires urbains. Le don par Dominique Perrault au Musée national d'art moderne, des maquettes de concours et d'éléments de conception de ces deux projets aura permis, au cours des accrochages des collections de tisser des liens stimulants avec les œuvres de l'art contemporain.

Au-delà de cette volonté de réduction drastique de l'éloquence architecturale, Dominique Perrault a fait de cette syntaxe réduite le socle d'une pratique renouvelée, qui a donné corps à un grand nombre de projets internationaux, dont celui proposé pour la Fondation François Pinault pour l'art contemporain ou le concours lauréat pour le Théâtre Mariinsky II à Saint-Pétersbourg qui, par l'usage monumental de trames métalliques, affirment l'élaboration d'un nouveau vocabulaire constructif.

L'exposition monographique au Centre Pompidou, conçue par l'architecte et par Frédéric Migayrou, directeur-adjoint chargé de la création industrielle, s'attache ainsi à mettre en exergue les dix dernières années d'activités de l'agence par la présentation de plus de soixante projets, mêlant films, maquettes, mais aussi simples objets de recherche dont Dominique Perrault nourri sa démarche conceptuelle.

Alors que nombre de projets phares, vont être célébrés dans les pays où ils prennent place comme l'université féminine d'Ewha à Séoul, la Cour de justice des Communautés européennes de Luxembourg ou le centre olympique de tennis de Madrid, je tiens à saluer la qualité du travail des collaborateurs de DPA ainsi que l'intense engagement de Dominique Perrault pour la réalisation d'une exposition qui rendra pleinement accessible au public l'œuvre riche et diversifiée d'un architecte aujourd'hui mondialement reconnu.

Alfred PACQUEMENT
Directeur du Musée national d'art moderne
Director of the National Museum of Modern Art

To mark the recent installation of his firm in its new premises, Dominique Perrault chose to present an important private collection of contemporary art (assembled by Françoise and Jean-Philippe Billarant) including works by artists as determinant as Carl Andre, Donald Judd, Daniel Buren, Lawrence Weiner and others. An immense Lavier neon sculpture, after the Shaped canvases by Frank Stella illuminates the architect's office, in another manifestation of his strong affinity with contemporary art. But Dominique Perrault's focus on contemporary art goes well beyond esthetic interests. For him it is a compelling domain of genuine dialog, nurtured by his prior experience with artists, such as Claude Rutault, whom he invited to realize an installation in the Berlier Industrial hotel, and by his collaboration with Daniel Buren on the proposal for the façade-enveloppe of the Île Seguin.

Art provides Dominique Perrault with a genuine alternative to architectural design, in which space is traditionally assimilated with a broad area opened to the planned inscription of organizational schemas, street patterns, division into plots and installation of object buildings. Whereas the architect regenerates a set of postulates born out of the experimentations of practitioners of Minimalist and Land art and redeploys them on an urban scale. To wit, that the architect's intervention can be determinant in spatial qualification, can generate the perception of dimensions, organize an environment, awaken active awareness and a enable a genuine understanding of the territory.

Thus, his early projects for the ESIEE and the Sagep factory defined the positioning of the building in an active relationship with its environment. For example, the integration of the underground space into the program of the IRSID leaves only the old bourgeois mansion on the surface, like a sculpture placed on a glass platform. This underscoring of the architectural object, overdrawn to the point of its negation, attains fulfillment in the Bibliothèque nationale de France and the vanishing quality of the Olympic velodrome and swimming pool of Berlin, which push architecture to a critical limit, making it an instrument for polarizing urban territories. Dominique Perrault's donation of models produced for competitions and design elements of these two projects to the National Museum of Modern Art provided the opportunity during the installation of the collections to draw stimulating parallels with contemporary art works.

Beyond his determination to drastically reduce architectural eloquence, Dominique Perrault has made this reduced syntax the foundation of a renewed practice that has produced a large body of international projects, including the one proposed for the François Pinault Foundation for Contemporary Art or the award-winning entry in the competition for the Mariinsky Theater II in Saint Petersburg, which, through the monumental use of metallic weaves, affirms the elaboration of a new constructive vocabulary.

Thus, the monographic exhibition at the Pompidou Center, jointly designed by the architect and Frédéric Migayrou, the curator of industrial design, seeks to highlight the firm's last ten years of activities through the presentation of more sixty projects, alongside films, models, and simple research objects that have nurtured Dominique Perrault in his conceptual approach.

While many flagship projects will be celebrated in their respective countries, like Ewha Women' University in Seoul, The Court of Justice of the European Communities in Luxembourg or the Olympic Tennis Center in Madrid, I especially wish to acknowledge the quality of the work produced by the collaborators of DPA as well as Dominique Perrault's intense engagement in assembling this exhibition that will make the rich and divers work of this world-renowned architect accessible to the public.

Pourquoi l'histoire n'est-elle plus un élément de référence suffisant pour les architectes contemporains ? Il semble acquis, pour ceux de ma génération et plus encore pour ceux des générations suivantes, que cette matière est désormais largement supplantée par la géographie, par un questionnement sur la dimension géographique. Ce bouleversement des sensibilités et des approches théoriques, dont on a pu entrevoir les prémices à la fin du XXe siècle, est un événement fondateur pour appréhender l'architecture de demain. Il y a fort à penser que celle-ci s'intéressera prioritairement au lieu, plutôt qu'à la construction envisagée comme seule masse physique. Ceci s'explique et/ou se traduit par une substitution du virtuel au réel, qui aura pour effet – et le paradoxe n'est qu'apparent – de nous lier émotionnellement et culturellement toujours davantage à notre environnement urbain. Ainsi, cet accent mis sur les préoccupations d'ordre géographique favorisera dans le même temps notre besoin de la présence physique des édifices.

L'importance accordée au lieu a pour conséquence immédiate de dévoiler les insuffisances d'une architecture uniquement tournée vers le bâtiment. Construire des murs, dessiner des portes, insérer des fenêtres, aménager éventuellement une verrière, composer un mouvement inédit dans une façade, toutes ces activités suffisaient presque, jusqu'à une époque récente, à définir le rôle de l'architecte. Mais cette définition lacunaire est devenue pour le moins obsolète, sous la pression d'un autre paramètre essentiel : l'incessante transformation des territoires. Ceux-ci sont de plus en plus complexes, de plus en plus disparates, de plus en plus éclatés, de plus en plus denses, de plus en plus pollués. Ils ne peuvent se contenter d'une architecture étriquée, dont la terminologie se résumerait aux mots « murs », « portes », « façades » et « toiture ». Dès lors, il s'agit d'essayer de penser l'architecture comme un élément à part entière du paysage, c'est-à-dire de prendre conscience du fait que nous créons des paysages artificiels, que la nature dans laquelle nous vivons est, aussi étrange que cela puisse paraître, toujours plus artificielle. Notons, entre parenthèses, que ceci ne la rend pas plus désagréable. L'artifice est simplement l'empreinte que nous laissons sur la nature ; il est devenu une composante importante de notre culture, de notre environnement quotidien, à telle enseigne que nous n'y prêtons même plus attention. Et si l'on considère, à rebours des théories développées par certains philosophes des Lumières, que le paysage est avant tout un élément sur lequel on peut agir, alors on ne fait que mettre en balance les termes « artifice » et « ville ».

Toutefois, la cité d'hier ne se confond pas exactement avec les territoires d'aujourd'hui. Avec le temps de la métamorphose, s'est perdue l'une des caractéristiques principales de la ville, à savoir cette dimension de rêverie qu'induisait l'organisation des espaces de rues, des espaces d'habitation, des espaces végétalisés. À présent, tout l'effort consiste à tenter de modifier le tissu urbain, ou plus exactement ce qu'on pourrait appeler la substance urbaine, défi aussi jubilatoire qu'angoissant dans la mesure où, précisément, l'architecte ne peut plus dessiner la ville. Il est forcé d'admettre qu'il ne peut anticiper le devenir de la ville, qu'il ne peut la saisir dans sa globalité. Il doit renoncer au rêve démiurgique de pouvoir contrôler sa configuration. En somme, toute velléité totalitaire est amenée à disparaître – si l'on veut bien se souvenir que les totalitarismes se caractérisaient aussi par une grande faculté à imposer une géométrie stricte à la

Why does history no longer serve as a sufficient reference source for contemporary architects? It now seems an established fact for my generation, and even more so for coming generations, that this subject has been largely supplanted by geography and by analysis of the geographic dimension. This upheaval in sensibilities and theoretical approaches, the early signs of which began emerging at the close of the 20th century, is a fundamental event for understanding the architecture of tomorrow. There is reason to believe this architecture will focus first and foremost on place, rather than on the building envisioned as a simple physical mass. This is explained by and/or translates into the substitution of the real by the virtual, which will have the effect, in what is only seemingly paradoxical, of tying us ever more emotionally and culturally to our urban environment. Thus, the heightened emphasis placed on geographic concerns will simultaneously foster our need for the physical presence of buildings.

The increased importance of place reveals what is lacking in an architecture focused mainly on the building. To build walls, design gates, insert windows, add a glass roof, or compose an innovative movement in a façade, all these tasks were, until recently, almost enough to define the architect's role. Now, however, this incomplete definition has become obsolete, to say the least, under the pressure of another essential parameter. I am referring to the constant transformation of territories, which are increasingly complex and disparate, and more and more fragmented, dense and polluted. A narrow definition of architecture limited to terms such as "walls," "gates," "façades" and "roof" simply cannot meet the needs of territories. Hence, one must now think about architecture as a full-fledged element of the landscape, meaning we must become aware of the fact that we create artificial landscapes, that the nature in which we live is, as strange as it may seem, more and more artificial. Let's acknowledge, by the way, that this does not make it more unpleasant. Artifice is merely the imprint we leave on nature. It has become an important component of our culture, our daily environment, to such an extent that we no longer even notice it. And if we consider, according to the theories developed by certain Enlightenment philosophers, that the landscape is first and foremost an element to be acted upon, then we are simply placing the terms "artifice" and "city" on the same footing.

However, yesterday's cities do not exactly correspond with the today's territories. In the course of this metamorphosis the city has lost one of its main characteristics, namely the dreamlike dimension induced by the visionary act of organizing spaces for streets, residential areas and parks. Nowadays, all effort is aimed at modifying the existing urban fabric, or what we could more accurately call the urban substance – a challenge as jubilatory as it is distressing precisely owing to the fact that architects can no longer lay out the city. They are forced to accept they cannot anticipate the future evolution of a city, nor grasp it in its entirety. They must let go of the demiurgic dream of controlling its configuration. In sum, vague totalitarian inclinations are destined to disappear – if one is willing to recall that one of the main features characterizing totalitarian regimes was their great power to impose a strict geometry on the city. And this is why it seems indispensable that we introduce the notion of territory into our thinking. But not the way it was formulated for example by the Tendenza movement in the 1960s, a fundamentally Stalinist, or Marxist at the very least, architectural current. The territory must above all be dealt with

Portrait de / of Dominique Perrault, 2008

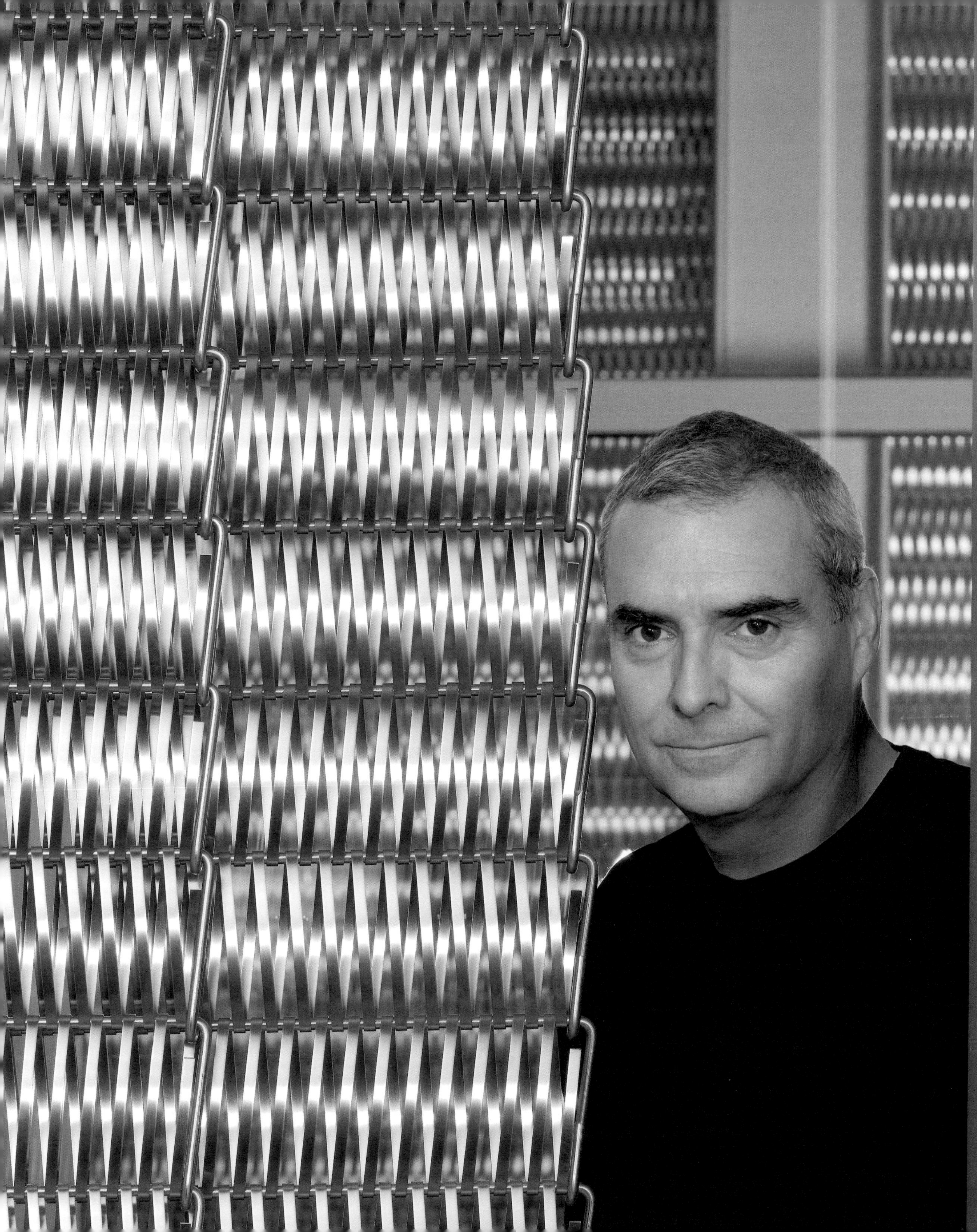

ville. Voilà pourquoi il semble indispensable d'introduire dans notre réflexion la notion de territoire, mais pas telle que l'a formulée par exemple la Tendenza dans les années 1960, courant qui était fondamentalement d'obédience stalinienne, ou tout au moins marxiste. Le territoire est surtout à mettre en relation avec notre rapport à la planète, à cette planète dont nous avons exploré les moindres recoins, dont nous connaissons toutes les limites, et dont nous commençons à entendre les suffocations. Cette prise de conscience écologique touche au premier chef les architectes, parfaitement sensibilisés aux questions de développement durable. Ce qui pourtant ne manque pas de surprendre, c'est que la *sustainability* – idée qui ne convainc pas tout le monde et notamment Peter Eisenman qui n'y voit qu'un nouveau mantra, un pathétique argument promotionnel mis au service des green architects – n'ait pas encore produit d'utopies nouvelles. À n'en pas douter, si une idée similaire était apparue à la fin du XXe siècle ou même au début du siècle suivant, autrement dit à un moment de l'histoire où l'on percevait chaque innovation comme une source de progrès, ses implications pratiques (protection du patrimoine et de la biodiversité) n'auraient pas laissé indifférents les architectes. Il faut croire que le temps n'est pas venu des imaginations débridées ayant totalement intégré l'impératif écologique.

De façon assez tragique, le mouvement auquel nous assistons est exactement inverse à cette démarche de salut public : plutôt que de nous attacher à la sauvegarde de nos lieux de vie, nous construisons toujours plus. Toujours plus de bâtiments, toujours plus d'infrastructures de toutes sortes, toujours plus de villes. Nous sommes prisonniers de cette logique inflationniste qui nous empêche de conjuguer l'architecture au bien-être. Maladroitement, nous nous arrangeons avec notre schizophrénie qui nous autorise à disserter sur le développement durable, pour mieux nous enjoindre dans la foulée de faire proliférer les constructions. Partant, comment s'étonner qu'il soit si difficile de vivre en ville ? Comment en est-on arrivé à cette situation ubuesque qui a conduit le bonheur à déserter les villes ? Avant d'être « prédatrice » comme elle peut l'être aujourd'hui, la cité a d'abord été un lieu protecteur, un lieu de naissance, de développement, d'enracinement. La ville a toujours porté en elle sa propre mémoire, mais aussi les balbutiements de son futur proche. Comment la réconcilier avec l'idée de civilisation dont elle est l'un des socles ?

Une des réponses possibles à ces interrogations se trouve peut-être, comme je le soulignais précédemment, dans la relation que nous entretenons avec le lieu d'une part et avec le bâtiment lui-même d'autre part. Le concept d'enveloppe se trouve à l'intersection de ces deux considérations. Il synthétise à lui seul ce que l'on pourrait appeler le degré zéro de l'architecture, son point d'incandescence, c'est-à-dire sa réduction à l'essentiel, à un élément premier à partir duquel elle est orchestrée dans un contexte géographique donné. Cette enveloppe peut s'incarner dans une couche, une épaisseur, un espace, qui vient s'intercaler entre l'édifice et son environnement, entre l'artificiel et le naturel. Par ce procédé, l'objectif est d'atteindre à une transfiguration de l'architecture, jointe à une profonde modification de la perception de ses alentours. Parmi les projets menés par l'agence Dominique Perrault Architecture, il en est un bon nombre illustrant cette idée. Pour l'aménagement de la plage de Las Teresitas[1], par exemple, il s'agissait de redonner à la topographie son allure d'antan. En effet, à l'endroit où nous avons élevé un hôtel de dix étages,

in terms of our relationship to this planet, of which we have explored virtually every last corner, whose limits we now grasp, and whose suffocation is increasingly audible. Architects are on the cutting edge of growing ecological awareness and completely sensitive to issues of sustainable development. Given the context, it is surprising that sustainability – concept that does not convince everyone and notably not Peter Eisenman, who views it a just another mantra, a pathetic promotional argument instrumentalized by "green architects" – has not yet produced new utopias. If a similar idea had appeared at the end of the 19th century or even at the beginning of the 20th, it undoubtedly would have inspired such schemes. In that bygone era, when every innovation was perceived as another step in the march of progress, the practical implications of sustainability (the conservation of heritage and biodiversity) would not have been met with indifference by architects. We can only assume the time is not yet ripe for unbridled imaginations that have fully integrated the ecological imperative.

Tragically, the movement we are currently witnessing is the exact opposite of an approach promoting public salvation. Rather than working to protect the places in which we live, we just build more and more - more buildings, more infrastructures of every kind, more cities. We are prisoners of an inflationary logic that prevents us from conjugating architecture with well-being. Clumsily, complacently, we accept our schizophrenia, which permits us to hold forth on sustainable development, while wholeheartedly participating in the headlong rush to throw up more buildings. Hence, is it any wonder that living in the city is so difficult? How did we get into this arbitrary and absurd predicament that is causing happiness to desert our cities? Before becoming "predatory" as it can be today, the city began as a protective nurturing place, a place of generation, development and rootedness. The city has always carried the memory of its history in its bosom, but also the stuttering emergence of the near future. How can the city be reconciled with the idea of civilization, of which it is a pillar?

One possible answer to these questions may lie, as I previously stated, between our ongoing relationship with place on the one hand, and the building itself on the other. The concept of the envelope lies at the intersection of these two considerations. It synthesizes all by itself what one could call architecture degree zero, its point of incandescence, in other words its distillation to the essential, which serving as a primary element is orchestrated in a given geographic context. The envelope can be materialized by a layer, a thickness or a space that fits in between the edifice and its environment, between the artificial and the natural. The purpose of this procedure is to achieve the transfiguration of the architecture, and a profound change in the perception of its immediate surroundings. Many of the projects undertaken by Dominique Perrault Architecture illustrate this idea. The concept for the beach development project at Las Teresitas[1], for example, is to return the topography to its former appearance. The spot where we built the ten-story hotel used to be a hill. Razed during the last world war, batteries of canons were installed there. We wished first of all to restore the original identity of the beach that had been developed in the 1970s, by turning it into a friendly and inviting place open to all. As Tenerife Island is volcanic and its beaches composed of black sand, we had to import white sand from the Sahara. And the hotel simply melds into the landscape under the effects of its immense metallic veil, dotted with thriving, multicolored vegetation, which recreates

---

1. Cette plage est située à Santa Cruz de Tenerife, sur l'île de Tenerife (voir p.140).

1. *This beach is located at Santa Cruz de Tenerife, on Tenerife island (see p. 140).*

se trouvait une colline qui fut arasée durant la dernière guerre mondiale et sur laquelle furent ensuite installées des batteries de canons. Nous souhaitions tout d'abord restaurer l'identité originelle de cette plage dessinée dans les années 1970, en en faisant un lieu convivial et accessible à tous. L'île de Tenerife étant volcanique, et son sable noir, il a fallu importer du sable blanc depuis le Sahara. L'hôtel s'est ensuite fondu dans le paysage, grâce à un immense voile métallique sur lequel foisonne une végétation multicolore, l'ensemble recréant les strates géologiques de l'ancienne colline et permettant d'établir une interface entre la plage et les différents quartiers de la ville.

Plus qu'à un simple brouillage de la perception, l'enveloppe conduit à une sorte d'évanouissement du bâtiment, à sa progressive disparition, et transforme incidemment notre conception de l'interdit. Il est évident que si l'on envisage l'architecture d'un point de vue élémentaire, si on la considère comme « l'art de construire des murs », alors l'enveloppe peut jouer un rôle de première importance. Quels que soient les motifs qui en justifient l'élévation, qu'il s'agisse de délimiter, de protéger ou d'isoler, le mur engendre de la séparation – de l'interdit. Une fois cet axiome posé, le défi à relever consiste à changer ce qui sépare pour en faire quelque chose qui relie. Nous autres, architectes, avons la charge d'imaginer des murs qui ne soient plus qu'eux-mêmes, c'est-à-dire de créer des lieux de transition entre le dehors et le dedans, entre le public et le privé, entre le magma urbain et la sphère de l'intime. Il est possible de substituer au mur un entre-deux, un espace d'un nouveau genre, qui interpelle directement le visiteur, qui frappe sa sensibilité sans passer par le truchement de l'intellect.

the geological strata of the former hill and establishes an interface between the beach and neighboring areas of the city.
More than a mere blurring of perception, the envelope tends to make the building gradually disappear, vanish, and incidentally transforms our concept of the forbidden. Obviously, if one envisions architecture from an elementary point of view, if one considers it "the art of building walls," then the envelope plays a primary role. Whatever the reasons for building a wall, whether to delimit, protect or isolate, it creates separation – the forbidden. Once this axiom had been posited, the challenge we must meet consists of transforming something that creates separation into something that connects. Architects must imagine walls that are no longer merely walls. In other words, we have to create places of transition, between outside and inside, between public and private and between the urban magma and the intimate sphere. Thus, a new kind of space can substitute for the wall, an "in-between" that confronts visitors head on, directly striking their emotional chords without passing through the filters of their intellect.

Dominique PERRAULT

Extrait de la conférence de Dominique Perrault, avec Peter Eisenman et Luis Fernández-Galiano, dans le cadre de l'EURAU'08, 19 janvier 2008, Circulo de Bellas Artes, Madrid.

Excerpts from Dominique Perrault's lecture, with Peter Eisenman and Luis Fernández-Galiano, at the EURAU'08 symposium, January 19, 2008, Circulo de Bellas Artes, Madrid

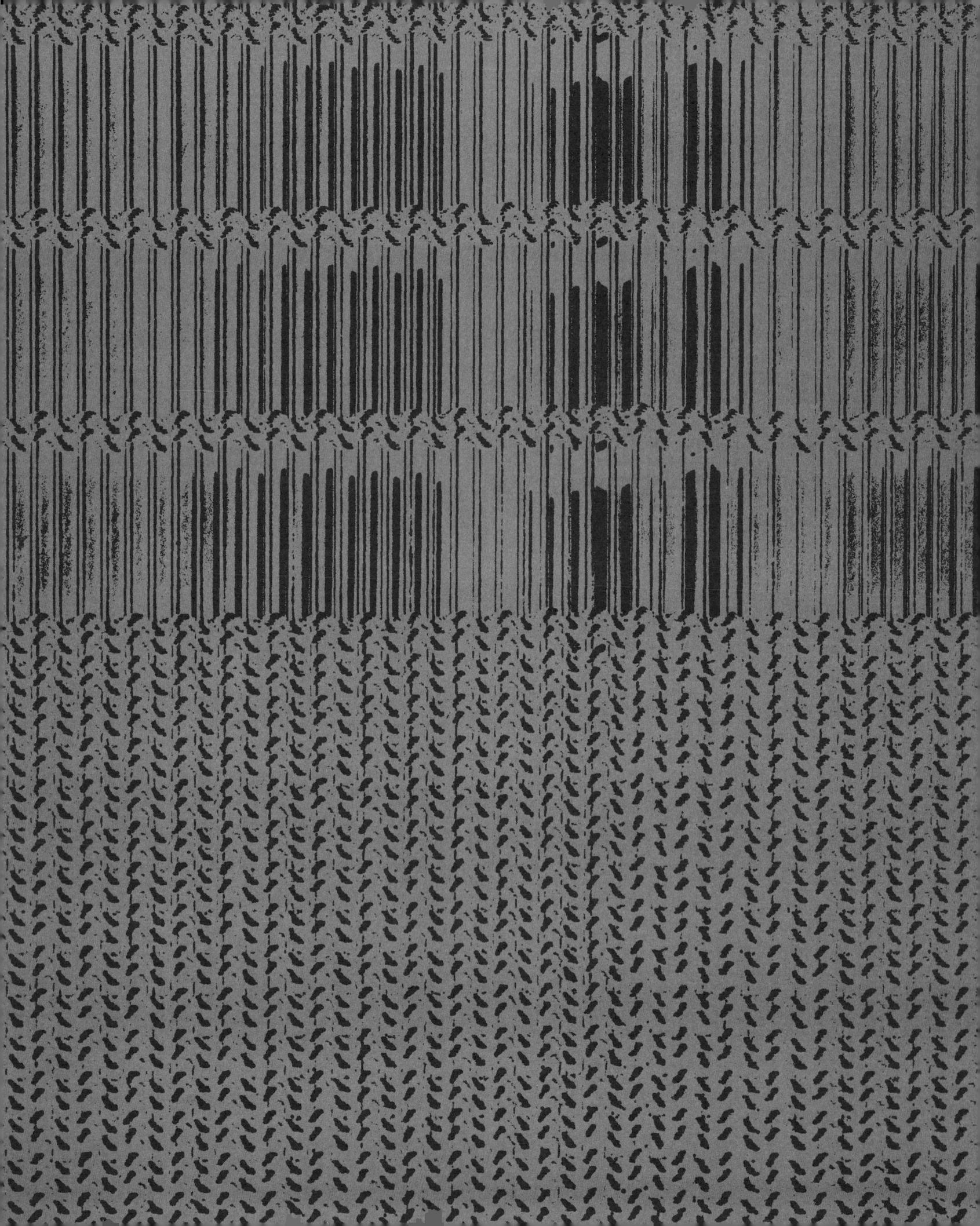

ESSAIS
ESSAYS

CROQUIS / SKETCHES

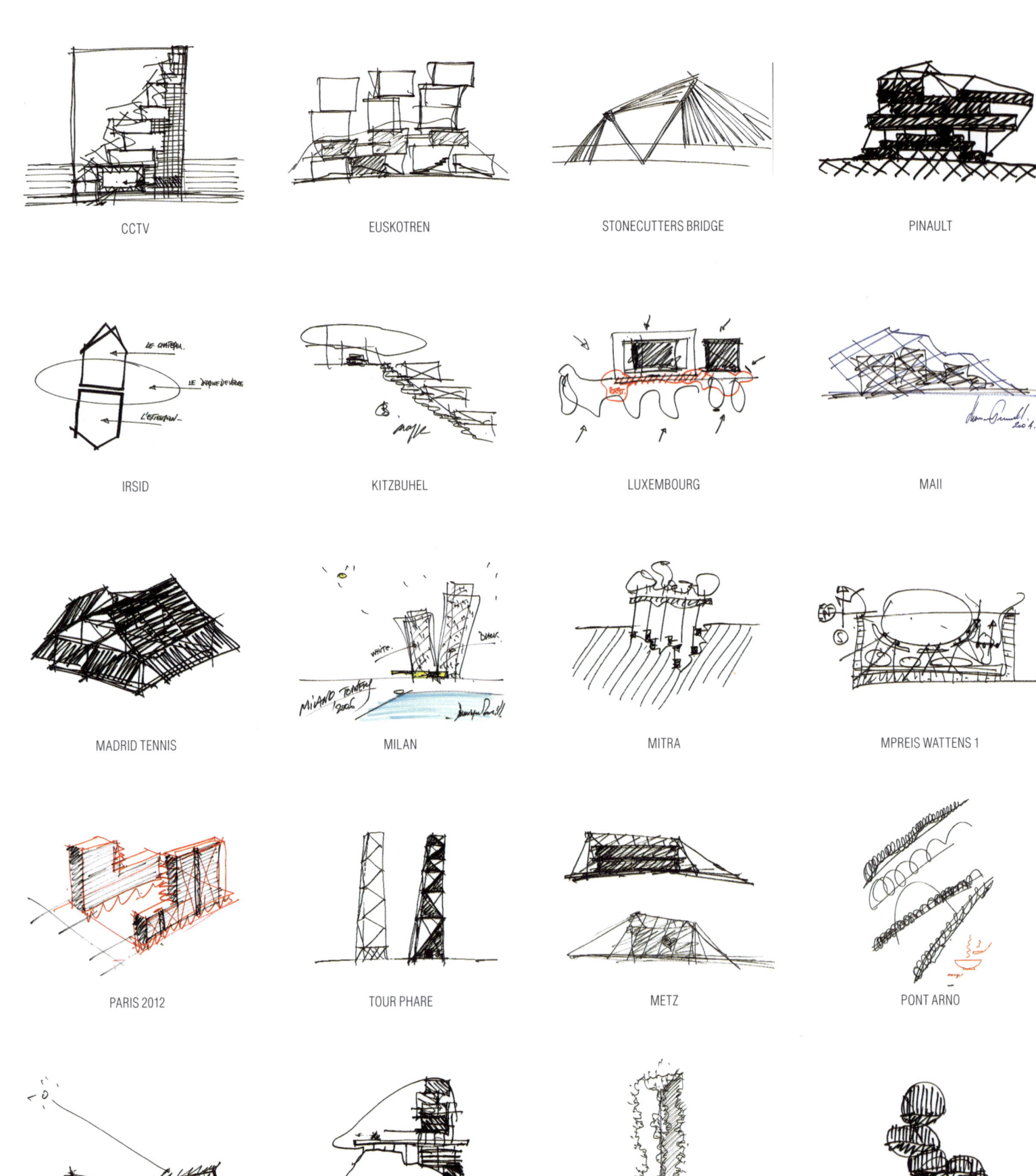

CCTV	EUSKOTREN	STONECUTTERS BRIDGE	PINAULT
IRSID	KITZBUHEL	LUXEMBOURG	MAII
MADRID TENNIS	MILAN	MITRA	MPREIS WATTENS 1
PARIS 2012	TOUR PHARE	METZ	PONT ARNO
SORIA	TENERIFE HOTEL	TOUR LA CHAPELLE	SAN PAOLO

toute l'œuvre de l'architecte et qui induit celle non moins essentielle de la fusion avec le sol, de l'homogénéisation du construit avec le sol. Cette recherche est approfondie lors du concours pour le centre de distribution de la SEITA (1984), dont la toiture semble n'être qu'une découpe du territoire, puis à l'occasion du projet pour l'université d'Angers (1985), enchâssée dans un décaissé et dont le toit s'inscrit dans le contexte, tout en favorisant les circulations. Dans le même temps, Perrault dépasse la notion même d'objet architectural, en renversant le principe de sa définition. Il impose en effet la boîte, sorte de postulat vide, dépourvu de sens, qui devient le terme d'une résolution dénaturant, en les outrepassant, les fonctions supposées du programme. L'hôtel industriel Berlier (1986-1990) apparaît alors comme un manifeste, dans lequel s'exprime avec force la vision globale de l'architecte. Évoquant l'incroyable site d'implantation, choisi entre le périphérique, une gare de marchandise et un site d'incinération, Perrault veut s'éloigner des idées reçues : « Ne pensons pas qu'il existe des lieux maudits, prenons plutôt l'énergie là où elle se dégage. Sur ces incessants trafics d'objets roulants et mouvants, ajoutons un presque-rien qui avec la volonté de vouloir créera l'évidence d'une transfiguration du lieu [...]. Plantons-nous là, contre, tout contre le maître-lieu, aux premières loges de ce fantastique péplum de l'humanité. Pour mieux en jouir, œuvrons dans une lumière naturelle captée dans un étui de verre[7] ». Dominique Perrault s'empare d'une logique du projet décrite avec précision par Vittorio Gregotti, lequel s'attachait à la dynamique morphologique des territoires avant de considérer les qualités qui leur sont attribuées *a priori*, s'intéressant aux « subtopias » pour identifier des relations et des connexions capables de dégager de nouveaux modes opératoires, de nouveaux modes de structuration formelle.

En considérant le paysage comme un ensemble environnemental total, Vittorio Gregotti opposait la géographie à l'histoire, bousculait les typologies pour leur donner une autre matérialité, débarrassée des scories formelles de la référence historique. Il imposait ainsi une méthodologie originale du projet : « Nous agissons dans l'environnement physique. Celui-ci qui, au-delà de l'objet, s'étend au territoire, résume et rend présent dans le moment du projet toute l'historicité de l'espace environnant [...], mais cette complexité structurale de la matière ne se présente pas pour nous selon un schéma de développement univoque, non pas selon l'histoire, mais selon l'appartenance de la matière à différents niveaux de définition possibles[8]. » Dans cette perspective, le projet architectural doit changer de nature, abandonner ses systèmes de notation et de représentation traditionnels de l'objet architectural pour s'ouvrir à des champs disciplinaires hétérogènes, en résonance avec cette dimension étendue du territoire. Avant même d'être enfermées dans un ordre procédural, dans leur propre synthèse, les ressources (conceptuelles, contextuelles, symboliques, sociales, économiques et politiques) doivent impérativement être estimées. Cette étape de diagnostic permet d'extraire le matériau composite d'un territoire anthropogéographique, produit de la concrétion des activités humaines qui définit la richesse ou la pauvreté d'un lieu. Cette archéologie spécifiant les strates et les interrelations, ainsi que les matériaux et les usages structurant la topographie, sont réévalués sans hiérarchies. « Cet encombrement préalable ne nous gêne pas, souligne Perrault, il ne nous handicape pas ; au contraire, il nous intéresse. Il ne s'agit pas d'une acceptation au sens historiciste de la prise en compte d'un domaine socio-historique, c'est une acceptation au sens géographique[9] ». Le contexte, instruit comme une géographie physique

fusion with the ground, the homogenization of the built with the ground. This questioning was further explored in the competition for the SEITA distribution center (1985), whose roof seems cut right out of the landscape, and again in the case of the project for the University in Angers (1985), set in a depression and whose roof inscribed into the context also facilitates circulations. At this time, Perrault goes beyond the very notion of the architectural object, by overturning the principle of its definition. In fact, he imposes the box, a sort of empty postulate, without meaning, which becomes the outcome of a denaturing resolution, by overriding the supposed functions of the program. Thus, the Berlier Industrial Hotel (1986-1990) appears as a manifesto, in which the architect forcefully expresses his overall vision. Evoking the unlikely nature of the selected site, wedged in between the beltway, a freight train station and an incineration plant, Perrault wanted to distance himself from preconceived notions: "Let's not think there are cursed places, but let's draw on energy where it is pulsating. Onto these incessant flows of moving and rolling objects, let's add an almost-nothing, which through willpower will provide the proof of a transfiguration of the place [...]. Lets plant ourselves right there, against, completely against the idea of the centrality of place, on the first row of this fantastic epic of humanity. To better enjoy it, let's work in natural light captured in a glass case[7]." Dominique Perrault seized the logic of the project described with precision by Vittorio Gregotti, which strove to focus on the morphological dynamic of territories before considering the qualities attributed to them *a priori*, and explored "subtopias" to identify the relationships and connections that could bring forth new operative modes, new modes of formal structuring.

By considering the landscape as an environmental whole, Vittorio Gregotti opposed geography to history, shook typologies to give them another materiality, free of the formal slag of historical reference, thereby imposing an original methodology of the project: "We act in the physical environment. The one that, beyond the object, extends to the territory, summarizes and makes any historicity of the surrounding space present in the moment of the project [...], but this structural complexity of material does not present itself to us in an unequivocal development schema, nor through history, but according to the different possible levels of definition to which the material belongs[8]." From this perspective, the architectural project must change in nature; abandon its traditional systems of notation and representation of the architectural object to open up to heterogeneous disciplinary fields, in resonance with the broader dimension of the territory. Before becoming enclosed in a procedural order, within their own synthesis, resources (conceptual, contextual, symbolic, social, economic and political) must be estimated. This diagnostic step enables the extraction of the composite material of an anthropogeographic territory, product of the concretion of human activities that define the richness or the poverty of a place. This archeology specifying the strata and interrelations as well as the materials and uses structuring the topography are thus reevaluated without hierarchies. Perrault insists: "Preexisting encumbrance does not bother us, is not a handicap; to the contrary, it interests us. It is not an issue of acceptance in the historicist sense, of taking account of the socio-historic domain. It is an acceptance in the geographic sense[9]." The context, informed by scrupulous physical geography, is the resource, the raw, crumbled, semantic material. It is the

Michael Heizer Displaced replaced Mass, Ace Gallery, Los Angeles, 1977

Dominique Perrault, maquette concept pour le Palais européen des Droits de l'Homme, Strasbourg, 1989

Daniel Buren, *Peinture-Sculpture*,
VI Guggenheim International, Musée Guggenheim,
New York, 1971

Richard Long, *Stones and Suilven*, 1980

scrupuleuse, est la ressource, le matériau sémantique brut, délité, l'objet d'une *dé*-scription, d'une pragmatique qui ébranle les grands référents de la pratique architecturale (l'espace, l'extension spatiale comme domaine d'inscription, mais aussi le temps historique), mis à mal par cette archéologie active qui ne préserve que l'effectif dans la rationalité du projet. La matrice mise en place avec l'hôtel industriel Berlier, où la construction de verre, nodal activant tout le site, laisse transparaître l'ensemble de ses réseaux, se retrouve avec la réalisation de l'usine de traitement des eaux pour la Sagep (1987-1993), équipée de bassins de décantation (répartis sur 9 hectares) qui sont cernés par une ceinture de métal recevant les services de maintenance, alors que l'ensemble donne l'impression d'être piloté par un bâtiment central presque aveugle. Perrault investit de la même manière les édifices historiques, mis en exergue au centre d'un dispositif ouvert qui préserve leur intégrité (voir l'hôtel départemental de la Meuse, (1988-1994) ou tâche de faire disparaître l'extension sous la construction originelle (voir l'IRSID, 1990).

L'architecture neutralisée

Avec l'*IRSID,* Dominique Perrault intègre pleinement le sol comme un domaine d'extension de l'architecture, conception qu'il développe simultanément avec la Bibliothèque nationale de France. Il intensifie ainsi une logique territoriale encore proche des modèles d'intervention initiés par Vittorio Gregotti lors du concours pour l'université de Florence (1971), pour le nouveau siège de l'université de Calabre (1973), ou encore pour les résidences à bon marché de Cefalu (1976). On retrouve chez Perrault cette redéfinition d'axes discontinus constituant par leur répétition une chaîne d'événements, l'accentuation de la tension entre topographie naturelle et construction artificielle, ainsi que la même stratégie itérative pour les bâtiments, celle-ci étant liée à un jeu sur l'enceinte et la circonscription le plus souvent modélisées par des grilles. Comment ne pas voir une réminiscence de Cefalu dans les lames récurrentes qui organisent le centre hospitalier d'Albertville (1988) ou l'Institut français de mécanique avancée installé à Clermont-Ferrand (1989) ? Réapparaissent les mêmes inversions des fonctions topographiques qui transforment les toitures en plans de circulation et entablent les constructions afin de libérer des axes de pénétration ; c'est l'ensemble des projets lancés jusqu'au début des années 1990 qu'il faudrait minutieusement analyser pour saisir à quel point Dominique Perrault multiplie les expériences en radicalisant à chaque fois la syntaxe territoriale gregottienne, par le bouleversement des dimensions d'échelle et l'affirmation d'une recherche spécifique sur la phénoménalité et la matière. Alors qu'il ne reste souvent de Gregotti – référence de premier ordre pour les architectes français –, qu'une lecture archéologique et historique de la ville comme territoire, Perrault semble reprendre à son compte l'ambiguïté qu'avait soulevée Manfredo Tafuri, celle d'une analyse morphologique de plus en plus détachée de l'histoire et tournée vers une pragmatique des signes architecturaux, vers la définition d'une relation entre géographie et image. Manfredo Tafuri : « C'est sur l'échelle géographique que Gregotti reporte entièrement son rapport critique avec l'histoire […]. Cette même révision aboutit à une condition de quasi suspension du temps historique, à une histoire conçue comme une série de configurations successives et discontinues, en attente de significations[10]. » Ce diagnostic sur le territoire, sur « les signes muets et mystérieux qui le rendent historique », amène l'architecte à ne plus s'en tenir à une prise en compte de l'existant, à ne pas simplement donner une

subject of a de-scription, of a pragmatism that shakes the great referents of architectural practice (space, special extension as a domain of inscription, but also historical time); undermined by this active archeology that only preserves what is effective in the rationality of the project. The matrix implemented in the Berlier Industrial Hotel, in which the glass building, the node activating the entire site, allows the full range of networks to show through, is echoed in the Sagep water treatment plant (1987-1993), equipped with its sedimentation tanks (spread over 9 hectares) encircled by a metal enclosure housing maintenance services, while the ensemble gives the impression of being piloted by an almost windowless central building. Perrault invests historical buildings in the same way, underscoring them by placing them at the center of an open arrangement that preserves their integrity (see the Departmental Headquarters of the Meuse (1988-1994), or by striving to make their extension disappear under the original construction (see the IRSID, 1990).

Neutralized architecture

With the IRSID, *Dominique Perrault fully integrates the ground as an area of architectural extension, a concept he was simultaneously developing with the National Library of France, intensifying a territorial logic still close to the models for intervention initiated by Vittorio Gregotti during the competition for the University of Florence (1971), the chancellery building for the University of Calabria (1973), and the moderate income housing in Cefalu Sicily (1976). In Perrault's work we also see this redefinition of discontinuous axes constituting a chain of events through their repetition, the accentuation of the tension between natural topography and artificial construction and the same iterative strategy for the buildings, here linked through the interaction between enclosure and circumscription, most often modeled in grids. How can one not see the echo of Cefalu in the recurring strips that organize the Albertville Hospital Center (1988) or the French Institute of Advanced Mechanics in Clermont-Ferrand (1989)? The same inversions of topographical functions transform roofs into circulation plans and place buildings upon entablatures to open axes of penetration. It is this group of projects undertaken at the beginning of the 1990s that must be minutely analyzed in order to grasp the extent to which Dominique Perrault multiplies experiences by constantly radicalizing the territorial syntax of Gregotti, overturning the scale of dimensions and by the affirmation of a specific research on phenomenality and material. While often little remains of Gregotti – a primary reference for French Architects – other than a an archeological and historical reading of the city as territory, Perrault seems to take on the ambiguity raised by Manfredo Tafuri of an increasingly detached morphological analysis of history turned towards a pragmatism of architectural signs, towards the definition of a relationship between geography and image. According to Manfredo Tafuri: "Gregotti places his critical rapport with history entirely on the geographic scale […]. This same revision leads to a condition of the quasi suspension of the historical, to history viewed as a series of successive and discontinuous configurations, awaiting significations[10]." This analysis of territory, along "silent and mysterious lines that make it historic", leads the architect to no longer insist on taking account of the extant urban landscape, no longer simply give a new form to the extant landscape intended to*

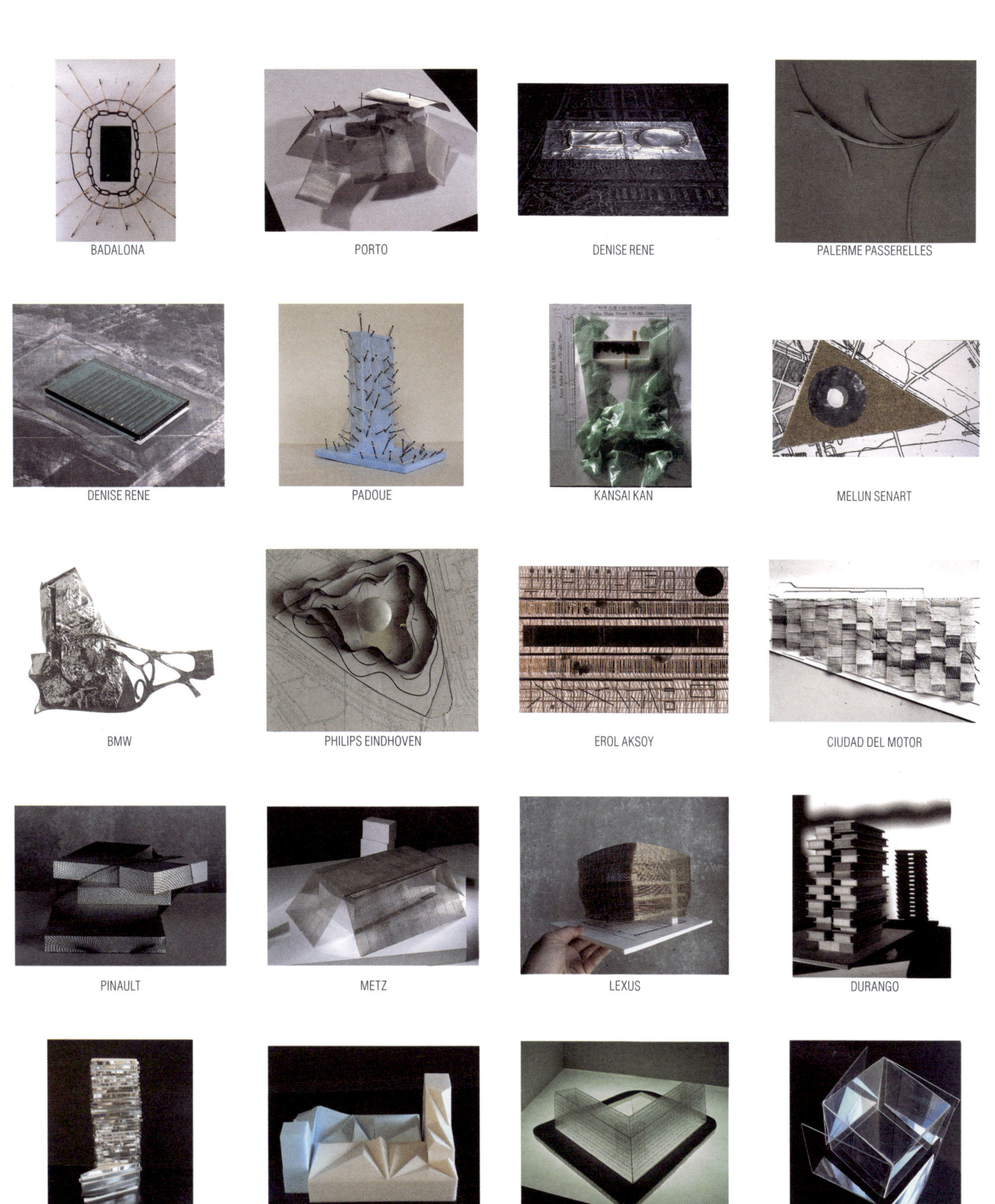

				MAQUETTES / MODELS
BADALONA	PORTO	DENISE RENE	PALERME PASSERELLES	
DENISE RENE	PADOUE	KANSAI KAN	MELUN SENART	
BMW	PHILIPS EINDHOVEN	EROL AKSOY	CIUDAD DEL MOTOR	
PINAULT	METZ	LEXUS	DURANGO	
SANKEI	KREMS	BRATISLAVA	BERLIN CUBE	

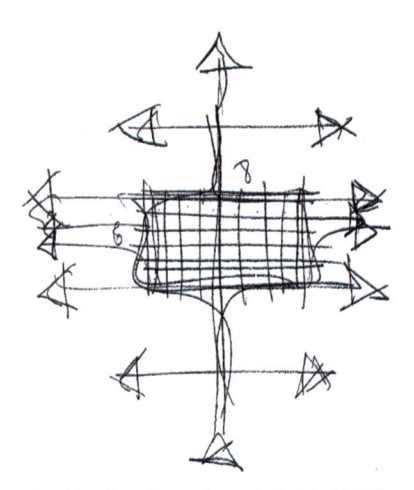

Dominique Perrault, croquis pour le site industriel Falk, Sesto San Giovanni, 1998

Christopher Alexander, *Diagrammes constructifs*, 1971

Dominique Perrault, maquette, 1972
Collection particulière

forme nouvelle à l'existant destinée à recoudre artificiellement une unité urbaine vacillante. Gregotti énonce avec précision ce qui a pu constituer, à l'encontre d'un certain postmodernisme français, le programme-cadre des premières recherches de Dominique Perrault : « La stratégie de l'environnement ne consiste pas en une conception sans fin du programme et du projet, c'est une stratégie du discontinu et du circonscrit, un traitement des matériaux de la discipline fondé sur la diversification. Le travail, non seulement des architectes, mais de nombre d'artistes contemporains qui semblent plus marqués par une attention permanente à la relation entre espace spécifique et lieu déterminé[11]. »

Que le fait spatial se constitue dans un jeu permanent d'interrelations génériques impose une nouvelle grammaire, un système de notation inédit, une sorte de schématique articulant la « typologie des occasions opérationnelles et la typologie des approches formelles », une structuration de l'espace fondée sur « l'utilisation formelle des études sur les relations et connexions, comme par exemple la théorie des graphes, soit par les concepts induits par la topologie spatiale tels que ceux de champs, ensemble, séquence, groupe, itération, etc. »[12]. Dominique Perrault retrouve cette terminologie de l'interrelation constitutive de domaines qualitatifs et perceptifs dans les œuvres d'artistes qu'il affectionne, comme Michael Heizer ou Richard Long, qui partagent une même capacité à faire muter l'ensemble du territoire selon le simple jeu d'une disposition. Ce minimalisme supposé n'est pas une réduction, un retour sur des éléments formels simplifiés, mais une dynamique de recomposition perceptuelle des dimensions spatiales. L'influence de modèles gestaltistes dans la formation du minimalisme américain reste déterminante. Elle bouscule une compréhension formelle de l'espace tenu à un domaine abstrait d'inscription, par la neutralisation de tout effet descriptif – mouvement qui dénote la distance prise dans le jeu des représentations. L'art minimal est avant tout le retour sur une cognition générique susceptible d'élaborer une appréhension physicoperceptive immédiate des environnements. C'est dans cette optique que Jo Baer, et surtout Donald Judd, après avoir étudié la physiologie perceptive, tentaient de définir une nouvelle identité de l'œuvre d'art, de questionner son ontologie propre. Donald Judd, dans son article séminal « Specific objects », définissait ainsi ces nouvelles œuvres tridimensionnelles : « Elles sont spécifiques, si on les perçoit directement elles sont encore plus spécifiques. Aussi sont-elles habituellement agressives, il y a une objectivité dans l'identité obstinée du matériau […]. L'image, toutes ses parties et sa forme globale sont co-extensives[13]. » Le neutre n'est pas pour Dominique Perrault une manière de légitimer un nouveau formalisme[14], une architecture du « moins-disant » : il est la condition première d'une disposition, d'une matérialisation qui doit se retirer des jeux encombrants de la représentation, des effets convenus d'une séduction de la forme. L'exposition « Concept-Contexte » (1991)[15] est l'occasion pour Perrault d'élaborer des figurations urbaines, des images matérielles nées d'un principe de disposition où, par quelques gestes élémentaires, de vastes schémas urbains peuvent retrouver une cohérence simple et spontanément lisible. Feuilles de plomb, résilles métalliques, tendeurs : rien n'est abstrait. L'ensemble des déterminations qui président à l'élaboration de ces objets-concepts se nourrit des tensions mises à jour dans l'expérience des territoires, de la morphologie des espaces ouverts, et ne cherche qu'à « produire des visibilités qui épuisent l'image en faisant disparaître les effets de sens[16] ».

artificially stitch together an unstable urban unity. Gregotti precisely states, in an argument running counter to a certain French postmodernism, what could have been the framework program of Dominique Perrault's early research: "the strategy of environment does not consist of an endless conception of the program and the project. Its is a discontinuous and limited strategy, a treatment of the materials of the discipline founded upon diversification; the work, not only of architects but of many contemporary artists which seems most marked by a permanent attention to the relation between specific space and determined place[11]."

That the fact of space is constituted in the permanent interplay of generic interrelations imposes a new grammar, a new system of notation, a kind of schema articulating the "typology of operational occasions and the typology of formal approaches," a structuring of space based on "the formal utilization of studies on relationships and connections, like the theory of graphs, of concepts derived from spatial topology such as field, ensemble, sequence, group, iteration, etc.[12]." Dominique Perrault joins with the terminology of interrelationship that constitutes the qualitative and perceptive domains in the works of artists he admires, such as Michael Heizer or Richard Long, who share the same ability to mutate an entire territory through a simple set of arrangements. This supposed minimalism is not a reduction, a return to simplified formal elements, but a dynamic of the perceptual recomposition of spatial dimensions. The influence of Gestaltist models on the development of American minimalism remains determinant. It shakes the formal understanding of space as restricted to an abstract domain of inscription, through the neutralization of any descriptive effect – movement that denotes the distance taken with the interplay of representations. Minimalist art is first and foremost the return to a generic cognition cable of elaborating an immediate physically perceptive grasp of environments. It was from this perspective that Jo Baer, and especially Donald Judd, after studying perceptive physiology, attempted to define a new identity of the work of art, to question its own ontology. Donald Judd, in his seminal article "Specific objects," defined these new three-dimensional works thusly: "They are specific; if one perceives them directly they are even more specific. Thus they are habitually aggressive; there is an objectivity in the obstinate identity of the material […]. The image, all its parts and its overall form are coextensives[13]." For Dominique Perrault the neutral is not a way of legitimizing a new formalism[14], the architecture of "the least-said": it is the primary condition of an arrangement, of a materialization that must withdraw from the inhibiting stakes involved in representation, from the conventional effects of the seduction of the form. The "Concept-Context" exhibition (1991)[15] provided Perrault with the opportunity to elaborate urban figurations, material images derived from a principle of arrangement in which, through a few elementary gestures, vast urban plans can regain a simple and spontaneously legible coherence. Lead sheeting, metallic netting, tighteners – nothing is abstract. The full range of determinations that preside over the elaboration of these concept-objects is nourished by the tensions brought to light by the experience of territories, the morphology of open spaces, and only seeks to "produce visibilities that wear down the image by causing effects of meaning to disappear[16]."

ÉDIFICATIONS D'UNE MÉRÉOGRAPHIE
EDIFICATIONS OF A MEREOGRAPHY

FRÉDÉRIC MIGAYROU

Dominique Perrault dessine. Il fixe en blanc les contours de la Bibliothèque nationale de France sur un tableau de verre posé en transparence sur la ville, puis marque un volume absent de quatre coins installés sur un plateau, pour le retracer en miroir comme son envers, comme un soubassement symétrique. La bibliothèque est là, l'objet architectural dans son entièreté accueillant la totalité d'un programme qui n'aura cessé d'évoluer au cours de la réalisation. Peut-être est-ce le seul dessin où Dominique Perrault donne à ce bâtiment un corps objectif, qui en surface clôt un espace vide à peine marqué par ce « morceau de nature[1] » dissimulé en son sein. Il révèle l'objet disparu, le monument attendu, l'imposant volume qu'aurait dû occuper un tel projet, le sujet même d'un jugement esthétique et critique qui de l'architecture ne retient que l'édifice, ce qui s'élève, s'ancre dans le sol, l'ouvrage qui sédimente les années, qui définit la permanence, la mémoire, l'histoire. Beaucoup de temps s'écoulera avant que ne soit accepté ce déni d'histoire, avant d'admettre que la mémoire est une construction participative du présent. En effet, que les tours de la bibliothèque puissent délimiter une aire identique à celle de la place de la Concorde, mais une aire vide, semblait inacceptable aux yeux d'une critique architecturale en quête de formes qui souhaitera même « combler la béance », s'en tenir à l'ordre du dense et du construit. Alors que l'ensemble du quartier Masséna se maille d'un pilotage désuet tentant de restituer une image volontiers conformiste de la ville du XIXe siècle, la Bibliothèque nationale de France, née au cœur d'un domaine chaotique sillonné de réseaux hétérogènes, reste le pôle directeur d'un schéma urbain promouvant la fusion de l'architecture avec une forme territoriale, afin de développer un urbanisme contemporain qui « crée véritablement un lieu, fait surgir la question des limites dans lesquelles l'architecture peut être abstraite et neutre, et des limites dans lesquelles un architecte peut attendre d'un édifice qu'il soit vu pour lui-même et non pas confondu avec les projections mentales et les attentes de qui le regarde[2] ». La bibliothèque marque une étape, un point d'équilibre, où Dominique Perrault assume le principe d'une disparition de l'architecture, d'un certain état de la représentation de la forme et de l'objet, pour lui substituer l'élaboration d'un dispositif qui ne trouve son identité, sa résolution, que dans la participation et l'usage, dans un métissage symbolique et fonctionnel qui lui donne corps.

Toute l'œuvre de Dominique Perrault interroge l'aspect figural de l'architecture, sa capacité à faire sens, à construire une image dynamique tissée de valeurs sociales et culturelles. Formé dans des écoles d'architectures encore secouées par la crise globale des derniers dogmes idéalistes, l'architecte devait assumer les conséquences d'une lecture socio-historique substituant à un formalisme de l'objet architectural un rationalisme historique réévaluant la constance de typologies constructives. Adossés à une diffusion des textes de la Tendenza, ceux de Carlo Aymonino, Aldo Rossi et Manfredo Tafuri, les préceptes critiques de la typomorphologie, alors vulgarisés dans L'Architecture d'aujourd'hui, constituaient un véritable modèle pédagogique, articulé sur la notion de projet, prônant une réduction drastique de tout style ou de toute expression. Dans l'incontournable numéro « Formalisme-Réalisme », Bernard Huet, lucide sur la « crise du langage qui frappe l'architecture européenne dans ses structures professionnelles et son système d'enseignement », défend une voie médiane, celle de la Tendenza, qui « se propose de reconstruire la discipline architecturale »[3]. « Au fonctionnalisme de l'architecture moderne, explique Huet, elle oppose un rationalisme "éclairé", dans lequel la forme

Dominique Perrault draws, sketching the contours of the National Library of France in white lines on a glass panel transparently placed against the backdrop of the city. Then he marks off an absent volume with its four corners standing on a platform, creating a mirror outline of the underside, like a symmetrical basement. The whole library is there, the entire architectural object containing the full program that will constantly evolve as the project advances towards completion. This is perhaps the only drawing in which Dominique Perrault gives this building an objective body, which on the surface encloses an empty space, barely hinted at in the "bit of nature"[1] hidden within. The sketch reveals a vanished object – the expected monument, the imposing volume that such a project should occupy, the very subject of the esthetic and critical judgment that holds that architecture consists only of the edifice, of what is standing, anchored in the ground, the work that sediments the passage of time, defines permanence, memory and history. And much time would pass before this negation of history could be accepted; before it would be conceded that memory is a participative construction of the present. Indeed, the notion that the library's towers could delimit an area identical to the place de la Concorde, but an empty one, seemed unacceptable from the standpoint of an architectural criticism in search of forms, one that wants to "fill in the gaping hole," stick to the established order of the dense and the built. Although the Massena district as a whole presents an outmoded block plan attempting to restore a willfully conformist image of the 19th century city, the National Library of France, emerging in the heart of a chaotic entanglement of heterogeneous networks, remains the focalizing pole of an urban plan that fosters the fusion of architecture with territorial form to develop a contemporary urbanism that "genuinely creates place. It forces the question of the limits of architecture's ability to be abstract and neutral, and the limits of an architect's expectation that the building be seen for itself and not be confused with the mental projections and expectations of those who view it[2]." The library is a milestone, a point of equilibrium, at which Dominique Perrault assumes the principle of the disappearance of architecture, and of a particular state of the representation of form and object, to replace it with the elaboration of an arrangement whose identity, resolution, only reveals itself through participation and use, in the symbolic and functional blending that gives it substance.

All of Dominique Perrault's work questions the figural aspect of architecture, its ability to provide meaning, to build a dynamic image woven out of social and cultural values. Educated in schools of architecture that were still in the throes of the global crises brought on by the end of idealist dogmas, the architect had to assume the consequences of a socio-historical reading that substituted the formalism of the architectural object with a historic rationalism in the process of reevaluating the constancy of building typologies. Riding on a wave of texts about the Tendenza by Carlo Aymonino, Aldo Rossi and Manfredo Tafuri, the critical precepts of typomorphology then being popularized in L'Architecture d'aujourd'hui, constituted a veritable pedagogical model articulated around the notion of the project and advocating a drastic reduction of any style or expression. In the seminal issue "Formalism-Realism," Bernard Huet, fully aware of "the crisis in language besetting European architecture's professional structures and system of teaching," argued for a middle way, the way of the Tendenza, which "proposes to reconstruct the discipline of architecture."[3] According to Huet "to the functionalism of

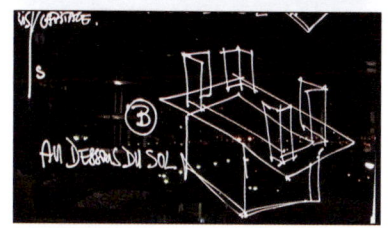

Dominique Perrault, extrait du film *Les Mots de l'architecte* de Richard Copans, 1998

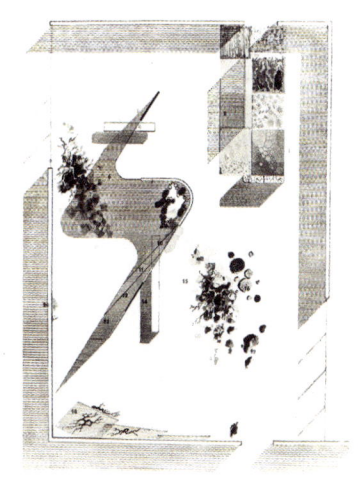

György Kepes, Proposal for a nature oasis for an art museum, 1959

Carl Andre, Magnesium plates, 1969

Dominique Perrault, maquette d'étude pour le vélodrome et piscine olympique de Berlin, 1992, Mnam - Cci, Centre Pompidou, AM 2001-2-60

implique l'architecture comme instrument de connaissance. La spécificité irréductible de l'architecture et son autonomie disciplinaire résident dans sa capacité à produire des formes typiques de portée générale et populaire, nécessitant un savoir précis, un métier[4] ». Si ces principes, souvent détournés de leurs sources et de leurs logiques, ont engendré, et nourrissent encore aujourd'hui, une doxa de l'architecture française, un réductionnisme érigé en morale, ils constituaient à l'époque, pour un architecte s'engageant dans la carrière, le cadre presque obligé d'une contemporanéité. Dans ce contexte, Dominique Perrault élève son premier bâtiment (usine Someloir, 1981-1983), un parallélépipède compact habillé d'un bardage métallique horizontal soigné, édifice dont la façade latérale rappelle la villa Savoye avec ses pilotis et sa fenêtre en bande. Proche par son aspect industriel du centre médical du Val Notre-Dame construit à Bezons par Jean Nouvel (1980), le projet de Dominique Perrault se refuse néanmoins à tout effet, à toute narrativité, l'ornement étant alors revendiqué par Jean Nouvel comme un « moyen de mettre en relation des signes nombreux et différents [...]. L'ornement n'est plus l'accessoire [...]. C'est l'occasion de la connotation, de la parabole, du symbole[5] ». À l'inverse, Perrault impose le paradoxe d'une capacité signifiante qui se refuse à l'éloquence. Ses premières réalisations font office de corps de recherche. S'y lit déjà un patient équilibrage entre la limitation des moyens et l'accentuation de l'effet figural de l'architecture, comme en témoigne la façade muette du poste de commandement du central de la voirie (1985-1987), celle de l'usine de traitement des eaux pour la Sagep (1987-1993), l'écran basculé de l'École supérieure d'ingénieurs en électronique et électrotechnique (ESIEE) (1984), ou encore l'opacité totale de la façade de bois des Archives départementales de la Mayenne (1989-1993). Dès lors, cette neutralisation radicale de tout effet stylistique, de toute connotation, de toute récurrence d'une forme historique, croisée avec l'affirmation d'une typologie industrielle posée comme le dénominateur commun d'une architecture qui a déteint sur l'ensemble de nos entrées de ville et de nos paysages urbains, infuse dans une authentique architecture du présent, ouverte sur une vaste réinterprétation de la notion de contexte, depuis la ville jusqu'au territoire.

Dé-scription des contextes

Le positionnement de Dominique Perrault se trame entre ce rationalisme, qui cherche à articuler des lois de composition d'éléments typologiques, et une compréhension structuraliste de la syntaxe architecturale, multipliant ainsi les jeux d'interrelations entre des composantes d'échelle et de valeur symbolique très disparates. Toutefois, le refus radical chez de jeunes architectes d'un jeu référencé sur les morphologies historiques paraissait inacceptable pour un néorationalisme à la française, qui dénoncera hâtivement ce désir de singularisation comme un formalisme high-tech, n'y voyant finalement rien d'autre qu'une attitude opportuniste : « Ils conçoivent plusieurs projets qui ne s'encombrent plus d'états d'âme trop contextualistes, des projets d'édifices aux surfaces et contours lisses, abstraits, faits de tôles d'aluminium, de bardage métalliques ou de verre collé qui laissent peu paraître de leurs différents volumes et espaces intérieurs [...][6]. » Indirectement stigmatisé, Dominique Perrault est pourtant à la tête de plusieurs réalisations qui interrogent magistralement la notion même de contexte. C'est notamment le cas de l'ESIEE, dont le basculement complet du plan de façade soulève une question inédite sur la séparation, sur la frontalité du bâti, question qui sera poursuivie dans

modern architecture, it opposes an "enlightened" rationalism, in which form involves architecture as an instrument of knowledge. The unyielding specificity of architecture and its autonomy as a discipline reside in its ability to produce typical forms that are popular and accessible to all, which requires precise knowledge, a profession[4]." These principles, often distorted when compared with their sources and logic, engendered and nurture to this day a doxa of French architecture, a reductionism raised to the level of morality. But at the time, for an architect just starting his career, they represented the virtually mandatory framework of contemporaneousness. It was against this backdrop that Dominique Perrault erected his first building, a compact parallelepiped covered in sleek horizontal metallic cladding, and whose lateral façade recalls the villa Savoye with its stilts and its ribbon windows (Someloir factory, 1981-1983). Though Dominique Perrault's project is similar in its industrial aspect to the Val Notre-Dame medical center built in Bezons by Jean Nouvel (1980), it eschews any effect, any narrative quality, whereas Jean Nouvel claimed a role for ornament as a "means for creating a relationship between numerous and different signs [...]. Ornament is no longer secondary [...]. It is the opportunity for connotation, the parable, and the symbole[5]." Conversely, Perrault imposes the paradox of a signifying power that refuses eloquence. His first works function as a body of research. Already one sees in them a patient balancing of the economy of means with an accentuation of the figural effect of the architecture, as attested in the silent façade of the Beltway Command Post (1985-1987), the Sagep water treatment plant (1987-1993), the tipped screen of the School of Electronic and Electro-technical Engineering (ESIEE) (1984), or in the total opacity of the wood façade of the Mayenne Departmental Archives (1989-1993). Hence, this radical neutralization of any stylistic effect, any connotation, any recurrent historical form, is conjugated with an affirmed industrial typology posited as the common denominator of an architecture now ubiquitous in the approaches to our cities and in our urban landscapes, innate in an authentic architecture of the present, open to a vast reinterpretation of the notion of context, from the scale of the city to the one of the territory.

De-*scription of contexts*

Dominique Perrault weaves his position between this rationalism that seeks to articulate laws for the composition of typological elements, and a structuralist understanding of architectural syntax, thereby increasing the possibilities of interplay between very disparate scales of symbolic value. However, the radical refusal by many young architects' of a game based on references to historical morphologies seems unacceptable to French-style neo-rationalism, which would hastily denounce any desire for singularity as high-tech formalism, perceiving it merely as an opportunistic attitude. "They design many projects that are completely unencumbered by contextualist soul-searching, projects for buildings whose contours are smooth, abstract, in aluminum sheets, metallic cladding or glued glass that reveal little of their interior volumes and spaces [...][6]." While indirectly stigmatized, Dominique Perrault has indeed been in the forefront with several buildings that magnificently question the very notion of context. This is notably the case with the ESIEE, whose total tipping of the plane of the façade first raises the question of separation, of the frontality of buildings, a question the architect has pursued in all his work and which leads to the no less essential question of

Desseins du pattern

En 1972, pour entrer à l'école d'architecture, Dominique Perrault présente une simple maquette, une plaque de bois à laquelle est fixée une autre plaque, en métal celle-ci, suspendue par quatre ficelles retenues par des clous. Comme le montre ce geste fondateur, pour Perrault, le projet doit être allégorisé par une figure, une image qui annihile l'idée d'un temps de la conception, d'un étagement figé des moments du développement. C'est pourquoi les dessins, maquettes, diagrammes ou représentations informatiques ont toujours le même degré de réalité, s'en tiennent à la même image figurale ; ce sont des instruments pour dire le même. Ainsi en va-t-il pour ce dessin de l'hôtel industriel Berlier jeté à la hâte sur le papier, représentant un simple parallélépipède qui réfracte tous les jeux de lumière possibles. Le dessin est une indexation, un schéma qui donne l'échelle (celle du corps, celle de l'œil), un point de départ permettant d'expliquer efficacement le projet. Les dessins de Perrault n'ont volontairement aucune valeur expressive, ne visent aucun effet plastique ; ils restent des pictogrammes sans profondeur, l'enregistrement d'une image. On pense au petit livre d'Oswald Mathias Ungers, *Morphologie, City Metaphors*, dans lequel de vastes plans urbains sont mis en parallèle avec des photographies, des images d'objets ou de personnages, qui formellement leur ressemblent[17]. Ce n'est d'ailleurs pas le moindre des paradoxes de Ungers, architecte des vastes étendues, que de vouloir ramener la conception sur une base perceptuelle, qualitative, et de renoncer aux anciennes logiques de planification au profit de cette recherche d'« un dessin minimal dans lequel l'organisation des éléments est minimisée pour exacerber le sentiment d'une participation de ceux qui auront l'usage de l'espace. Un tel concept exige une matrice de représentation pour un process toujours ouvert et inachevé[18] ». Cette matrice offre l'opportunité, pour le dire comme Gregotti dans un texte consacré à Ungers, « d'établir de nouvelles échelles de relations de valeur, afin de construire un environnement plus qu'un objet architectural[19] ». Ce schème organisateur répond à une tradition pragmatique qui cherche à retrouver des constantes transhistoriques d'organisation spatiale, des *patterns* susceptibles d'optimiser les relations fonctionnelles de la conception architecturale ou urbaine, autrement dit des graphes, ce que Christopher Alexander nomme « des diagrammes constructifs[20] ». Toutefois, même si ces patterns sont établis « dans le processus de conception sur un principe de différenciation et sont conçus comme des opérateurs[21] », ils n'en restent pas moins des abstractions logiques restreignant l'aspect phénoménal de l'architecture. Pour traiter des territoires urbains, du *wholeness*, tout en prenant en compte les valeurs portées par la perception collective et le critère essentiel de l'usage de l'édifice, Gregotti fait appel à la notion d'image urbaine telle que définie par Kevin Lynch, c'est-à-dire à une « recherche des qualités physiques qui ont un rapport avec l'identité de la structure, attributs de l'image mentale de la ville[22] ». L'imagibilité serait l'outil pragmatique pour transcrire, pour figurer la complexité urbaine, afin de s'emparer des structures morphologiques, de travailler physiquement avec le territoire et, partant, de jouer la géographie contre l'histoire. Vittorio Gregotti, transformant le modèle d'analyse de Kevin Lynch en un système génératif, accepte de fait la théorie cognitive de la cité, les modèles du *cognitive mapping* élaborés par Gÿorgy Kepes, le professeur de Kevin Lynch : « Cette méthode, constate-t-il, fonde pour ainsi dire une esthétique de l'existant et élude en grande partie le problème de la signification [...]. Elle considère le rapport entre d'un côté le schéma perceptuel, et de l'autre la richesse et la variété des significations

Pattern designs

In 1972, for his entry into architecture school, Dominique Perrault presented a simple model consisting of a wood plaque upon which another plaque in metal was affixed, the whole hanging on four wires held by nails. As the founding gesture shows, for Perrault, the project in its ensemble must be allegorized by a figure, an image that negates the idea of a moment of conception, of a fixed staggering of development moments. This is why drawings, models, diagrams and computer generated representations always possess the same degree of reality, follow the same figural image; they are instruments for saying the same thing. And such is the case with the drawing for the Berlier Industrial Hotel, hastily sketched out on paper, representing a simple parallelepiped refracting all possible interplay of light. The drawing is an indexation, a schema that indicates the scale (of the body, of the eye), and a point of departure enabling the efficient explanation of the project. Perrault's drawings are willfully free of any expressive value, aim for no plastic effect; they remain pictograms without depth, the recording of an image. One is reminded of the little book by Oswald Mathias Ungers, Morphology, City Metaphors, *in which vast urban plans are placed in parallel with photographs, images of objects or public figures that formally resemble them[17]. Furthermore, it is not the least of Ungers' paradoxes, architect of vast stretches, to want to return design to a perceptual, qualitative foundation and to abandon planning logics in favor of this quest for "a minimal plan in which the organization of elements is minimized in order to heighten the feeling of participation in those who will use the space. Such a concept requires the sort of representational matrix needed for a process that is always open and unfinished[18]." This matrix offers the opportunity, as Gregotti writes in a text on Ungers, "to establish new scales of values relationships in order to build an environment more than an architectural object[19]." This organizing schema is in answer to the pragmatic tradition of a quest to recover the transhistoric constants of spatial organization, the patterns capable of optimizing the functional relationships of architectural or urban design, in other words graphs, or what Christopher Alexander calls "constructive diagrams[20]." However, even if these patterns are established "in design processes on the principle of differentiation and are conceived of as operators[21]," they remain logical abstractions nevertheless and thus restrain the phenomenal aspect of architecture. To treat urban territories, in their wholeness, while also taking account of the values borne by collective perception and the essential criterion of a building's use, Gregotti calls upon the notion of the urban image as defined by Kevin Lynch, i.e. a "search for physical qualities that have a rapport with the structure's identity, attributes of the mental image of the city[22]." Imageability would thus be a pragmatic tool for transcribing, figuring urban complexity, to gain a better grasp of its morphological structures, to physically work with the territory and, in the process, play geography against history. Vittorio Gregotti, transforming Kevin Lynch's analytical model into a generative system, accepts de facto the cognitive theory of the city, the cognitive mapping models developed by Kevin Lynch's professor Gÿorgy Kepes: "This method founds so to speak an esthetic of the extant situation and largely eludes the issue of signification [...]. It considers the relationship between the perceptive schema on the one hand, and richness and the variety of significations implemented by the urban structure on*

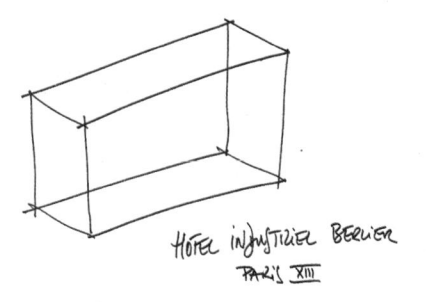

Dominique Perrault, croquis pour l'hôtel industriel Jean-Baptiste Berlier, Paris, 1986

Kevin Lynch, *The Grid City Diagrams*, 1981

DIAGRAMMES / DIAGRAMS

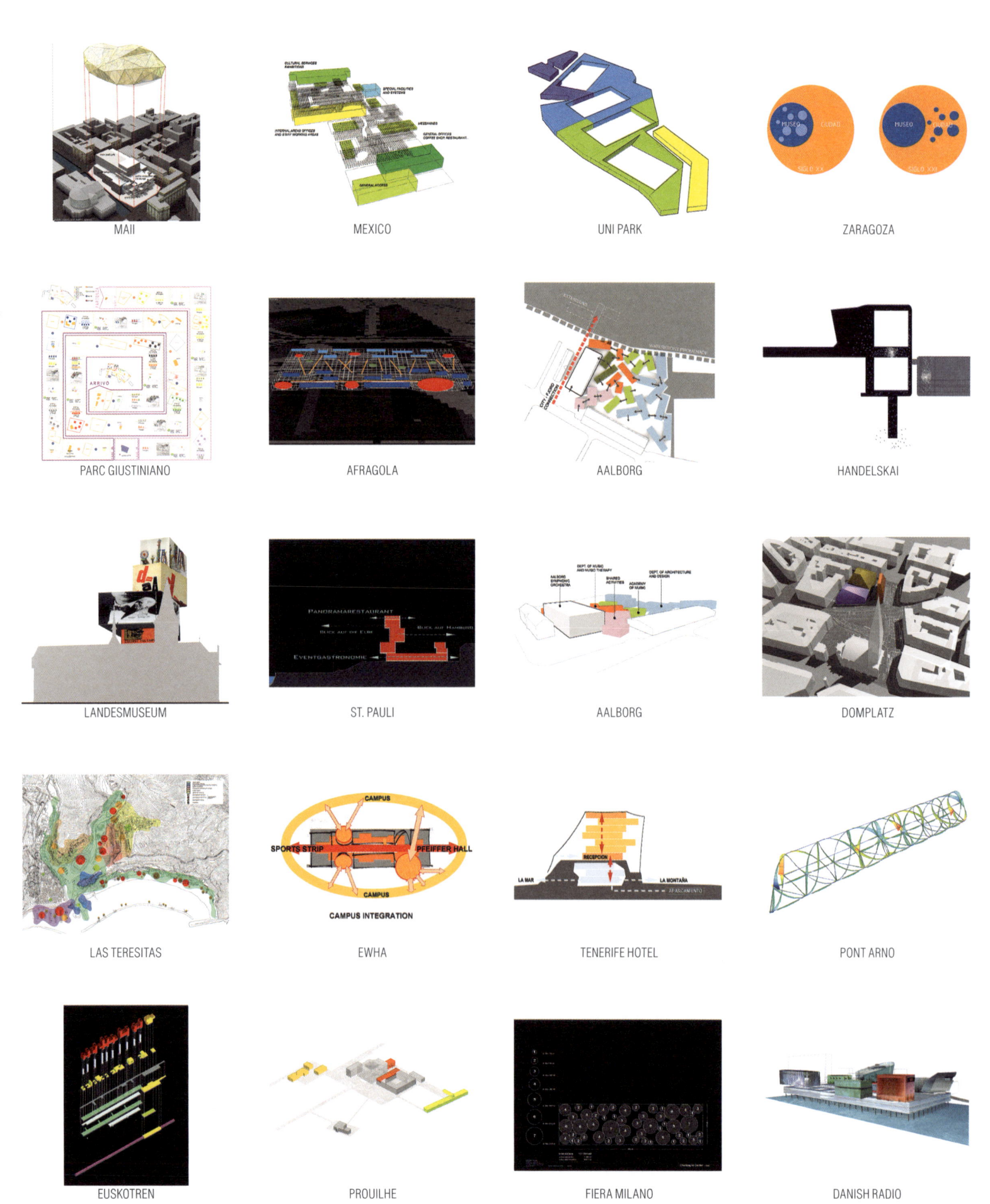

MAII	MEXICO	UNI PARK	ZARAGOZA
PARC GIUSTINIANO	AFRAGOLA	AALBORG	HANDELSKAI
LANDESMUSEUM	ST. PAULI	AALBORG	DOMPLATZ
LAS TERESITAS	EWHA	TENERIFE HOTEL	PONT ARNO
EUSKOTREN	PROUILHE	FIERA MILANO	DANISH RADIO

mises en œuvre par la structure urbaine, comme une simple réorganisation des matériaux que l'on peut inventorier, et non pas comme la création d'un matériau nouveau[23]. »

Et l'on retrouve Dominique Perrault, commentant la réalisation du vélodrome et de la piscine olympique de Berlin (1992-1999) où les deux vastes bâtiments semblent disparaître sous la surface du sol pour dessiner un Carl Andre monumentalisé : « Il y a une disparition de l'architecture, et il y a l'apparition d'un paysage avec toujours cette même idée, c'est-à-dire maîtriser un matériau fondamental de l'architecture, même s'il est abstrait, le vide. Comment peut-on construire avec le vide qui est une simple puissance émotionnelle, comment construire des vides qui soient des lieux qui ne séparent pas les différentes parties de la ville, des lieux de sociabilité, de citoyenneté[24]. » On comprend que, pour Dominique Perrault, le géographique bouscule radicalement toute identité persistante, que ce soit celle du construit ou celle de l'image. Avec insistance, l'architecte réclame l'émotion, cette puissance unilatérale des matériaux capable d'instaurer une phénoménalité brute du fait architectural ; c'est la notion même de morphologie urbaine qui pose alors question. Le carcan d'une image collective, instrumentalisée, posée en principe fondateur, et dont l'architecte pourrait s'imaginer avec candeur être le producteur, est lui-même évacué. Question d'identité : comment se fonde, comment s'origine la décision du projet, sinon dans un jeu intentionnel ? « Pourtant, insiste Perrault, tout le processus de fabrication de l'édifice tient sur une rencontre, souvent fulgurante, entre un concept et un contexte, entre une idée et un lieu. Ce grand moment, ce rendez-vous sensible, n'est qu'émotion[25]. » L'architecte désire préserver ce moment indiciel, celui de la décision, celui de l'acte qui change l'ensemble du champ qualitatif d'un territoire. Les petits dispositifs conceptuels qu'il propose parfois, comme le pavillon Pfleiderer en 1998-1999 (un jeu sur l'ouvert et le fermé, intensifiant et annulant simultanément l'effet de séparation), le banc pour la Fondation Wanas en 1997 (un matelas enserré dans une boîte de verre niant le confort pour accentuer le sentiment de l'assise), ou l'installation pour la Fondation Kolonihaven en 1996 (un arbre enfermé derrière une enceinte de verre), condensent une même stratégie esthétique, qui préside également à la création de plus amples projets. L'architecture travaille en retrait, distribue arbitrairement les axes, les éléments, qui vont intensifier la conscience du contexte, l'appréhension de ses valeurs culturelles et symboliques. Se refuser à tout antécédent spatial : voilà bien l'un des paradoxes frappants de la géographie perraultienne. Plan, carte, terrain et parcellaire historique ne sont plus des préalables, des domaines où il faut s'inscrire, mais une paramétrie dont il faut s'emparer pour libérer la perception de la spatialité. Perrault récuse tout principe identitaire, tout formalisme, présupposés méthodologiques qui imposeraient un rationalisme, ou tout du moins une normativité : « C'est une géographie qui restitue cette attention au territoire même, à ses spécificités ; elle dessine un matérialisme qui intime une méthodologie dont il faut à chaque fois inventer les règles. Il n'y a pas, contre toute supposition de la discipline, d'espace antécédent, il n'y a pas de préséance spatiale[26]. » L'architecte rompt les derniers ancrages d'un urbanisme territorial postmoderne qui cherchait à identifier les ultimes morphèmes d'une logique des territoires, comme cette « charnière » en laquelle Mandredo Tafuri voit une clé de lecture de l'œuvre de Gregotti[27], ou ces « thèmes » (la transformation, l'assemblage, l'incorporation, l'assimilation) que tente d'investir Ungers, et qui

the other, as a simple reorganization of materials that can be inventoried, and not as the creation of a new material[23]."

As Dominique Perrault comments on the Berlin Velodrome where the immense buildings seem to vanish into the ground to design a monumentalized work by Carl Andre: "There is the disappearance of the architecture and the appearance of a landscape and always with the same idea in mind, that is to say, the one of mastering a fundamental material of architecture, the void, even if it is abstract. How can one build with the void, a simple emotional power? How can one build voids that are not places that separate the different parts of the city, the places of sociability, of civic life[24]?" One understands that for Dominique Perrault, geography radically shakes any persistent identity, whether the one of the built or the one the image. The architect forcefully insists on the use of emotion, the unilateral power of materials capable of establishing the raw phenomenality of the architectural fact. Thus, it is the very notion of urban morphology that raises the question. The straightjacket of a collective image, instrumentalized, posited as founding principle, and of which the architect could imagine with candor being the source, is thus evacuated. A question of identity: how is a project founded, the decision of the project originated, if not in the interplay of intentions? "Yet, the entire processes of constructing the building hinges on one encounter, often dramatic and instantaneous, between a concept and a context, between an idea and a place. This moment, this sensitive encounter, is pure emotion[25]." The architect wishes to preserve this orienting moment, the instant of the decision, of the act that changes the whole qualitative field of a territory. The smaller conceptual arrangements he sometimes proposes, like the Pfleiderer pavilion in 1998 (which plays with idea of open and closed, simultaneously intensifying and cancelling out the effect of separation), the bench for the Wanas Foundation in 1997 (a mattress inserted into a glass box that negates comfort to accentuate the feeling of stability), or the installation for the Kolonihaven Foundation in 1996 (a tree placed within a glass enclosure), condense the same esthetic strategy, one that also guides the creation of larger projects. Architecture works its effects in the background, arbitrarily distributing the axes, the elements, which will intensify awareness of the context, the understanding of its cultural and symbolic values. The rejection of any spatial antecedent is one of the more striking paradoxes of Perrault's geography. Plans, maps, terrains and historic plots are no longer prerequisites, domains into which architecture must be inscribed, but rather a set of parameters that must be seized upon and used to free the perception of spatiality. Perrault objects to any principle of identity, any formalism, or methodological presupposition that would impose rationalism, or at the very least normativity: "It is geography that refocuses the attention on the territory itself, on its specificities; it outlines a materialism that suggests a methodology requiring the invention of rules for every instance. Against all suppositions of the discipline, there is no antecedent space, no spatial precedence[26]." Thus, the architect breaks the last remaining anchors to a postmodern territorial urbanism that sought to identify the ultimate morphemes of the logic of territories. Like the "hinge" in which Manfredo Tafuri sees the key for reading the works of Gregotti[27], or the "themes" (transformation, assemblage, incorporation and assimilation) that Ungers attempts to invest, and that were supposed to guarantee the project's identity: "The search for a theme for a building constitutes the condition and the content of the architectural project. It is

Site, James Wines, Highrise building with various house types, 1981

Dominique Perrault, installation Kolonihaven, Copenhague, 1996

Yona Friedman, La ville spatiale, maquette, 1959, MNAM - CCI, Centre Pompidou, AM 2007-2-2

devaient garantir l'identité d'un projet : « La recherche d'un thème pour un édifice constitue la condition et le contenu du projet architectural. C'est là l'acte intellectuel et véritablement créateur qu'il faut accomplir lors de l'élaboration d'un projet[28]. » L'architecture de Perrault, bien que travaillée par les métaphores scripturaires, n'énonce rien, ne dit rien, elle est formellement non signifiante ; elle excipe d'une indétermination qui force chacun à tisser les liens sensibles lui conférant son unité.

Le point de vue de Dominique Perrault est tranché : « L'unité, l'identité d'un projet ne dépendent pas d'une modélisation extérieure, que ce soit celle du corps, de la forme ou d'un principe quelconque […]. L'architecture qui prend à bras-le-corps les contradictions tente d'échapper à cette logique extérieure de la séparation pour la gommer, la rendre acceptable. Chaque élément trouve alors une forme spécifique de singularité puisqu'il cherche à apporter un type de réponse inédite[29]. » La forme des constructions, reposant sur des conteneurs a priori susceptibles d'accueillir les différentes parties fonctionnelles d'un programme, peut se déployer en éléments de toutes dimensions, comme le montre le Centre Technique du Livre (1993-1995), disposé autour d'une rue centrale. L'enveloppe, simple bardage métallique dont Perrault va accentuer progressivement la valeur phénoménale, devient le seul principe identitaire. L'usine Aplix (1997-1999), conçue selon une même répartition des éléments programmatiques, ne présente sur sa façade publique qu'un miroir cinétique d'un kilomètre de longueur, reflétant pour ceux qui le suive en voiture une image analytique et syncopée du paysage. L'architecture s'efface et s'impose en retour comme une machine optique et perceptuelle, une « disparition de l'architecture au sens de la perception mais aussi au sens de la création de l'interdit. L'architecture est par définition l'art de construire des murs et quoique l'on fasse quand on est architecte, on établit des séparations, de l'interdit. Comment peut-on utiliser ce fantastique espace, cette situation de séparation, pour créer du lien, pour créer du paradoxe. C'est là que l'architecture est la plus forte, là où elle est la plus émotionnelle, quand elle est paradoxale[30]. » Comment déplacer le principe ontologique récurrent de l'architecture ? Comment différer la question même de la séparation ? Que faire du mur de la cabane de Laugier ? Et de la peau de la hutte primitive de Gottfried Semper ? Perrault répond : imposer au mur d'être un lieu actif, un domaine constitutif d'interrelations. Il rejette toutes les métaphores identitaires de la séparation, celles d'une architecture qui n'en finit pas de s'extirper des décombres de la représentation, de cette « couture[31] » à échelle urbaine – murs-écrans, murs-images, murs-matières qui semblent vouloir animer la façade de l'architecture contemporaine. À cet égard, la patiente élaboration des textures de mailles métalliques par l'agence Perrault constitue l'avènement d'un élément architectonique qui permet de déplacer l'effet de séparation, de l'étendre à une authentique fonction de liaison tant matérielle que perceptuelle. Les rideaux de maille, déjà présents dans les intérieurs de la BNF, vont s'imposer comme des matériaux constructifs à part entière, tout d'abord avec l'immense résille cuivrée voilant la façade du projet pour le musée Reina Sofia (1999), puis avec le projet de la Fondation François Pinault (2001). Posé sur une plateforme, ce dernier bâtiment s'organise selon une distribution aléatoire de boîtes liées aux différentes fonctions du programme, l'ensemble étant entièrement enveloppé par une trame métallique lui conférant tout à la fois une présence monumentale et une fragilité diaphane. Ces rideaux tombant jusqu'au sol créent de larges circulations semi-publiques, semi-privées, bouleversent les économies intérieur/extérieur et modifient radicalement

Superstudio, Il monumento continuo, Manhattan stade intermédiaire du photomontage, 1969, MNAM -CCI, Centre Pompidou, AM 2000-2-141(3)

the intellectual and genuinely creative act that must be achieved during the elaboration of a project[28]." Perrault's architecture, though fashioned by scriptural metaphors, states nothing, says nothing. It is formally non-signifying; it is ignorant of the indetermination that compels everyone to weave the sensitive links that will give it unity.

Dominique Perrault's point of view is clear-cut: "The unity, the identity of a project does not depend on external modeling, whether the one of the body, of form or any sort of principle […]. Architecture that embraces contradictions attempts to escape form the external logic of separation in order to erase it, make it acceptable. Hence, each element finds a specific form of singularity because it seeks to bring a new type of answer[29]." The form of buildings, resting on a priori containers capable of receiving the various functional parts of a program, can be deployed as elements of all dimensions, as demonstrated by the Technical Center of the Book (1993-1995), organized around a central street. The envelope, simple metallic cladding, which Perrault has increasingly used to highlight phenomenal value, becomes the sole identifying principle. The Aplix Factory (1997-1999), designed according to the same distribution of programmatic elements, shows only a kinetic mirror one kilometer in length running along its public façade, reflecting the analytical and syncopated image of the landscape to passing cars. The architecture vanishes and imposes in its place an optical and perceptual machine, the "disappearance of architecture in the sense of perception but also in the sense of the creation of the forbidden. Architecture is by definition the art of building walls, and whatever one does, the architect creates separations, the forbidden. How can this fantastic space, this situation of separation, be utilized to create links, paradoxes? This is where architecture is strongest, the most emotionally charged, when it is paradoxale[30]." How can the recurring ontological principle of architecture be shifted? How can one even differentiate the very issue of separation? What can be made of Laugier's wall and cabin, and the skin of Gottfried Semper's primitive hut? Perrault's answer is to force the wall to be an active place, an area that creates interrelations. He rejects any identifying metaphors of separation, those of an architecture that never quite succeeds in extricating itself from the rubble of representation, from "sewing[31]" on the urban scale – screen-walls, image-walls, materials-walls that seem to serve the purpose of animating the façade of contemporary architecture. In this regard, the patient elaboration of the textures of metallic meshes carried out by Perrault's firm constitutes the arrival of an architectonic element that henceforth makes it possible to shift the effect of separation, to give it an authentic linking function, just as material as perceptual. The mesh curtains, already deployed in the interiors of the National Library of France, become compelling and full-fledged constructive elements, first in the immense copper-tinted netting that veils the façade of the proposal for the Reina Sofia Museum (1999), and again in the project for the François Pinault Foundation (2001). Placed on a platform, this last building is organized according to a random distribution of boxes linked to the various functions of the program, the whole being entirely enveloped in metallic weave that gives it both a monumental presence and a diaphanous fragility. The immense curtains that fall straight to the ground create broad semi-public, semi-private circulations, profoundly altering interior/exterior economies and radically modifying the image of the urban landscape. A genuine prototype, this project marks a decisive step in Dominique Perrault's work. His architecture again takes up the

les images du paysage urbain. Véritable prototype, ce projet marque une étape décisive dans l'œuvre de Dominique Perrault. L'architecture renoue aussi bien avec une logique de la séparation, envisagée comme un « acte de partage », « un vide qui unit les architectures individuelles », qu'avec l'unité physique du bâti en tant que « volume nouveau, inédit, issu du processus de réalisation, où la forme architecturale naît du process[32] ».

Les artifices d'une naturalisation

Ouvrant des perspectives inédites, le projet pour la Fondation François Pinault influencera directement la conception du Théâtre Mariinsky II (2003), l'architecte expérimente une grammaire renouvelée des modes d'intégration urbaine. La distance entre l'enveloppe et l'édifice génère effectivement de nombreux espaces intermédiaires, des circulations en rues couvertes, mais aussi des terrasses, des balcons et des belvédères. Que la séparation, la limite, puisse s'étendre, se multiplier en effets qualitatifs, en espaces différemment qualifiés, permet à Dominique Perrault de varier les axes en traverses, de créer de nouvelles capillarités avec l'environnement. Activer ou réactiver l'ensemble d'un territoire, c'est bien ce que proposent la plage Las Teresitas (2000-2010) et l'hôtel qui y est aménagé (2000-2012), projet pour lequel l'ensemble du domaine balnéaire est redessiné grâce à l'apport de milliers de tonnes de sable du Sahara et à l'utilisation d'une colline arasée pendant la guerre sur laquelle se nichent un hôtel et des résidences couvertes par une maille métallique reconstituant le profil et la volumétrie du site originel. Toute l'œuvre de Dominique Perrault trouve sa cohérence dans cette économie de la différenciation générique. Pour chaque réalisation, un ordre pragmatique s'impose, en même temps qu'un langage qui échappe aux grammaires académiques et qui, de ce fait ou malgré cela, parvient à réactualiser avec les principes les plus fondamentaux de la discipline architecturale. Perrault avait déjà posé le postulat des boîtes, uniques ou additionnées, dispersées selon des axes fonctionnels horizontaux ou empilées pour générer des immeubles de grande hauteur, enveloppes dont il avait néanmoins indéterminé l'effet de clôture, leur donnant le rôle d'un nœud fonctionnel. On retrouve le même type d'affirmation avec l'arbitraire d'un entablement du programme, procédé manifeste pour la BNF, le vélodrome et la piscine olympique de Berlin, le siège de la radio et de la télévision danoises (2000), ou encore pour le centre de conférence Barilla (2003). Ce détachement du sol favorise la polarisation de l'ensemble d'une structure urbaine et la neutralisation des effets d'une représentation du plan (c'est en ce sens que Dominique Perrault mentionne souvent le projet de *Ville spatiale* (1958) de Yona Friedmann). La notion d'enceinte, dont Vittorio Gregotti fait un instrument privilégié de son rationalisme territorial – « l'acte d'architecture par excellence […], la forme de la cause par laquelle le monde externe se présente, par laquelle il se révèle[33] » – réapparaît chez l'architecte français. Inversement, elle s'impose telle une limite qui accentue la porosité, comme en attestent le déambulatoire ouvert de la Cour de justice des Communautés européennes (1996-2008), la boîte dans la boîte de la Médiathèque Lucie-Aubrac à Vénissieux (1997-2001), avec sa circulation périphérique enserrant les salles de travail, mais également la façade-enveloppe de l'Île Seguin (2004), véritable instrument de scénographie de la Seine, étudié en collaboration avec Daniel Buren. Tous les plans constitutifs de la forme architecturale, toutes les surfaces sont ainsi soumises aux jeux du déplacement, à une tension intérieure qui les délocalise. Le mur est converti en outil de voilement/dévoilement grâce aux

both the logic of separation, envisioned as an "act of sharing", "a void that unites individual architecture," and the physical unity of the building as a "new, unique volume, resulting from its realization, in which the architectural form emerges from the development process[32]."

The artifice of naturalization

Offering unprecedented perspectives, the proposal for the Fondation François Pinault directly influenced the design for Théâtre Mariinsky (2003), as the architect continued his experimentation with a renewed grammar of methods of urban integration. The distance between the envelope and the edifice generates a number of intermediate spaces, circulations as covered streets, as well as many terraces, balconies and belvederes. The fact that separation, the limit, can be expanded, whose qualitative effects can be multiplied in a variety of qualified spaces, enabled Dominique Perrault to vary crossing axes and create new capillary effects with the environment. Indeed, the issue faced at Las Teresitas was to activate or reactivate the whole territory, and that is what has been proposed for the beach and the hotel, which is currently under construction (2000-2010). In this project the entire resort area has been redesigned by the importation of thousands of tons of sand from the Sahara and the utilization of a hilltop, razed during the war, to nestle a hotel and apartments, the whole covered by a metallic mesh that reconstitutes the profile and the volumetry of the original site. The work of Dominique Perrault finds its coherence in this economy of generic differentiation. A pragmatic order emerges for each project, along side a language that escapes academic grammars and which, because of or in spite of this, manages to update the most fundamental principles of the discipline of architecture. Perrault had already posited the postulate of the boxes, alone or in groups, dispersed according to horizontal functional axes or stacked to generate buildings of great height, envelopes in which he had nevertheless left the enclosure effect indeterminate, thereby giving them a role as a functional node. The same type of affirmation with is manifest in the procedure the arbitrary choice of placing the program for the National Library of France on an entablature, seen also in the velodrome in Berlin, the headquarters for Danish radio and television (2000), and again in the Barilla conference center (2003). In these projects, detachment from the ground favors a polarization of an entire urban structure and the neutralization of the effects of a representation of the plan (it is in this sense that Dominique Perrault often mentions the project for a Spatial City (1958) by Yona Friedmann). The notion of the enclosure, used by Vittorio Gregotti as a privileged instrument of his territorial rationalism – "the architectural act par excellence […], the form of the cause by which the outside world is represented, by which it is revealed[33]" – reappears with the French architect. Conversely, he imposes it as a limit that accentuates porosity, as attested by the covered deambulatory of the Court of Justice of the European Communities (1996-2008), the box within a box of the Lucie-Aubrac Media Library in Vénissieux (1997-2001), with its peripheral circulation enclosing the study and work rooms, but also the façade-envelope of the Île Seguin (2004), a scenographic instrument of the Seine, studied in collaboration with Daniel Buren. All these plans that constitute architectural form, all these surfaces are thus subjected to the issues of displacement, to an internal tension that dislocates them. The wall is turned into a tool for veiling/unveiling, owing to the metallic mesh, while floors and roofs

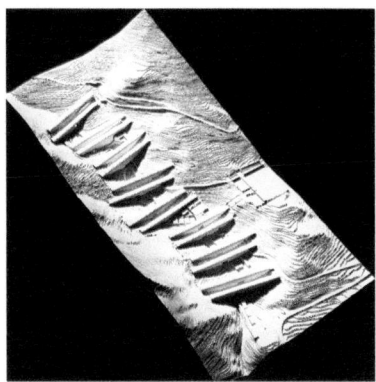

Vittorio Gregotti, résidences à bon marché, Cefalu, 1976

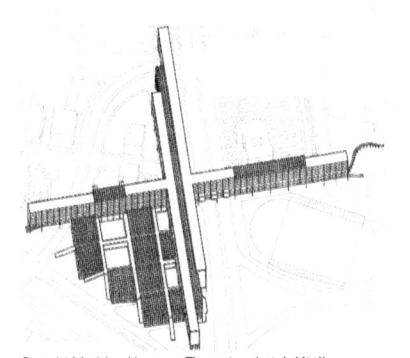

Oswald Mathias Ungers, *Tiergartenviertel*, détail, Berlin, 1973

Dominique Perrault, maquette concept pour l'Institut français de mécanique avancée, Clermont-Ferrand, 1989

mailles métalliques, les sols et les couvertures étant quant à eux soumis à de multiples effets tectoniques. Avec ses panneaux mobiles de verre opalescent, le projet pour la Bibliothèque nationale Kansai-kan (1996), encastré dans le terrain, donnait la mesure de cette volonté d'intégration, de cette relation proactive entre le sol et le ciel, dans laquelle la lumière est transmuée en matériau. Expérimenté plus concrètement avec le Théâtre Nô (2005-2006), Perrault avait déjà accentué ce principe avec la Cité de la Culture de Galice, à Saint-Jacques-de-Compostelle (1999), où un dispositif de miroirs enchâssé dans une boîte de verre inondait de lumière les espaces d'activité enfouis dans une colline et imposait, à la nuit tombée, un signal urbain luminescent[34]. Dans son dialogue avec les territoires, Dominique Perrault exploite tous les moyens de la topologie, recourt à des formes qui appartiennent en propre à la géographie, à ce qui relève du *graphein*, sans pour autant élaborer une grammaire, une stylistique. En dernière instance, c'est le contexte qui détermine seul l'unité physique du projet architectural.

Fin des distinctions arbitraires, des oppositions binaires : l'architecte s'ouvre à un métissage des qualités, des matières, des valeurs culturelles, mêlant au même degré l'immatériel et le physique, l'organique et le minéral, le construit et le détruit. L'architecture est affaire d'artefacts dans un monde où plus rien n'est en retrait, où tout est investi, où la nature ne peut plus être que l'objet d'une naturalisation : « Elle est un ensemble de natures, allant du plus vierge au plus artificiel ; sans toutefois s'exclure les unes les autres, ces natures au contraire se frottent soit par proximité, soit par mixité. Différentes natures, comme l'acceptation d'un monde tissé et métissé, produisent des paysages inachevés[35]. » Cependant pour Perrault le domaine urbain, délaissant peu à peu les récits constitutifs de l'histoire, n'est pas un domaine fragmentaire et chaotique face auquel on aurait à concevoir les outils d'une gestion de la complexité. L'abandon des visions globalisantes du modernisme, celles des planifications, des modélisations distributives, ou de l'utopie des projets mégastructurels, n'autorise pas en retour de s'arrêter au constat d'un éclectisme généralisé exigeant de l'architecte qu'il donne « une nouvelle dimension à la culture encore toute nouvelle de la congestion[36] ». La géographie de Perrault, sa pensée de la connexité et des corrélations, n'est pas la quête d'une ultime rationalité qui voudrait « rendre lisibles les conflits d'usage et de forme, pour les dépasser en les situant dans de nouveaux réseaux logiques, une rationalité qui ne serait pas celle du néant [...], mais plutôt celle de l'intervalle[37] ». La lecture néorationaliste française du travail de Rem Koolhaas, ancrée sur sa filiation avec Vittorio Gregotti ou avec Oswald Mathias Ungers — lequel a collaboré avec Koolhaas pour le Risanamento à Düren, en 1973, et pour le Berlin-Lichterfelde, 4, Ring, en 1975 —, préserve, derrière la revendication territoriale, l'autorité de la topographie, d'un espace urbain encore conçu comme un domaine d'extension spatiale qu'il faut maîtriser à l'aide de grilles. La fonction négative de ces quadrillages, de cet urbanisme en bandes qui vise à autonomiser une narrativité des parcellaires, reste pourtant dépendante du discontinu. Elle suppose une réification des relations et utilise le collage et le montage comme instruments d'un discours urbain renouvelé. Pour Dominique Perrault, l'urbain ne se suffit plus de ces cartes thématiques, d'une narrativité immanente de l'existant. L'expérience urbaine s'est démultipliée en de vastes tissus d'informations où la conscience collective des territoires s'enrichit en permanence d'une infinité de connexions entre les formes de la vision et les formes des choses vues. Pour le dire comme Bruno Latour, la ville doit

are equally subjected to multiple tectonic effects. With its mobile panels of opalescent glass, the proposal for the Kansai-kan National Library (1996), embedded in the terrain, provides the measure of this determination of integration, this proactive relationship between ground and sky, in which light is transmuted into a material. Experimented with more concretely in the Noh Theater (2005-2006), Perrault had already highlighted the principle in the Galicia City of Culture, in Santiago de Compostela (1999), whereby a system of mirrors inserted into a glass box flood the spaces of activity buried inside the hill with light, and which at nightfall becomes a luminescent urban signal[34]. In his dialog with territories, Dominique Perrault utilizes all the resources of the topology, resorts to forms that belong to geography, to what derives from graphein, *while avoiding the elaboration of a grammar or a style. The final word belongs to the context, which alone determines the physical unity of the architectural project.*

The period of arbitrary distinctions and binary oppositions has come to a close. The architect is open to a blending of qualities, materials, cultural values, mixing the immaterial and the physical, the organic and the mineral, the built and the destroyed, all to the same degree. Architecture is about artifacts in a world where nothing is any longer in retreat and everything is invested, where nature can no longer be anything other than the subject of naturalization: "It is a set of natures, ranging from the most virgin to the most artificial; however, without their being excluded from each other. On the contrary, these natures rub against each other, due either to proximity, or interaction. Different natures, like the acceptance of an interwoven and mixed world, produce unfinished landscapes[35]." However, for Perrault the urban domain, which is gradually losing the stories that constitute its history, is not a fragmentary or chaotic one in the face of which we should have to develop tools for managing its complexity. The abandonment of modernism's globalizing visions of planning, distributive modeling, or utopian megastructure projects, does not in turn authorize merely stopping at the observation of a generalized eclecticism requiring that the architect give "a new dimension to the relatively recent culture of congestion[36]." Perrault's geography, his thinking about connexity and correlations, is not a quest for an ultimate rationality that would "make conflicts between uses and forms legible, in order to go beyond them by situating them in new logical networks, in a rationality that would not be one of nothingness [...], but rather one of the interval[37]." The French neo-rationalist reading of Rem Koolhaas's work, with its lineage from Vittorio Gregotti or Oswald Mathias Ungers — who collaborated with Koolhaas on the Risanamento in Düren, in 1973, and in the Berlin-Lichterfelde, 4, Ring, in 1975 — preserves, behind its territorial assertions, the authority of the topography, of an urban space still envisioned as a domain for spatial extension that must be mastered through the use of grids. The negative function of these grid patterns, of this urbanism of bands, that seek to render autonomous the narrativity of fragmentation, remains nevertheless dependent on the discontinuous. It supposes a reification of relationships and utilizes collage and montage as instruments in a renewed urban discourse. For Dominique Perrault, these thematic mappings of an immanent narrativity of the extant urban landscape are no longer sufficient for the urban domain. Urban experience is multiplied exponentially in vast tissues of information in which the collective consciousness of territories is constantly enriched by the infinite connections between forms and vision

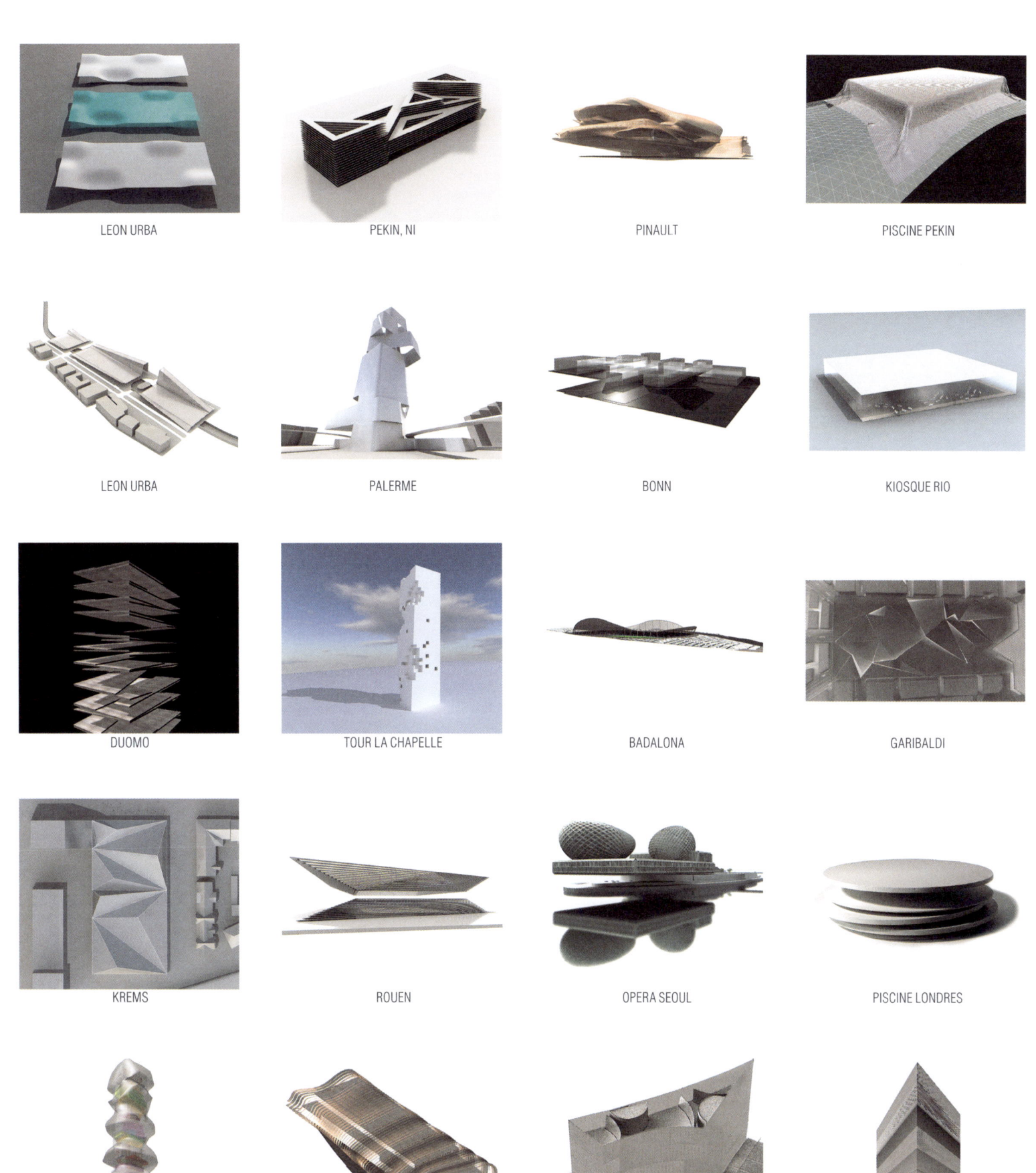

LEON URBA	PEKIN, NI	PINAULT	PISCINE PEKIN	
LEON URBA	PALERME	BONN	KIOSQUE RIO	FORMES / SHAPES
DUOMO	TOUR LA CHAPELLE	BADALONA	GARIBALDI	
KREMS	ROUEN	OPERA SEOUL	PISCINE LONDRES	
ZIG ZAG TOWER	PINAULT	AGELCO	CASA DE FRANCIA	

se décrire à partir d'une succession de regards « oligoptiques[38] », nourris d'une infinité de données délocalisées ; elle se recompose en permanence en cartes locales, par des *samplings* sémantiques qui à la notion de distance substituent une interrelation générique du tout et des parties, un complexe de temporalités diverses qui échafaudent une autre dimension de la simultanéité. Revient alors l'ancienne notion du *cognitive mapping*, de cette structure fondamentale de la connectivité, cette *gestalt* décrite par György Kepes quand il anticipait les effets de la révolution numérique et qu'il imaginait « une homéostase environnementale à l'échelle globale[39] ». C'est encore ce modèle qui nourrit aujourd'hui le champ d'une analyse computationnelle en quête de référents logiques, afin de définir les termes de cette ontologie de la relation, relation entre les éléments d'un tout et la structure des liens qui les unissent. La méréologie (de *meros*, qui signifie « partie » en grec), élaborant une théorie de la spatialité fondée sur des liens logiques, évacue la notion même d'inscription : « Les liens ne peuvent exister de façon isolée, il n'y a en réalité pas de points, de lignes, ou de surfaces isolées […]. Les liens sont comparables à des formes universelles ou à des structures[40]. » Sans ériger une logique qui chercherait à définir des universaux, des classes, une sorte de métarationalité, la méréotopologie semble bien correspondre au projet architectural de Dominique Perrault qui, opposant la géographie à l'histoire, élabore une économie des liaisons où l'espace s'organise à partir d'une ontologie de la relation, où le bâtiment se tisse et s'affirme comme un agrégat. Les tendeurs qui soulignaient de larges interactions territoriales (voir l'aménagement de l'Île Sainte-Anne, 1992-1995) préfiguraient les vastes projets fondés sur cette architectonique du lien, tel cette trame complexe qui couvre l'ensemble du site de la place Garibaldi à Naples (2004-2011) ou ces réseaux de plate-formes qui redessinent l'ensemble des rives du Manzanares (2005-2008) à Madrid sur plus de 48 hectares. Perrault initie une architecture ouverte dans laquelle l'espace se multiplie en définitions impermanentes et locales, une architecture opérationnelle des territoires qui fait la part belle à la mobilité et à l'interactivité dans la définition de l'espace. « Un absolu nomade, écrivent Deleuze et Guattari, existe comme l'intégration locale qui va d'une partie à une autre, ce qui constitue l'espace lisse dans l'infini des raccordements et des changements de direction[41]. » Dominique Perrault étend la logique de la méréotopologie, il invente une *méréogéographie*, une *méréographie*.

and the forms of things seen. In the words of Bruno Latour, the city must describe itself based on a succession of "oligoptic"[38] views, nurtured by the infinity of delocalized data; It is constantly being recomposed in local maps, via semantic samplings that substitute the notion of distance with a generic interrelation of the whole and it parts, a complex of diverse temporalities that are constructing another dimension of simultaneity. Thus, the old notion of cognitive mapping – this fundamental structure of connectivity, this gestalt described by György Kepes when he anticipated the effects of the digital revolution and imagined "an environmental homeostasis on a planetary scale[39]" – is staging its return. Moreover, this model still nurtures the field of computational analysis in its quest for logical referents in order to define the terms of the ontology of the relationship – relationship between the parts of a whole and the structure of the links uniting them. Mereology (from the Greek word meros, meaning "part"), which elaborates a theory of spatiality founded upon logical links, evacuates the very notion of inscription: "Links cannot exist in an isolated way, in reality there are no isolated points, lines, or surfaces […]. Links can be compared with universal forms or with structures[40]." Without seeking to erect a logic that seeks to define universals, classes, a sort of meta-rationality, Mereotopology seems to correspond well with Dominique Perrault's architectural project, which, opposing geography to history, develops an economy of liaisons in which space is organized based on an ontology of the relationship, in which the building is woven into, affirmed as an aggregate. The tighteners underpinning broad territorial interactions (see the development of the Île Saint-Anne, 1992-1995) prefigured the vast projects based on the architectonics of the link, like the complex weave covering the whole site of the piazza Garibaldi in Naples (2004-2011) or the network of platforms that redraw the banks of the Manzanares in Madrid (2005-2008), over more than 48 hectares. Perrault initiates an open architecture in which space is multiplied in impermanent definitions and locales, an operational architecture of territories privileging mobility and interactivity in the definition of space. "An absolute nomad exists as a local integration, moving from one area to another, constituting the smooth space in the infinity of junctions and changes in direction[41]" wrote Deleuze and Guattari. Dominique Perrault is extending the logic of mereotopology, inventing a mereogeography, a mereography.

Dominique Perrault, maquette pour l'Aménagement de l'Île Sainte-Anne, Nantes, 1992

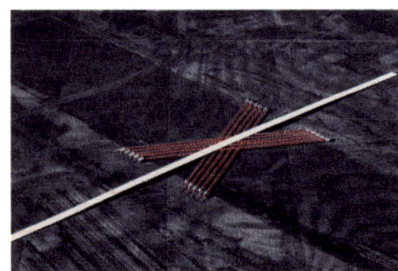

Dominique Perrault, maquette concept pour le pont Charles de Gaulle (pont Genty), Paris, 1988

Notes

1. « Un morceau de nature », pour reprendre le titre de l'œuvre prémonitoire de Haus Rucker & Co, *Ein Stuck Natur* (1970-1971), qui enserrait une maison primitive et son contexte sauvage dans un bocal de verre.
2. Peter Buchanan, « Lieu et projection », in *Bibliothèque nationale de France, 1989-1995, Dominique Perrault architecte*, Bâle, Birkhäuser, 1995, p. 29.
3. Bernard Huet, « Formalisme-Réalisme », in *L'Architecture d'aujourd'hui*, n° 190, avril 1977, p. 36.
4. Ibid
5. Jean Nouvel, « Oser l'ornement », in *Architectures en France, modernité, postmodernité*, Paris, Centre Georges Pompidou, 1981, p. 160.
6. Jacques Lucan, *France Architecture, 1965-1988*, Milan-Paris, Electa/Moniteur, 1989, p. 180.
7. Dominique Perrault, « L'architecture n'est pas un art d'exclusion », in *Dominique Perrault architecte : Hôtel industriel Paris treizième*, Paris, Les Éditions du Demi-Cercle, 1990, p. 2.
8. Vittorio Gregotti, *Le Territoire de l'architecture*, Marseille, L'Équerre, 1982, p. 77.
9. Dominique Perrault, « L'architecte dans son contexte », in *With Dominique Perrault Architecte*, Basel-Boston-Berlin/Barcelone, Birkhäuser/Actar, 1999, p. 58.
10. Manfredo Tafuri, « Les aventures de l'objet : architectures de Vittorio Gregotti », in *Vittorio Gregotti, projets et architectures*, Milan-Paris, Electa/Moniteur, 1982, p. 14.
11. Vittorio Gregotti, « Architettura e geographia », in *Casabella*, n° 421, janvier 1977, p. 60 [traduction de l'auteur].
12. Vittorio Gregotti, « La forme du territoire », *Edilizia Moderna*, n° 87-88, mars 1966, p. 148.
13. Donald Judd, « Specific objects », *Complete Writings, 1959-1975*, Halifax, New York, The Press of the Nova Scotia College of Art and Design, New York University Press, 1975, p. 187-188.

Notes

1. "A bit of nature," in answer to the premonitory title of Haus Rucker & Co, *Ein Stuck Natur* (1970-1971), which enclosed a primitive house and its wild context in a glass jar.
2. Peter Buchanan, "Place and projection," in *National Library of France, 1989-1995, Dominique Perrault architect*, Basel, Birkhäuser, 1995, p. 29.
3. Bernard Huet, "Formalism-Realism," in *L'Architecture d'aujourd'hui*, n° 190, April 1977, p. 36.
4. Ibid
5. Jean Nouvel, "Dare with ornement," in *Architectures en France, modernity, post-modernity*, Paris, Centre Georges Pompidou, 1981, p. 160.
6. Jacques Lucan, *France Architecture, 1965-1988*, Milan/Paris, Electa/Moniteur, 1989, p. 180.
7. Dominique Perrault, "Architecture is not an art of exclusion," in *Dominique Perrault architect: Paris thirteenth industrial hotel*, Paris, Éditions du Demi-Cercle, 1990, p. 2.
8. Vittorio Gregotti, *The Territory of architecture*, Marseille, L'Équerre, 1982, p. 77.
9. Dominique Perrault, "The architect in his context," *With Dominique Perrault Architect*, Basel-Boston-Berlin/Barcelona, Birkhäuser/Actar, 1999, p. 58.
10. Manfredo Tafuri, "The adventures of the object: architectures de Vittorio Gregotti", in *Vittorio Gregotti, projects and architectures*, Milan-Paris, Electa/Moniteur, 1982, p. 14.
11. Vittorio Gregotti, "Architettura e geographia," in *Casabella*, n° 421, January 1977, p. 60 [translation by author].
12. Vittorio Gregotti, "The form of the territory," *Edilizia Moderna*, n° 87-88, March 1966, p. 148.
13. Donald Judd, "Specific objects," *Complete Writings, 1959-1975*, The Press of the Nova Scotia College of Art and Design, Halifax, New York, New York University Press, 1975, p. 187-188.
14. Maria Vittoria Capitanucci, commenting on the article "The violence of the neutral" [Frédéric

14. Maria Vittoria Capitanucci, commentant l'article « La violence du neutre » [Frédéric Migayrou, « La violence du neutre », *Dominique Perrault, 1990-2001, la violence du neutre, El Croquis*, n° 104, 2001, p. 258-260], assimile la neutralisation, le neutre, à la simple idée d'une architecture minimaliste. Maria Vittoria Capitanucci, *Dominique Perrault, Œuvres récents*, Genève, Skira, 2006, p. 11.
15. Exposition « Concept -Contexte », Galerie Denise René, Paris, 1991.
16. Gilles de Bure, *Dominique Perrault*, Terrail-Vilo, 2004, Paris, p. 48.
17. « Penser et concevoir en images, métaphores, maquettes, analogies, symboles et allégories, n'est rien de plus qu'une transition d'une approche purement pragmatique à un mode de pensée plus créatif. Cela impose un processus de pensée en terme de valeurs qualitatives plus que sur des données quantitatives, un process plus fondé sur la synthèse que sur l'analyse. » Oswald Mathias Ungers, *Morphologie, City Metaphors*, Cologne, Buchhandlung Walter König, 1976, p. 14.
18. Oswald Mathias Ungers, « Planning Criteria », in *Lotus International*, n° 11, 1976, p. 13.
19. Vittorio Gregotti, « Oswald Mathias Ungers », *idem*, p. 12.
20. Les patterns ou les diagrammes constructifs tentaient d'établir une relation logique et rationnelle entre la définition des besoins, des usages et de leurs aspects psychocognitifs d'une part et celle de la forme architecturale d'autre part. Établissant des constantes transhistoriques, l'architecture de Christopher Alexander se tiendra constamment au plus près de modèles néovernaculaires ou proto-urbains. Voir Christopher Alexander, *De la synthèse de la forme, essai*, traduction de Jacques Engelmann et Jacques Sinizergues, Paris, Dunod, 1971.
21. Ingrid F. King, « Christopher Alexander and Contemporary Architecture », in *A+U*, numéro spécial « Christopher Alexander », août 1993, p. 26.
22. Kevin Lynch, *L'image de la cité*, traduction de Marie-Françoise Vénard et Jean-Louis Vénard, Paris, Dunod, 1969, p. 10.
23. Vittorio Gregotti, *Le Territoire de l'architecture*, Marseille, L'Équerre, 1982, p. 52.
24. Dominique Perrault, *Grow!*, éditons Topos, Zentralvereinigung der Architekten Österreichs, 2006.
25. Dominique Perrault, Gaëlle Lauriot-Prevost, « Concept-Contexte, Exposition Galerie Denise René », in Dominique Perrault, Artemis, Zurich-Munich-Londres, 1994, p 105
26. Dominique Perrault, « La géographie contre l'urbanisme », *With Dominique Perrault Architecte*, *op. cit.*, p. 295.
27. « Métaphore plurielle, la charnière est l'objet qui lie et divise, qui permet aux espaces de s'ouvrir l'un dans l'autre, mais qui souligne aussi leur indépendance, qui affirme sa propre présence, et qui en même temps se dissimule en tant qu'élément ambigu. » Manfredo Tafuri, « Les aventures de l'objet : architectures de Vittorio Gregotti », *op. cit.*, p. 17.
28. Oswald Mathias Ungers, *Architecture comme thème*, Milan/Paris, Electa/Moniteur, p. 10.
29. Dominique Perrault, « Les formes d'une unité », *With Dominique Perrault Architecte*, *op. cit.*, p. 179.
30. Extrait de la conférence de Dominique Perrault avec Peter Eisenman et Luis Fernandez Galiano dans le cadre de l'EURAU'08, Circulo de Bellas Artes, Madrid. 19 janvier 2008.
31. Manfredo Tafuri souligne chez Gregotti « l'ambition d'obtenir une architecture faite de pures relations » et affirme que la « couture réalisée par l'architecte expose sa propre ambiguïté ». Manfredo Tafuri, « Les aventures de l'objet : architectures de Vittorio Gregotti », Vittorio Gregotti, Projets et Architectures, Electa Moniteur, Milan-Paris, 1982, p 25
32. Dominique Perrault, *Fondation Pinault pour l'art contemporain*, livre expérimental non publié, s. d.
33. Vittorio Gregotti consacre le premier numéro de *Rassegna*, revue qui sera un véritable outil d'interprétation historique et critique, à la notion d'enceinte, affirmant ainsi un point essentiel de sa compréhension géographique de l'architecture. Voir Vittorio Gregotti, « Éditorial », Recinti, in *Rassegna*, n° 1, 1979.
34. On songe aux propositions de Guy Rottier pour un urbanisme solaire et aux « lumiducs », ces canaux de lumières qui dirigeaient l'ensoleillement vers des cités troglodytes. Voir Guy Rottier, *Architecte de l'insolite*, Nice, Z'éditions, 1990, p. 11.
35. Dominique Perrault, « Préface », *Dominique Perrault, des natures, au-delà de l'architecture*, Lucerne/Bâle, Édition Architekturgalerie/Birkhaüser, 1996.
36. Rem Koolhaas, *New York délire*, traduction de Catherine Collet, Paris, Éditions du Chêne, 1978, p. 242.
37. Jean-Louis Cohen, « Le rebelle rationnel ou le propos urbain d'OMA », in Jacques Lucan, *OMA – Rem Koolhaas*, Milan/Paris, Electa/Moniteur, p. 18. L'analyse d'une rationalité sous-jacente dans l'œuvre de Koolhaas se base sur une filiation directe avec l'œuvre de Vittorio Gregotti et d'Oswald Mathias Ungers : « Si l'on analyse sous un autre angle le travail d'OMA comme cristallisant une stratégie professionnelle de réponse à des situations urbaines complexes dans les grandes villes européennes au moyen de paradigmes organisateurs, le profil professionnel de Koolhaas s'apparente autant à celui de Le Corbusier qu'à ceux des architectes des années 1970 et 1980. Que l'on se souvienne des projets conceptuels d'Oswald Mathias Ungers avant l'ère des gigantesques chantiers quadrillés ou des projets territoriaux de Vittorio Gregotti. »
38. Bruno Latour et Émilie Hermant, *Paris ville invisible*, Paris, Les Empêcheurs de penser en rond, 1998.
39. György Kepes, « Art and Ecological Consciousness », *Arts of the Environment*, Londres, Aidan Ellis, 1970, p. 8. Kepes : « Un nouveau domaine commun, la potentialité complexe d'un système total est maintenant rendue possible par notre technologie scientifique [...]. Ce savoir perceptuel coordonné, interconnecté offre une résonance plus riche pour de prochaines expériences perceptuelles. Dans ce système environnemental et social étendu, nous n'avons pas encore établi une symétrie dynamique indispensable. »
40. Barry Smith, Boundaries, « An Essay in Mereotopology », in L. Hahn, *The Philosophy of Roderick Chisolm*, La Salle, Open Court, 1997, p. 536.
41. Gilles Deleuze et Félix Guattari, *Mille plateaux*, Paris, Éditions de Minuit, 1980, p. 617.

Migayrou, "La violence of the neutral," Dominique Perrault, 1990-2001, the violence of the neutral, El Croquis, *n° 104, 2001, p. 258-260], assimilates neutralization, the neutral, with the simple idea of a minimalist architecture. Maria Vittoria Capitanucci,* Dominique Perrault, recent works, *Milan, Skira, 2006, p. 11.*
15. "Concept-Context," exhibition at the Denise René Gallery, Paris, 1991.
16. Gilles de Bure, Dominique Perrault, *Terrail-Vilo, 2004, Paris, p. 48.*
17. "Thinkin and coneiving images, metaphors, models, analogies, symbols and allegories is nothing more than the transition of a pragmatic approach to more creative mode of thinking. This imposes a thought process in terms of qualitative values more than quantitative data, a process founded more on synthesis than analysis." Oswald Mathias Ungers, Morphology, City Metaphors, *Cologne, Buchhandlung Walter König, 1976, p. 14.*
18. Oswald Mathias Ungers, "Planning Criteria," in Lotus International, *n° 11, 1976, p. 13.*
19. Vittorio Gregotti, "Oswald Mathias Ungers", idem, *p. 12.*
20. The patterns or the blueprints attempted to establish a logical and rational relationship between the definition of needs, uses and their psycho-cognitive aspects on the one hand and the one of architectural form on the other., Christopher Alexander's architecture, establishing transhistoric constants, would always remain closest to neo-vernacular or proto-urban models. See Christopher Alexander, On the Synthesis of Form, Essay, *translation by Jacques Engelmann and Jacques Sinizergues, Paris, Dunod, 1971.*
21. Ingrid F. King, "Christopher Alexander and Contemporary Architecture", in A+U, *"Christopher Alexander" special issue, August 1993, p. 26.*
22. Kevin Lynch, The image of the city, *MIT Press, Cambridge MA 1960*
23. Vittorio Gregotti, The territory of architecture, *Marseille, L'Équerre, 1982, p. 52.*
24. Dominique Perrault, Grow!, *éditons Topos, Zentralvereinigung der Architekten Österreichs, 2006.*
25. Dominique Perrault, Gaëlle Lauriot-Prevost, "Concept-Context", Denise René Gallery Exhibition, in Dominique Perrault, Artemis, Zurich-Munich-London, 1994, p. 105
26. Dominique Perrault, "Geography versus urbanism," With Dominique Perrault Architect, op. cit., *p. 295.*
27. "PA pural metaphor, the hinge is the object that joins and divides, enables spaces to open into each other, but also underscores their independence, that asserts its own presence, and simultaneously conceals itself as an ambiguous element." Manfredo Tafuri, "The adventures of the object: architectures of Vittorio Gregotti », op. cit., *p. 17.*
28. Oswald Mathias Ungers, Architecture as theme, *Milan/Paris, Electa/Moniteur, p. 10.*
29. Dominique Perrault, "The forms of unity," With Dominique Perrault Architect, op. cit., *p. 179.*
30. Dominique Perrault, Conference with Peter Eisenmann and Luis Fernandez Galiano for the EURAU'08, Circulo de Bellas Artes, Madrid. January 19 2008.
31. Manfredo Tafuri emphasizes Gregotti's "ambition to achieve architecture made of pure relationships" and asserts that "the sewing done by the architect exposes his own ambiguity." Manfredo Tafuri, "The Adventures of the Object: Architectures de Vittorio Gregotti », Vittorio Gregotti, Projects and Architectures, Electa Moniteur, Milan-Paris, 1982, p. 25
32. Dominique Perrault, Pinault Foundation for Contemporary Art, *unpublished experimental book, s. d.*
33. Vittorio Gregotti dedicates the first issue of Rassegna, *magazine that will serve as a veritable tool for historical and critical interpretation, to the notion of the enclosure, thereby affirming an essential point of his geographic understanding of architecture. See Vittorio Gregotti, "Editorial," Recinti, in* Rassegna, *n° 1, 1979.*
34. One is reminded of Guy Rottier's proposals for a solar urbanism and « lumiducs », these light canals directing sunlight into troglodytes cities. See Guy Rottier, Architect of the unseen, *Nice, Z'éditions, 1990, p. 11.*
35. Dominique Perrault, "Preface", Dominique Perrault, natures, beyond architecture, *Lucerne/Basl, Edition Architekturgalerie/Birkhaüser, 1996.*
36. Rem Koolhaas, Delirious New York, *translation by Catherine Collet, Paris, Éditions du Chêne, 1978, p. 242.*
37. Jean-Louis Cohen, "The rational rebel or the urban proposal of OMA," in Jacques Lucan, OMA – Rem Koolhaas, *Milan/Paris, Electa/Moniteur, p. 18. The analysis of an underlying rationality in the work of Koolhaas is based on its direct lineage with the work of Vittorio Gregotti and Oswald Mathias Ungers: "If one analyzes the work of OMA form another angle as crystallizing a professional strategy in answer to the complex urban situations of major European cities by means of organizing paradigms, Koolhaas's professional profile is more akin to Le Corbusier's than the architects of the 1970s and 1980. Let us remember the conceptual projects of Oswald Mathias Ungers before the era of gigantic grid construction projects or the territorial projects of Vittorio Gregotti."*
38. Bruno Latour and Émilie Hermant, Paris invisible city, *Paris, Those who struggle against circular thinking, 1998.*
39. György Kepes, "Art and Ecological Consciousness," Arts of the Environment, *London, Aidan Ellis, 1970, p. 8. Kepes: "A new shared domain, the complex potentiality of a total system is made continuously possible by our scientific technology [...]. This coordinated, perceptual and interconnected knowledge offers rich resonance for future perceptual experiences. We have not yet established the dynamic symmetry indispensable to this broader environmental and social system."*
40. Barry Smith, Boundaries, "An Essay in Mereotopology," in L. Hahn, The Philosophy of Roderick Chisolm, *La Salle, Open Court, 1997, p. 536.*
41. Gilles Deleuze and Félix Guattari, A thousand Plateaus, *Paris, Éditions de Minuit, 1980, p. 617 translated into English in 1987.*

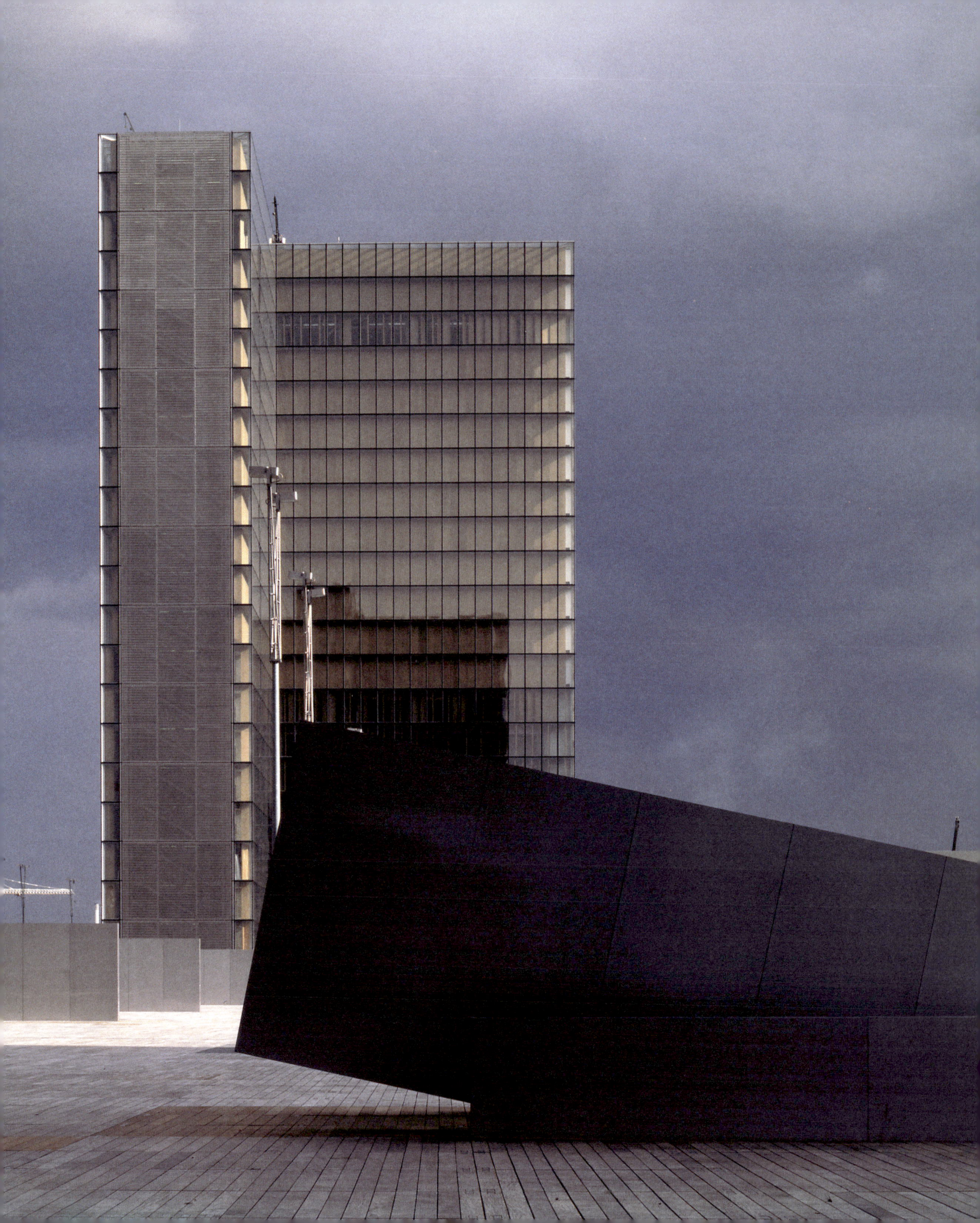

NEUF CONTES MORAUX : DE « L'ESPRIT DE GÉOMÉTRIE » À « L'ESPRIT DE FINESSE »
NINE MORAL TALES: FROM THE 'ESPRIT DE GÉOMÉTRIE' TO THE 'ESPRIT DE FINESSE'

LUIS FERNANDEZ-GALIANO

Comme Blaise Pascal, autre auvergnat de renom, Dominique Perrault réconcilie *l'esprit de géométrie* et *l'esprit de finesse*; dans le sillage de la saga Michelin qui se déroula sur le sol de sa ville natale, l'architecte de Clermont-Ferrand réunit dans son travail technologie et société, et à l'instar du Éric Rohmer de *Ma nuit chez Maud*, l'auteur de l'hôtel industriel Berlier extrait une émotion poétique de la matière quotidienne. L'œuvre de Perrault est souvent rattachée à la grande tradition de la monumentalité géométrique française; il est à la fois inévitable de relier son attitude formelle sur le territoire à cet urbanisme inédit qui traite la nature comme une géographie dynamique, et obligatoire d'interpréter la simplicité presque innocente de ses diagrammes fondamentaux à la lumière de pratiques conceptuelles ou minimales qui s'étendent jusqu'aux limites du land art et de l'Arte Povera. Dans une certaine mesure, sa propre formation d'architecte à l'École nationale supérieure des Beaux-Arts, d'urbaniste à l'École nationale des ponts et chaussées et d'historien à l'École des Hautes Études en Sciences Sociales, tendrait à avaliser cette triple condition de constructeur, planificateur et humaniste inscrit dans l'art de son temps. Toutefois, il est également possible d'ébaucher une approche de son travail qui explore ses attaches culturelles, le substrat technologique de l'industrie et le laconisme narratif en noir et blanc de la génération qui a grandi à l'ombre des *Cahiers*: la conjugaison du stoïcisme d'Épictète et du scepticisme épicurien de Montaigne – les deux interlocuteurs spirituels de Pascal –, face au rationalisme matérialiste de Descartes ou à l'encyclopédisme athée de Voltaire, dessine une attitude d'austérité sèche et élégante aussi éloignée du dogmatisme cartésiano-illuministe que du somptueux triomphalisme romano-jésuite tant combattu par l'auteur des *Pensées*; la réconciliation de la technique inventive et du succès commercial avec la responsabilité sociale de son urbanisme manufacturier, si caractéristique de l'entreprise Michelin où le père de Dominique travailla comme ingénieur, implique un *élan* pragmatique qui rende compatibles la raison scientifique et l'émotion humaine avec un esprit assez proche de celui de Pascal; enfin, la fusion de l'art et de la vie, en suivant l'exemple des personnages de Rohmer – parmi lesquels un ingénieur de chez Michelin interprété par Jean-Louis Trintignant dans le film qu'il tourna à Clermont-Ferrand –, fournit un modèle de transformation de la matière la plus humble et quotidienne dans une construction lyrique d'une poésie émouvante. Le passage de la géométrie, de la géographie et de l'art conceptuel à Port-Royal, au Bibendum et à *Maud*, ressemble à une pirouette littéraire reposant sur la base fragile d'une brève petite enfance en Auvergne; il s'agit en effet d'un procédé rhétorique destiné à introduire les neuf contes moraux qui rythment la trajectoire de Perrault dans une matrice en trois décennies et trois mouvements. Nous aurions tout aussi bien pu utiliser les frères Perrault comme contemporains de Pascal, attribuant à Claude – constructeur d'une aile du Louvre – le monumentalisme architectonique, à Pierre – chercheur fluvial et expert en hydrologie – l'urbanisme territorial, et à Charles – auteur des contes et essayiste de la *querelle* des anciens et des modernes – la narration artistique (le prédicateur janséniste Nicolas resterait en marge du trio, en bonne compagnie avec Pascal), dans une répartition arbitraire d'attitudes et d'objets qui renforcerait cette orchestration matricielle. Mais Clermont-Ferrand incarne le fil conducteur ténu et résistant du récit.

I. L'axe européen : de Paris à Berlin

Avant ses quarante ans – cet âge mythique fixé par les concours d'architecture comme la frontière entre la jeunesse et la maturité –, Dominique Perrault a créé deux œuvres colossales dans les deux villes qui déterminent

As his fellow countryman Pascal, Dominique Perrault reconciles the 'esprit de géométrie' with the 'esprit de finesse'; on the trail of the Michelin saga of his native city, the architect from Clermont-Ferrand reunites technology and society in his work; and in the same manner as Éric Rohmer in Ma nuit chez Maud, *the builder of the Hôtel Berlier extracts poetic emotion from everyday matter. It is frequent to describe Perrault's work in terms of the great tradition of French geometric monumentality; it is inevitable to relate his bold gestures in this area with that affirmative urbanism which treats nature as voluntary geography; and it is necessary to interpret the almost innocent simplicity of his fundamental drawings in the light of the conceptual or minimal practices which extend up to the limits of 'land art' and 'arte povera'. To a certain extent his own training as an architect at the École des Beaux Arts, as an urbanist at the École des Ponts et Chaussées and as a historian at the École des hautes études en Sciences Sociales would endorse his triple position as a builder, a planner and a humanist linked with the art of his time. Nevertheless, it is also possible to sketch an approach to his work that could explore its abrasive Jansenist origins, the technological background of industry and the black and white narrative laconicism of the generation that grew in the shadows of the* Cahiers: *the combination of the stoicism of Epictetus with Montaigne's epicurean scepticism —Pascal's two intellectual interlocutors—, in contrast with Descartes' materialistic rationalism or Voltaire's disbelieving encyclopaedism, traces an attitude of dry and elegant austerity as far from Cartesian or enlightened dogmatism as from the ostentatious Roman and Jesuit triumphalism so much fought by the author of the* Pensées; *the reconciliation of technical inventiveness and commercial success with the social responsibility of its industrial town-planning, so characteristic of the firm Michelin where Dominique's father worked as an engineer, suggests an* élan *of pragmatism which makes scientific reason and human emotion compatible with an attitude not very different from that of Pascal; lastly, the fusion of art and life, following the examples of the characters of Rohmer —among which an engineer from Michelin, acted out by Jean-Louis Trintignant in the movie that he placed in Clermont-Ferrand—, provides a transformation of the most humble and everyday into a lyrical construction of exact poetry. The transit from geometry, geography and conceptual art to Port-Royal, Bibendum and Maud looks like a literary pirouette based only on the weak foundation of a brief first childhood at the Auvergne, but it is only a rhetorical resource to present the nine moral tales that orchestrate Perrault's career in a matrix of three decades and three movements. In the same manner we could also have used the Perrault brothers, contemporaries of Pascal, ascribing to Claude —designer of a wing of the Louvre— architectural monumentalism, to Pierre —fluvial researcher and hydraulic expert— territorial urbanism, and to Charles —author of the tales and essayist of the* Querelle— *artistic narration (the Jansenist preacher Nicolas would remain marginal to the group of three, in the good company of Blaise Pascal), in an arbitrary allocation of attitudes and objects that would reinforce the same matricial order. But here Clermont-Ferrand has been the delicate and resistant guiding thread of the tale.*

I. The European axis: from Paris to Berlin

Before turning 40 —that mythical age fixed by architecture competitions as the border between youth and maturity—, Dominique Perrault already has the responsibility of two colossal works in the two cities that determine

Bibliothèque nationale de France

le cours de la nouvelle Europe : Paris et Berlin. L'Union Européenne s'est construite sur le socle de la réconciliation franco-allemande, et l'atlantisme des Britanniques autant que la condition périphérique des péninsules méditerranéennes, situent le cœur du projet dans la rencontre entre ces deux plaques tectoniques de natures culturelle et linguistique différentes : les capitales européennes, Bruxelles et Strasbourg, se trouvent sur la ligne de fracture, mais la stabilité géopolitique dépend de l'harmonie entre les centres de gravité des plaques. L'année 1989 devait fêter le bicentenaire de la Révolution française ; elle finirait cependant par entrer dans l'histoire avec la chute du mur de Berlin. François Mitterrand est le président qui commande alors la Bibliothèque nationale de France, mais aussi celui qui donne le feu vert à la réunification allemande, événement qui allait rendre son statut de capitale à Berlin et inspirer la candidature olympique de la ville, où le projet de vélodrome et de piscine trouve son origine. À l'âge où nombre de ses collègues cherchent toujours à obtenir un prix Europan l'architecte français dirige depuis son cabinet de l'hôtel industriel Berlier – un prisme régulier qu'il a construit dans une improbable banlieue parisienne – le développement des deux monumentales icônes européennes : un *grand projet* qui fera s'élever quatre tours de livres au bord de la Seine et un titanesque complexe sportif qui plongera ses géométries essentielles dans la métropole allemande traversée par le Spree.

1. Esprit de géométrie : l'hôtel industriel Berlier, 1986-1990

Après l'ouverture du cabinet en 1981, l'hôtel industriel Berlier est le premier ouvrage qui montre nettement les conceptions de Perrault. Obtenu sur concours en 1986 et achevé en 1990, l'ensemble de locaux industriels et d'espaces de bureaux est un objet d'une indiscutable perfection géométrique et d'une rigueur minutieuse sur le plan de la construction, un manifeste conceptuel en faveur de l'ordre technique dont la stricte exactitude rachète le paysage urbain dense dans lequel il s'inscrit. Le bureau de l'architecte figurait déjà en première ligne de ses projets grâce à sa victoire au concours de 1984 pour l'ESIEE à Marne-la-Vallée, mais cette école d'ingénieurs montre encore de nombreuses traces du langage postmoderne alors en vogue – de l'ajout métaboliste des corps branchés, à la composition soustractive de la rotonde de circulation qui sectionne la pente de la zone centrale –, et il faut attendre l'hôtel industriel Berlier pour que le minimalisme abrasif et l'ambition territoriale de Perrault se dessinent pleinement. Le concours du synchrotron européen la même année aurait constitué une nouvelle occasion d'approfondir sa réflexion, car la logique géométrique de l'accélérateur de particules serait entrée en résonance avec l'instinct radical de l'architecte, avec certainement plus de vigueur que l'épuratrice d'Ivry ou le concours pour l'université d'Angers, deux projets où les programmes contaminent le parti-pris formel. Entre voies de circulation, voies ferroviaires et voies fluviales, la rugosité adoucie de l'hôtel industriel Berlier offre par contraste un échantillon éclatant de l'efficacité de *l'esprit de géométrie* pour domestiquer les programmes, la construction et le territoire, et un premier exemple du Perrault essentialiste.

2. Traité du vide : la Bibliothèque nationale de France, 1989-1995

La BNF est l'ouvrage qui a rendu Perrault célèbre, mais ce n'est curieusement pas le plus représentatif de sa trajectoire. Emblème de la *grandeur* rhétorique de Mitterrand – qui partageait avec de Gaulle la conviction de porter "une certaine idée de la France" –, sa monumentalité glacée et la désolation métaphorique du vide renfermé dans les quatre tours en forme de livre, de même que l'indifférence envers l'urbanisme du quotidien

---

the course of the New Europe: Paris and Berlin. The European Union was built on the axis of Franco-German reconciliation, and the Atlantic inclination of the British as well as the peripheral condition of the Mediterranean peninsulas place the heart of the project in the encounter between two cultural and linguistic tectonic plates: the capitals of Europe, Brussels and Strasbourg, are placed on the fracture line, but geopolitical stability depends on the tuning between the gravity centres of the plates. The year 1989 was marked to celebrate the second centenary of the French Revolution; however, it would end up entering the history books for the Fall of the Berlin Wall. François Mitterrand is then the president who commissions the French National Library (BNF), and also the one who gives the green light to German reunification, which would return the capital to Berlin and would inspire its candidature as venue for the Olympic Games, and here lies the origin of Perrault's velodrome and swimming pool project. At an age when most of his colleagues continue trying to win a Europan award, the French architect directs from his study at Hôtel Berlier —an exact prism constructed by him in the muddled Parisian periphery— the development of two monumental European icons: one grand projet which would erect four towers of books at the edge of the Seine, and a titanic sports complex which would reluctantly sink its essential geometries in the city of the Spree.

1. Esprit de géométrie. *The Hôtel Berlier, 1986-1990*

After the opening of the studio in 1981, the Hôtel Industriel Berlier is the first work that clearly shows Perrault's design approach. Won in an architectural competition in 1986, and finished in 1990, the block of industrial premises and office spaces is an object of demanding geometrical perfection and meticulous constructive rigour, a conceptual manifesto for technical order whose dry exactitude redeems the entangled urban landscape where it is placed. The architect's office had already entered the big league with his victory in the 1984 competition for the ESIEE in Marne-le-Vallée, but this engineering school still shows many traces of the late-modern language which was in vogue those days —from the metabolic addition of plugged-in volumes to the subtractive composition of the traffic roundabout that cuts the slope of the central wedge—, and one has to wait for the Hôtel Berlier so that Perrault's abrasive minimalism and territorial ambition appear totally formed. The synchrotron competition in the same year would have been another excellent occasion, because the logical geometry of the particle accelerator would have established a resonance with the architect's radical instinct, surely in a more vigorous manner than in the project of the sewage treatment plant at Ivry or the Angers competition, two of the projects pertaining to the following year where the programs contaminate the formal parti. Between transit roads, train tracks and fluvial courses, the exquisite roughness of the Hôtel Berlier offers by way of contrast a dazzling example of the efficiency of the esprit de géométrie *to domesticate programs, construction and territory, and a first example of the essential Perrault.*

2. Traité du vide. *French National Library (BNF), 1989-1995*

The BNF is the work that made Perrault famous, but curiously it is not the most representative of his trajectory. Emblem of Mitterrand's rhetorical grandeur *—who shared with De Gaulle a conviction of having "une certaine idée de la France"—, its frozen monumentality and the metaphorical desolation of the void enclosed in the four towers in the form of books, as well as the disdain for daily urbanity shown by the steps that lead to*

– évidente dans les perrons qui conduisent à la place surélevée –, constituent chacunes des caractéristiques que nous associons paradoxalement davantage au président qu'à l'architecte. Le grand geste géographique, la précision géométrico-constructive, et même la provocation programmatique consistant à placer les livres dans des silos verticaux plutôt que dans des dépôts souterrains, correspondent à ce que nous avons appris à attendre de Perrault avec le temps ; mais l'exacerbation des symétries, l'archaïsme arbitraire du podium, et même la figuration naïve des livres ouverts nous défient curieusement. Avec des moyens matériels semblables, les archives de la Mayenne à Laval et la salle de réunion souterraine du siège d'Usinor sont peut-être des œuvres mineures, mais douées d'un laconisme raffiné dans leur dialogue déférent avec l'architecture vernaculaire, d'un admirable caractère géométrique et d'une élégance aussi transparente que tactile. S'agissant de la grande bibliothèque, son vide sonore s'y traduit en silence ; cependant, dans le creux inquiétant des tours de la Seine commence à se déployer – après les rideaux pionniers montés à Laval – un tissu métallique qui colonisera, grâce à sa flexibilité résistante, l'œuvre de l'architecte français, et c'est peut-être dans cette texture matérielle que le *traité du vide* incarné par la bibliothèque doit chercher sa rédemption définitive.

3. Tour de terrain : le vélodrome et la piscine olympique de Berlin, 1992-1999

Les premiers pas dans ce Berlin qui a retrouvé sa place de capitale allemande sont hésitants et, des hauts et des bas du Reichstag à l'échec final du pari olympique, les décisions politiques se trament sur le métier à tisser de Pénélope. Le programme sportif de l'œuvre de Perrault obéit à l'échec de cette candidature pour recevoir les Jeux, et sa proposition topographique d'un rectangle et d'un cercle à demi enterrés dans la parcelle se raccorde bien avec un premier moment berlinois où l'euphorie de la réunification allemande se conjugue avec l'acharnement à présenter le profil bas que semble réclamer le repentir historique. Recouvertes par la maille métallique qui deviendra la signature matérielle de l'architecte, la couverture de l'ensemble, radiale pour le vélodrome – qui évoque de l'intérieur une roue de bicyclette titanesque – et orthogonale pour la piscine – où, jusqu'au réticule obsessionnel des trampolines, s'exacerbe la géométrie de l'angle droit –, marque le territoire urbain par des formes, brutales et délicates, dont l'exactitude parle le langage des infrastructures de l'ingénierie et dont l'enfouissement consciencieux donne le rôle principal au paysage, procédé que l'on retrouve pour sa maison contemporaine en Bretagne, qui se subordonne à l'environnement en se contentant d'exécuter dans le relief une coupe chirurgicale. Par contraste avec la proposition monumentale de l'œuvre parisienne, la réalisation berlinoise est du pur land art, une exaltation esthétique de la matière la plus Povera à travers l'ordre et l'échelle, un *tour de force* qui est un *tour de terrain,* une opiniâtreté topographique chez un Perrault de la quintessence.

II. Paysages périphériques : Marne-la-Vallée, Caen, Nantes

Les années 1990 voient l'avènement des deux grands ouvrages de Paris et Berlin – Mitterrand inaugura la BNF en mars 1995, deux mois avant de quitter la présidence et dix avant sa mort, tandis que le vélodrome et la piscine sont achevés en 1999, peu temps avant le début des Jeux qui avaient déjà été attribués à Sydney –, ouvrages qui marquent pour l'architecte un moment particulier de reconnaissance (Perrault reçoit le grand

the elevated plaza, are all features that we paradoxically associate more with the president than with the architect. The grand geographical gesture, the geometric and constructive precision, and even the programmatic daring of placing the books in vertical silos instead of underground deposits, effortlessly correspond to what with time we have come to expect from Perrault; but the exacerbation of the symmetries, the arbitrary archaism of the podium, and even the naïve figuration of the open books challenge us in an unforeseen manner. With similar material tools, the archives at La Mayenne in Laval and the underground main hall at the Usinor headquarters are perhaps minor works, but display a refined laconicism in their respectful dialogue with heritage, a commendable geometrical force and an elegance which is as transparent as it is tactile. In them, the vibrant void of the great library is translated into silence; nevertheless, in the disturbing hollowness of the Seine towers —after the pioneer curtains in Laval— a metallic weave begins to unfurl, colonizing the work of the French architect with its resistant flexibility, and perhaps it is in this material texture where the library's traité du vide *must look for its final redemption.*

3. Tour de terrain. *The Velodrome and Olympic Swimming Pool in Berlin, 1992-1999*

The first steps of Berlin, that has regained the status of being the German capital, are hesitant; and from the ups and downs of the Reichstag competition to the final failure of the Olympic proposal, the political decisions are made in Penelope's loom. The sports program of Perrault's work obeys to this frustrated bet to be the venue of the Games, and its topographical proposal of a rectangle and a circle half-buried in the plot connects well with the first Berlin moment in which the euphoria of German reunification is combined with the determination to present the low profile which historical repentance seems to demand. Wrapped with the metal mesh that would become the signature material of the architect, the radial roof of the velodrome —which evokes a titanic bicycle wheel— and the orthogonal one of the pool —where even the obsessive lattice that supports the springboards exacerbates the geometry of right angle— mark the urban territory with forms whose brutal and delicate exactitude speaks the language of engineering, and whose deferential concealment yields protagonism to landscape, in the same manner as his contemporary house at Bretagne, which defers to the natural context by performing no more than a surgeon's cut in the terrain. In contrast with the purposeful monumentality of the Parisian work, the one in Berlin is pure 'land art', aesthetic exaltation of the most povera *matter through order and scale, a* tour de force *which is a* tour de terrain, *a topographical turn of the screw in a quintessential Perrault.*

II. Peripheral landscapes: Marne-la-Vallée, Caen, Nantes

The nineties witness the culmination of the two grand projects of Paris and Berlin —Mitterrand inaugurates the BNF in March 1995, two months before leaving the presidency and ten months before leaving this world, while the velodrome and the swimming pool are finished in 1999, in time for the Games that had been awarded to Sydney a few years back—, mark for the architect an exceptional moment of recognition —Perrault receives the French Grand Prix in 1993, and the European Mies van der Rohe in 1997 for the BNF— and, above all, lead to a maturity that develops the lyrical silence and the territorial geometry of the German complex with a

prix national d'Architecture en 1993 et le prix européen Mies van der Rohe en 1997 pour la BNF) et surtout la maturité d'un créateur qui prolonge le silence lyrique et la géométrie territoriale de l'ensemble allemand par une série de projets dans des banlieues françaises. Moins visibles que les réalisations emblématiques, voire totalement invisibles eu égard à leur stratégie de disparition qui tend au degré zéro de l'architecture, ces projets d'entrepôts, d'usines et de territoires industriels confèrent aux sites, à travers une abstraction formelle et des maillages isotropes réconciliant l'ordre et le hasard, une beauté violente qui transfigure leur apparente banalité. Aussi bien les caisses sans qualités du Centre Technique du Livre à Marne-la-Vallée, que le réticule uniforme de l'emplacement de l'usine de Caen ou la délimitation stochastique de l'usine Aplix, dans sa parcelle pixellisée de Nantes, suggèrent une géographie sans histoire, aussi éloignée du contexte formel de la nostalgie postmoderne que de l'ambition démiurgique de l'optimisme moderne, en cartographiant un itinéraire conceptuel qui combine pragmatisme rationnel et émotion esthétique.

4. Degré zéro : le Centre Technique du Livre à Marne-la-Vallée, 1993-1995

Conçu comme une annexe de la Bibliothèque nationale de France, et achevé dans le même temps, le Centre Technique du Livre est cependant un projet à la logique formelle presque opposée à la solennité du monument assis au bord de la Seine. Certes, ils partagent l'abstraction minimale des mêmes prismes précis et une égale rigueur dans l'assemblage de la construction ; mais là où la BNF est d'une symétrie rhétorique, le CTL additionne de façon fonctionnelle ; là où la BNF procède à une hiérarchisation verticale avec des hauteurs et des escaliers, le CTL estompe horizontalement avec des tracés aléatoires sur un plan commun ; et là où la BNF crée un vide métaphysique, le CTL élève le degré zéro de l'architecture par une succession de volumes aussi muets qu'interchangeables. On pourrait penser que le projet pour l'École des Ponts, réalisé un an plus tôt, reprend quelques-unes des lignes qui affleurent au Centre Technique du Livre, et si cela semble indubitable concernant le degré d'abstraction, il n'en reste pas moins que la proposition du bâtiment d'enseignement désigne, de l'ensemble de son périmètre, une stratégie territoriale plus proche de la piscine olympique berlinoise que de l'entrepôt de la bibliothèque installé en banlieue parisienne. Pour le CTL, cette succession de boîtes qui se juxtaposent en suivant la logique du rangement des livres acquiert effectivement la condition « d'œuvre sans qualités », et la séduction propre à leur hiératisme peut confiner à une forme d'indifférence, de même que le raffinement désinvolte avec lequel elles feignent de transiter par le *degré zéro* de l'architecture et du paysage.

5. Géographie sans histoire : le plan directeur d'Unimétal à Caen, 1994-1997

Formé comme urbaniste aux Ponts et Chaussées, et diplômé en histoire de l'urbanisme après son passage à l'École des Hautes Études en Sciences Sociales, Dominique Perrault confère à son travail une dimension territoriale qui transparaît de toute part. Les grands projets, tels que l'hôtel industriel Berlier, la BNF ou le complexe de Berlin, se définissent avant tout par rapport au paysage urbain, mais même les plus modestes, comme sa maison de vacances, contiennent une approche géographique. Avec le plan directeur d'Unimétal, à Caen, l'architecte offre une interprétation contemporaine des processus de colonisation de l'espace, en réticulant un emplacement manufacturier avec un maillage de 100 m par 100 m, et

series of projects on the French peripheries. Less visible than the iconic works, and even more deliberately invisible in their strategy of disappearance, which pursues the degree zero of architecture with formal abstraction and isotropic grids able to reconcile order and chance, these projects of warehouses, factories and industrial territories endow the everyday programs and locations with a violent beauty that cannot be detached from triviality. The featureless boxes of the Technical Book Centre at Marne-la-Vallée as well as the indifferent grid of the industrial site at Caen or the random perimeter of the Aplix factory in its pixilated Nantes plot suggest a geography without history equally far from the formal contextualism of postmodern nostalgia as from the demiurgic ambition of modern optimism, charting a conceptual itinerary that combines rational pragmatism with aesthetic emotion.

4. Degré zéro. *Technical Book Centre (CTL) in Marne-la-Vallée, 1993-1995*

Conceived as an extension of the French National Library, and finished at the same time, the Technical Book Centre is nevertheless a project of formal logic almost exactly opposite to the monumental solemnity found at the Seine complex. It is true that they share the minimal abstraction of precise prisms and the demanding rigour of assembled construction; but where the BNF is rhetorically symmetrical, the CTL (Technical Book Centre) is functionally additive; where the BNF prioritises vertically with heights and stairs, the CTL blurs horizontally with random elevations starting from a common plane; and where the BNF creates a metaphysical space, the CTL raises the degree zero of architecture with a sequence of volumes that are both mute and interchangeable. One could think that the Mining Engineering School project, carried out one year earlier, shows some features that emerge at the Technical Book Centre, and if this can be seen in the degree of abstraction, it is also true that the proposal for the educational building shows with its bold perimeter a territorial strategy which is much nearer to the Berlin Olympic pool than to the library warehouse in the Parisian suburb. Here, this succession of boxes that adhere or extend following the logic of book flows effectively acquire the condition of 'works without qualities', and the seduction of their impassive hermetism is not easily separable from its extreme indifference, or from the laconic refinement with which they pretend to move through the degré zéro of architecture and landscape.

5. Géographie sans histoire. *Unimétal Master Plan, Caen, 1995-1997*

Trained as a planner at Ponts, and also in the history of urbanism during his time at hautes études, Dominique Perrault gives a territorial dimension to his work that emerges everywhere. Large projects like the Berlier, BNF or Berlin are only well understood in terms of urban landscape, but even the smallest ones —as his holiday home— contain a geographical approach. With the Unimétal Master Plan, at Caen, the architect offers a contemporary interpretation of the processes of colonization of space, organizing a decaying factory site with a grid of 100x100 meters, and proposing to occupy this extreme geographical order with a random patchwork of different uses, that however respects a generous central void. In contrast with the bold gesture of the Melun stadium project, designed two years before, where the large pieces interact with the urban fabric in a violent balance, the indifferent ease of Caen has something in common with the 1993 proposal for Istanbul, that extends a close-woven fabric over the

en proposant d'occuper cet ordonnancement géographique extrême par un hasardeux patchwork polyvalent, qui respecte cependant un généreux vide central. En contraste avec la gestualité catégorique imaginée deux ans auparavant pour le stade de Melun, où les grandes pièces dialoguent avec la trame dans une tension constante, le naturel impavide du projet caennais a un point commun avec la proposition de 1993 pour Istanbul, qui recouvre les bâtiments existants d'un tissu épais. En effet, là aussi la maille s'étend comme un tapis magique, et le rationalisme jeffersonien ou hippodamique de l'ordre géométrique est transgressé par les séquences aléatoires de l'occupation du sol. La macropixellisation, tout comme les rapprochements inattendus sur le territoire envisagé comme *cadavre exquis* ont été explorés par d'autres architectes, mais peu de plans portent ces prémisses jusqu'à la formulation radicale d'une *géographie sans histoire,* où le passé est trituré, dégluti et digéré pour satisfaire sans faute les appétits urgents du présent.

6. Secret caché : l'usine Aplix au Cellier, Nantes, 1997-1999

De l'ensemble des bâtiments projetés en 1996-1997, l'usine Aplix est sans doute la plus forte proposition. La mairie et le centre commercial d'Innsbruck, à l'image du grand projet de Luxembourg – autant de programmes affectés par un développement très complexe qui rend difficile l'évaluation du résultat final, sont le produit de concessions et de compromis qui s'accordent mal avec l'attitude conceptuelle de Perrault, qui exige la radicalité d'un affrontement où l'on ne fait pas de prisonniers. La médiathèque de Vénissieux est, quant à elle, une construction élégante, raffinée dans des détails tels que les coins à la Mies van der Rohe, la fermeture modulée ou le recours à des techniques industrielles pour les intérieurs, mais il lui manque cette pointe de vitesse qui fait la différence entre l'efficacité et l'excellence. Par contraste, l'usine Aplix – le premier projet privé du bureau, directement commandé par le président de la firme, l'entrepreneur et collectionneur d'art Jean-Philippe Billarant – est un ouvrage extraordinaire, conçu et construit en dix-huit mois seulement, sur une parcelle de 14 hectares dans la région de Nantes, site que Perrault ordonne avec la logique implacable d'un réticule de 20 m par 20 m qui contrôle l'usine, les cours intérieures et le paysagement extérieur, autorisant ainsi toutes les évolutions sur ce damier strict et ludique. Doublé d'une plaque d'acier plissée et réfléchissante, le bâtiment se fond dans son environnement ; les reflets, changeant avec les heures du jour, dissolvent la forme et favorisent une stratégie de disparition fantasmatique qui est le résultat paradoxal de la rigoureuse discipline dimensionnelle et constructive, une attitude qui fait de l'usine un *secret caché* à l'exactitude lyrique.

III. Stratégies extrêmes : Madrid, Saint-Pétersbourg, Séoul

Dominique Perrault entre dans le XXIe siècle avec une boîte recélant des outils qui apparaissent comme des avatars de ceux utilisés lors des deux décennies précédentes : les prismes à la fois quotidiens et poétiques, à l'esthétique industrielle sophistiquée ; les maillages métalliques qui enveloppent ces prismes, amalgamant ordre et émotion ; les marques géométriques sur le territoire, qui transforment la nature en paysages de la raison. Les anciens fils conducteurs des *Pensées*, de Michelin et des *Cahiers* se tressent dans la tradition polytechnique, la dimension urbanistique et le souffle artistique, pour produire une architecture conceptuelle et tactile, technologique et illusionniste, affirmative dans ses gestes fondateurs et évanescente dans sa volonté immatérielle. Madrid, Saint-Pétersbourg

existing buildings. Also in this case the grid unrolls like a magical carpet, and the Jeffersonian rationalism of geometrical order is altered with the random sequences of occupation. Both the macro-pixeling and the unexpected adjacencies in the territory understood as cadavre exquis *have been explored by other architects, but very few plans carry these premises to a radical formulation of a* géographie sans histoire, *where the past is crushed, swallowed and digested to remorselessly satisfy the urgent appetites of the present.*

6. Secret caché. *The Aplix factory in Le Cellier, Nantes 1997-1999*

Of all the buildings designed in 1996-1997, the Aplix factory is undoubtedly the most purposeful. The Town Hall and commercial centre at Innsbruck as well as the large project at Luxembourg —both with a complex process that makes it difficult to evaluate the final result— are products of concessions and compromises that are not in tune with Perrault's conceptual attitude, which demands the radicalism of a confrontation where no prisoners are taken; for its part, the multimedia library at Venissieux is an elegant construction, refined in details like the Miesian corners, the orderly facades or the characteristic industrial interiors, but it lacks that top speed which marks the difference between efficiency and excellence. In contrast, the Aplix factory —the first private job of Perrault's studio, directly commissioned by the company's president, the entrepreneur and art collector Jean-Philippe Billarant— is an extraordinary work, designed and built in just 18 months on a site of 14 hectares near Nantes, which the architect distributes with the relentless logic of a grid measuring 20x20 metres that controls the factory building, interior patios and exterior landscaping, allowing growth and change on this playful and vigorous checkerboard. Covered with sheet of gleaming pleated steel that dilutes the building in its natural environment, the hourly changing reflections blur the physical form, favouring a strategy of ghostly disappearance that is the paradoxical result of the dimensional and constructive discipline, an attitude that makes the factory a secret caché *of lyrical precision.*

III. Extreme strategies: Madrid, Saint Petersburg, Seoul

Dominique Perrault enters the 21st century with a box of design tools that expand and extend the ones he used in the two earlier decades: the prisms of sophisticated industrial aesthetic, everyday and poetic at the same time; the metallic meshes and the random nets that wrap those prisms, bringing together order and emotion; and the geometrical marks on the territory, that transform nature into landscapes of reason. The old guiding threads of the Pensées, Michelin *and the* Cahiers *are braided with polytechnic tradition, urban dimension and artistic spirit to produce an architecture that is conceptual and tactile, technological and illusionistic, firm in its founding gestures and evanescent in its immaterial intention. Madrid, Saint Petersburg and Seoul are three stations in the journey from the box to the void: on the banks of Manzanares river, a titanic* boîte à miracles *of mobile roofs struggles to disappear with veilings and transparencies; by the historical Mariinsky Theatre, the new performance space is concealed beneath a triangulated mesh that brings the faceted forms of crystalline nature into the historic city; and in far Korea, a university for women is laid out around a topographic cut that subordinates the constructions to the landscape, and that makes the solid volumes servant spaces of the essential void. This Eurasian itinerary also illustrates the global dimension of an office that, being very French in its*

et Séoul sont trois étapes du voyage de la boîte vers le vide : au bord de la rivière Manzanares, une titanesque *boîte à miracles* aux toîts mobiles s'efforce de disparaître sous des voiles et des transparences ; à côté du théâtre historique Mariinsky, le nouvel espace scénique se cache sous un maillage triangulaire qui introduit les formes à facettes de la nature cristalline dans la ville historique ; et dans la lointaine Corée, une université féminine s'organise autour d'une coupe topographique qui subordonne les constructions au paysage, et remplit les espaces domestiques du vide essentiel. Cet itinéraire euro-asiatique illustre également la dimension globale d'une agence qui, très française dans sa condition et sa structure, se propose d'imprimer à Paris l'heure du monde, combinant la rigueur technique et fonctionnelle de la *géométrie* avec l'exigence intellectuelle et artistique de la *finesse*.

7. Boîte à miracles : le centre olympique de tennis de Madrid, 2002-2009

À l'instar du vélodrome et de la piscine olympique de Berlin, le centre olympique de tennis de Madrid est un ouvrage destiné à renforcer la candidature d'une grande capitale européenne pour accueillir les Jeux, initialement ceux de 2012 (qui finirent par être attribués à Londres) et plus probablement ceux de 2016, qui n'ont pas encore été attribués. Situé au bord du modeste Manzanares, et intégré dans une colossale opération d'ingénierie urbaine qui a enterré l'autoroute périphérique parallèle à la rivière afin de créer un parc fluvial long de six kilomètres, le centre de tennis s'appuie aussi sur les succès internationaux des joueurs espagnols, qui ont rendu populaire un sport autrefois confidentiel. La gigantesque enceinte – immédiatement surnommée « boîte magique », en référence à la métaphore trouvée par l'architecte – tente de dématérialiser son volume à l'aide de revêtements translucides de maille métallique et de plans d'eau réfléchissants, mais sa caractéristique la plus singulière est le toit fracturé en différentes pièces qui s'ouvrent indépendamment, créant ainsi un paysage à géométrie variable et à lumière changeante qui prolonge son lien illusionniste avec le monde de la magie – comparaison certainement plus pertinente que celle de la *boîte à miracles* corbuséenne invoquée ici pour des motifs évidents, même si, en dernière analyse, l'antécédent de ce toit mobile devrait plutôt être recherché dans le projet de 1996 pour la bibliothèque Kansai-kan. Quoi qu'il en soit, magique ou miraculeuse, la boîte du Manzanares est aujourd'hui la tirelire où se déposent les espoirs d'un Madrid olympique.

8. Tissu de lumière : le second théâtre Mariinsky à Saint-Pétersbourg, 2003

Le contrat malheureusement résilié, et l'architecte directeur d'ouvrage mis sur la touche, le nouvel espace scénique qui agrandit l'historique théâtre Mariinsky est un projet important dans la trajectoire de Perrault, car il transcende ses expériences de prismes enveloppés. Il est donc d'autant plus déplorable que les processus hermétiques de prise de décision dans la Russie de Poutine aient empêché l'auteur de superviser la construction de l'édifice jusqu'à son achèvement. L'usage d'un revêtement indépendant des prismes du programme est effectivement une caractéristique de la dernière production de l'agence : les rideaux en toile métallique, étendus comme des bâches, figuraient déjà dans le concours pour l'extension du musée madrilène Reina Sofía en 1999, et ont été utilisés avec une plus grande liberté dans le concours de 2003 pour le Centre Pompidou-Metz. Mais la solution de Saint-Pétersbourg a encore plus de liens avec la

position and structure, sets out to mark in Paris the time of the world, combining the technical and functional rigour of the géométrie *with the intellectual and artistic demand of the* finesse.

7. Boîte à miracles. *The Madrid Olympic Tennis Centre, 2002-2009*

In the same manner as the velodrome and Olympic pool in Berlin, which were products of the frustrated wager of the city for the year 2000 Games, the Madrid Olympic Tennis Centre is a work promoted to reinforce the Spanish capital's candidature to be the venue of the Olympic Games: initially those of 2012, that were finally awarded to London, and possibly those of 2016, the venue for which has not been decided yet. Located on the banks of the modest Manzanares river, and integrated in a colossal urban engineering operation that has buried the section of the beltway that runs parallel to the river to create a 6-kilometre-long water park, the Tennis Centre also benefits from the international successes of Spanish players, who have turned this formerly elite sport into a popular one. The vast complex —soon nicknamed 'magic box', using the metaphor provided by the architect— tries to dematerialize its volume with the help of translucent claddings of metallic meshes and reflecting surfaces of water, but its most exceptional feature is the roof fractured into different pieces that open up independently, shaping a landscape of variable geometry and changing light that justifies its illusionist connection with the world of magic, surely more fitting than the Corbusian boîte à miracles *invoked here for obvious motives, whereas the precedent of this mobile roof should perhaps be found in the 1996 project for a library in Kansai. Whatever it may be —magical or miraculous— the Manzanares box is today the piggy-bank in which the hopes of an Olympic Madrid are deposited.*

8. Tissue de lumière. *The second Mariinski Theatre in Saint Petersburg, 2003*

After the contract was sadly cancelled, and the architect removed from the direction of the work, the new performance space with which the historic Mariinski Theatre is being expanded is an important project in Perrault's trajectory, as it culminates and transcends his experiences with wrapped prisms, and it is even more deplorable for this reason that the hermetic decision-making processes in Putin's Russia have prevented the architect from supervising the construction of the building until its completion. The use of a cladding independent from the prisms that accommodate the program is, effectively, a feature of the latest production of the office: curtains of metal fabric extended as awnings already appeared in the competition for the extension of Madrid's Reina Sofía Museum in 1999, and were used with greater freedom in the competition of 2003 for the Pompidou branch in Metz; but the Saint Petersburg design has even more connections with the 2000 project for Las Teresitas beach in Tenerife, or the 2001 proposal for the Pinault Foundation in Boulogne-Billancourt, two schemes in which a sequence of slabs is wrapped with a textile cladding. However, the topographical lining of Tenerife and the custom-made dress of the Pinault Foundation appear at the Mariinski in the form of a faceted shell evocative of geology in its crystallographic edges, and of the luxury of the opera in its golden hues. Geode or jewel, gigantic crystal of pyrite or night lantern of the glitz of spectacle, this tissue de lumière *is woven with the most resistant and Byzantine material of old Russia, and due to this it is possible that the ostentatious frivolity of the new Russia may reward it with its appreciation.*

proposition de l'an 2000 pour la plage de Las Teresitas à Tenerife, ou avec celle de 2001 pour la Fondation François Pinault à Boulogne-Billancourt, deux cas où une succession de dalles de béton armé sont recouvertes d'un revêtement textile. Or, ce qui était une couverture topographique à Tenerife et s'ajustait comme un vêtement chez Pinault, apparaît au Mariinsky sous forme de carapace à facettes qui renvoie à la géologie avec ses arêtes cristallographiques et au luxe de l'opéra avec sa couleur dorée. Joyau ou géode, gigantesque cristal de pyrite ou lampe nocturne couverte par les oripeaux du spectacle, ce *tissu de lumière* est taillé dans la matière résistante et byzantine de la vieille Russie, et c'est pour pourquoi il est fort possible que la légèreté somptuaire de la nouvelle bourgeoisie moscovite la récompense de son estime.

9. Esprit de finesse : l'université féminine Ewha de Séoul, 2004-2008

Depuis sa propre maison de vacances et le projet concomitant de vélodrome et de piscine à Berlin, l'œuvre de Perrault a marqué son attachement particulier pour l'incision topographique, que le concours de 1999 pour la Cité de la culture de Galice a porté à son paroxysme, avec une proposition essentiellement souterraine qui disséquait le mont choisi pour l'emplacement, situé face au quartier historique de Saint-Jacques-de-Compostelle, afin de mieux protéger la ville de l'impact visuel de l'œuvre. À Séoul, l'université féminine s'organise autour d'une clôture géométrique modelée à partir d'une faille naturelle, et cette profonde incision dans le terrain, qui sert aussi d'axe de circulation piétonne, est complétée par une bande horizontale à usage sportif. Comme une peinture suprématiste, le projet se résout ainsi en deux gestes topographiques catégoriques qui font de l'architecture avec le paysage ou, mieux encore, qui font disparaître l'architecture dans un paysage violemment altéré par la géométrie. *L'esprit de géométrie* est bien présent, mais la pulsion négative d'une architecture qui aspire à disparaître ne s'obtient qu'en appréhendant pleinement, à travers les raisons du cœur, la pensée émotive et syncrétique que nous associons parfois à l'hémisphère droit du cerveau, et qui ne se trouve pas très loin de ce que le philosophe de Port-Royal appelait *l'esprit de finesse*, dont les principes « sont dans l'usage commun et devant les yeux de tout le monde… il n'est question que d'avoir bonne vue, mais il faut l'avoir bonne : car les principes sont si déliés et en si grand nombre, qu'il est presque impossible qu'il n'en échappe ». *L'esprit* qui gouverne le regard de l'architecte ne semble en fin de compte pas si différent.

9. Esprit de finesse. *Ewha Womans University in Seoul, 2004-2008*

From his own holiday home and the simultaneous velodrome and pool project in Berlin, Perrault's work has had a certain fondness for topographic incision, which was taken to an extreme at the competition for the Galician City of Culture in 1999, with an essentially underground proposal that violently sectioned the site's mountain, across from the historical centre of Santiago de Compostela, to better protect the pilgrimage city from the visual impact of the construction. In Seoul, the Women's University is laid out along the edges of a geometrical valley carved out of a natural fault, and this deep incision in the terrain, also serving as the communication axis for pedestrians, is complemented with a flat strip for sports. In this manner, the project is carried out with two bold topographical gestures, as radical as a suprematist painting, that make architecture with landscape, or rather, that make architecture disappear in a landscape violently altered by geometry. The esprit de géométrie remains active, but the negative drive of an architecture that aims to disappear can only be fully understood through the reasons of the heart, the emotional and synthetic thought that we sometimes associate with the right hemisphere of the brain, and which is not so far from what the philosopher of Port-Royal called esprit de finesse, *whose principles "sont dans l'usage comun et devant les yeux du tout le monde… il n'est question que d'avoir bonne vue, mais il faut l'avoir bonne: car les principes son si déliés et en si grand nombre, qu'il presque impossible qu'il n'en échappe". Not so different, after all, appears to be the* esprit *that governs the eye of the architect.*

PROJETS
PROJECTS

La présentation d'un ensemble de projets étudiés ou réalisés par l'agence Dominique Perrault Architecture ne pouvait simplement répondre à une organisation chronologique établissant des périodes ou une topographie mondiale qui aurait souligné sa solide implantation en Espagne, une liste de projets en France, ou ses nombreuses interventions en Asie. Outre les réalisations qui ont donné à Dominique Perrault une incontournable identité et qui ont défini les principes d'un langage architectural, regroupés sous la rubrique générique, « référents », il convenait de distinguer des similitudes, des convergences, apparues avec force pour une agence qui en près de trente années aura étudiée près de quatre cents projets. Nous avons pris le parti d'en publier soixante, d'en présenter en complément une centaine, afin d'indiquer la diversité des programmes étudiés. Des lignes de force se sont révélées, dégageant une sorte de classement informel, des typologies inédites offrant un accès compréhensible à l'œuvre. L'a priori de la « boîte » en tant que négation d'un formalisme de l'objet, tout comme celui du « voile », questionnement permanent sur la séparation, (d'abord mur basculé, puis surface cinétique et enfin travail sur les mailles) ont semblé tout aussi essentielles. Des entités topographiques comme l'« enceinte », les « tables », les « tectoniques », sont aussi apparues avec force comme des constantes. Déployées à de plus vastes échelles, la notion d'empilement, « stacking », celle d'un effet brouillard lié à une indétermination de la forme, « blur », ou le métissage des liens à l'échelle territoriale, (méréologies), permettaient de donner en cohérence une singularité à de nombreux projets. Il va de soi que cette classification, n'est ni une thématique, ni la définition d'une typologie, une sorte de normalisation d'un vocabulaire formel. Ces constantes sont ouvertes, elles s'hybrident entre elles et restent des solutions croisées dans nombre de réalisations. Elles ne ressortent clairement qu'au terme d'une démarche conceptuelle, l'unité d'un projet ne se définissant que dans une relation active à son contexte. Cet ordonnancement ne permet donc que de trouver des lignes de force, des axes pour une navigation dans l'œuvre de Dominique Perrault.

The presentation of a collection of projects studied and/or built by the Dominique Perrault Architecture firm could not merely offer a chronological organization defining periods or a global topography underscoring a strong presence in Spain, a list of French projects, or the many interventions in Asia. Beyond grouping projects that have established Dominique Perrault as a leading architect and defined the principles of an architectural language, under the generic heading of "key projects," it was time to highlight similarities and convergences, which stand out with force for a firm that in thirty years has elaborated nearly four hundred projects. From this vast array we selected sixty to publish here and an additional hundred or so are presented, all aiming to illustrate the diversity of programs studied. Several main ideas stand out, imposing a sort of informal classification, new typologies providing comprehensive access to the architect's work. Thus, the a priori of the box as negation of the formalism of the object, like the one of the veil, and the permanent questioning of separation (first with the tipped wall, then kinetic surfaces and of course work on metallic meshes) seemed just as compelling. Topographic entities like enclosure, entablature and tectonics also stand out as constants. Deployed on vaster scales, the notions of stacking, of a blurring effect engendered by an indetermination of form, or the intermingling of links on the territorial scale, "mereologies", made it possible to present a coherent overview of the singularity of many projects. Obviously, this classification is neither a thematic summary, nor the definition of a typology, or a sort of standardization of a formal vocabulary. These constants remain open, blending with and cross-pollinating each other; solutions in many projects are hybridized. They only clearly emerge through a conceptual analysis; the unity of a project only being defined in its active rapport with its context. Thus, this broad and open classification simply enables us to distinguish the main ideas, proposing courses for navigating among Dominique Perrault's works.

RÉFÉRENTS
KEY PROJECTS

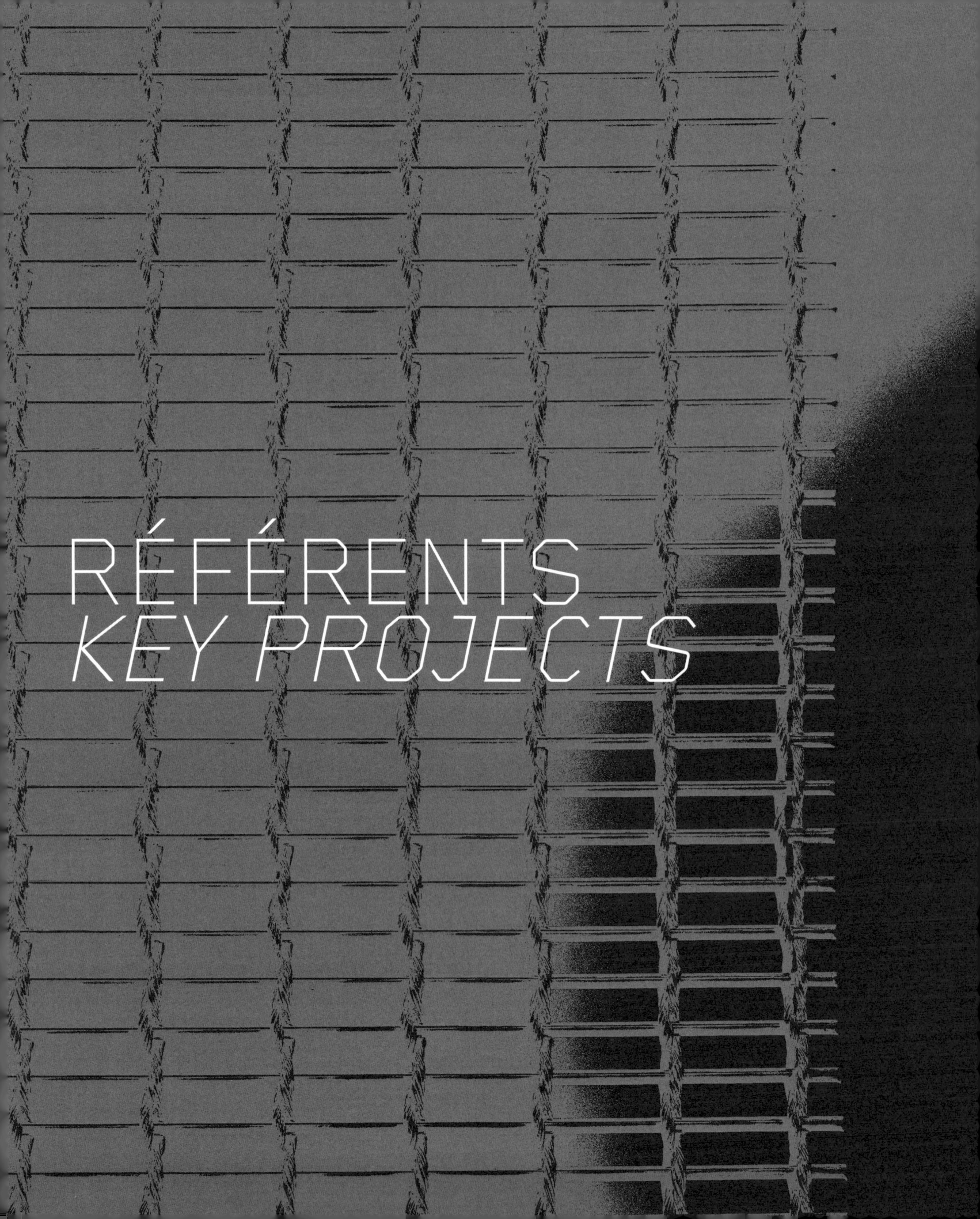

USINE SOMELOIR, CHÂTEAUDUN,
FRANCE, 1981-1983

POSTE DE COMMANDEMENT CENTRAL
DE LA VOIRIE, PARIS, FRANCE, 1985-1987

LOGEMENTS LE LOUIS LUMIÈRE,
SAINT-QUENTIN-EN-YVELINES, FRANCE,
1988-1991

HÔTEL DÉPARTEMENTAL DE LA MEUSE,
BAR-LE-DUC, FRANCE, 1988-1993

CENTRE TECHNIQUE DU LIVRE,
BUSSY-SAINT-GEORGE, FRANCE, 1993-1995

LOGEMENTS LES CAP HORNIERS,
REZÉ-LES-NANTES, FRANCE, 1982-1986

USINE DE TRAITEMENT DES EAUX SAGEP,
IVRY-SUR-SEINE, FRANCE, 1987-1993

CENTRE DE CONFÉRENCE USINOR-SACILOR, IRSID,
1988-1991

ARCHIVES DÉPARTEMENTALES DE LA MAYENNE,
LAVAL, FRANCE, 1989-1993

ÉCOLE SUPÉRIEURE D'INGÉNIEURS EN ÉLECTRONIQUE ET ÉLECTROTECHNIQUE (ESIEE)
SCHOOL OF ELECTRONIC AND ELECTRO-TECHNICAL ENGINEERING

MARNE-LA-VALLÉE, ILE-DE-FRANCE, FRANCE, 1984-1987

Client: chambre de commerce et d'industrie de Paris
Concours national, projet lauréat; récompensé en 1988 au Prix départemental d'Architecture contemporaine (grand prix spécial du jury)
Bureaux d'étude: BEFS SA, Planitec (bureau de pilotage)
1 % artistique: Piotr Kowalski
Programme: grand amphithéâtre, petits amphithéâtres, ateliers, laboratoires, salles blanches, bibliothèque, gymnase, bureaux administratifs, restaurant, cuisine, parking
Surface construite: 25 000 m²; surface du site: 40 000 m²

Client: Paris Chamber of Commerce and Industry
National competition, award-winning project; in 1988 received the Departmental Prize for contemporary architecture (special grand prize of the jury)
Technical partners: BEFS SA, Planitec (project management)
1 % requirements: Piotr Kowalski
Program: large and small lecture halls, workshops, laboratories, clean rooms, library, gymnasium, administration offices, restaurant, kitchen, parking garage
Built area: 25,000 m²; plot area: 40,000 m²

La construction de l'ESIEE – devenue aujourd'hui l'École d'ingénieurs des sciences et technologies de l'information et de la communication – participe de la politique d'urbanisation de la ville nouvelle de Marne-la-Vallée. Délimitant l'extrémité ouest du pôle technologique de la cité Descartes, ce bâtiment est traité comme un vaste plan incliné sur les 300 m de longueur de la parcelle. Radical par sa forme unitaire et spectaculaire dans ses dimensions, l'ouvrage s'inscrit délibérément dans une ligne futuriste que l'on pourrait condenser par cette formule : « Ni toit, ni façade. »

L'immense plan incliné abrite les grandes fonctions de l'école (la bibliothèque, les amphithéâtres, le restaurant) qui s'échelonnent le long d'une rue intérieure, laquelle constitue l'épine dorsale de l'édifice. Haute de 10 m, cette galerie s'apparente à un espace public et organise les déplacements à l'intérieur de l'école. Couverte par une toiture transparente et bordée par une large façade vitrée, elle s'ouvre sur le jardin et les bois. Elle assure par ailleurs l'accès aux six bâtiments que l'architecte a disposés en épis vers l'intérieur de la parcelle. Dévolus aux enseignements spécifiques, ils accueillent, sur cinq niveaux, les salles de cours, les laboratoires, les ateliers et les bureaux des enseignants.

Ce projet permet à Dominique Perrault de développer ses recherches autour de techniques nouvelles et de matériaux composites, tels que la résine polymère en Lexan (pour la verrière de la rue intérieure) ou la toile PVC (pour la couverture de la salle de sport).

The project for the ESIEE – now renamed École d'ingénieurs des sciences et technologies de l'information et de la communication – was part of the urban plan for the new town of Marne-la-Vallée. Standing at the western edge of the cité Descartes technology cluster, the building is a vast, inclined plane extending over 300 m of the site. Its radical unitary form and spectacular dimensions are deliberately futuristic in concept, echoing the formula: "Neither roof, nor façade."

The gigantic inclined plane houses the schools main functions (library, lecture halls and restaurant), which are distributed along the internal street that forms the backbone of the building. This 10-meter high arcade resembles a public space and orients circulation inside the school. Covered with a transparent roof and bordered by a panoramic glass façade, it overlooks a garden and woods beyond. It also provides access to six buildings lined up perpendicularly to it and jutting into the center of the site. These five-story buildings are dedicated to specialized instruction and contain classrooms laboratories, workshops and faculty offices.

The ESIEE project enabled Dominique Perrault to experiment with new construction techniques and composite materials such as polymer resin in Lexan® (transparent roof of the interior street) and PVC covering materials (gymnasium roof).

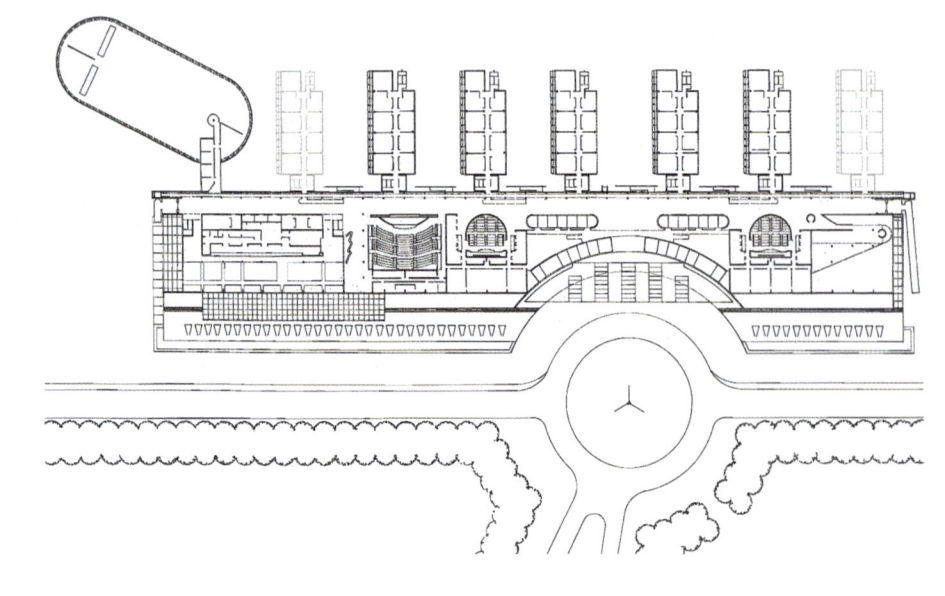

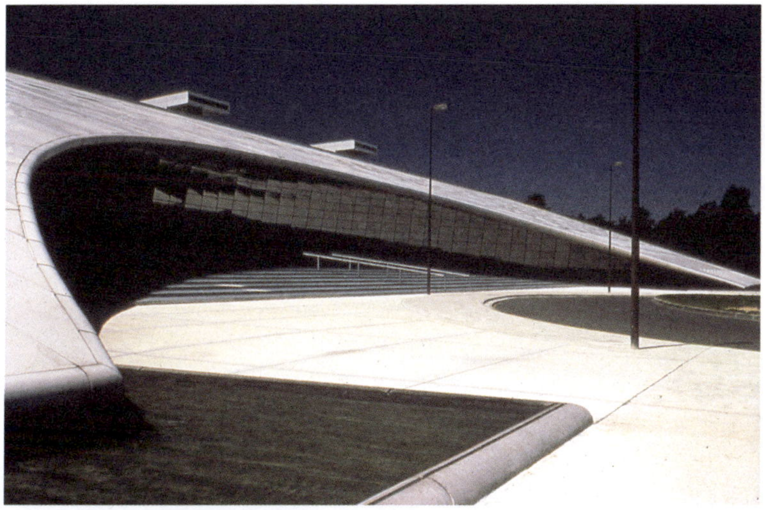
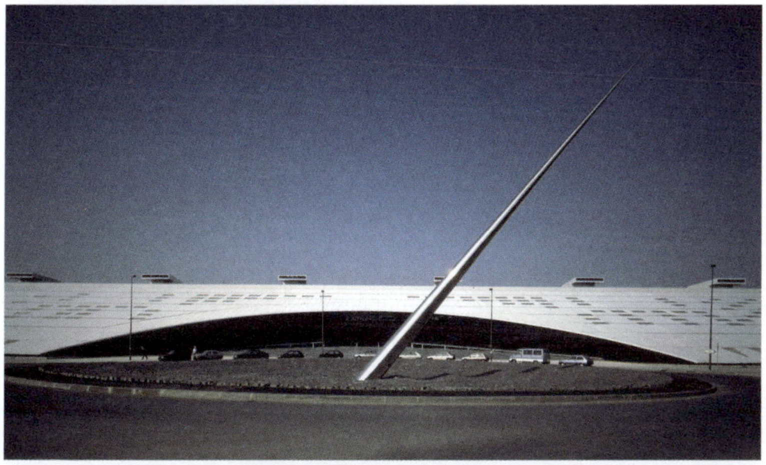
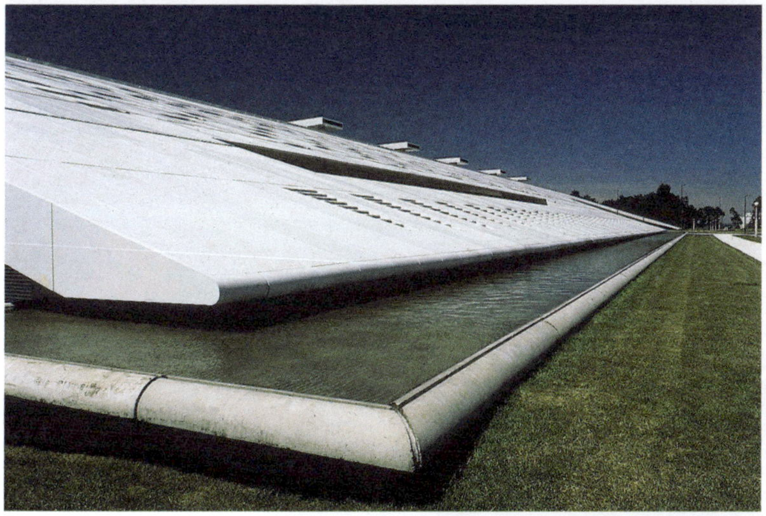
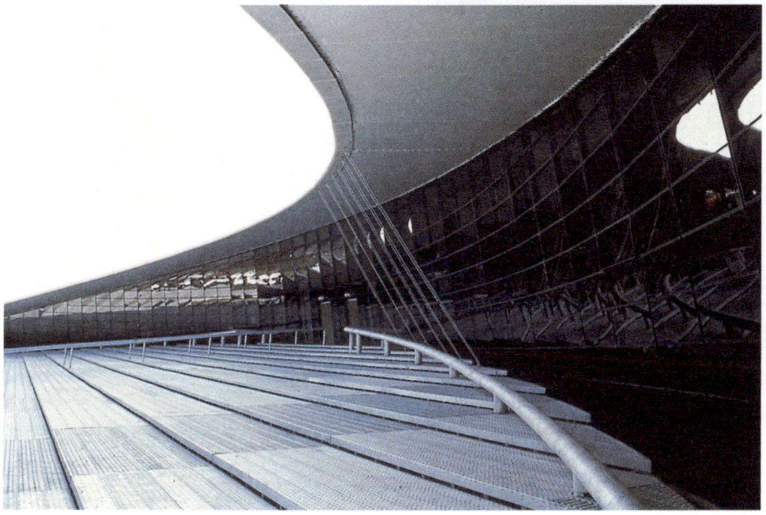
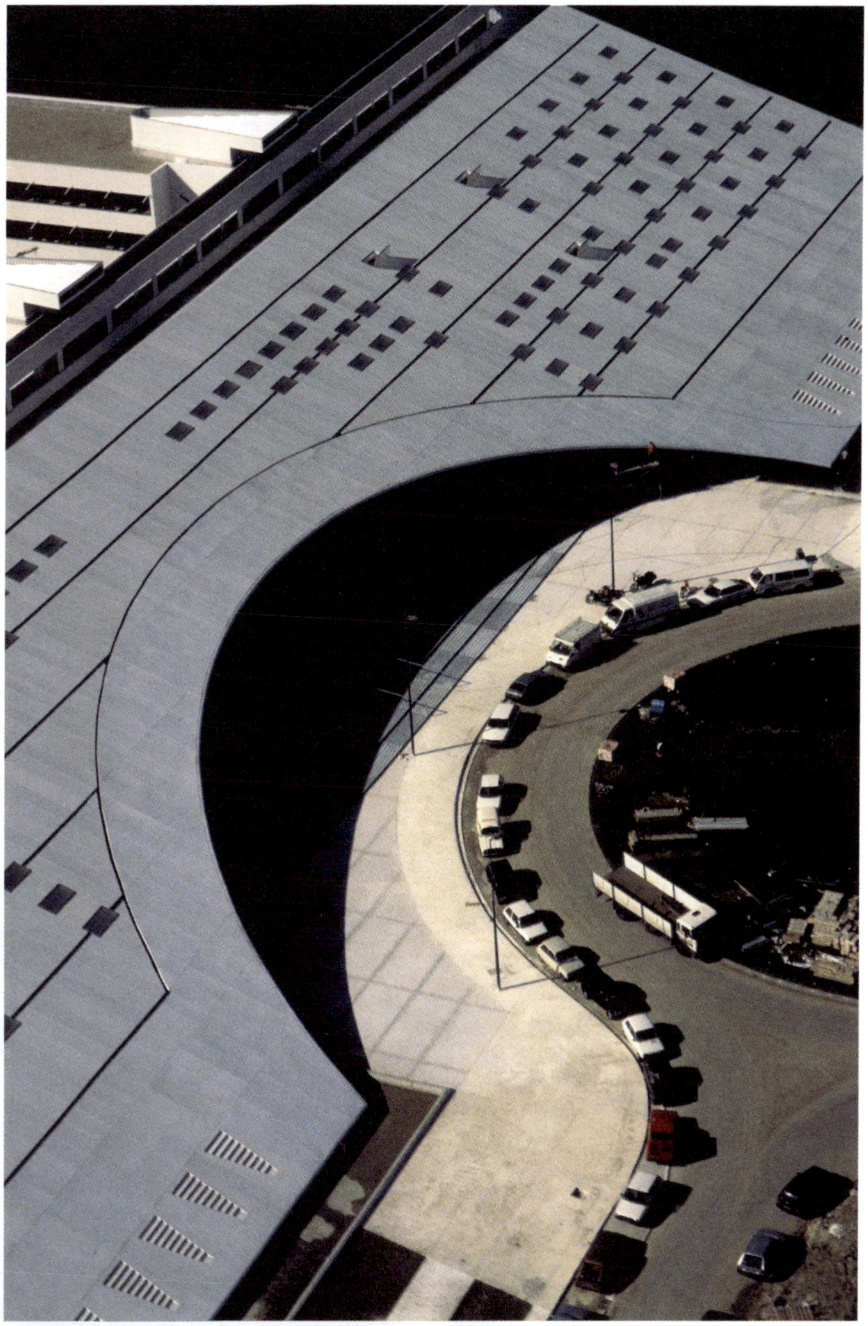
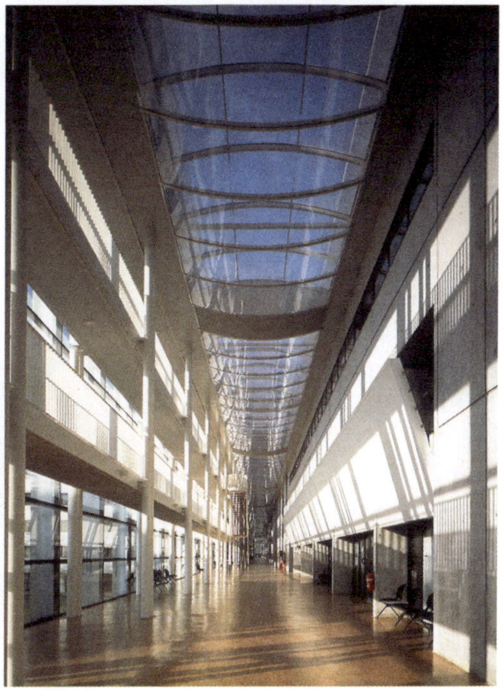

HÔTEL INDUSTRIEL BERLIER
BERLIER INDUSTRIAL HOTEL

PARIS, FRANCE, 1985-1990

Client : Société Anonyme de Gestion Immobilière (SAGI)
Concours national, projet lauréat ; récompensé en 1990 par l'Équerre d'argent du *Moniteur* et par le prix Architecture et Maîtres d'Ouvrage, en 1992 par le Constructa Preis
Bureaux d'étude : Technip (ingénierie), Planitec (gestion de projet)
Programme : 15 000 m² de locaux industriels sur 10 niveaux, restaurant d'entreprise, parking (4 000 m²)
Surface construite : 21 000 m² ; surface du site : 4 700 m²

Client : Société Anonyme de Gestion Immobilière (SAGI)
National competition, award-winning project; in 1990 received the Équerre d'argent from the Moniteur and Architecture et Maîtres d'Ouvrage and in 1992, the Constructa Preis
Consultants: *Technip (engineering), Planitec (project management)*
Program: *15,000 m² of space for light industry on 10 levels, company restaurant, parking garage (4 000 m²)*
Built surface: *21,000 m²; plot area: 4,700 m²*

En 1985, la ville de Paris et la Société Anonyme de Gestion Immobilière organisent un concours pour la construction de l'hôtel industriel Berlier, sur une parcelle de terrain située entre l'échangeur du périphérique est, le quai d'Ivry et le faisceau des voies de chemin de fer de la gare d'Austerlitz. Si la configuration du site est connue, le programme présente en revanche la particularité de laisser volontairement un flou sur les activités des futurs locataires : l'hôtel Berlier est en effet à mi-chemin entre le local de bureau et le local industriel.
La stratégie que propose Dominique Perrault est d'offrir un édifice qui puisse s'accommoder aisément de cette indétermination. Il va donc réaliser des plateaux libres au maillage électrique serré, au centre desquels sont implantés deux blocs techniques pour les circulations et les sanitaires. L'innovation architecturale du projet tient principalement au statut donné à la façade-rideau : techniquement, c'est un complexe « épais » depuis lequel sont gérés la ventilation et les apports de lumière (notamment grâce aux brise-soleil) ; visuellement, c'est une peau « sensible » qui renvoie l'image d'un bloc de verre aux multiples reflets et à la densité lumineuse variable, en fonction des moments de la journée. « C'est un bâtiment qui a une capacité à changer de peau », résume son concepteur.
En définitive, autant par la matérialité de son enveloppe que par la diversité des activités qu'il a pu accueillir depuis sa création – Dominique Perrault y avait d'ailleurs installé son agence jusqu'en 2007 –, l'hôtel industriel Berlier s'est imposé comme un lieu vivant, l'exact envers d'une machine célibataire.

In 1985, the city of Paris and the Société Anonyme de Gestion Immobilière held a competition for the construction of the hôtel industriel Berlier. It was to be located on a plot of land between the highway interchange of the eastern section of the Paris beltway, the embankment roadway of the quai d'Ivry running along the Seine and the vast web of railway tracks leading to the Austerlitz train station. Though the site's challenging configuration was no surprise, program specifications left the nature of future tenants' activities wide open. This explains the office building/industrial space hybrid that emerged.
Dominique Perrault's designed the hôtel Berlier to be as adaptable as possible to the unknown business functions it would house. He developed this strategy through open plan floors and tight bundling of electrical systems, organized around the two central blocks containing the stairwells, technical and elevator shafts and lavatories. Perrault's architectural innovation is most apparent in the role he gives to the curtain façade. Its technically "dense" organization manages the building's ventilation and filters light (mainly through sunshades). Visually, its "sensitive skin" resembles a glass block scattering variegated light onto its surroundings and distributing fluctuating light intensity within, depending on the weather and time of day. In sum, "it's a building that changes its skin," says Perrault.
And indeed it does, both through the corporality of its glass envelope and the broad diversity of businesses it has welcomed since opening. Dominique Perrault even headquartered his firm there until 2007. The antithesis of a solitary machine, the hôtel industriel Berlier is a lively and bustling mixed-use building.

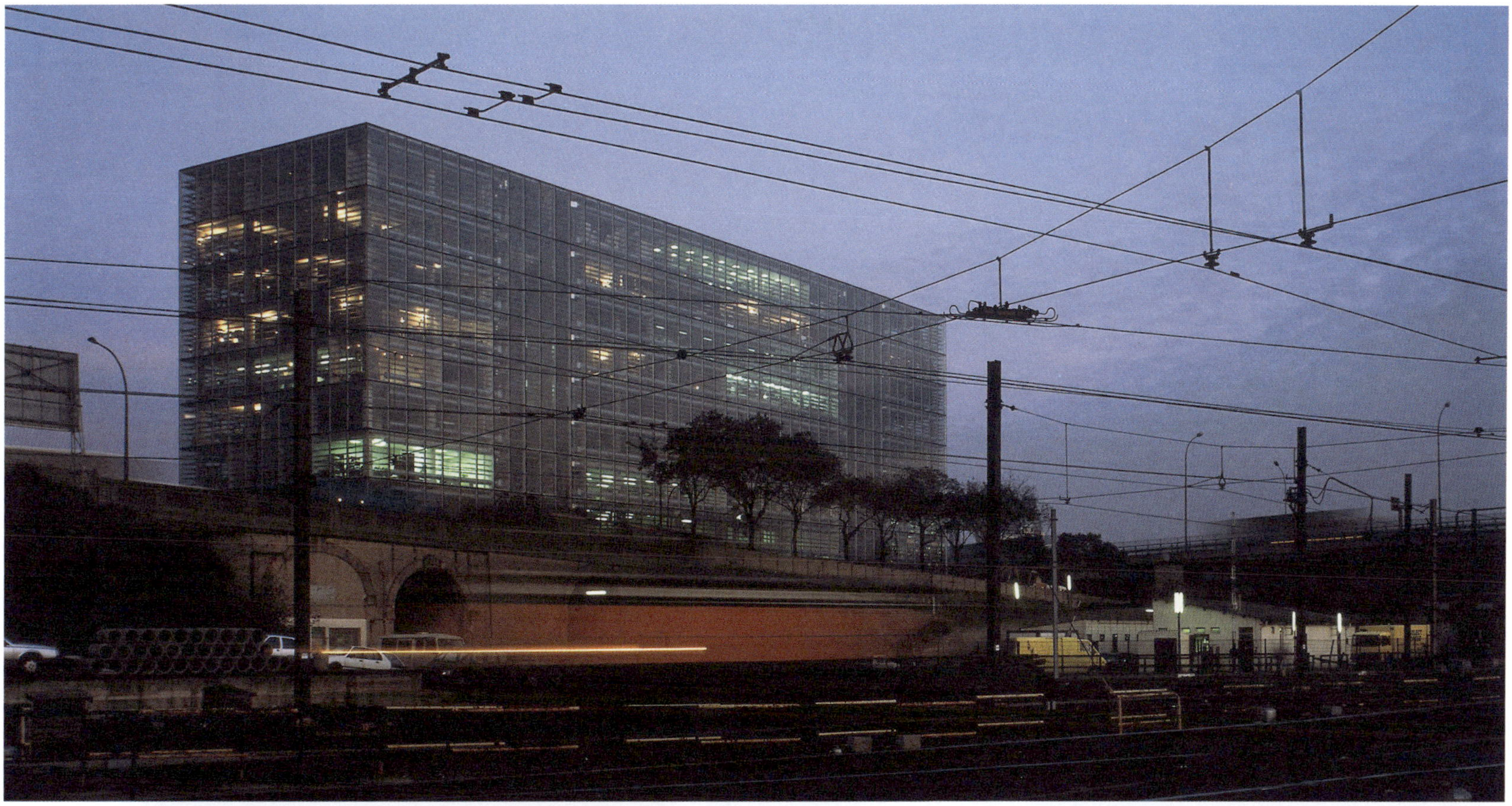
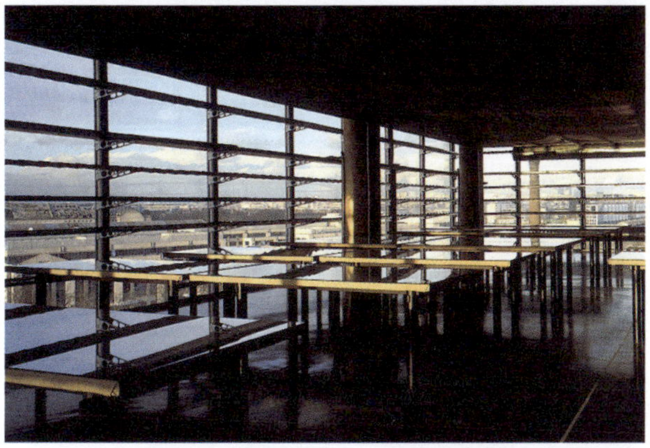
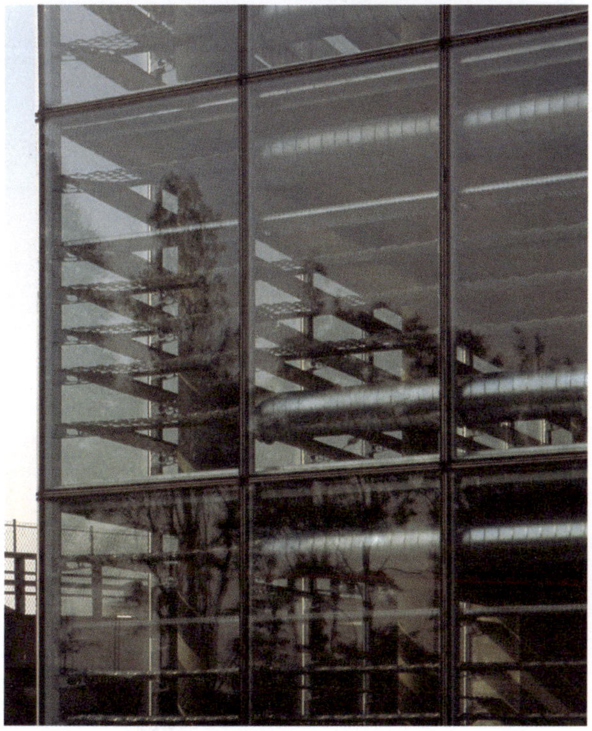
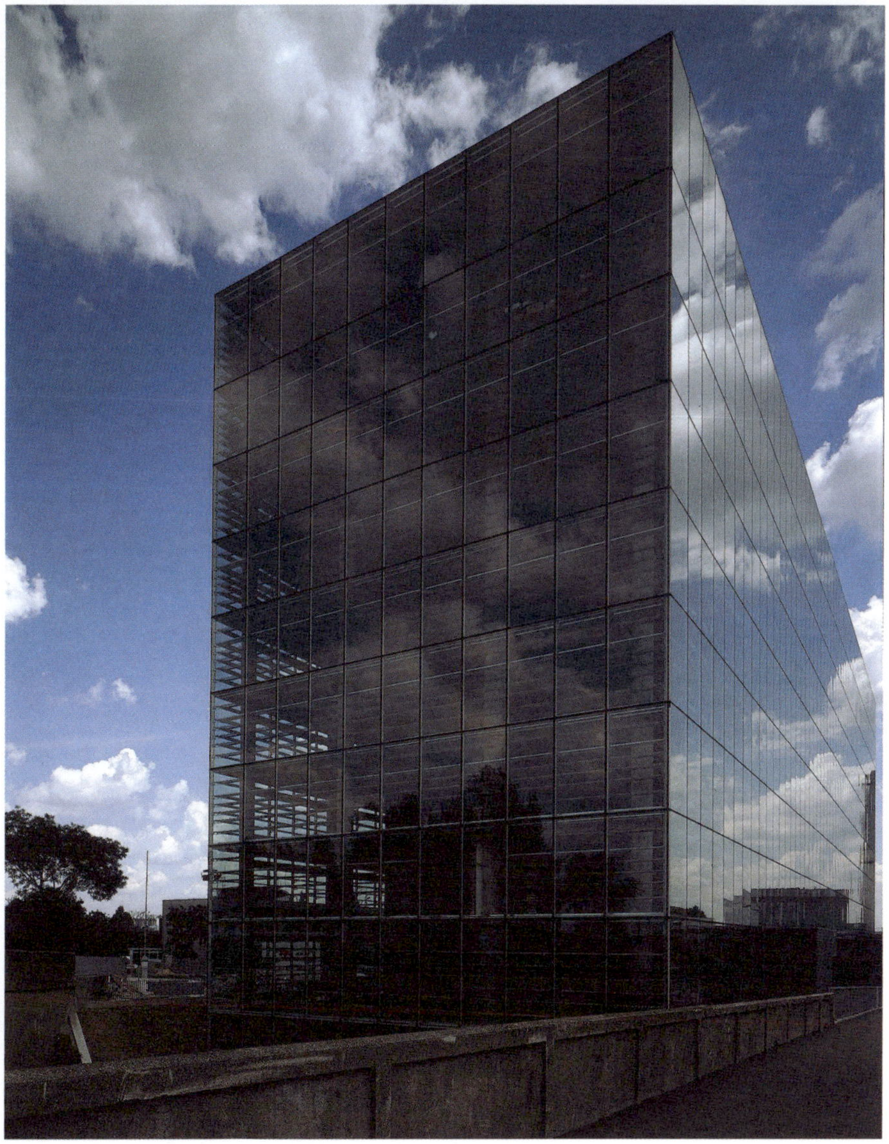

BIBLIOTHÈQUE NATIONALE DE FRANCE
NATIONAL LIBRARY OF FRANCE

PARIS, FRANCE, 1989-1995

Clients: ministère de la Culture, secrétariat d'État aux Grands Travaux, établissement public de la Bibliothèque nationale de France
Concours international, projet lauréat; récompensé en 1990 par la médaille d'argent de l'urbanisme et en 1997 par le prix Mies Van der Rohe
Bureaux d'étude: Perrault Associés SA (ingénierie architecturale), Séchaud & Bossuyt (structure), HGM Guy Huguet SA (gestion technique centralisée), Syseca (sécurité et télécommunications), Technip Seri Construction (fluides), Pieffet, Corbin et Tomasina (économie), ACV (acoustique), Éric Jacobsen (Sauveterre) (ingénieur agronome)
Programme: salles de lecture publiques (1556 places), salles de lecture de recherche (2034 places), espaces d'accueil et de service au public (23000 m²), salles de conférence, magasins de stockage (71000 m², dont 26000 m² dans les tours), environ 400 km de rayonnages (pour 20 millions de volumes), administration (36000 m², dont 16000 m² de bureaux dans les tours), locaux techniques (35000 m²), parking de 700 places, jardin (10782 m²) et esplanade publique (58000 m²)
Surface construite: 365000 m²; surface du site: 65300 m²

Clients: *Ministry of Culture, Secretariat of State for Major Works, the state-owned institution of the National Library of France*
International competition, award winning project; in 1990 received the Silver Medal for urbanism and in 1997 the Mies Van der Rohe Award
Consultants: *Perrault Associés SA (architectural engineering), Séchaud & Bossuyt (structure), HGM Guy Huguet SA (centralized technical management), Syseca (security and telecommunications), Technip Seri Construction (fluids), Pieffet, Corbin and Tomasina (economy), ACV (acoustics), Éric Jacobsen (Sauveterre) (agricultural engineer)*
Program: *public reading rooms (1,556 places), research reading rooms (2,034 places), reception and public services areas (23,000 m²), lecture halls, storage areas (71,000 m², of which 26,000 m² in the towers), approximately 400 km of stacks (for 20 million volumes), administration (36,000 m², of which 16,000 m² of office space in the towers), technical areas (35,000 m²), 700-place parking garage, garden (10,782 m²) and public esplanade (58,000 m²)*
Built area: *365,000 m²; plot area: 65,300 m²*

À la fin des années 1980, le projet de la Bibliothèque nationale de France constitue la pierre d'attente de la restructuration des quartiers est de Paris. Cette politique urbaine trouve ici une traduction architecturale – résumée ainsi par Dominique Perrault: « Une bibliothèque pour la France, une place pour Paris » – qui repose en premier lieu sur la création d'un vide fondateur en bord de Seine, sur le modèle de ceux de la place de la Concorde, du Champ-de-Mars ou des Invalides. « Le plus large don qu'il est possible de faire à Paris consiste aujourd'hui à lui offrir du vide », explique l'architecte. De cette volonté tout aussi radicale que symbolique découle la stratégie d'enfouissement de la construction dans un socle aux trois quarts enterré. Dévolues à la conservation des livres, les quatre tours d'angle qui se font face délimitent l'espace de l'institution et qualifient en creux cet évidement contenu. La création du jardin central, capture du naturel dans l'artificiel, porte une forte dimension métaphorique et organise le plan à la manière d'un cloître dédié à l'étude.

Cinq années de travail pour mettre sur pied plus de 360000 m², 2000 ouvriers affectés sur le chantier pendant trois ans, une capacité d'accueil avoisinant les 3500 lecteurs, 20 millions d'ouvrages disponibles: les chiffres donnent une idée de l'ampleur du programme. Néanmoins, le projet se tient à distance d'une monumentalité ostentatoire, d'une architecture instrumentalisée par le pouvoir, pour se recentrer sur l'intériorité de l'édifice: celle des salles de lecture isolés des bruits de l'extérieur, comme celle du jardin intérieur que l'on ne découvre qu'une fois entré dans le bâtiment. Réceptacle minimaliste du savoir accumulé à travers les âges, la BNF joue habilement avec les échelles pour conduire le visiteur depuis la ville jusqu'au cœur du livre.

At the end of the 1980s, the Bibliothèque nationale de France project was the first piece of the general restructuring plan of the eastern neighborhoods of Paris. The BnF translates this policy of urban renewal into architecture. As Dominique Perrault summarizes "a library for France, a place for Paris" – both founded on the creation of void beside the Seine, following the example of the place de la Concorde, the Champ-de-Mars and Les Invalides. "Today the greatest gift one can give to Paris is to provide it with empty spaces," he explains. The strategy of sinking the construction into a three-quarter buried pedestal flows from this equally radical and symbolic aim. Dedicated to book storage and conservation, the four angular towers facing each other mark off the space occupied by the institution and qualify this contained negative space. The creation of the central garden, artificial enclosure of nature, carries a powerful metaphorical dimension and organizes the building into a kind of cloister dedicated to study.

A five year project, the key figures give an idea of the program's scope: 360,000 m², 2,000 construction workers assigned to the site for three years, a capacity for 3,500 readers, 20 millions works available. Nevertheless, the project manages to avoid conspicuous monumentality and the exploitation of architecture by the state, instead focusing inward to the center of the building. Its reading rooms are protected from the noise of the city, like the interior garden that is only visible from inside the building. Minimalist receptacle of knowledge accumulated over millennia, the BNF skillfully plays with different scales to lead the visitor all the way from the city and plunge them deep into books.

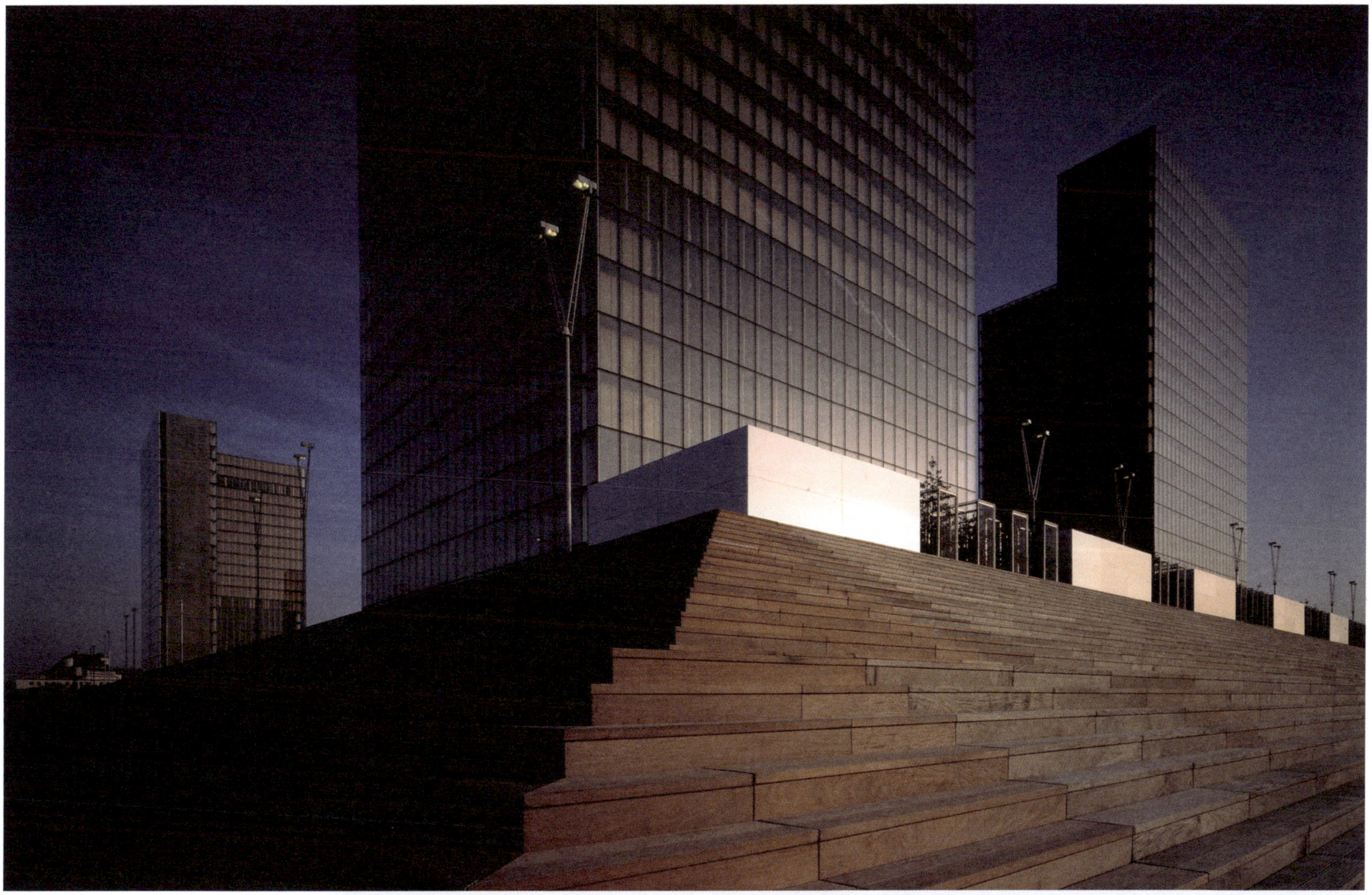

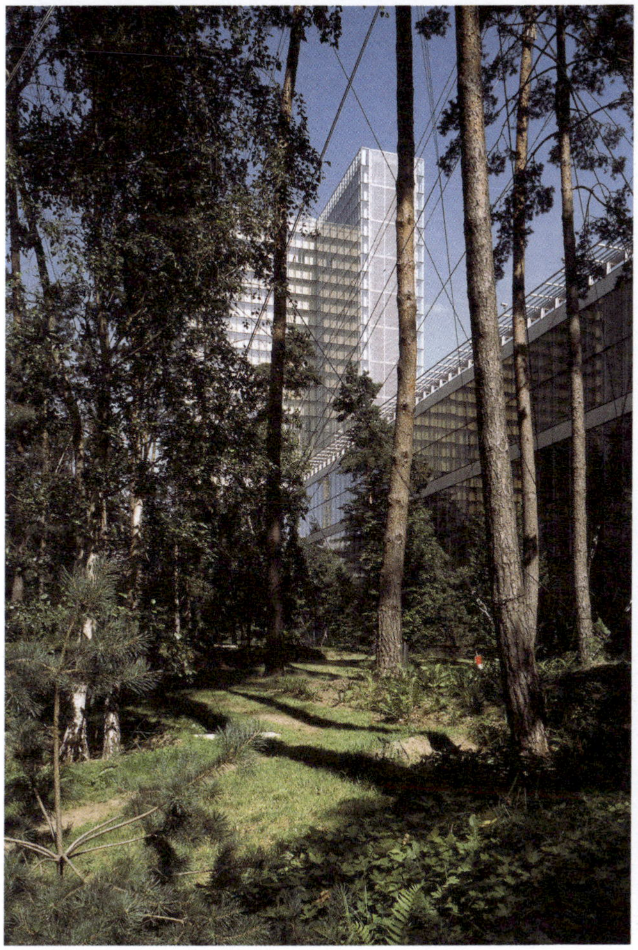

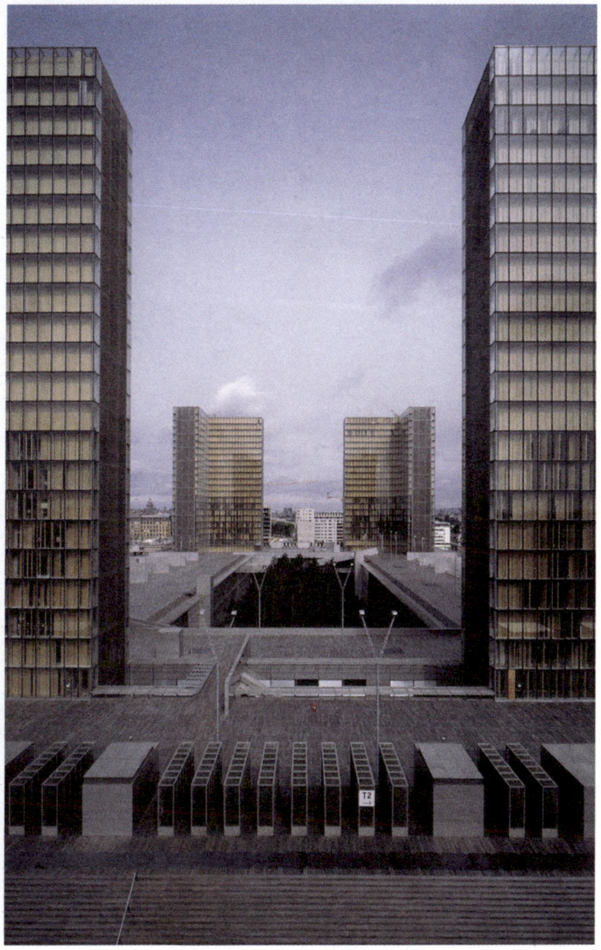

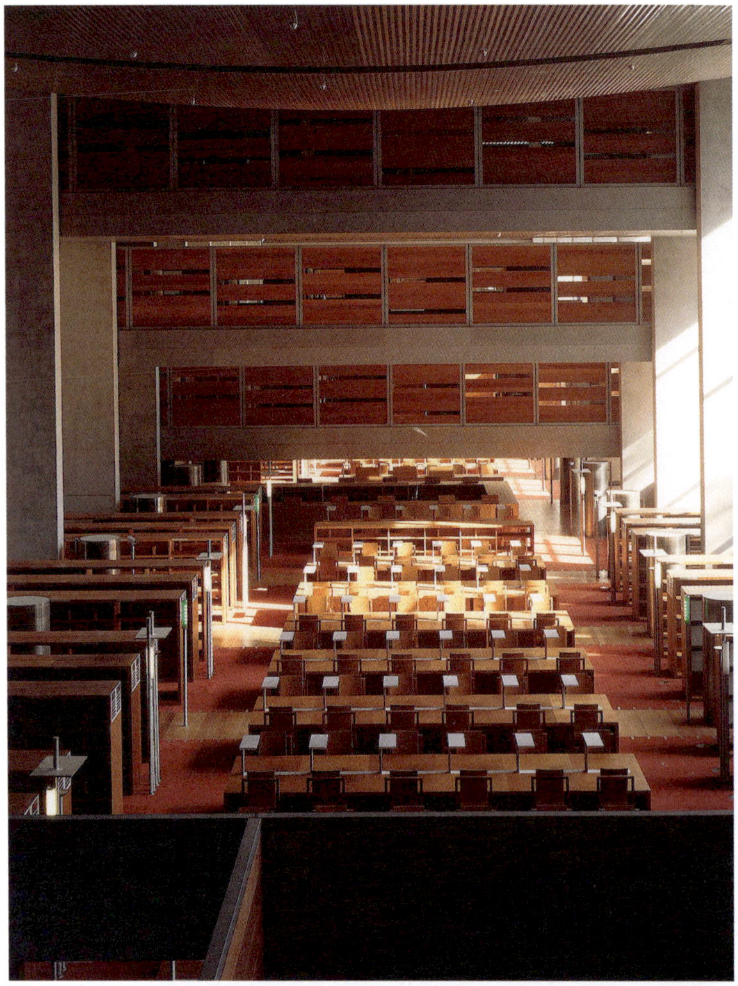
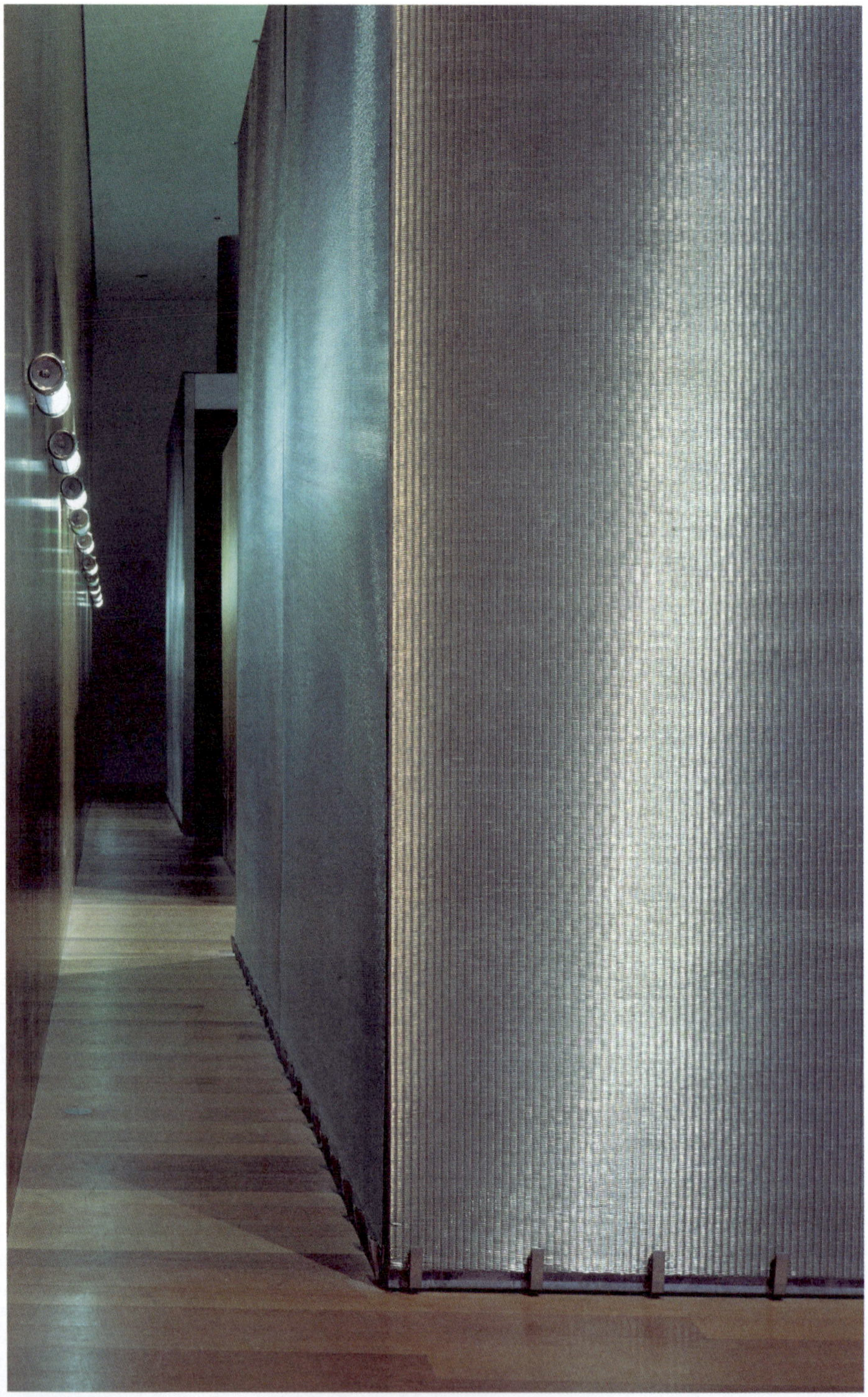
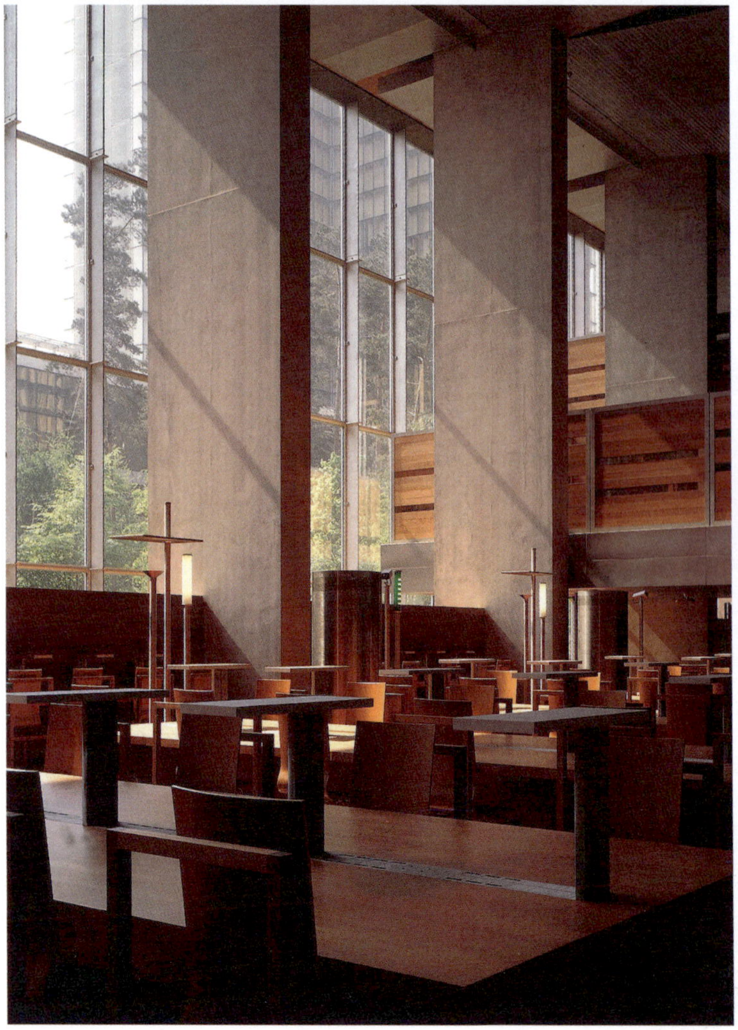
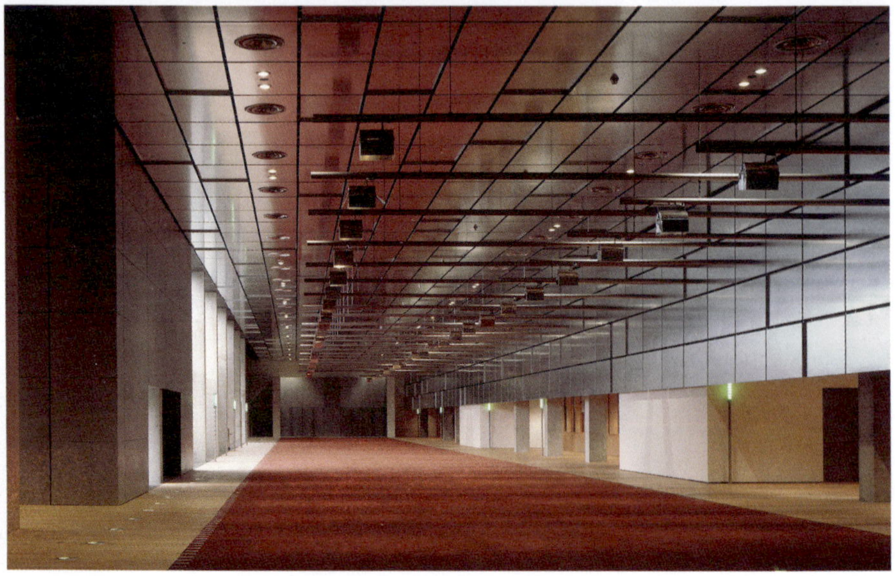

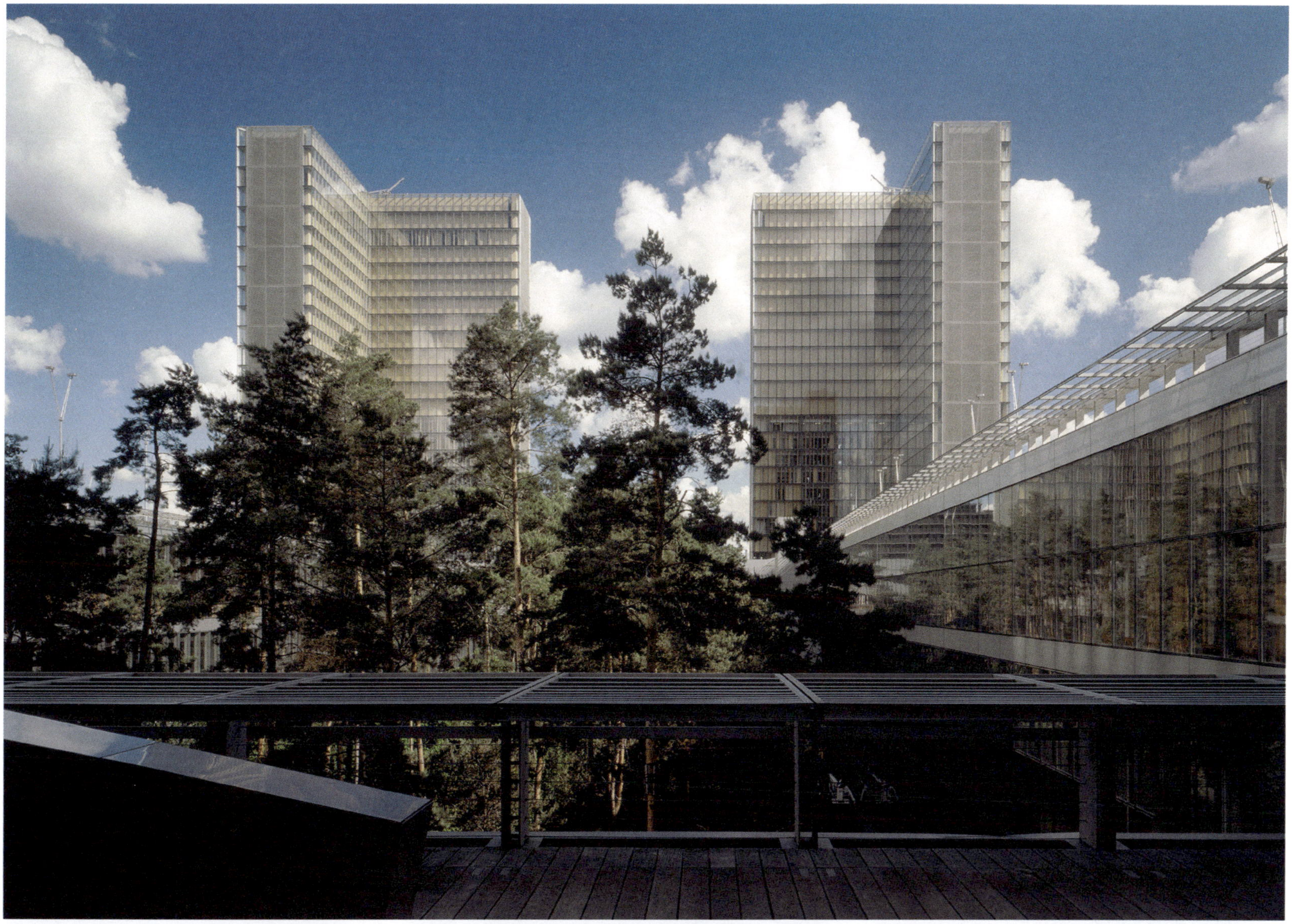
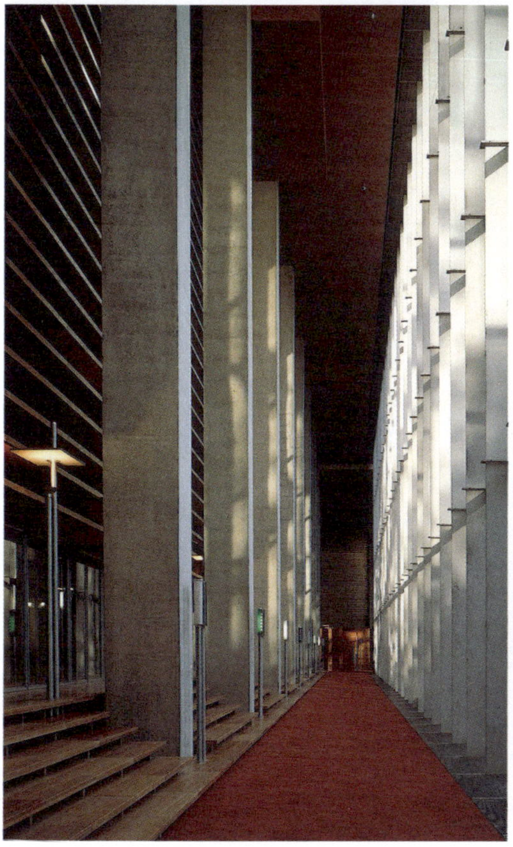
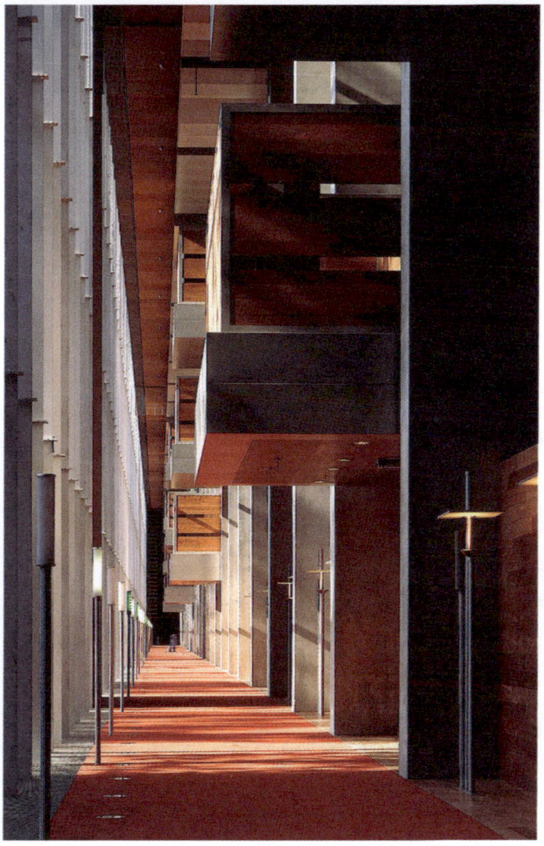
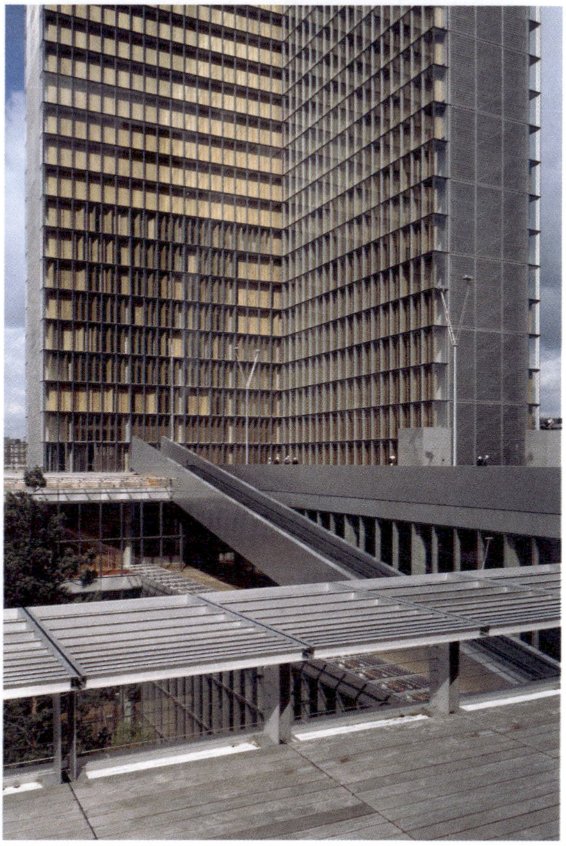

VÉLODROME ET PISCINE OLYMPIQUE DE BERLIN
BERLIN VELODROME AND OLYMPIC SWIMMING POOL

BERLIN, ALLEMAGNE, *GERMANY,* 1992-1999

Client: ville de Berlin, représentée par OSB Sportstättenbauten GmbH
Concours international sur invitation, projet lauréat; récompensé en 1999 par le Deutscher Preis für Architektur (2ᵉ prix)
Bureaux d'étude: Perrault Projets (ingénierie architecturale), PROMOS projektmanagement Olympiasportdtätten (pilote de projet), Ove Arup & Partners Ltd. Londres et Berlin (structure et fluides), IBUS Institut für Bau, Umwelt und Solartechnik GmbH (physique du bâtiment), IPB Frauenhofer Institut für Bauphysik (physique du bâtiment), Jean-Paul Lamoureux (acoustique et éclairage), Landschaft Planen & Bauen (paysagement), Weidleplan Consulting GmbH, Architekt Kerschkamp (consultant équipement sportif), Éric Jacobsen (ingénieur agronome)
Partenaires: APP Architects Perrault and Partners, Rolf Reichert – RPM, SSP - Schmidt, Schicketanz & Partner
Programme: complexe sportif: vélodrome polyvalent (29800 m^2): cyclisme, athlétisme, tennis, hippisme, éducation sportive, concert (11420 spectateurs, 5583 places assises); piscine (23980 m^2): 2 bassins olympiques, plongeoir olympique, bassins d'entraînement au plongeon, bassin pour handicapés, bassin pour enfants (4200 spectateurs, 2136 places assises); salle multisport avec tribunes, vestiaires, salle de remise en forme, salle de soins, bureaux administratifs, parking
Surface construite: 53780 m^2; surface du site: 10 ha

Client: city of Berlin, represented by OSB Sportstättenbauten GmbH
International invitation to tender, award-winning proposal; in 1999, awarded the Deutscher Preis für Architektur (2 prize)
Consultants: Perrault Projets (architectural engineering), PROMOS projektmanagement Olympiasportdtätten (project management), Ove Arup & Partners Ltd. London and Berlin (structure and fluids), IBUS Institut für Bau, Umwelt und Solartechnik GmbH (construction physics), IPB Frauenhofer Institut für Bauphysik (construction physics), Jean-Paul Lamoureux (acoustics and lighting), Landschaft Planen & Bauen (landscaping), Weidleplan Consulting GmbH, Architekt Kerschkamp (sports facilities consultant), Éric Jacobsen (agricultural engineer)
Partners: APP Architects Perrault and Partners, Rolf Reichert – RPM, SSP - Schmidt, Schicketanz & Partner
Program: sports complex: multi-use velodrome (29,800 m^2): cycling, athletics, tennis, equestrianism, sports education, concerts (11,420 spectators, 5,583 seats); pool (23,980 m^2): 2 Olympic pools, Olympic diving platform, diving training pools, pool for the handicapped, children's pool (4,200 spectators, 2,136 seats); multi-sport hall with stands, locker rooms, fitness center, sports medicine center, administrative offices, parking garage
Built area: 53,780 m^2; plot area: 10 ha

Deux ans après la chute du mur, Berlin, nouvelle capitale de l'Allemagne réunifiée, déposait sa candidature aux jeux Olympiques de l'an 2000. Une consultation internationale était lancée pour la réalisation d'un vélodrome et d'une piscine. À l'issue du concours, la proposition de Dominique Perrault s'est imposée, notamment pour sa capacité à intégrer l'ensemble des enjeux symboliques portés par l'opération. L'image olympique de la ville restait en effet encore très liée aux tragédies de l'histoire allemande et au stade monumental édifié par Albert Speer dans le quartier de Charlottenburg.
Ainsi, plutôt que de ne s'attacher qu'à l'élaboration d'une forme architecturale déterminée, le projet a cherché à évacuer cette question pour se concentrer sur les rapports de la construction avec son environnement. L'agence va alors dessiner un vaste parc (200 x 500 m), dans lequel les deux figures géométriques envisagées, l'une circulaire et l'autre rectangulaire, viennent s'implanter. Voilés par un tissu métallique qui vibre avec la lumière du soleil, le vélodrome et la piscine donnent l'impression de disparaître pour prendre l'aspect de véritables pièces d'eau. Enfin, sur ce parc, pensé comme un verger, ont été plantés près de 450 pommiers importés de Normandie, des arbres connus pour leur robustesse – il fallait une végétation pouvant supporter les rigueurs de l'hiver berlinois – et qui apportent une touche de poésie au nouveau complexe sportif.

Two years after the fall of the wall, a hopeful Berlin, the new capital of unified Germany, submitted its candidacy to host the 2000 Olympic Games. An international competition was held for the design and construction of a velodrome and a swimming pool in preparation for hosting the games. As the Olympic image of the city was still too linked with the tragedies of modern German history and the monumental stadium built by Albert Speer in the Charlottenburg district, rather than focus only on the development of a determined architectural form, the project sought to evacuate this question and to concentrate on the relationship between the buildings and their environment. Perrault's proposal won, notably because it most subtly and artfully integrated all the symbolic stakes involved in the project.
Thoughtfully taking into account this complex context, the firm designed a vast park (200 x 500 m), into which it placed two geometric figures, a circle and a rectangle. Veiled by a metallic fabric that shimmers and vibrates in sunlight, the velodrome and the pool seem to vanish, taking on the appearance of two enormous ponds. Finally, 450 apple trees imported from Normandy were planted in the park, envisaged as an orchard. Plants selected had to withstand the rigors of Berlin winters and this variety of apple tree is known for its hardiness. Thus, the apple orchard brings a bucolic and poetic dimension to the sports complex.

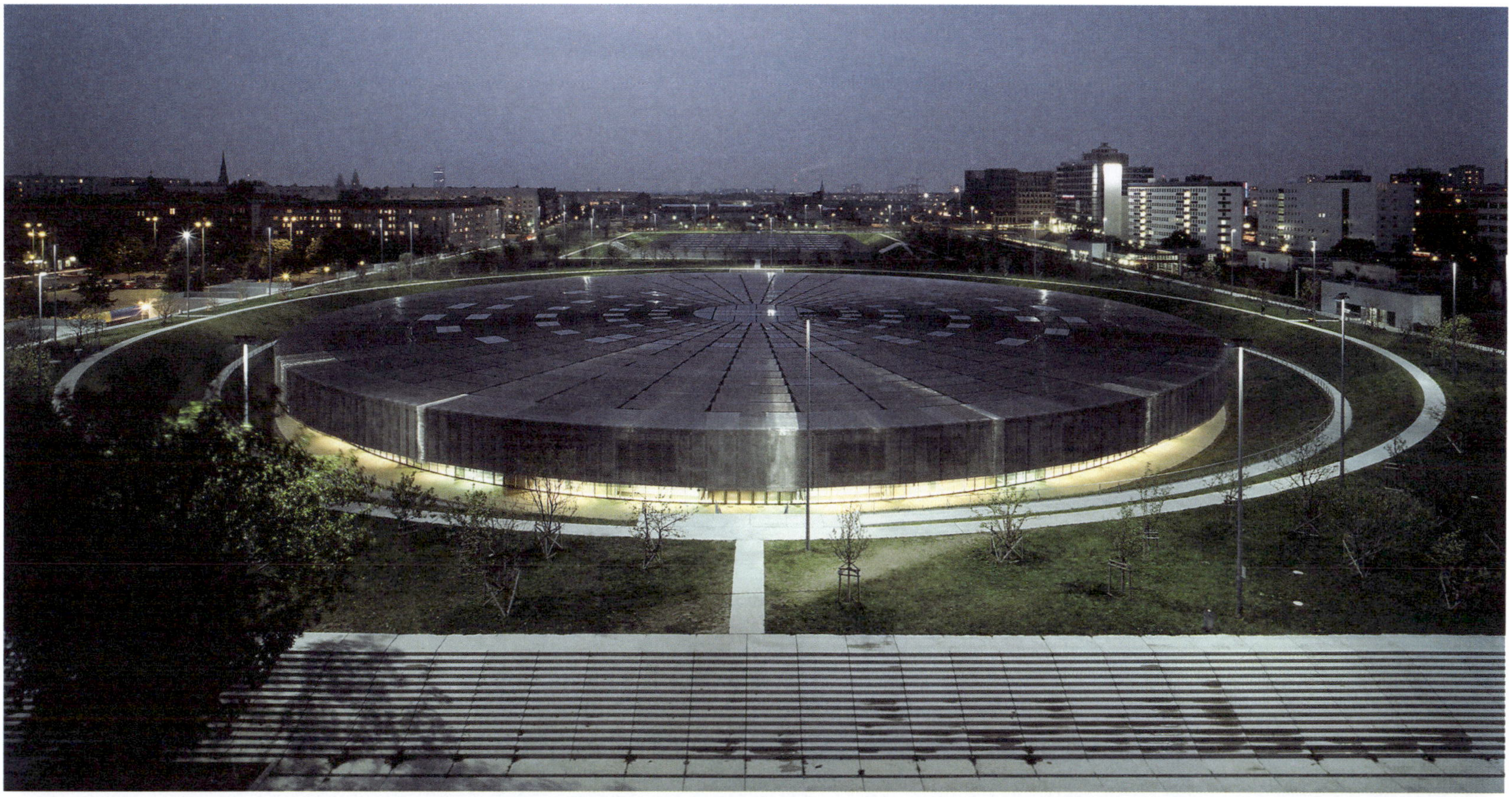

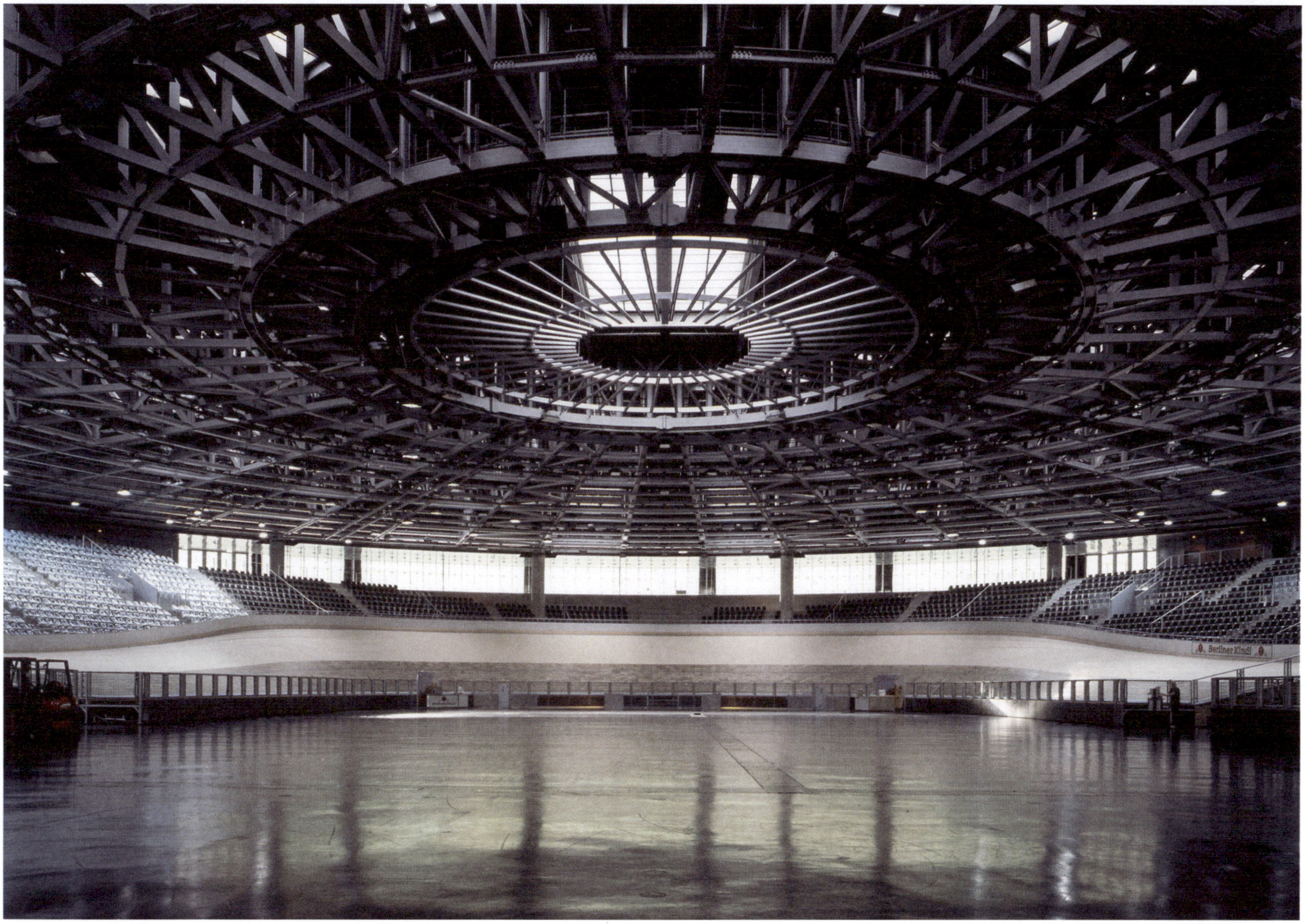
Berliner Kindl

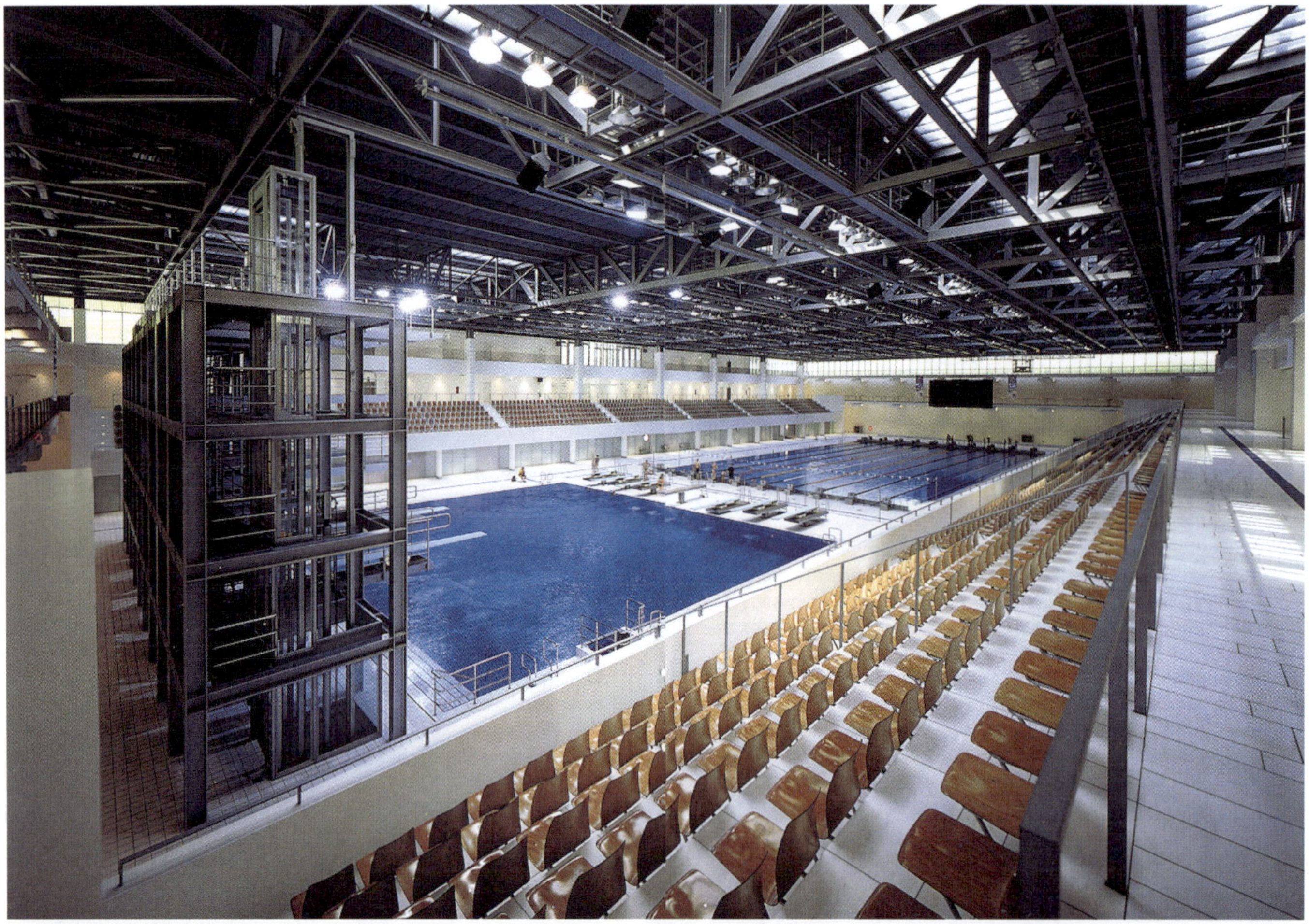

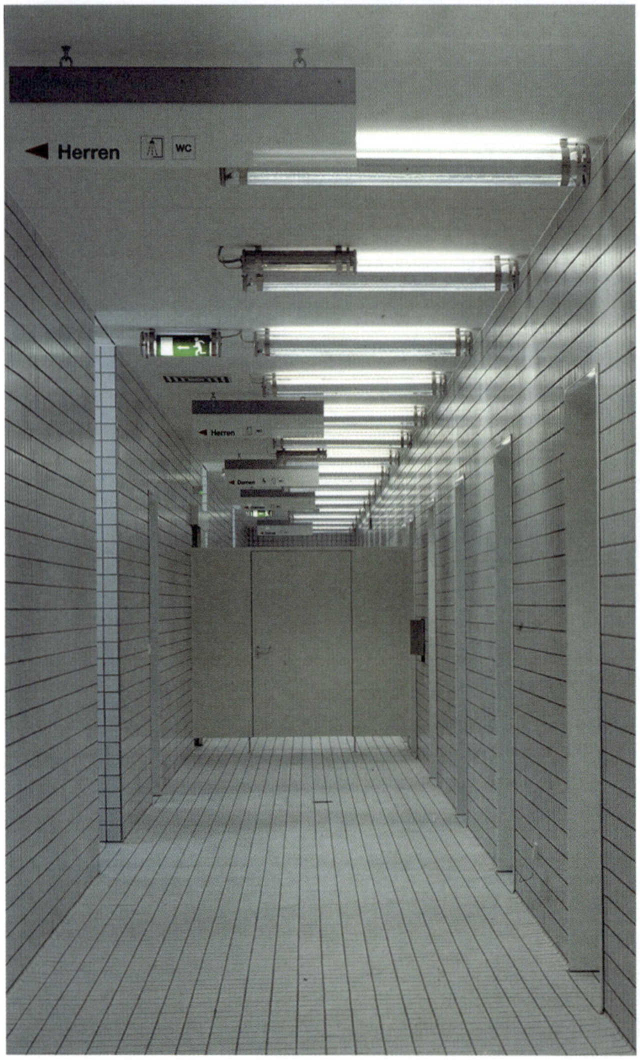
Herren
WC

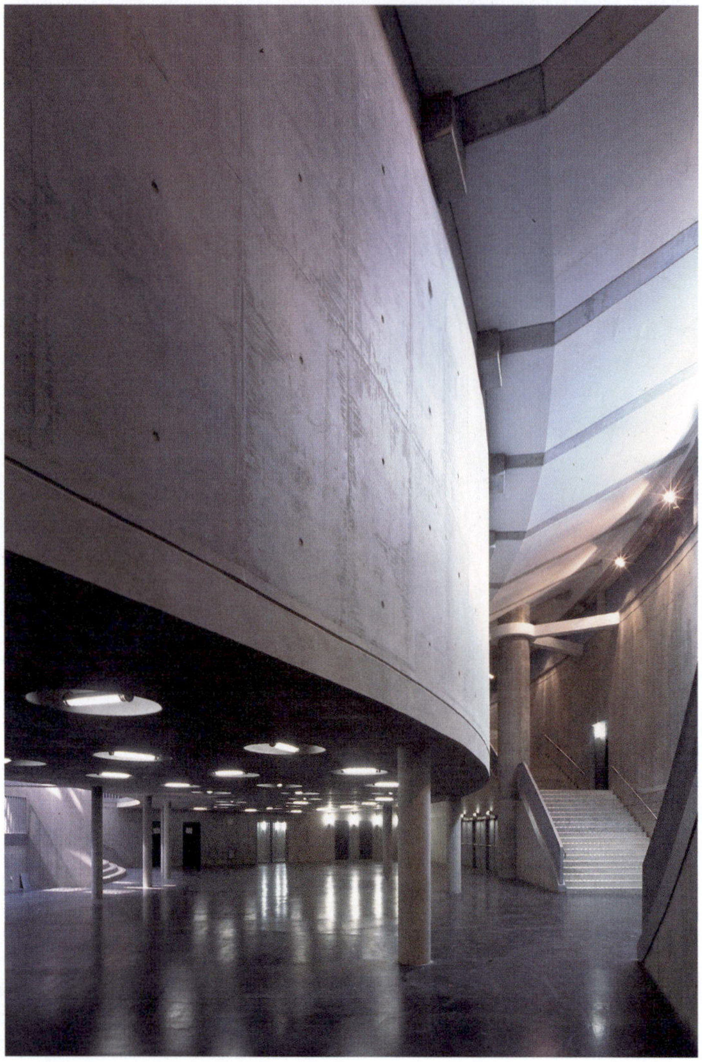

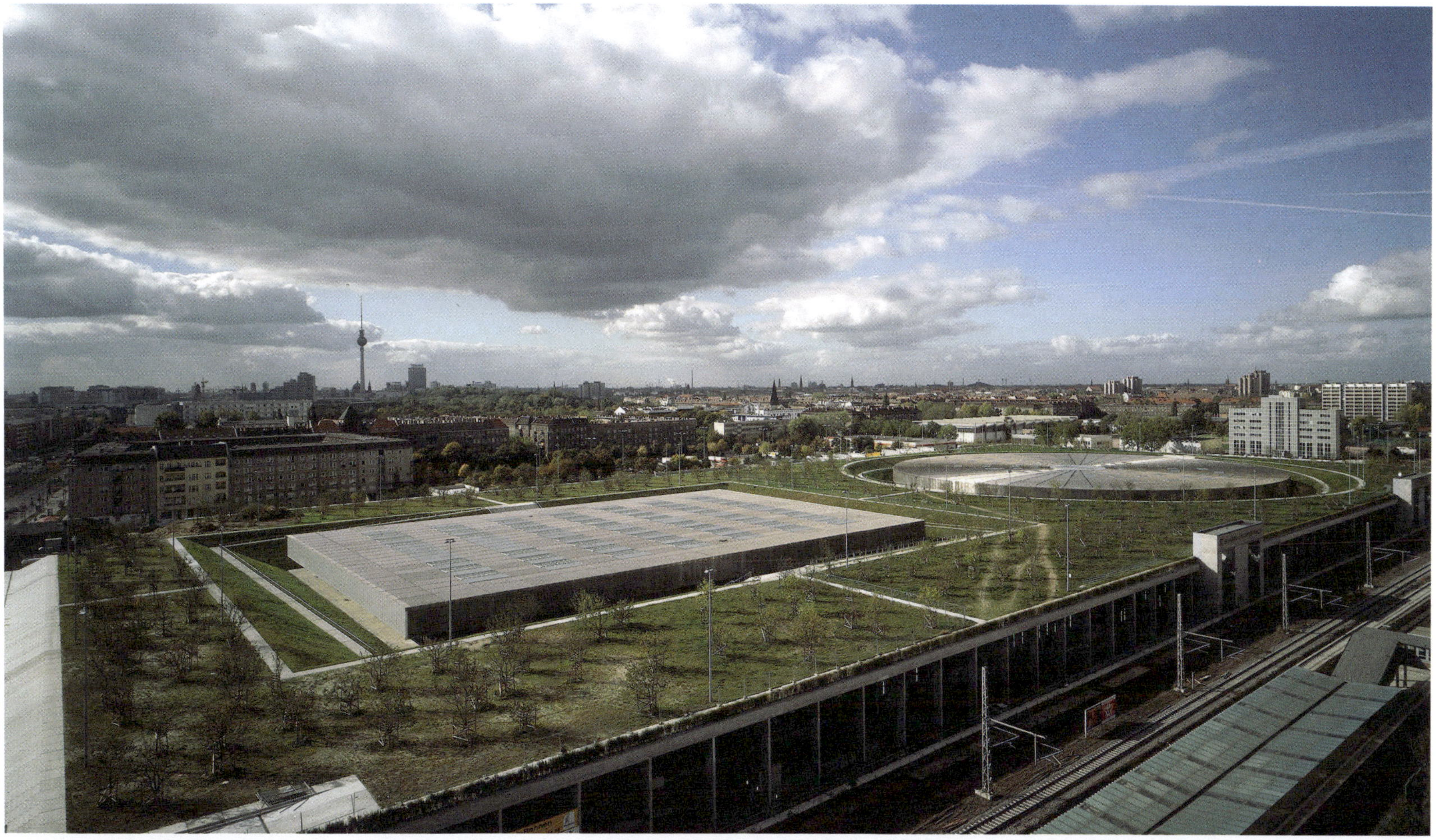

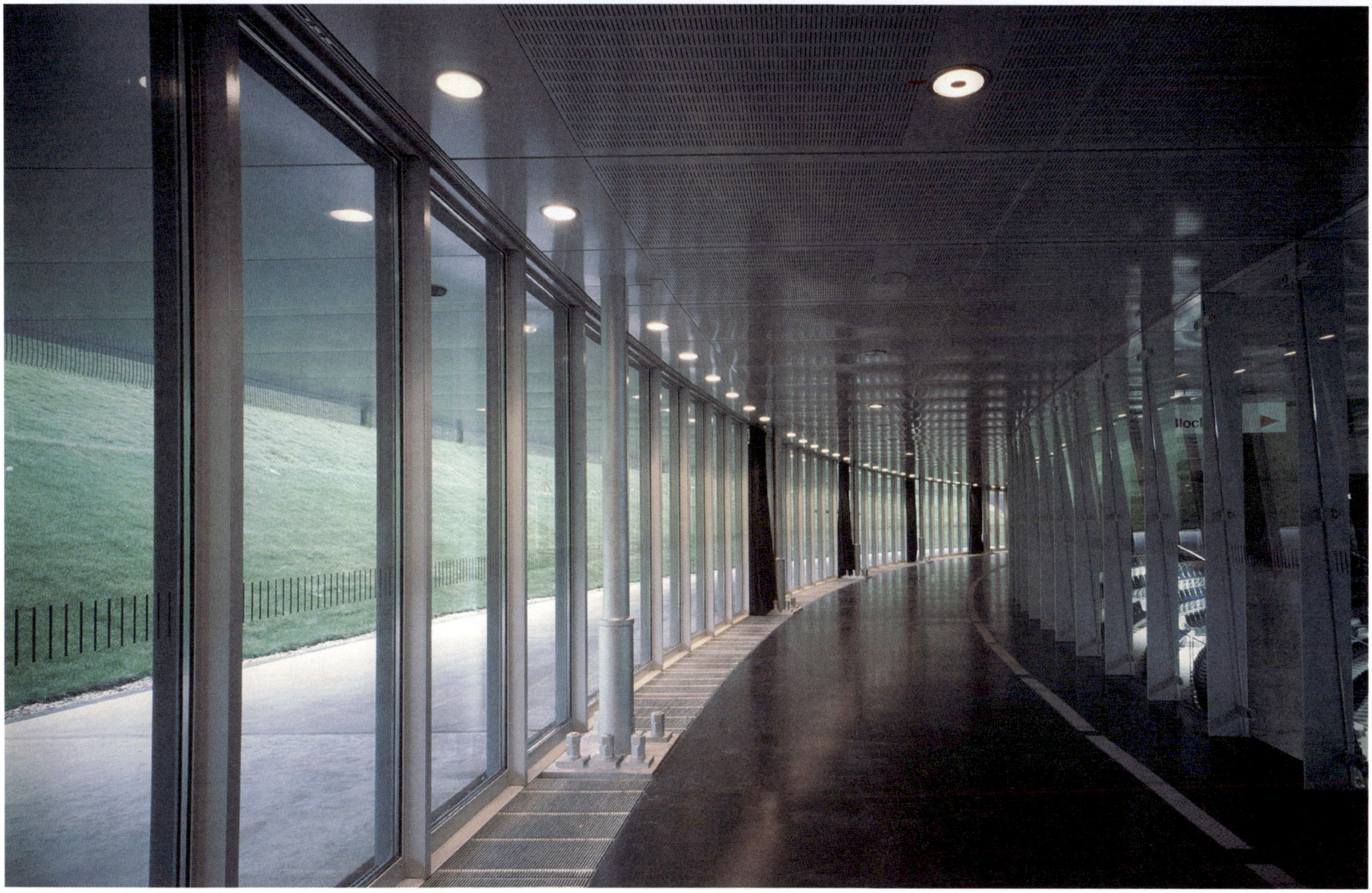

BOITES
BOXES

SIÈGE DE CANAL +, PARIS, FRANCE, 1988

TREMPLIN DE SAUTS, INNSBRUCK, AUTRICHE, 1999

PLAGE LAS TERESITAS, TENERIFE, ESPAGNE, 2000-2010

BANQUE POPULAIRE DU SUD-OUEST, BORDEAUX, FRANCE, 2001

SHOWROOM MERCEDES, SALZBOURG, AUTRICHE, 2001

CASA DE FRANCIA, MEXICO, MEXIQUE, 2002

SIÈGE DE NOVARTIS, BÂLE, SUISSE, 2002

VILLAGE OLYMPIQUE PARIS 2012, PARIS, FRANCE, 2004

IMMEUBLE DE BUREAUX SULLY III, NANTES, FRANCE, 2006

SEOUL INTERNATIONAL FINANCE CENTER, SÉOUL, CORÉE, 2004

THE CUBE, BERLIN, ALLEMAGNE, 2007

TROIS SUPERMARCHÉS MPREIS
THREE MPREIS SUPERMARKETS

WATTENS & ZIRL, TYROL, AUTRICHE, *AUSTRIA,* **1999-2003**

Client: MPreis Warenvertriebs GmbH
Commande directe; récompensé au 2003 BTV Bauherrenpreis pour le supermarché MPreis Wattens II
Bureaux d'étude: Perrault Projets, (ingénierie architecturale), Guy Morisseau (structure), Alfred Brunnsteiner (structure), Tivoliplan (installation) HG Engineering (éclairage), Jean-Paul Lamoureux (acoustique)
Partenaire: Rolf Reichert, RPM Munich
Programme: trois supermarchés et commerces
Surfaces construites: 1790 m², 2688 m² et 2000 m²

Client: MPreis Warenvertriebs GmbH
Direct commission; awarded the 2003 BTV Bauherrenpreis for the MPreis Wattens II supermarket
Consultants: Perrault Projets, (architectural engineering), Guy Morisseau (structure), Alfred Brunnsteiner (structure), Tivoliplan (installation) HG Engineering (lighting), Jean-Paul Lamoureux (acoustics)
Partner: Rolf Reichert, RPM Munich
Program: three supermarkets and shops
Built area: 1,790 m², 2,688 m² and 2,000 m²

La firme autrichienne de supermarchés MPreis a décidé de rompre avec l'architecture générique, souvent mal perçue, qui caractérise habituellement les grandes surfaces. Pour cela, elle a engagé une collaboration avec de nombreux architectes pour la construction de ses magasins. En effet, au-delà de leur fonction commerciale, ces supermarchés d'un genre un peu particulier ont pour vocation de constituer des lieux attractifs, intégrant café, espace de jeux pour les enfants, parking, et même poste de police pour l'un d'entre eux.
C'est dans ce contexte que Dominique Perrault a été sollicité pour réaliser trois supermarchés, d'abord à Wattens, puis à Zirl. À chaque fois, l'agence a développé une architecture fonctionnelle, technique, en prise avec son environnement immédiat, qu'il soit urbain ou naturel. À Wattens (MPreis WII) par exemple, le volume principal est surélevé par rapport au sol et connecté à la rue au moyen de rampes à inclinaisons variables, redessinant ainsi la topographie désormais ponctuée d'espaces végétalisés. Dans le supermarché MPreis WI, une géométrie dynamique, ménagée dans le corps du bâtiment a été plantée d'arbres. Ceux-ci semblent s'être déplacés depuis la forêt avoisinante pour envahir le nouvel ensemble et l'associer à la large étendue. Cette ambiguïté entre nature et architecture est prolongée par le jeu des surfaces qui filtrent ou renvoient les reflets de la lumière et du paysage alentour. La transparence du verre, la réflexivité du métal poli, la perméabilité des résilles métalliques sont ainsi utilisées dans un schéma complexe de distribution des perceptions à l'intérieur comme à l'extérieur des bâtiments.

MPreis, the Austrian supermarket firm, decided to break with the mostly generic and often unappreciated architecture that characterizes their supermarkets. To achieve this transformation they engaged a number of architects to collaborate with them on the construction of their new stores. These supermarkets of an unusual type are designed, beyond their commercial function, to be attractive places combining a café, a play area for children, parking, and even a police station in one of them.
It was in this context that Dominique Perrault was asked to design three supermarkets, first in Wattens, then in Zirl. In each case, the firm developed a functional and technical architecture that engages with its immediate environment, whether urban or natural. In Wattens (MPreis WII) for example, the main volume is raised above the ground level and connected to the street by ramps at varying inclines, thereby redesigning the topography, which is now punctuated by green spaces. Inside the supermarket MPreis WI, a dynamic geometric space, integrated into the body of the building is planted with trees. They seem to have come down from the neighboring mountains to invade the new ensemble and serve to link it to the region as a whole. The ambiguity between nature and architecture is enhanced by the interplay of surfaces that filter and reflect light and the surrounding landscape. The transparency of the glass, the reflective quality of the polished metal and the permeability of the metallic netting work in concert to set up a complex scheme of perceptions on the inside and outside of these buildings.

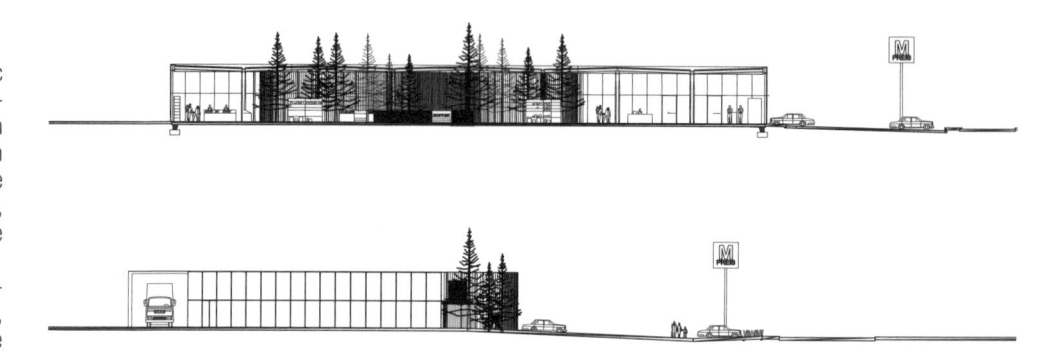

WATTENS, 1999-2000

WATTENS, 2001-2003

ZIRL, 2001-2003

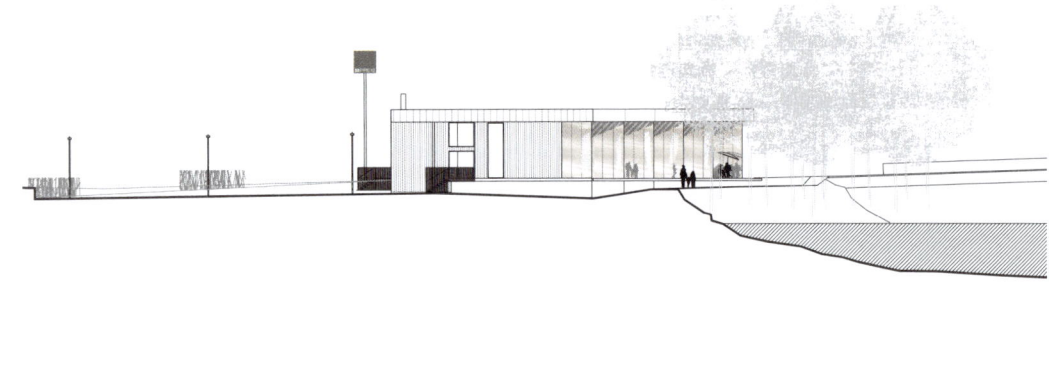

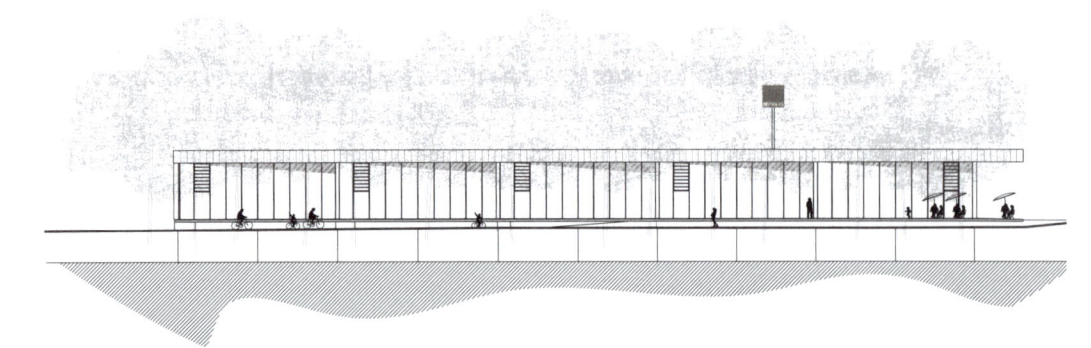

DOMPLATZ HAMBURG

HAMBOURG, ALLEMAGNE, *HAMBURG, GERMANY,* 2005

Client: ville de Hambourg
Concours international, non réalisé
Bureaux d'étude: HL Technik (fluides), Werner Sobek Ingenieure (consultant structures)
Programme: le bâtiment accueille la bibliothèque centrale de Hambourg, le musée archéologique, le centre d'information pour la jeunesse, le forum citoyen, des commerces et des restaurants et des logements.
Surface construite: 28 000 m² ; surface du site : 4 380 m²

Client: city of Hamburg
International competition, not built
Consultants: HL Technik (fluids), Werner Sobek Ingenieure (structures consultant)
Program: the building houses the Hamburg central library, archeological museum, youth educational center, citizen' forum, shops, restaurants and housing units
Built area: 28,000 m²; plot area: 4,380 m²

La localisation de ce bâtiment dans le centre historique de Hambourg nécessitait une stratégie spécifique d'implantation et de mise en relation avec l'environnement immédiat. L'idée retenue est de concevoir un édifice inscrit dans la continuité du tissu urbain, tout en soulignant le caractère exceptionnel de l'église adjacente.
Le programme doit réaliser trois objectifs : un bloc d'équipements, un îlot de logements et une crypte qui abritera le musée archéologique de la ville. Chacun de ces éléments a une fonction particulière dans la géométrie dessinée par le contexte urbain. Ainsi, le bloc d'équipements fait figure de grande loge ouverte sur l'église, créant un espace d'entre-deux qui mêle public et privé. Ce volume est creusé pour laisser apparaître un vaste atrium autour duquel s'organisent la bibliothèque, les commerces et les restaurants. Situé à l'arrière de la bibliothèque, l'îlot de logements, autonome et sans fioritures ostentatoires, vient compléter harmonieusement les constructions plus anciennes. Enfin, au pied de l'église, niché dans le sous-sol, le musée archéologique redéfinit la topographie du lieu en lui conférant une dimension poétique : le passant est ici invité à une rêverie qui le plonge dans les dédales de l'histoire.
En articulant trois logiques distinctes d'implantation, ce projet tend à prendre toute sa place dans la géographie pluriséculaire du centre de Hambourg.

This building's location in the historic center of Hamburg requires a specific positioning strategy to ensure the right rapport with the immediate environment. The idea chosen is to design a building that is inserted into the continuity of the urban fabric while simultaneously enhancing the exceptional character of the adjacent church
The program must achieve three objectives: a block of facilities, an island of housing and a crypt to house the city's archeological museum. Each of these elements has a particular function in the geometry ordered by the urban context. The block of facilities serves as a grand loggia open to the church and creating an "in-between" space where public and private mingle. This volume is hollowed out to make way for a vast atrium around which the library, shops and restaurants are organized. At the back of the library, the island of housing units, independent and without showy decoration, harmoniously complement the older buildings. Finally, at the foot of the church, nestled in the basement, the archeological museum redefines the topography of the place by giving it a poetic dimension. Here, passers-by are invited into a dream that plunges them into history's labyrinths.
In articulating three distinct logics of positioning, the project settles into its place within the centuries-old geography of Hamburg's center.

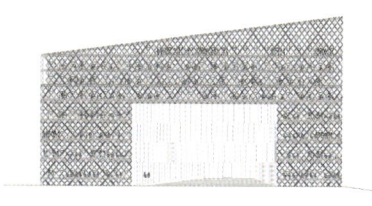

HÔTEL HABITAT SKY
HOTEL HABITAT SKY

BARCELONE, CATALOGNE, ESPAGNE, *BARCELONA, CATALONIA, SPAIN*, 1999-2008
(en cours de construction / *under construction*)

Client: Habitat Grupo Empresarial
Commande directe
Bureaux d'étude: Perrault Projets (ingénierie architecturale), Robert Brufau i Associats (structure), Pamias Ingenieria Industrial (fluides)
Partenaire: Virginia Figueras / Franco Corada Arqts.
Architecte local: AIA
Programme: hôtel 5 étoiles: 257 chambres, 12 suites, salle de gymnastique, piscine, restaurant (300 m²), bar, centre de conférence (1 150 m²), bureaux administratifs, parking souterrain
Surface construite: 28 000 m²; surface du site: 3 230 m²

Client: Habitat Grupo Empresarial
Direct commission
Consultants: Perrault Projets (architectural engineering), Robert Brufau i Associats (structure), Pamias Ingenieria Industrial (fluids)
Partner: Virginia Figueras / Franco Corada Arqts.
Local Architect: AIA
Program: 5 star luxury hotel: 257 rooms, 12 suites, fitness club, pool, restaurant (300 m²), bar, conference center (1,150 m²), administrative offices, underground parking garage
Built area: 28,000 m²; plot area: 3,230 m²

Conçu pour le groupe Habitat à Barcelone, cet hôtel s'appuie sur les deux dimensions qui font l'identité de la métropole catalane : une trame horizontale très nette héritée du plan Cerdà et prolongée jusqu'à la mer ; une dynamique verticale forte incarnée par la Sagrada Familia, la tour Agbar de Jean Nouvel et la montagne du Tibidabo qui surplombe le site.
Grâce à un simple jeu de volumes accolés, Dominique Perrault donne sens au bâtiment. Celui-ci est en effet constitué d'un cube inscrit dans l'horizontalité de la ville et d'une tour de 30 étages offrant un nouveau point de repère de 120 m de hauteur. Un impressionnant porte-à-faux à 20 m du sol marque l'entrée : sur l'avenue Diagonal, il apparaît comme un signal identifiant l'hôtel. Placé derrière la tour et coiffé d'une terrasse, le cube jouxte une place ouverte sur la rue.
C'est l'accolement de ces boîtes qui détermine la répartition des fonctions. Tandis que le volume situé en arrière rassemble les services collectifs de l'hôtel, la tour, large et peu profonde, abrite les 257 chambres qui disposent chacune d'une vue dégagée sur la mer ou sur la montagne. Le panorama est un élément primordial du programme. Chaque chambre a été imaginée pour orienter le regard vers l'extérieur, comme en attestent les grandes fenêtres intérieures qui cadrent la vision. Ce « grand écran branché sur la ville et le paysage » est lui-même découpés en panneaux d'opacité et de texture distinctes qui revêtent l'ensemble de la façade et l'anime de jour comme de nuit.

Designed for the Habitat group in Barcelona, this hotel integrates the two dimensions that compose the identity of the Catalonian capital: the horizontality of its grid, legacy of the Cerdà plan extending all the way to the sea and its dynamic verticality exemplified by the Sagrada Familia, the Agbar tower by Jean Nouvel and Mount Tibidabo looming over the sight.
Through a simple set of volumes stuck to each other, Dominique Perrault gives meaning to the building. The hotel comprises a cube fitting into the horizontality of the city and a 30-story tower creating a new 120-meters landmark on the skyline. An awesome cantilever 20 m above street level marks the entrance on the Avinguda Diagonal and serves as the Hotel's identifying signal. Placed behind the tower and topped with a terrace, the cube overlooks a plaza opening to the street.
The way these boxes are placed against each other orders the distribution of functions. While the volume located at the back gathers the hotel's collective services, the tower, broad and not very deep, houses the 257 guest rooms, each with an unobstructed view of the sea or the mountain. Th panoramic view is an essential element of the program. Each room is designed to draw the gaze of the visitor towards the exterior, as the large interior windows framing the view testify. This "enormous screen focused on the city and the landscape" is cut into opaque panels of distinct texture that cover the entire façade, making it come alive in the day and the night.

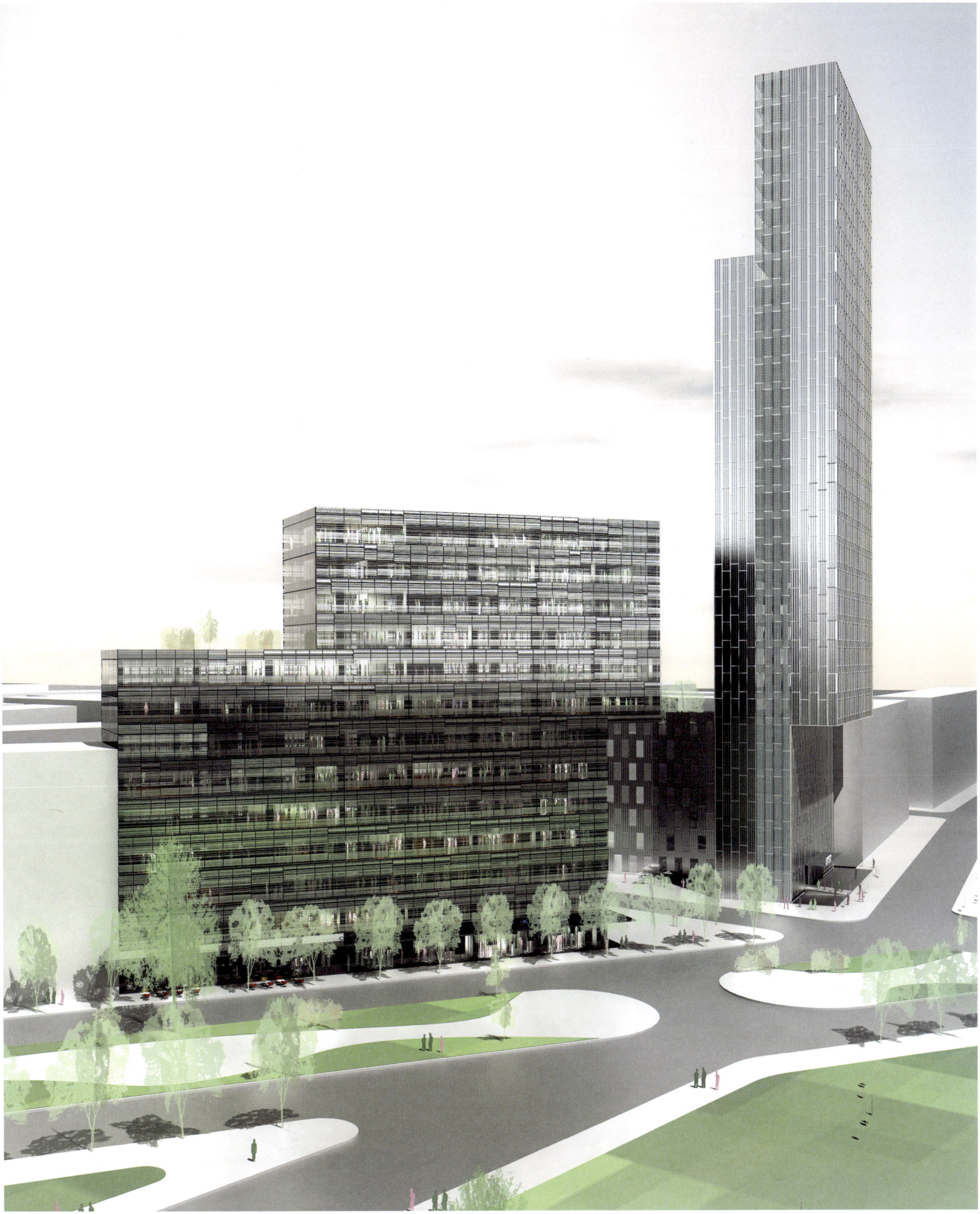

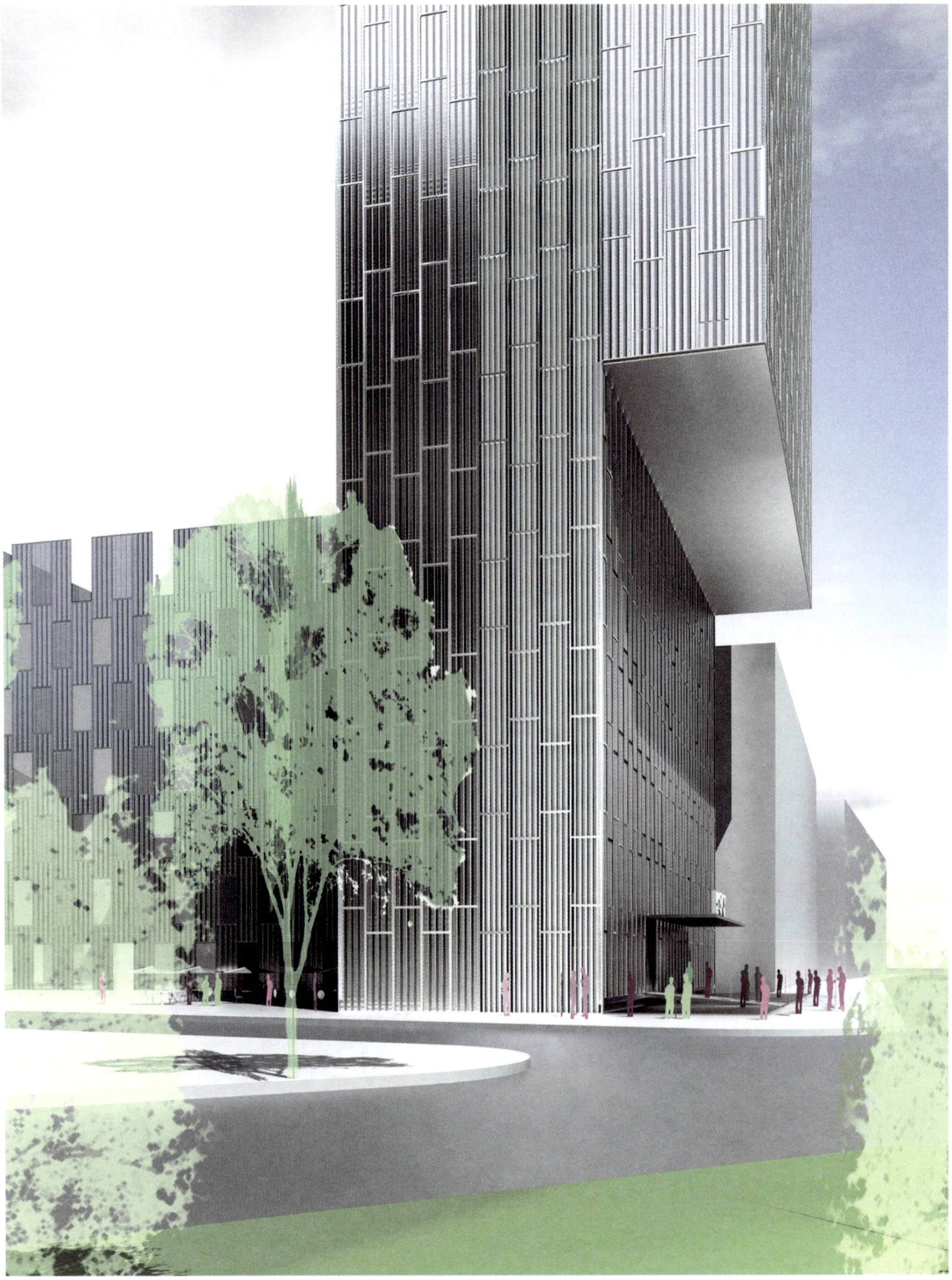

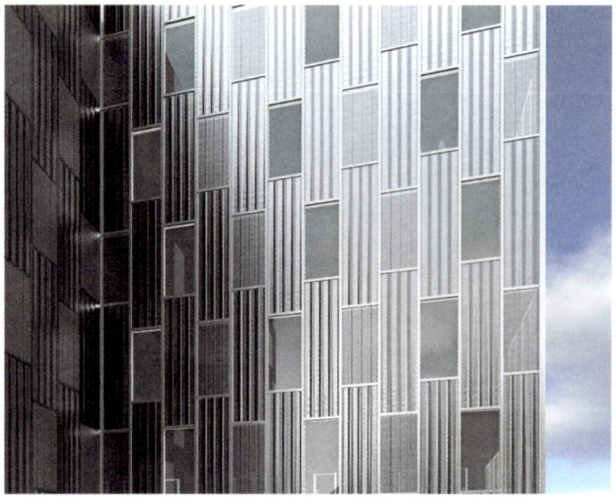

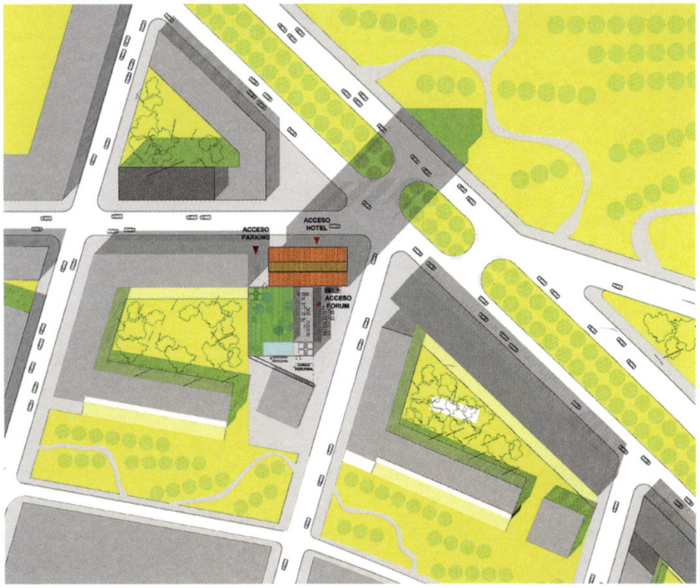
ACCESO
PARKING
ACCESO
HOTEL
ACCESO
FORUM

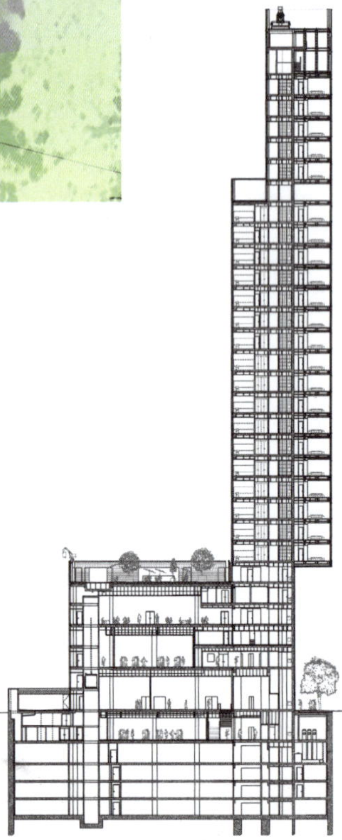

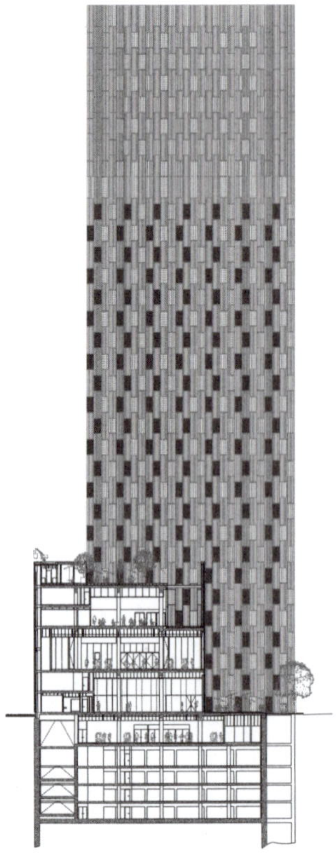

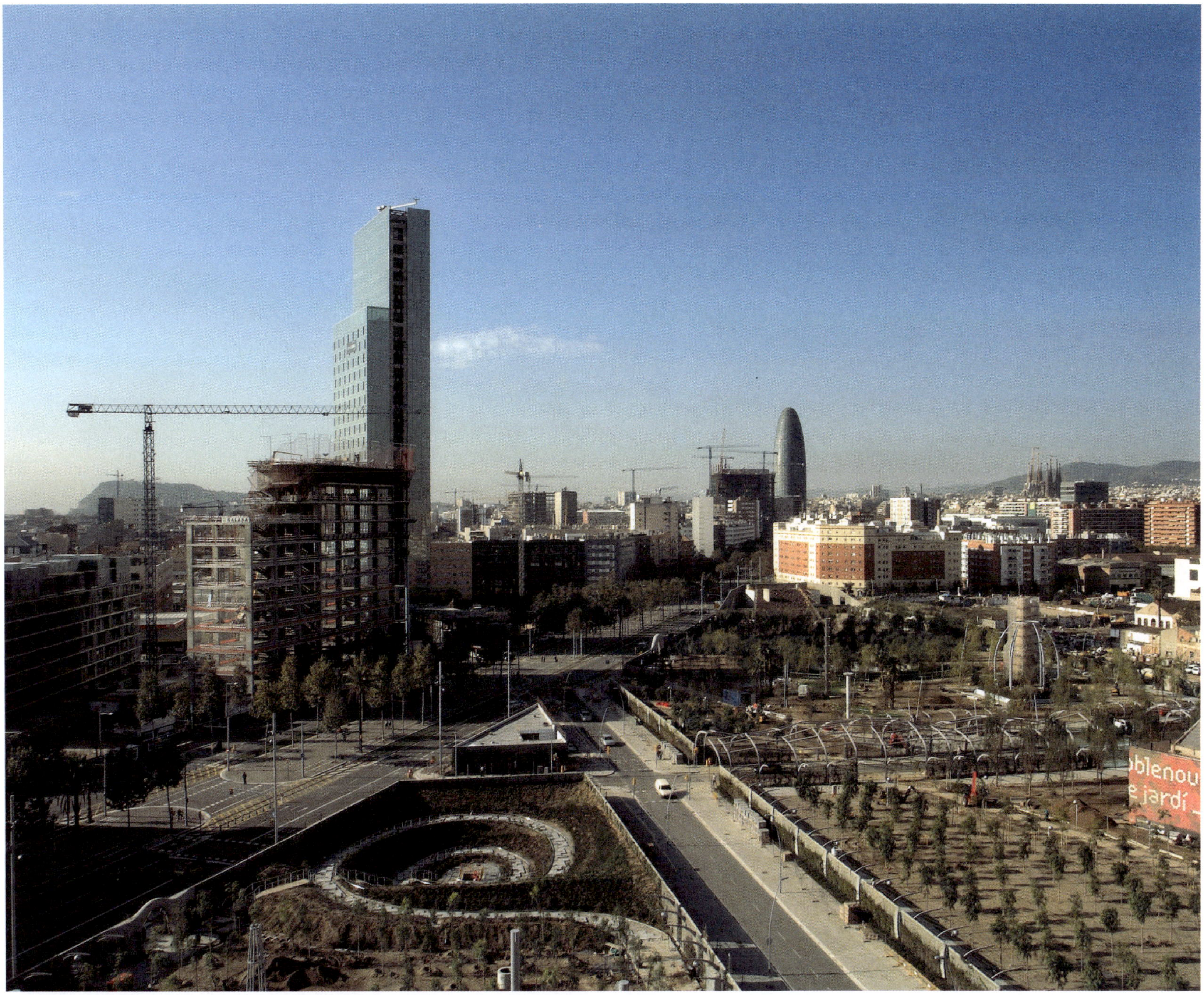

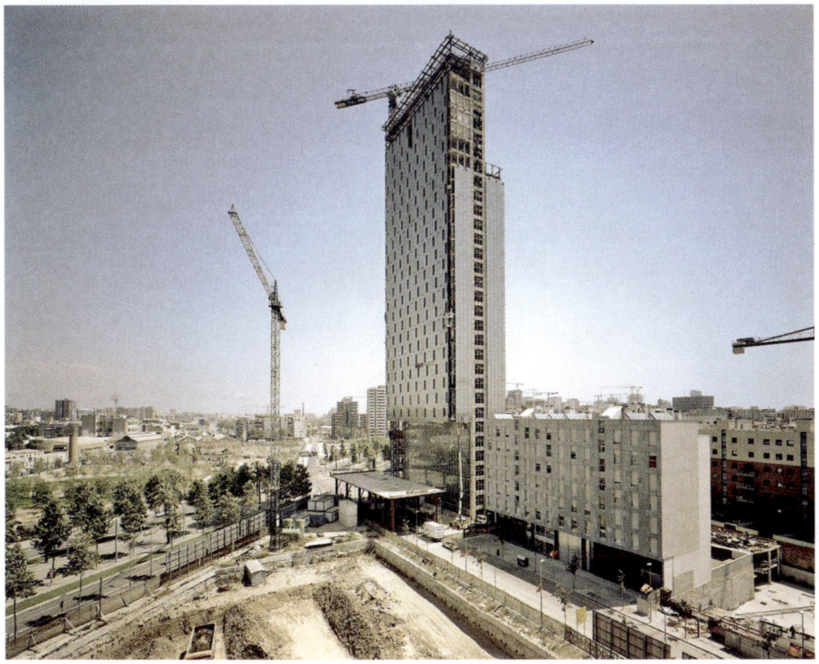

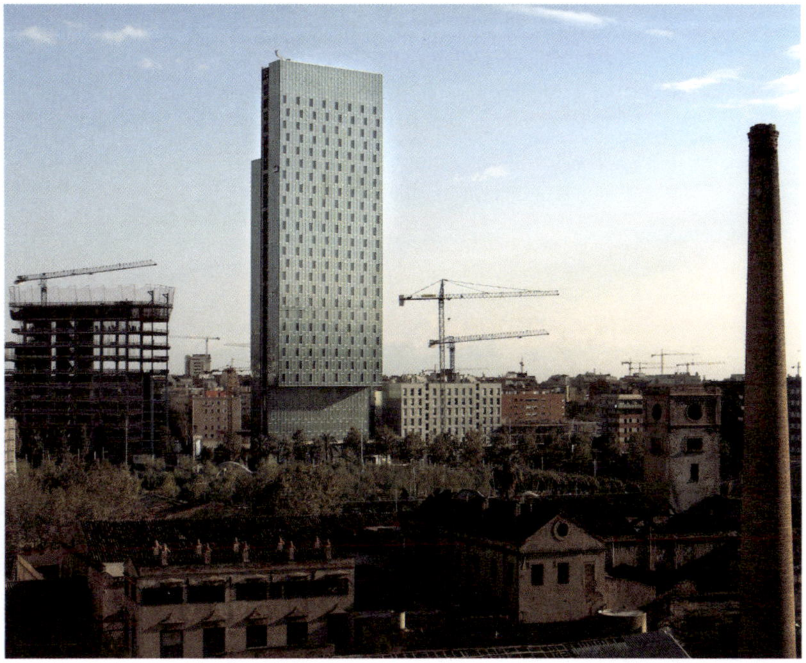

IMMEUBLE DE LOGEMENTS SUR LE SITE CENTRAL D'EUSKOTREN
APARTMENT BUILDING ON THE MAIN EUSKOTREN SITE

DURANGO, PAYS BASQUE, ESPAGNE / *DURANGO, BASQUE COUNTRY, SPAIN*, 2004-2010
(en cours d'études / *study underway*)

Client: EuskoTren – Ferrocarriles Vascos
Commande directe à la suite du concours pour un plan d'urbanisation
Bureau d'études: Typsa, Madrid (installation et structure)
Programme: 90 logements en accession libre, commerces, parking
Surface construite: 17 220 m² ; surface du site : 2 100 m²

Client: *EuskoTren – Ferrocarriles Vascos*
Consultant: *Typsa, Madrid (installation and structure)*
Direct commission following the competition for an urban development plan
Program: *90 housing units with open access, shops, parking*
Built area: *17, 220 m² ; plot area: 2,100 m²*

La compagnie ferroviaire basque EuskoTren a lancé en 2004 un concours pour un plan d'urbanisation autour de la gare de Durango, impliquant la construction, sur ce site, de son siège central, auquel viennent s'adjoindre des commerces, des logements et un parking. Choisissant de prendre « l'infrastructure comme base de la structure urbaine », Dominique Perrault propose de faire de la gare et du siège d'EuskoTren le point de départ d'une muraille bâtie selon un tracé linéaire. Les stratégies adoptées ici sont celle de l'agrégation et de la superposition de volumes.

Loin de constituer une barrière, cet ensemble incorpore dans son tracé le vide et la perméabilité en facilitant, grâce à une succession de creux, les circulations transversales et une connexion permanente avec l'environnement urbain. Le parc dans lequel il s'implante est en effet lui-même étroitement relié à la ville. Le principe de l'agrégation sur un tracé linéaire favorise une expansion par étapes et « à plusieurs mains », et intègre ainsi parfaitement ce quartier rénové au tissu ancien de la ville.

À l'issue de ce concours, finalement remporté par Zaha Hadid, EuskoTren commande les blocs résidentiels aux autres architectes y ayant participé. La tour conçue par Dominique Perrault, avec ses 90 logements répartis sur 15 étages, est coupée verticalement par le noyau des circulations et des services. Un jeu de cases vides qui alternent pour chaque bloc et à chaque étage, permet, tout en offrant de grandes terrasses à certaines habitations, de casser l'impression de compacité générée par une telle densité volumétrique.

In 2004, EuskoTren, the Basque railroad company, launched a competition for an urban development plan covering the area surrounding the Durango train station. The plan includes construction on this site of the company headquarters, stores, housing and parking areas. Dominique Perrault, choosing to take "infrastructure as the foundation of urban structure", decided to make the EuskoTren train station and headquarters the starting point of a wall built along linear trace. The strategies adopted here are aggregation and superposition of volumes.

Far from setting up a barrier, the whole incorporates a void and permeability into its line, thereby facilitating, transversal circulation and a permanent connection with the urban environment through a series of hollow areas. The park in which it is set is also tightly integrated into the city. The principle of aggregation along a linear trace enables phased expansion "by several hands", and perfectly integrates this renovated neighborhood into the urban fabric of the old city.

In the end Zaha Hadid won the competition, with EuskoTren awarding the related housing complexes to the other participating architects. Dominique Perrault's tower, with its 90 units of housing on 15 floors, features a hollow core for circulation and services. A set of alternating empty cubes breaks the feeling of compactness created by the building's dense volume and endows some units with large terraces to.

ÉTUDE URBAINE POUR LE SITE EUSKOTREN, (CONCOURS INTERNATIONAL, 2004)
URBAN STUDY FOR THE EUSKOTREN SITE, (INTERNATIONAL COMPETITION, 2004)

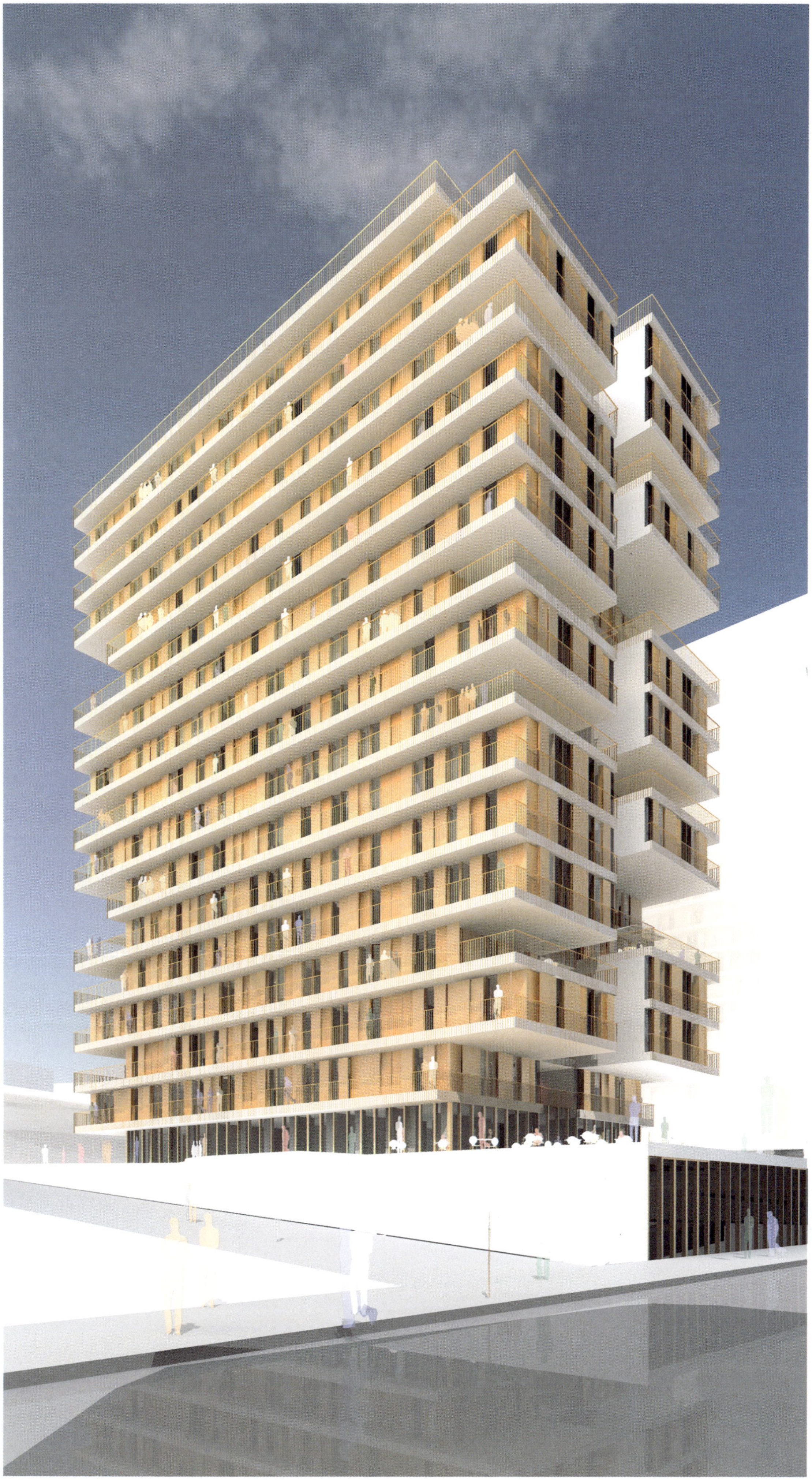
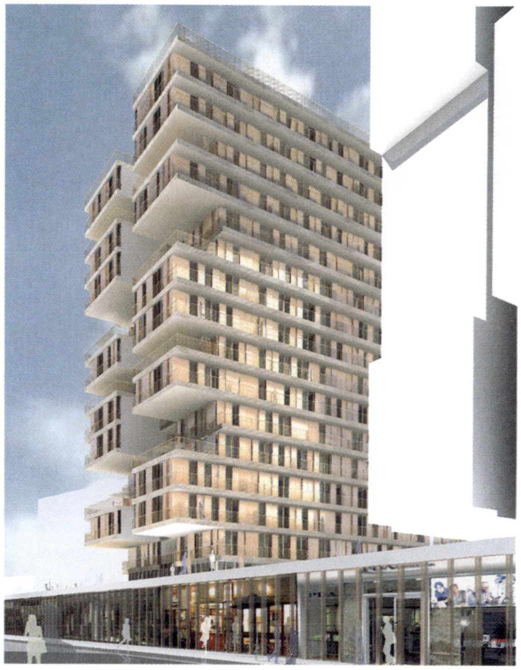
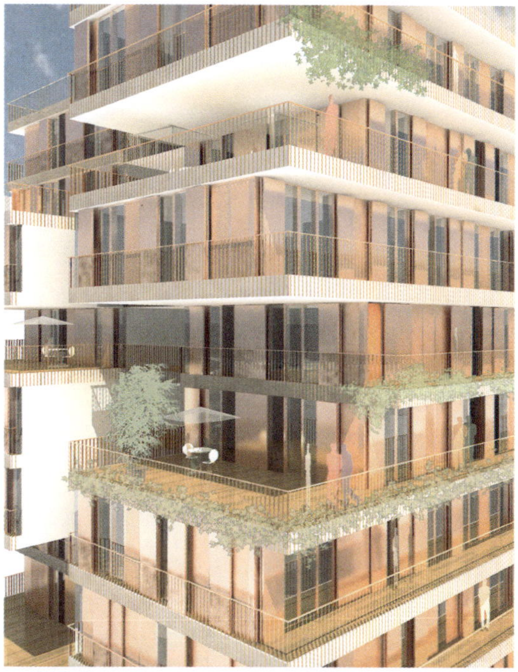
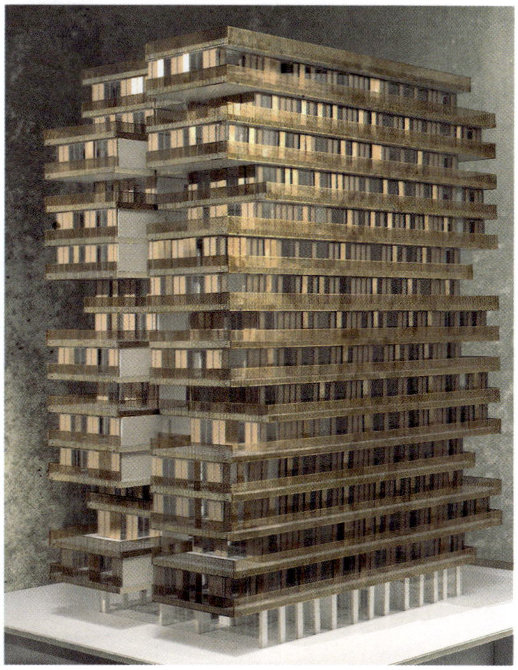

IMMEUBLE DE BUREAUX
OFFICE BUILDING

BOULOGNE-BILLANCOURT, ILE-DE-FRANCE, FRANCE, 2005-2009
(en cours de construction / *under construction*)

Client: Vinci Immobilier
Commande directe
Bureaux d'étude: Perrault Projets (ingénierie architecturale), COTEBA Ingénierie (direction générale des travaux), COTEBA Environnement (HQE), Marion Consulting (consultant façades), Veritas (bureau de contrôle), Qualiconsult (SPS)
Programme: immeuble de 8 étages comprenant 10 000 m² de bureaux livrés en blanc, un restaurant d'entreprise de 900 m² et 150 places de parking
Surface construite: 11 000 m²; surface du site: 2 128 m²

Client: Vinci Immobilier
Direct commission
Consultants: Perrault Projects (architectural engineers), COTEBA Ingénierie (construction project management), COTEBA Environnement (HQE), Marion Consulting (façades consultant), Veritas (control agency), Qualiconsult (SPS)
Program: *8-storey building with 10,000 m² of raw office space, a company restaurant of 900 m² and a 150-place parking garage.*
Built area: *11,000 m²; plot area: 2,128 m²*

L'immeuble de bureaux imaginé par Dominique Perrault pour la société Vinci Immobilier se situe dans le futur quartier du Trapèze, face à l'île Seguin, sur les terrains de l'ancienne usine Renault et dans un îlot dont le plan masse est coordonné par les architectes suisses Diener & Diener. Construit sur la rue Yves Kermen, le projet est un bâtiment d'angle, dont la configuration en « U » enserre un jardin privatif. En façade principale, l'immeuble compte 8 étages. Quant aux deux ailes latérales, leur étagement différent favorise l'installation de terrasses en toiture.
Si la volumétrie générale de l'édifice reprend les codes conventionnels des programmes tertiaires, l'agence centre l'enjeu sur la matérialité de l'enveloppe, comme en témoigne le travail de prototypage des éléments de façade. Le rez-de-chaussée, occupé par les parties communes, offre une grande transparence permettant de découvrir le hall et le jardin en cœur d'îlot. Dans la partie supérieure, les façades sont constituées d'une alternance de panneaux semi-transparents en verre et en maille métallique, de panneaux métalliques pleins en aluminium anodisé ou de panneaux transparents en verre teinté mordoré. Leur calepinage produit une variation apparemment aléatoire dans l'opacité de la façade. Le jeu de lignes et de rayures intensifie la présence du bâtiment ou au contraire semble le faire disparaître, en jouant sur l'idée de dématérialisation qu'induit l'effet de vibration du tressage de la maille d'acier.

The office building Dominique Perrault designed for the Vinci Immobilier company stands in the future Trapèze neighborhood, facing the Ile Seguin, on a parcel on the former site of a Renault factory whose block plan was coordinated by the Swiss architects Diener & Diener. The building rising on an angular plot on the rue Yves Kermen is a U-shaped configuration that surrounds a private garden. On the main side, the building counts 8 floors. The staggered setbacks of the floors in the two side wings open the possibility of creating rooftop terraces.
While the overall volumetry of the edifice follows the conventional codes of business-sector programs, the firm deployed its creative efforts on the material qualities of the skin, as witnessed by the prototyping work of the façade's elements. The ground floor containing the common areas is transparent, which allows one's gaze to take in the hall and garden in the heart of the block. The façades of the upper floors are clad in an alternating pattern of semi-transparent panels of metallic mesh, solid metallic panels in anodized aluminum or transparent, bronze-tinted glass. The short specs of the panels produce an apparently random variation in the opacity of the façade. The interplay of lines and stripes intensifies the buildings presence or, to the contrary, seem to make it disappear, in a skillful use of the idea of dematerialization through the vibration effect induced by the weave of the metallic mesh.

HÔTEL D'AGGLOMÉRATION
METROPOLITAN HOTEL

PERPIGNAN, LANGUEDOC-ROUSSILLON, FRANCE, 2005-2009
(en cours de construction / *under construction*)

Client: Perpignan Méditerranée Communauté d'Agglomération
Assistant maîtrise d'ouvrage: SAFU Perpignan
Concours, projet lauréat
Bureaux d'étude: Perrault Projets (ingénierie architecturale), TYPSA Madrid (structure et fluides), Gardiner et Theobald (économie), Jean-Paul Lamoureux (acoustique et éclairage), Tecsol (étude photovoltaïque), Vulcanéo (système de sécurité incendie), Sotec (pilote de projet), Norisko Construction (contrôleur technique), Norisko Coordination (coordinateur SPS), Ingerop (structure et fluide exécution)
Architecte local: Ivan Morin, AGENA Architecture
Programme: amphithéâtre de 250 places, bureaux, parking
Surface construite: 6 200 m² ; surface du site : 1 500 m²

Client: Community of the Metropolitan Area of Perpignan Méditerranée
Assistant to owner: SAFU Perpignan
Competition, award-winning project
Consultants: Perrault Projets (architectural engineering), TYPSA Madrid (structure and fluids), Gardiner et Theobald (cost analysis), Jean-Paul Lamoureux (acoustics and lighting), Tecsol (photovoltaic study), Vulcanéo (fire prevention and control system), Sotec (project management), Norisko Construction (technical controller), Norisko Coordination (SPS coordinator), Ingerop (structure and fluid execution)
Local architect: Ivan Morin, AGENA Architecture
Program: 250-seat auditorium, offices, parking garage
Built area: 6,200 m²; plot area: 1,500 m²

Dans le cadre du réaménagement du quartier Saint-Assiscle impulsé par la modernisation de la gare TGV, Dominique Perrault est chargé de construire le bâtiment qui regroupera tous les services jusqu'alors dispersés de la communauté d'agglomération Perpignan Méditerranée. Prenant acte de l'obligation de réaliser un volume cubique pour ce bâtiment, il opte pour un bloc simple, en retravaille les lignes et joue sur la transparence. Élément clé de ce vaste plan d'urbanisme, l'hôtel d'agglomération est revêtu par des panneaux de verre colorés et sérigraphiés. La toiture, équipée d'un système photovoltaïque, approvisionne le lieu en énergie solaire. L'aspect compact du cube vient lui-même contribuer à cet effort, en assurant une certaine inertie thermique favorable aux économies d'énergie.

Enfin, Perrault profite du positionnement de l'hôtel, situé entre le boulevard et la place attenante, pour créer une nouvelle topographie le reliant étroitement la ville. Dans la même optique, le rez-de-chaussée, développé sur deux niveaux, offre des lieux d'exposition, de réunion, d'information, ainsi qu'une cafétéria. Usant de toutes les ressources de la domotique, cet édifice respectueux de l'environnement s'affirme déjà comme un véritable lieu de vie démocratique.

In the context of the renewal of the Saint-Assiscle neighborhood, driven by the modernization of the TGV station, Dominique Perrault is charged with building the structure that will gather all of the services, heretofore scattered around the region, of the community of the metropolitan area of Perpignan Méditerranée.
Assuming the obligation to build a cubic volume for the structure, he has opted for a simple block, reworked its lines and played off its transparence. A key element of this vast urban redevelopment plan, the metropolitan hotel is clad in silk-screened, colored glass panels. The roof, equipped with a photovoltaic system, supplies the hotel with solar energy. The compactness of the cube contributes to this effort by ensuring an energy-saving level of thermal inertia.
Finally, Perrault takes advantage of the hotel's position, wedged between the adjacent boulevard and plaza, to create a new topography that closely links it to the city. With this same approach in mind, the ground floor, laid out on two levels, offers areas for exhibitions, meetings, information and a cafeteria. This environmentally sensitive edifice, making full use of all the advances in the field of building automation, is already asserting its role as a place for living and practicing the democratic life.

IMMEUBLE DE LOGEMENTS, BUREAUX ET COMMERCES
MIXED USE BUILDING

LILLE, NORD-PAS-DE-CALAIS, FRANCE, 2005-2010
(en cours de construction / *under construction*)

Client: Icade Capri; Loger Habitat
Concours international, projet lauréat
Bureaux d'étude: Perrault Projets (ingénierie architecturale), Khephren Ingénierie (structures), Alto Ingénierie (fluides et HQE), Jean-Paul Lamoureux (acoustique et éclairage), Cabinet Ripeau (économie), Marion Consulting (façades), Agence d'Architecture Denis Thélot (sécurité)
Programme: 7 600 m² de logements en accession, 1 740 m² de logements locatifs, 1 460 m² de commerces, 2 660 m² de bureaux
Surface construite: 13 000 m²; surface du site: 3 000 m²

Client: Icade Capri; Loger Habitat
International competition, award-winning project
Consultants: Perrault Projets (architectural engineering), Khephren Ingénierie (structures), Alto Ingénierie (fluids and HQE), Jean-Paul Lamoureux (acoustics and lighting), Cabinet Ripeau (cost analysis), Marion Consulting (façades), Denis Thélot Architecture firm (security)
Program: *7,600 m² of housing for sale, 1,740 m² of rental housing, 1,460 m² of commercial space, 2,660 m² of office space*
Built area: *13,000 m²; plot area: 3,000 m²*

Depuis le début des années 2000, la société anonyme d'économie mixte Euralille poursuit la seconde phase d'aménagement des quartiers sud-est de la ville (la première tranche date des années 1990, sur un plan de Rem Koolhaas). Le projet de Dominique Perrault, inscrit dans cette vaste opération lilloise baptisée Le Bois habité, doit prendre place le long du boulevard Hoover, un ancien périphérique reconverti en artère urbaine. Ce programme est composite en ce qu'il vise à assembler une centaine de logements avec des commerces et des bureaux.
La réponse de Perrault procède de l'empilement. Côté boulevard, trois volumes de sept étages réservés aux habitations sont posés sur deux niveaux de bureaux, l'ensemble prenant appui sur un socle occupé par des commerces. À l'arrière du terrain, vingt logements sociaux sont installés dans cinq maisons. Une ruelle piétonne arborée, en surplomb par rapport au sol naturel, dessert longitudinalement la parcelle. Celle-ci est articulée à l'environnement immédiat par un escalier qui coupe l'espace des bureaux, offrant du même coup des vues transversales sur la ville. Les habitations, regroupées autour d'un noyau central de circulations, profitent quant à elles d'une double orientation grâce à une implantation en angle; elles bénéficient en outre d'une loggia creusée dans le volume de chaque appartement.
Conformément à la volonté de l'aménageur, l'architecture est en parfaite harmonie avec le végétal. Le jeu des terrasses surélevées, tout comme les motifs végétaux utilisés pour les façades sérigraphiées, ont pour objectif d'effacer insensiblement la frontière entre le naturel et l'artificiel.

Since the early 2000s, the semi-public Euralille Company has been pursuing its second development phase in the city's southeast neighborhoods (the first phase, based on a plan of Rem Koolhaas's, dates from the 1990s). Dominique Perrault's project, which fits into the vast development project dubbed Le Bois habité (the inhabited wood), stands along the boulevard Hoover, a former ring road now converted into an urban artery. Its is a composite program in its aim to gather a hundred units of housing, shops and offices into one building Perrault's answer is stacking. On the boulevard side, three volumes with seven floors reserved for housing are placed atop two levels of offices, with the whole resting on a base containing shops. At the back of the plot, twenty moderate income housing units are distributed in five houses. A narrow, tree-lined pedestrian lane, raised above the natural ground level, offers access along the entire length of the parcel. The lane is linked to its immediate environment by means of a stairway that cuts through the office space, thereby opening up transversal views of the city. The housing units, grouped around a central core of circulations, take full advantage of the building's double orientation owing to the angle of its position. In addition, each enjoys the use of a loggia hollowed out of the volume of each apartment.
In compliance with the wishes of the developer, the architecture is in perfect harmony with plants. The raised terraces and the plant motifs utilized for the silk-screened façades are mainly intended to subtly make the frontier between natural and artificial disappear.

IMMEUBLE DE BUREAUX
OFFICE BUILDING

LILLE, NORD-PAS-DE-CALAIS, FRANCE, 2006-2009
(en cours de construction / *under construction*)

Client: CODIC Paris, VINCI Immobilier Lille
Commande directe
Bureaux d'étude: Perrault Projets (ingénierie architecturale), Terrell International (structures), Marion Consulting (façades), INEX (fluides HQE), Cabinet Ripeau (économie), Jean-Paul Lamoureux (acoustique et éclairage)
Programme: immeuble de bureaux livrés en blanc et parking
Surface construite: 26 900 m² ; surface du site : 3 380 m²

Client: *CODIC Paris, VINCI Immobilier Lille*
Direct commission
Consultants: *Perrault Projets (architectural engineering), Terrell International (structures), Marion Consulting (façades), INEX (fluides HQE), Cabinet Ripeau (cost analysis), Jean-Paul Lamoureux (acoustics and lighting)*
Program: *office building delivered with raw interior and parking garage*
Built area: *26,900 m²; plot area: 3,380 m²*

Jouissant d'une position stratégique dans le centre d'affaires Euralille, l'immeuble de bureaux conçu par Dominique Perrault conjugue une forte visibilité et une grande accessibilité.
L'architecte choisit de construire une barre, mais une barre mouvante, à l'épaisseur variable, qui se plie, se dilate et se contracte afin d'occuper au mieux la parcelle triangulaire. Ce modelage de la structure permet notamment de former des angles ouverts où viennent se loger l'entrée principale, qui donne sur la place attenante, et l'entrée du parking, situé dans un volume supplémentaire sur lequel Perrault implante un jardin paysager.
Quatre types de modules, de largeurs différentes, sont utilisés pour couvrir la façade : opaque fixe, opaque ouvrant, vitré fixe et vitré incliné. Cette dernière catégorie, très présente dans les étages supérieurs, se raréfie à mesure que l'on se rapproche du sol pour ne laisser, au rez-de-chaussée, qu'une surface lisse, augmentant ainsi l'impression de transparence. Ce travail de façonnage se poursuit sur la toiture, où une résille métallique masque les équipements techniques et accentue le profilage du volume.
Les mouvements du bâtiment, les reliefs créés, ainsi que les reflets engendrés par le verre et le métal de la façade confèrent un caractère vivant et informel au nouvel édifice.

Benefiting from its strategic location in the Euralille business district, this office building designed by Dominique Perrault conjugates high visibility and easy accessibility.
The architect chose to build a bar, but one in movement, of varying thickness, which folds, dilates and contracts so as to optimize its occupation of the triangular plot. This modeling of the structure creates open angles for the main entrance, which overlooks the adjacent plaza, and the entrance to the parking garage, located in another volume Perrault covers with a landscaped garden.
Four types of modules of varying widths cover the façade: fixed opaque, opening opaque, fixed glass and sloping glass. The last category, much more utilized on the upper floors, becomes increasingly rarer closer to the ground, where the surface is entirely smooth, thereby increasing the impression of transparence. This work of modeling is continued on the roof, where metallic netting conceals the technical equipment and accentuates the streamlining of the volume.
The building's movement, the composition of its relief and the reflections from the glass and metal of the façade give it a living and informal character.

DEUX TOURS POUR UN HÔTEL 3 ET 4 ÉTOILES
TWO TOWERS FOR A 3 AND 4 STAR HOTEL

MILAN, LOMBARDIE, ITALIE, *MILAN, LOMBARDY, ITALY,* 2006-2008
(en cours de construction / *under construction*)

Client: Sviluppo Sistema Fiera e Fondazione Fiera Milano
Concours international, projet lauréat
Bureaux d'étude: Perrault Projets, (ingénierie architecturale), Ing. D. Insinga (structure), Pool Professionale Milan (fluides), Sinesis (ingénierie architecturale), Marion Consulting (façades), Luca Bergo (consultant architectural)
Mandataire: Consorzio Cooperative Costruzioni, Cooperativa Muratori e Braccianti di Carpi, Marcora Costruzioni, Pessina Costruzioni
Programme: les deux tours de 60 et 67 m de hauteur accueillent 400 chambres d'hôtel 3 et 4 étoiles, des salles de conférence et de réunion, ainsi que 3700 m² d'espaces publics (bars, restaurants, etc.)
Surface construite: 23800 m²; surface du site: 15500 m²

Client: *Sviluppo Sistema Fiera e Fondazione Fiera Milano*
International competition, award-winning proposal
Consultants: *Perrault Projets, (architectural engineering), Ing. D. Insinga (structure), Pool Professionale Milan (fluids), Sinesis (architectural engineering), Marion Consulting (façades), Luca Bergo (architectural consultant)*
Agent: *Consorzio Cooperative Costruzioni, Cooperativa Muratori e Braccianti di Carpi, Marcora Costruzioni, Pessina Costruzioni*
Program: *the two towers, 60 and 67 m heights, contain 400 3 and 4 star hotel rooms, conference and meeting rooms as well as 3,700 m² of public spaces (bars, restaurants, etc.)*
Built area: *23800 m²; plot area: 15,500 m²*

L'hôtel en cours de construction dans la nouvelle foire de Rho-Pero au nord-ouest de Milan procède d'une recherche conceptuelle sur le monolithique. Formellement, l'édifice est composé de deux tours jumelles, parallélépipédiques et à base carrée. La typologie dont l'agence s'inspire pour aborder le projet est celle des tours de style vernaculaire de Bologne et de San Geminiani, intéressantes à la fois pour l'effet de signal qu'elles façonnent dans la ville et pour leur inclinaison accidentelle envisagée ici comme stratégie architectonique.
Transposant ces références, les profils des deux tours de l'hôtel milanais – l'une de 20 étages, l'autre de 18 – forment un angle de 5° par rapport à la verticale. Les deux bâtiments sont implantés suivant un axe diagonal, libérant en creux deux espaces d'entrée. Si visuellement ils se perçoivent comme deux blocs imposants, leur obliquité crée un effet de déséquilibre et une tension avec le sol qui décalent les codes de l'architecture vers une abstraction plastique. En outre, la matérialité du parement des façades, superposition d'une plaque de grès et d'une plaque de pâte vitrée noire, leur confère une massivité qui accentue le minimalisme de leur volumétrie. Quant aux fenêtres, dont le positionnement laisse croire à une disposition aléatoire, elles nient l'idée de l'ordonnancement pour intensifier l'effet de surface de l'enveloppe qui, à la manière d'un motif homogène, couvre l'édifice.

The hotel currently under construction at the new Rho-Pero exhibition center in the northwest sector of Milan is a conceptual exploration of the monolith. Formally, the building is composed of twin towers, parallelepipeds resting on a square base. The buildings' typology is inspired by towers in the vernacular style of Bologna and San Gemignano, which are interesting for the signal effect they create in the city and their accidental tendency to lean to one side, envisaged here as an architectonic strategy.
Transposing these references, the profiles of the two towers of this Milanese hotel – one 20 stories and the other 18 – form a 5° degree angle in relation to their vertical axis. The two structures are placed along a diagonal axis that opens two hollow spaces for the entrances. Visually they appear as two imposing blocks, but their obliqueness creates a destabilizing effect and sets up a tension with the ground that shifts architectural codes towards visual abstraction. Moreover, the materiality of the facing on the façades, superposition of a sandstone plaque and a plaque in vitrified black glass paste, gives them a corporality that accentuates the minimalism of their volumetry. The seemingly random placement of the windows negates the idea of sequencing and intensifies the surface effect of the skin in a homogeneous pattern.

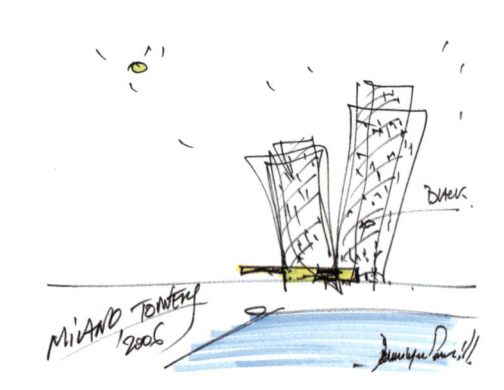

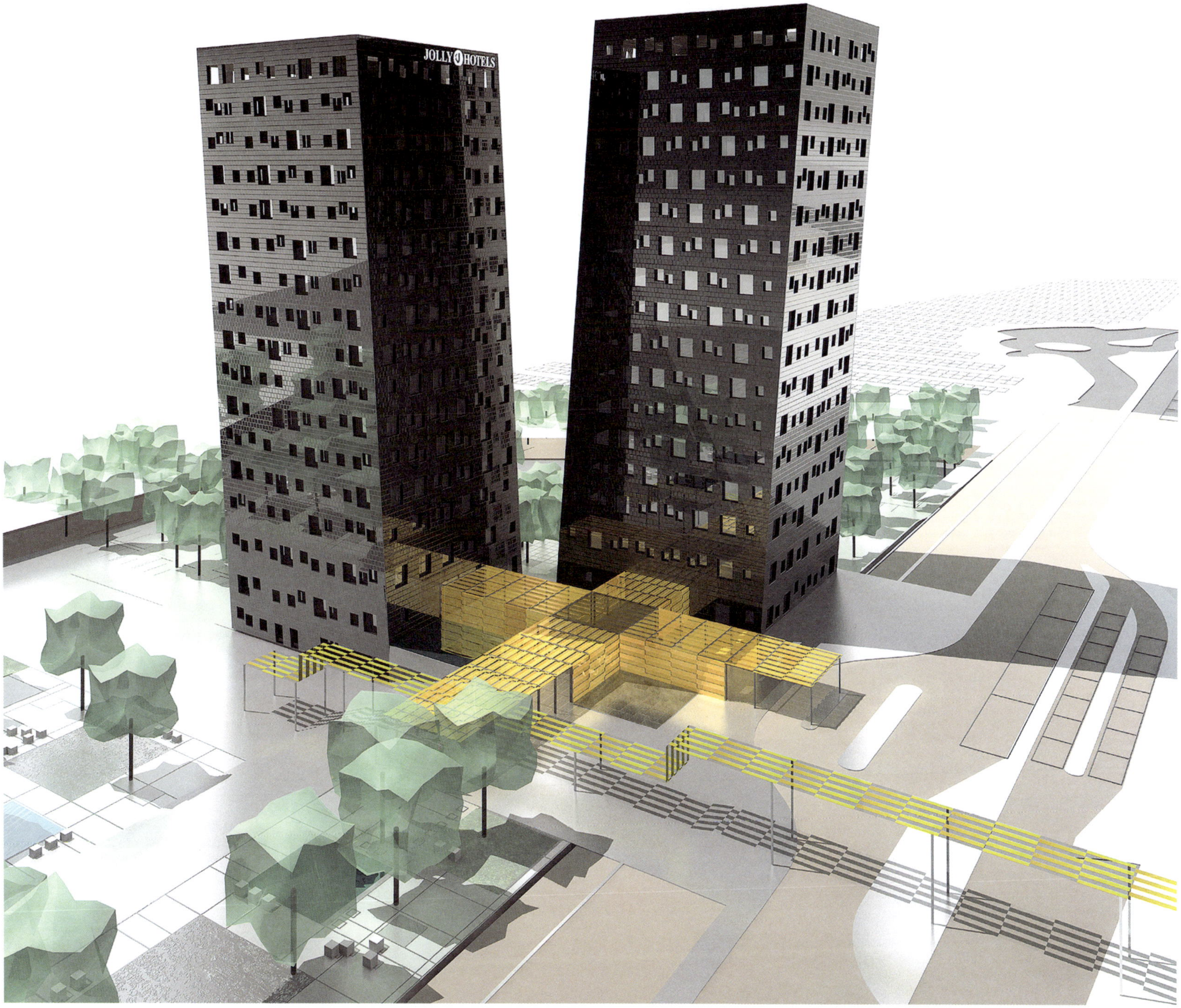
JOLLY HOTELS

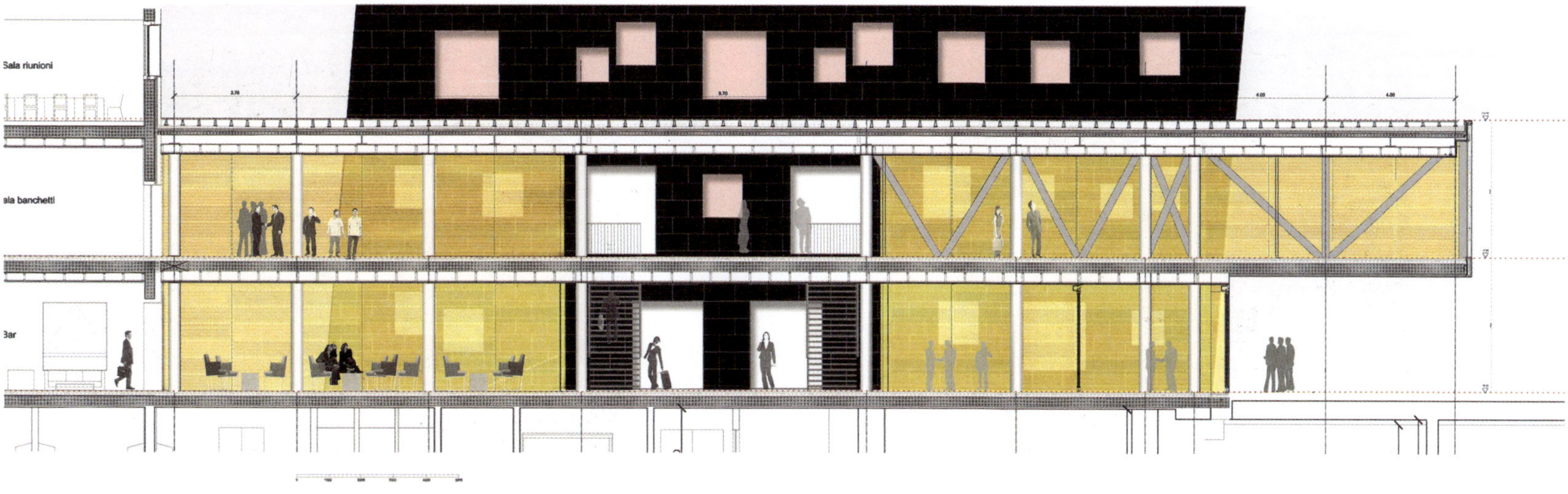
Sala riunioni
ala banchetti
Bar

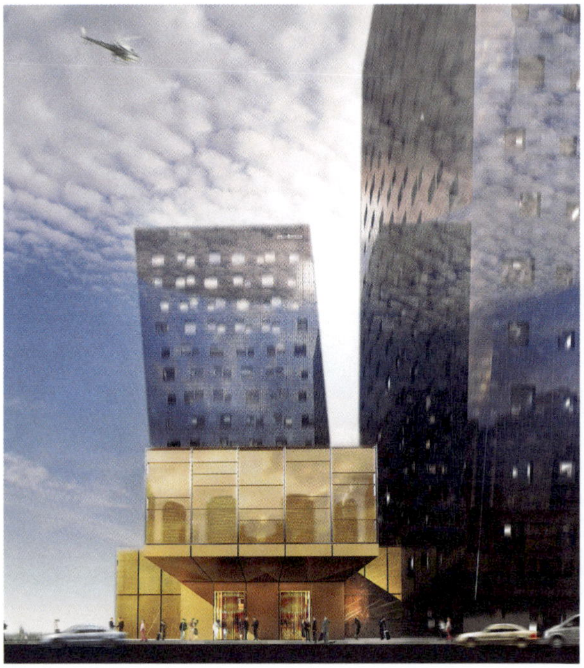

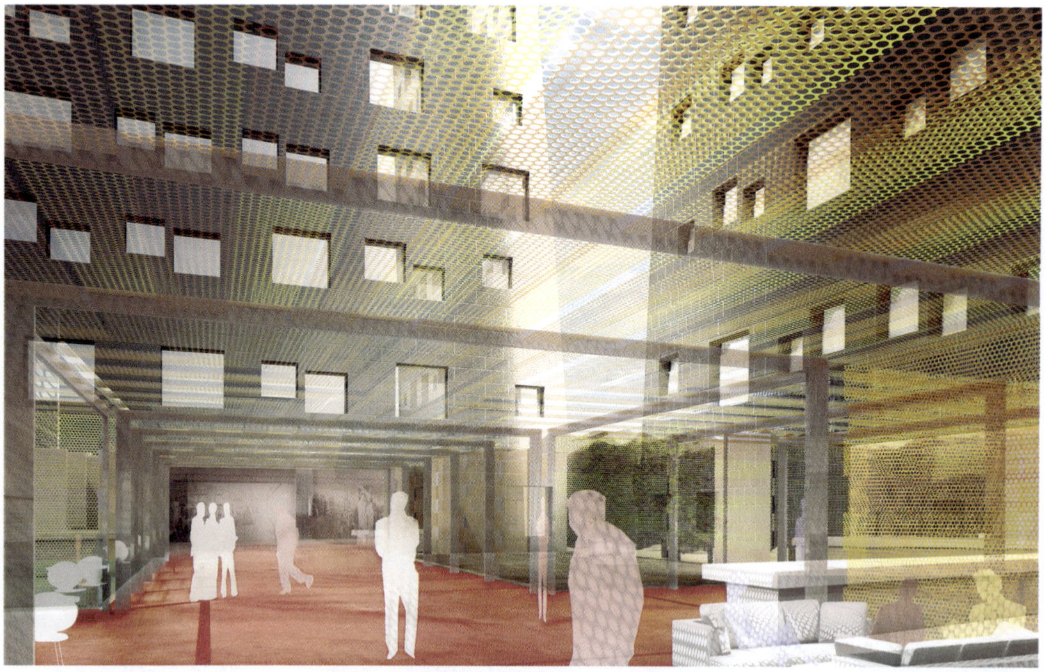

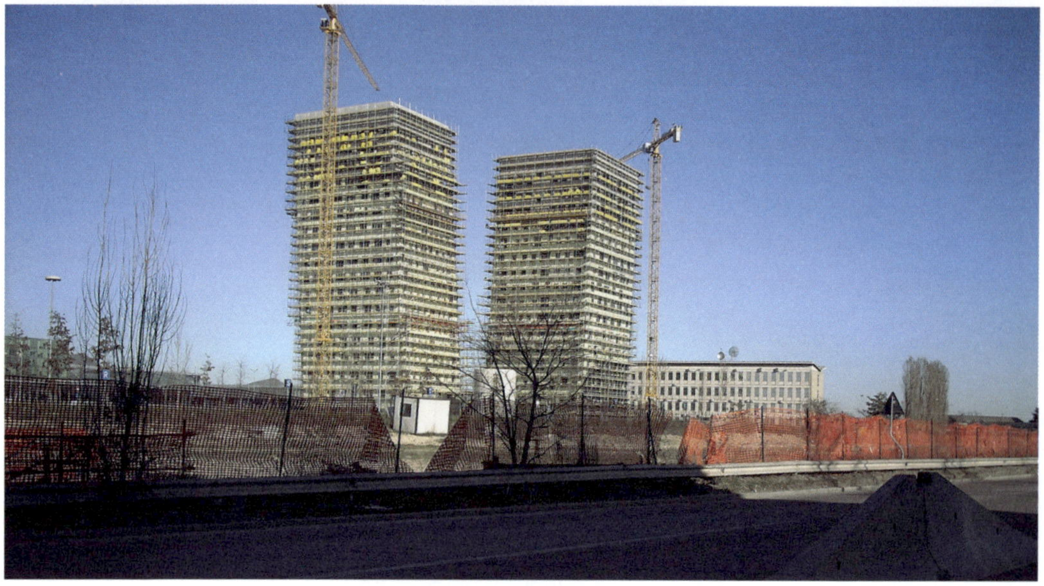

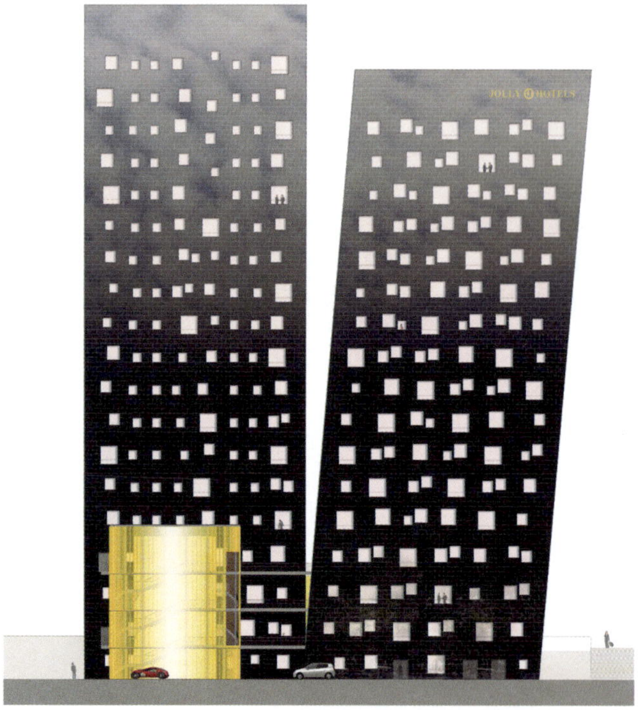
JOLLY HOTELS

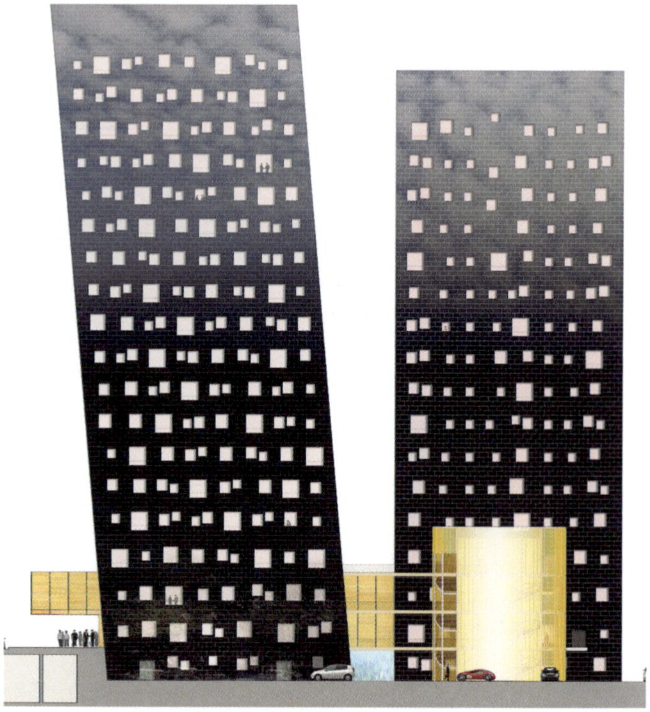

ARCHIVIO FONDAZIONE FIERA MILANO 2003 03 - FOTOGRAFIA DIGITALE DI ARCHITETTURA FEDERICO BRUNETTI

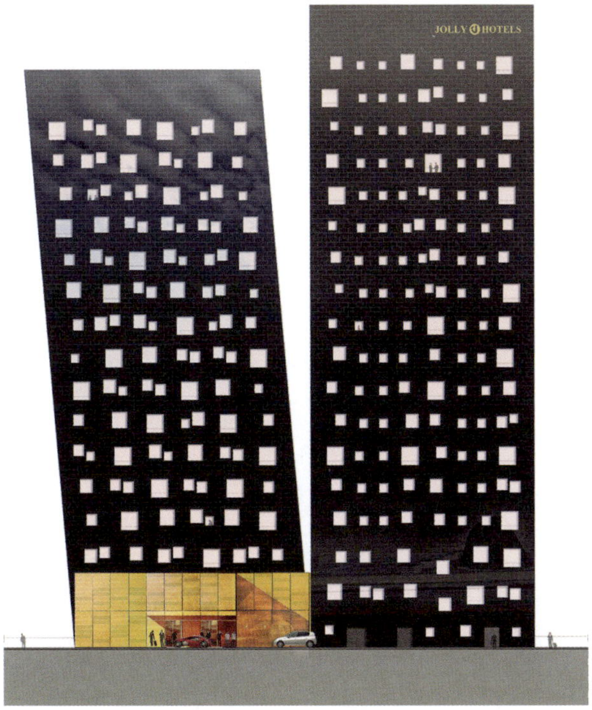

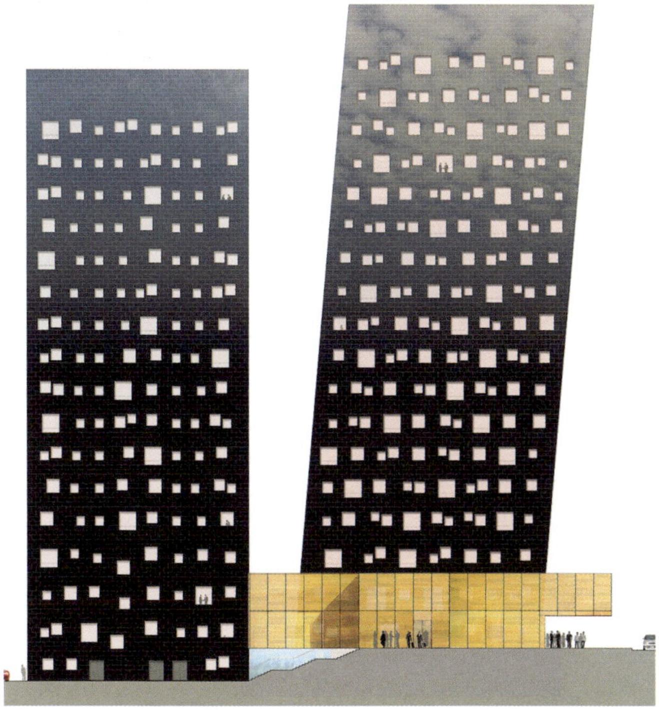

LOGEMENTS ET BUREAUX LA LIBERTÉ
LA LIBERTÉ HOUSING AND OFFICES

GRONINGUE, GRONINGUE, PAYS-BAS, *GRONINGEN, GRONINGEN, NETHERLANDS,* 2007-2010
(en cours d'étude / *under study*)

Client: Christelijke Woningstichting Patrimonium
Commande directe
Bureaux d'étude: Perrault Projets (ingénierie architecturale), Ingenieursbureau Dijkhuis B.V. (structures)
Architecte local: Oving Architekten
Programme: bureaux et logements, F3 et F4, équipés de cuisine et loggias
Surface construite: 20 000 m²; surface du site : 10 000 m²

Client: *Christelijke Woningstichting Patrimonium*
Direct commission
Consultants: *Perrault Projets (architectural engineering), Ingenieursbureau Dijkhuis B.V. (structures)*
Local architect: *Oving Architekten*
Program: *offices and 3- and 4-room apartments, equipped with kitchens and mezzanines*
Built area: *20,000 m²; plot area: 10,000 m²*

Ce programme vise à construire, en bordure de l'autoroute principale du pays, deux édifices de plan carré : un immeuble de 40 m de hauteur et une tour avoisinant les 80 m. À la base de chacun de ces deux volumes, un soubassement autonome de 12 m de hauteur, entièrement vitré, assure la transition entre les espaces publiques (le jardin) et les espaces privés (les logements). Détachés visuellement de ce soubassement au moyen d'une terrasse de près de 5 m de hauteur, les deux blocs s'élèvent vers le ciel et semblent comme suspendus au-dessus du sol. Seul un noyau abritant les circulations raccorde les parties privées au rez-de-chaussée.
Le traitement des façades des habitations, en noir, gris et blanc, permet à la géométrie mise en œuvre d'introduire une nouvelle nuance dans la perception de l'ensemble. Alors que la tour paraît divisée en deux volumes aux proportions équivalentes, l'alternance des couleurs renforce l'impression de clarté suscitée par la silhouette générale du projet. Par ailleurs, perpendiculairement aux façades, des panneaux en acier poli sont implantés pour capter la lumière naturelle et la conduire vers l'intérieur du bâtiment.
Ces deux immeubles se jouant habilement des échelles ont été pensés pour constituer, dans un avenir proche, des points de repère incontournables dans la ville.

The program comprises the construction of two square plan buildings beside the country's main highway: one 40 meters tall, the other a tower of approximately 80 m. At the base of each of these two volumes, an independent platform with a height of 12 m, entirely in glass, makes the transition between public spaces (the garden) and private spaces (the apartments). Visually separated from the platform by a terrace approximately 5 m in height, the two volumes reach upward toward the sky and appear suspended above the ground. Only their core, housing the requisite circulations, joins the two private areas with the ground level.
The treatment of the façades of the apartments, in black, white and gray, allows the geometry employed to introduce a nuance in the perception of the whole. While the tower seems to be divided into two volumes of equal proportions, the alternating colors enhance the impression of clarity created by the overall outline of the project. In addition, polished steel panels are placed perpendicular to the façades to capture natural light and reflect it towards the buildings interior.
In their artful manipulation of differences in scale, these two buildings have been designed to become landmarks in the cityscape to delight the eye.

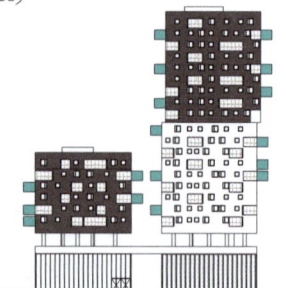

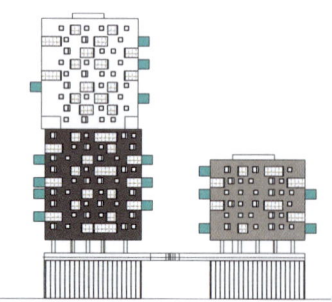

IMMEUBLE DE BUREAUX OCH HANDELSKAI
OCH HANDELSKAI OFFICE BUILDINGS

VIENNE, AUTRICHE, *VIENNA, AUSTRIA*, 2007

Client: Signa Holding GmbH
Concours international sur invitation (2e prix), non réalisé
Bureaux d'étude: Bollinger + Grohmann (structure), HL-PP Consult (fluides)
Programme: 47 500 m² de bureaux et 2 500 m² de commerces
Surface construite: 75 150 m² ; surface du site : 8 520 m²

Client: Signa Holding GmbH
International invitation to tender (2nd prix), not built
Consultants: *Bollinger + Grohmann (structure), HL-PP Consult (fluids)*
Program: *47,500 m² of office space and 2,500 m² of shops*
Built area: *75,150 m² ; plot area: 8,520 m²*

La proposition pour l'aménagement du site de Handelskai s'appuie sur une typologie de bâtiment-îlot. La stratégie de Dominique Perrault articule, à la manière d'une rotule, la ville à son fleuve, en inscrivant la construction dans un tracé parallèle à celui du pont ferroviaire adjacent qui traverse le Danube. Il s'agit tout autant d'affirmer une volumétrie radicale à l'échelle de la métropole que d'insérer l'immeuble dans le tissu urbain traditionnel de Vienne, découpé en îlots quadrangulaires. Le projet cherche donc à combiner ces différentes contraintes : faire signe en créant une nouvelle centralité et construire une architecture qui soit en prise directe avec l'espace public et avec le panorama offert par le Danube.
La déclinaison des deux bâtiments met en oeuvre ces objectifs. Si leur géométrie est contenue dans le gabarit de l'îlot, leur couronnement – un volume de trois niveaux en porte-à-faux – oriente et marque les entrées principales des deux édifices, l'un s'ouvrant côté fleuve, l'autre côté ville, vers les infrastructures des transports publics. À l'intérieur des deux blocs, des ambiances différentes sont recréées : l'un abrite un atrium faisant office de place couverte, l'autre est envisagé comme un jardin intérieur connecté avec le quai et le bord du fleuve. Construits sur une infrastructure commune, ces deux espaces sont reliés par un passage souterrain. Les niveaux supérieurs sont quant à eux dévolus aux bureaux, dont la disposition autour d'un patio permet d'optimiser les apports de lumière naturelle et d'augmenter sensiblement l'inertie thermique.

The proposal for the development of the Handelskai site rests on a building/city block typology. Like a ball joint, Dominique Perrault's strategy articulates the city with its river by inscribing the building in a line parallel with the adjacent railway bridge crossing the Danube. Here, it is as much a question of asserting a radical volumetry on the scale of the metropolis as one of inserting the building into the quadrangular blocks of Vienna's traditional urban fabric. Thus, the project seeks to combine different constraints: to signal its presence by creating a new centrality and to build architecture that directly engages the public space and the panoramic view of the Danube.
The development of these two buildings implements these two objectives. Although their geometry fits into the city-block template, their top – a three-floor cantilevered volume – orients and marks the main entrance of each, one overlooking the river, the other facing the city, towards the existing public transport infrastructures. Different atmospheres are recreated inside each of the two blocks. One contains an atrium that functions as a covered plaza; the other is laid out like an interior garden connected with the quay and the banks of the river. Built on a common infrastructure, these two spaces communicate via a subterranean passageway. The upper levels house offices, arranged around a patio, thereby optimizing penetration of natural light and significantly increasing thermal inertia.

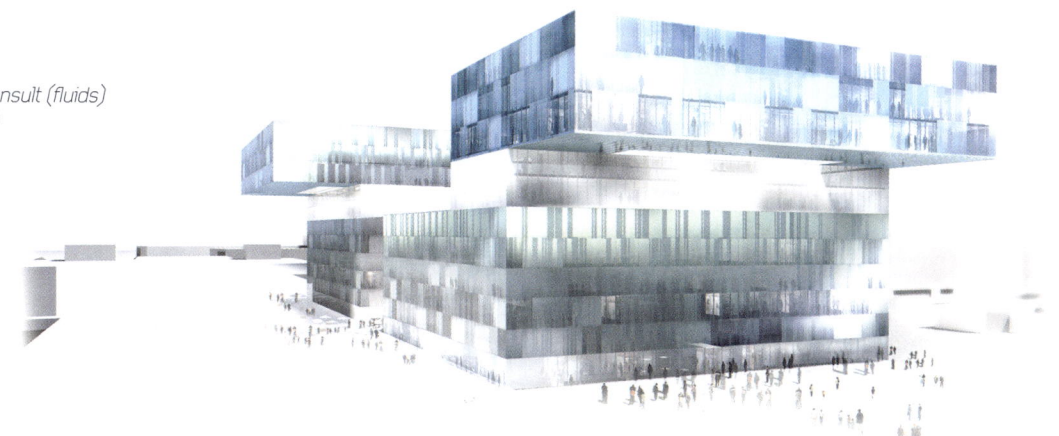

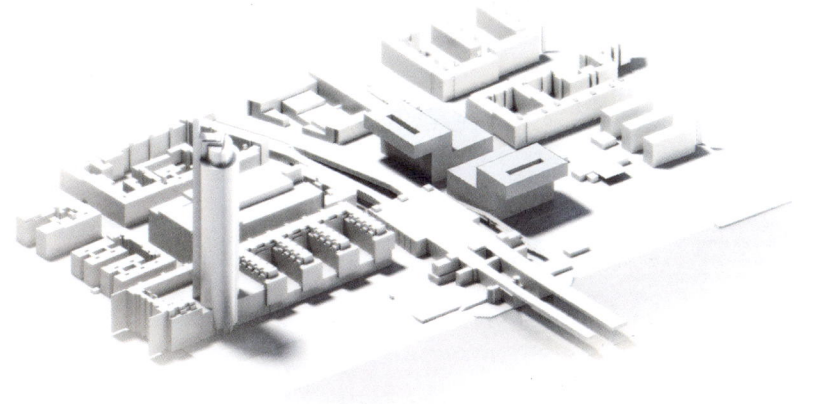

VOILES
VEILS

SIGNAUX LUMINEUX, MILAN, ITALIE, 1999

STATIONS DE MÉTRO DE LA LIGNE WEHRHAHAN, DUSSELDORF, ALLEMAGNE, 2001

FONDATION DE L'ÉCOLE INTERNATIONALE, GENÈVE, SUISSE, 2001

LEXUS FRONT DEVELOPMENT, JAPON, 2003

MAISON SCHINDLER, LOS ANGELES, ÉTATS-UNIS, 2003

NOUVEAU QUARTIER FIERA DI MILANO, MILAN, ITALIE, 2004

HISTORIAL MÉMORIAL, RIVESALTES, FRANCE, 2005

COCON, THE DESIGN ANNUAL, FRANCFORT, ALLEMAGNE, 2007

GARES FERROVIAIRES, FUENGIROLA, PUERTO BANUS, MARBELLA, ESPAGNE, 2007

KRISZTINA PALACE, BUDAPEST, HONGRIE, 2007-2009

USINE APLIX
APLIX FACTORY

LE CELLIER, PAYS DE LA LOIRE, FRANCE, 1997-1999

Client: Aplix S.A., Paris
**Consultation internationale, projet lauréat; récompensé par le 2001 World Architecture Award (1er prix pour la meilleure construction industrielle)
Bureaux d'étude:** Perrault Projets (ingénierie architecturale), Boplan (ingénierie technique), Jean-Paul Lamoureux (acoustique et éclairage)
Programme: construction d'une usine de rubans auto-agrippants tissés (ateliers de production, stockage, laboratoires, locaux administratifs, cafétéria, restaurant, quai d'expédition et de livraison) et aménagement paysager du site
Surface construite: 29900 m^2; surface du site: 14,5 ha

Client: Aplix S.A., Paris
International consultation, award-winning project; received the 2001 World Architecture Award (1st prize for best industrial building)
Consultants: Perrault Projects (architectural engineering), Boplan (technical engineering), Jean-Paul Lamoureux (acoustics and lighting)
Program: construction of a hook and loop fastener factory (production and storage areas, laboratories, administrative offices, cafeteria, restaurant, loading dock) and landscape development of the site
Built area: 29,900 m^2; plot area: 14.5 ha

L'usine de tissus agrippants Aplix est implantée à proximité de Nantes, au bord de la nationale 23, sur un terrain relativement plat et dégagé.
Pour cette réalisation, Dominique Perrault a recouvert la totalité de la parcelle d'un maillage de 20 x 20 m, cette grille orthogonale permettant à la fois une grande liberté dans l'organisation de l'ensemble et une certaine flexibilité pour les évolutions futures du bâtiment et de son site. L'usine est ainsi constituée de plusieurs blocs métalliques juxtaposés de 20 m de côté et de 7,7 m de hauteur. Les espaces verts, les plans d'eau et les parkings attenants suivent également cette trame.
Parallèlement à la nationale, une rue traversant l'usine distribue les différentes activités et accueille les flux de matières premières et des produits finis. Accrochés à elle, trois jardins rectangulaires évoquant les cases noires d'une grille de mots croisés participent à la configuration générale. Ces patios sont agrémentés de plusieurs pins sylvestres qui laissent passer la lumière naturelle et dont les hautes cimes émergent au-dessus des toits du bâtiment. Elles apparaissent depuis la route nationale, animant la ligne stricte de la façade longue de 300 m. Sur celle-ci comme sur l'ensemble de l'usine, un bardage métallique miroitant fait exister le bâtiment dans le paysage, l'y intègre en douceur, et participe pleinement à sa mutation.

The Aplix hook and loop fastener factory is located on the outskirts of Nantes, beside national highway 23, on a relatively open piece of land.
Here, Dominique Perrault covered the entire parcel with a 20 x 20 m networked structure. This orthogonal grid system offers maximum flexibility for organizing the entire factory and adaptability for meeting future requirements. The factory is composed of several juxtaposed metallic blocks, each 20 m x 20 m and 7,7 m in height. The green areas, reflecting pools and adjacent parking areas also follow this pattern.
An internal street running through the factory and parallel to the highway serves to organize the various manufacturing activities and related flows of raw materials and finished products. Three rectangular gardens attached to this same street and resembling the black squares of a crossword puzzle fit into the overall configuration. These patios are planted with several Sylvester pines that gently filter natural light. Passersby on the highway can see them emerging above the roofline, in counterpoint to the strict linearity of the 3,000 m façade. The façade, clad in highly reflective metal, gently settles the building into the landscape, ensuring its constantly changing appearance.

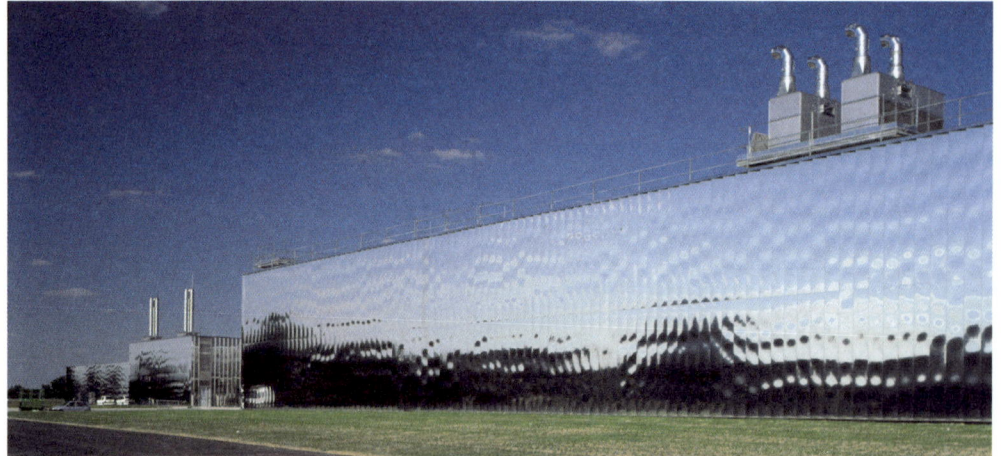

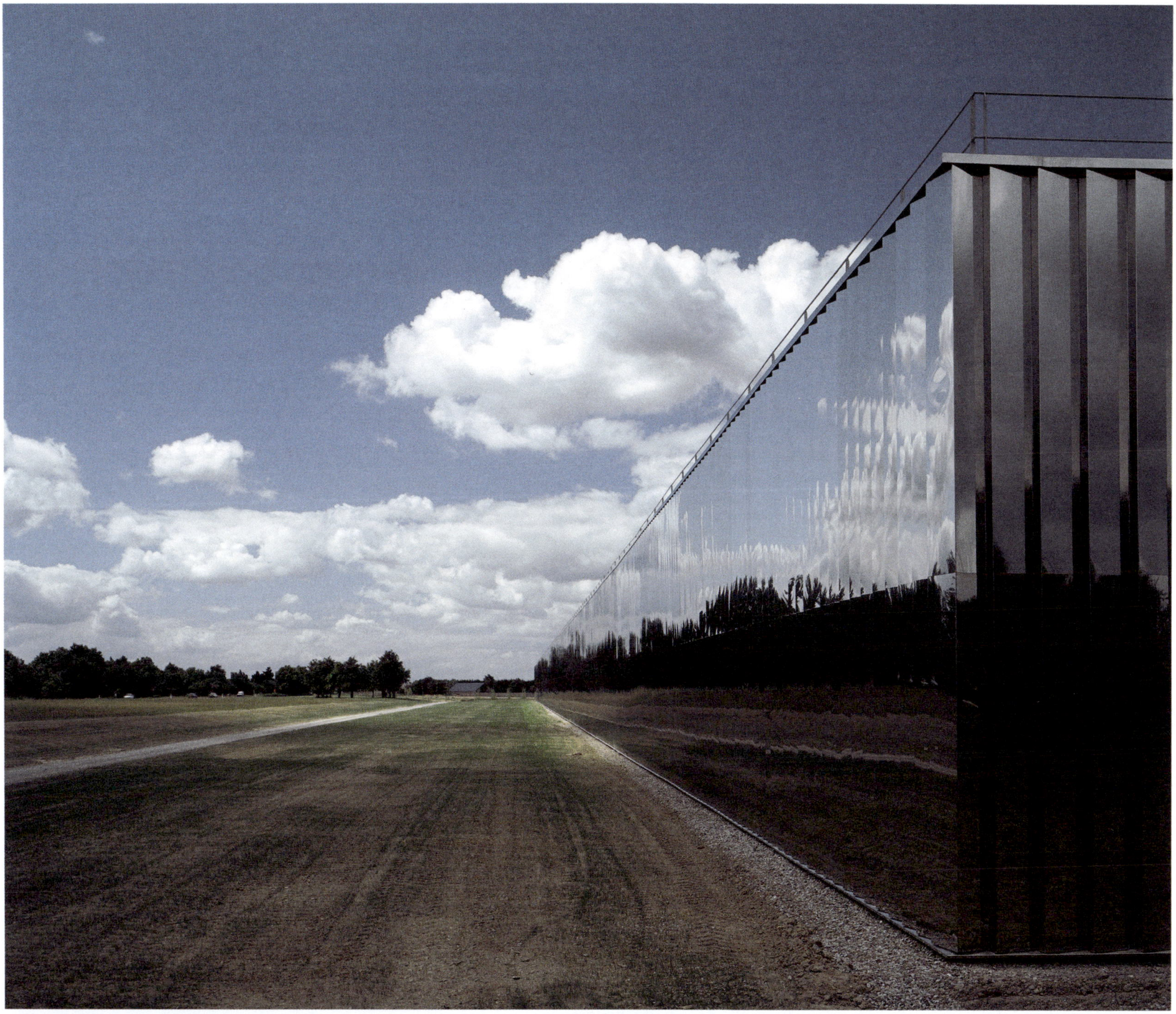

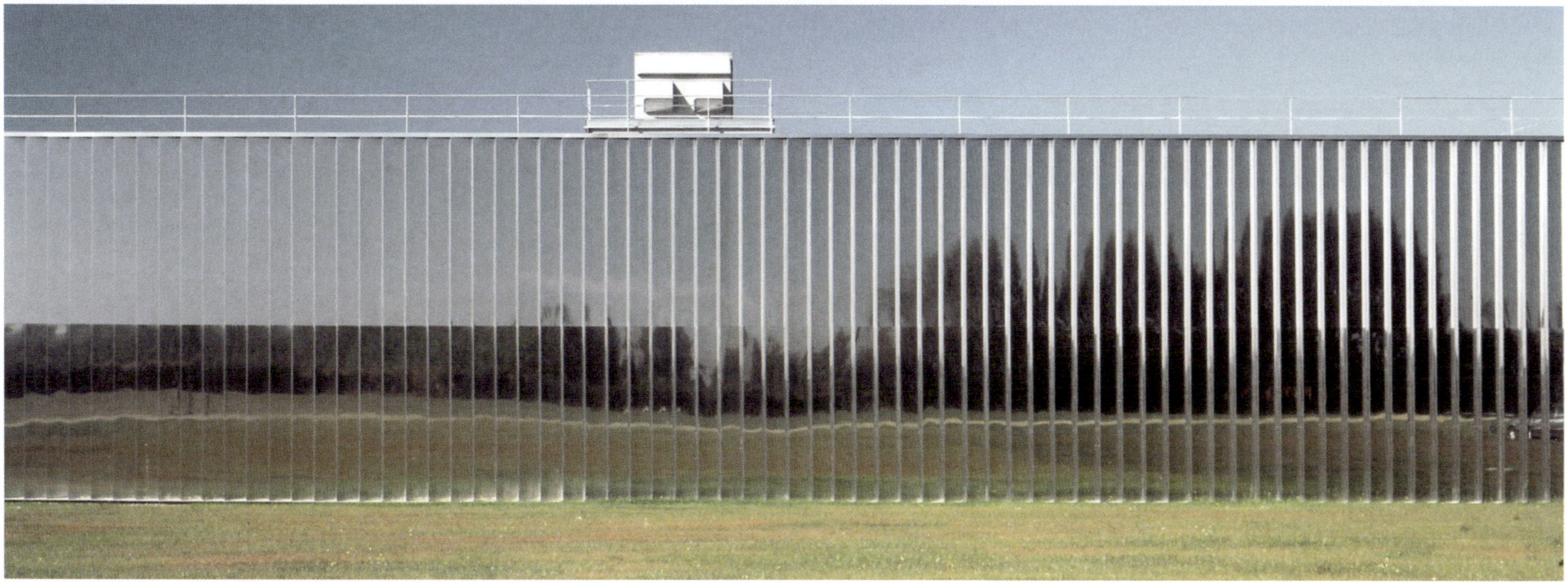

MUSÉE NATIONAL CENTRE D'ART REINA SOFÍA
REINA SOFÍA ART CENTER NATIONAL MUSEUM

MADRID, COMMUNAUTÉ DE MADRID, ESPAGNE, *MADRID, COMMUNITY OF MADRID, SPAIN,* 1999

Client: Museo Nacional Centro de Arte Reina Sofía
Concours international (2ᵉ prix), non réalisé
Bureau d'études: Jean-Paul Lamoureux (acoustique et éclairage)
Programme: extension du musée: salles d'exposition, salles de patrimoine, bibliothèque, médiathèque, stockage d'œuvres d'art, bureaux administratifs, auditorium, salles de conférence, restaurant, cafétéria
Surface construite: 19 450 m²; surface du site: 8 600 m²

Client: Museo Nacional Centro de Arte Reina Sofía
International competition (2nd place), not built
Consultants: Jean-Paul Lamoureux (acoustics and lighting)
Program: museum extension: exhibition galleries, permanent collection galleries, library, multimedia library, storage areas for artworks, administrative offices, auditorium, conference rooms, restaurant, café
Built area: 19,450 m²; plot area: 8,600 m²

La réponse de l'agence au concours international lancé pour l'extension du musée Reina Sofía de Madrid consiste en la réalisation d'un seul volume, compact et isolé, clairement distinct du premier bâtiment, à la fois par sa texture et par ses dimensions.

Sa particularité est de n'occuper qu'une faible partie du terrain disponible, libérant ainsi un espace offert aux passants, mais aussi au musée qui peut l'utiliser comme site d'exposition en plein air. Dominique Perrault affirme ici sa volonté de faire du musée un lieu ouvert sur la société.

Au cœur de l'édifice, conçue comme une boîte dans la boîte, la grande galerie se développe sur un plan double et fonctionne, tout comme chaque espace de l'extension, de façon complètement flexible et autonome. Malgré le contraste entre les deux bâtiments, le lien se fait aisément avec le musée préexistant grâce à des circulations verticales unissant les quatre premiers niveaux. Au dernier étage, la salle de lecture est protégée du soleil par le débord du toit, sur lequel est installé une terrasse donnant sur le paysage.

Les façades « double peau » sont entièrement vitrées, ventilées naturellement et protégées par des panneaux opaques amovibles. Si la façade arrière, dévolue aux impératifs logistiques, est laissée apparente, la façade principale est en revanche partiellement dissimulée par une maille métallique dorée. Ce monumental rideau de scène magnifie le lieu et crée, grâce à son inclinaison, un espace intermédiaire entre la place et le musée, une sorte de zone tampon dans laquelle passants et visiteurs sont invités à déambuler.

The Perrault firm's entry in the international competition held for the extension of the Reina Sofía Museum in Madrid consists of a single, compact and isolated volume, clearly distinguishable from the original building by its texture and dimensions.

Its principal characteristic is to occupy only a very small part of the available surface area, thereby opening up more exterior space, both for pedestrian traffic and for the museum, which can use this area for open-air exhibits. Dominique Perrault's design reflects his intention to build a museum that is welcoming and open to society at large.

The concept of the main gallery at the heart of the building resembles a box within a box. It extends over a double plan and functions in a fully independent and flexible way, like each space in the extension. Despite the sharp contrast between the two buildings, passage between the existing museum and the extension is easy owing to the vertical circulations linking the first four levels. The reading room on the top floor is sheltered from the sun by the roof overhang, on which a terrace café overlooking the landscape has been included.

The "double-skin" façades are entirely in glass, naturally ventilated and protected by opaque, mobile panels. The back façade, dedicated to logistical requirements, remains exposed, whereas the main façade is partially concealed by a gold-tinted metallic mesh. This monumental stage curtain enhances and expands the front area owing to its slope, which creates an intermediate space between the plaza and the museum where a sort of buffer zone allows passers-by and visitors to stroll and intermingle.

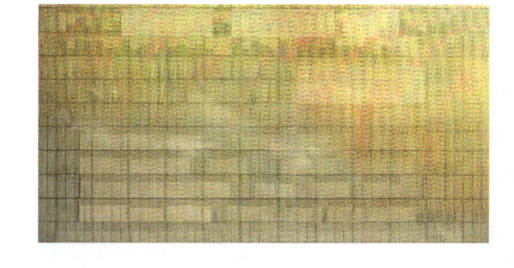

SCÉNOGRAPHIE DE *LA CITÉ RADIEUSE*
SCENOGRAPHY OF LA CITÉ RADIEUSE

MARSEILLE, PROVENCE-ALPES-CÔTE D'AZUR, FRANCE, 2004-2005

Client: Ballet National de Marseille
Commande directe
Bureau d'études: VP & Green Ingénierie
Programme: scénographie du ballet de Frédéric Flamand intitulé *La Cité radieuse*, interprété par le Ballet National de Marseille

Client: Ballet National de Marseille
Direct Commission
Consultant: VP & Green Engineering
Program: set designs for the ballet by Frédéric Flamand entitled La Cité radieuse, interpreted by the National Ballet of Marseille.

Soucieux d'ancrer son travail dans des perspectives artistiques toujours plus audacieuses, le chorégraphe Frédéric Flamand n'a pas hésité à solliciter parfois l'imagination d'architectes de renom, parmi lesquels Zaha Hadid, Thom Mayne ou encore Jean Nouvel. En 2004, pour sa première création marseillaise, il choisit le thème de la Cité radieuse et fait appel, pour l'explorer, à Dominique Perrault.

Le rêve moderne de Le Corbusier, qui s'incarne à Marseille dans la Maison du fada, est le point de départ d'une réflexion commune autour de la « ville-monde » et de ses non-lieux, de la Cité radieuse globale où, comme le souligne Flamand, « le corps humain est soumis à des flux incessants d'énergie, d'images, plongé dans les ramifications infinies des réseaux ».

Le dispositif scénique imaginé par Perrault repose sur l'idée d'un éclatement de la perception. Il est fait de plusieurs écrans mobiles en maille métallique, manipulés par les danseurs et conçus à taille humaine en écho au Modulor de Le Corbusier. Sur la surface de ces sortes de « pixels géants », sont diffusées en simultanée des images des corps filmés sous différents angles ou des plans de l'ensemble du spectacle. Par la défragmentation de la lumière et du mouvement, architecte et chorégraphe projettent ainsi le spectateur au cœur de l'espace scénique.

Et Dominique Perrault de s'exclamer : « La notion de "cité radieuse" existe enfin ! Elle n'est pas contrôlée par une géométrie névrotique, mais par la production d'irradiations de sons, de lumières et d'images. »

Choreographer Frédéric Flamand always seeks to place his work in an ever more audacious artistic perspective. To achieve this he has not hesitated to call on the imagination of acclaimed architects, including Zaha Hadid, Thom Mayne and Jean Nouvel. In 2004, for his first creation in Marseille, he chose the theme of the Cité radieuse and asked Dominique Perrault to develop it for the set design.

Le Corbusier's modernist dream, come true in Marseille's Maison du fada, is the starting point for choreographer and architect's shared exploration of the "city/world" theme with its non-places, and the Cité radieuse concept as a whole, where, as Flamand points out, "the human body is subjected to constant flows of energy and images and entangled in the infinite ramifications of networks".

Perrault's stage set, flowing form the idea of fragmented perception, is composed of several mobile screens in metallic mesh. These are manipulated by the dancers and designed to human scale echoing the Modulor by Le Corbusier. Images of bodies filmed from different angles along with views of the entire show are simultaneously projected onto these giant "pixel-like" surfaces. The fragmentation of light and movement thus created by the set enables architect and choreograph to thrust the spectator right into the space of the stage.

Dominique Perrault enthuses: "The idea of the cité radieuse finally exists! It is not subjugated by neurotic geometry but modulated through radiating sound, light and images".

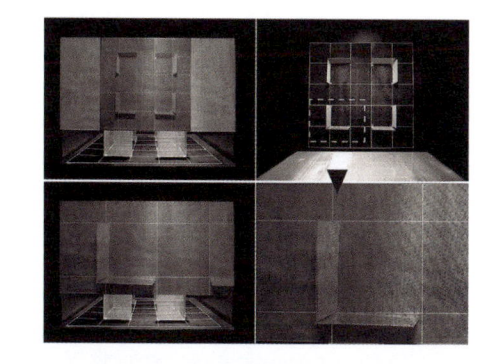

USINE GKD-USA
GKD FACTORY-USA

CAMBRIDGE, MARYLAND, ÉTATS-UNIS, *UNITED STATES*, 2001-2004

Client: GKD-USA, Inc., Gebr. Kufferath Gmbg & Co KG (GKD Deutschland)
Commande directe; récompensé par le 2005 Best Industrial Building AIA Maryland USA
Bureaux d'étude: Perrault Projets (ingénierie architecturale), Morabito consultants, Inc. (structure), Andrews, Miller & Associates, Inc. (ingénierie civile), K.T. Associates, P.C. (fluides), Herr Landscape architecture & environmental design (paysage)
Architecte local: Ziger Snead, LLP Architects
Programme: usine de production de mailles métalliques tissées: ateliers de production, stockage, laboratoires, bureaux, locaux administratifs et sociaux, cafétéria, restaurant, quai d'expédition et de livraison
Surface construite: 3800 m²; surface du site: 20000 m²

Client: GKD-USA, Inc., Gebr. Kufferath Gmbg & Co KG (GKD Germany)
Direct commission; received the 2005 award for Best Industrial Building AIA Maryland USA
Consultants: Perrault Projets (architectural engineering), Morabito consultants, Inc. (structure), Andrews, Miller & Associates, Inc. (civil engineering), K.T. Associates, P.C. (fluides), Herr Landscape architecture & environmental design (paysage)
Local architect: Ziger Snead, LLP Architects
Program: metallic mesh factory: production areas, storage, laboratories, offices, administrative offices and cafeteria, restaurant, loading dock
Built area: 3,800 m²; plot area: 20,000 m²

Bien après la collaboration entre Dominique Perrault et la société GKD pour la conception d'une gamme de maille en fil d'acier, l'architecte conçoit une usine de production pour la succursale américaine de l'industriel allemand. Plus de vingt ans après le bâtiment de Someloir, ce projet est une nouvelle occasion pour l'agence de se confronter aux zones périurbaines à l'architecture banalisée – en l'occurrence celle d'une banlieue du Maryland – et d'activer des stratégies permettant de définir une singularité spatiale et visuelle dans un contexte urbain neutre.
Pour répondre à ce défi, Perrault propose de combiner trois éléments dans le site: une boîte (l'usine), un signal (l'écran), un fragment de paysage (le « tapis fleuri »). Le volume construit (14 300 m³) se divise entre les bureaux et l'unité de fabrication. Cette dernière est éclairée par un unique bandeau qui relie visuellement l'espace intérieur de production au tapis fleuri à l'extérieur. L'organisation interne de l'édifice se lit avant même d'y pénétrer: le bardage métallique correspond aux lieux de production, les façades vitrées étant réservées aux bureaux, lesquels sont ponctuellement entrecoupés par des claustras réalisés en maille métallique. C'est dans ce matériau qu'est élevé le long mur qui borde la route, structurant la clôture du site. Cette solution permet de connecter l'identité du lieu et l'activité de production qui y est mise en œuvre; la maille d'acier devient ici tout autant le matériau qualifiant l'espace que le symbole d'une entreprise qui forge son image de marque à partir de ce qu'elle fabrique.

Dominique Perrault and the GKD Company began working together to develop a line of steel mesh fabrics long before the architect designed the factory for the German manufacturing company's U.S. subsidiary. Twenty years after the building realized in Someloir, this project provided a new opportunity for the firm to confront the challenge of exurban zones pocked with banal architecture – in this case, a Maryland suburb – and to implement strategies that would create a distinct spatial and visual character in a neutral exurban context.
To tackle this challenge, Perrault proposed to combine three main elements on the site: a box (the factory), a signal (the screen) and a fragment of the landscape (the "carpet of flowers"). The building's volume (14,300 m³) is divided into offices and the production line. The latter is illuminated by a single ribbon of windows visually linking the interior production area with the carpet of flowers outside. The structure's internal organization is immediately apparent from the outside where the metallic cladding marks production areas and glass façades, punctuated by screens in metallic mesh, signal the presence of offices. Metallic mesh is also employed in the long wall running alongside the roadway and structuring the site's enclosure. This solution connects the identity of the place with the manufacturing activities carried out there. Thus, the steel mesh is a material that both qualifies the space and symbolizes the company, which forges its brand image with the metallic material it produces.

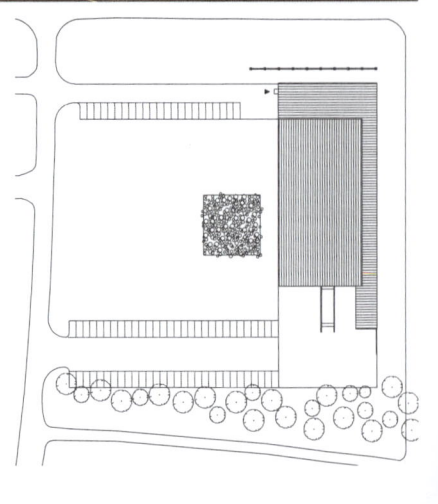

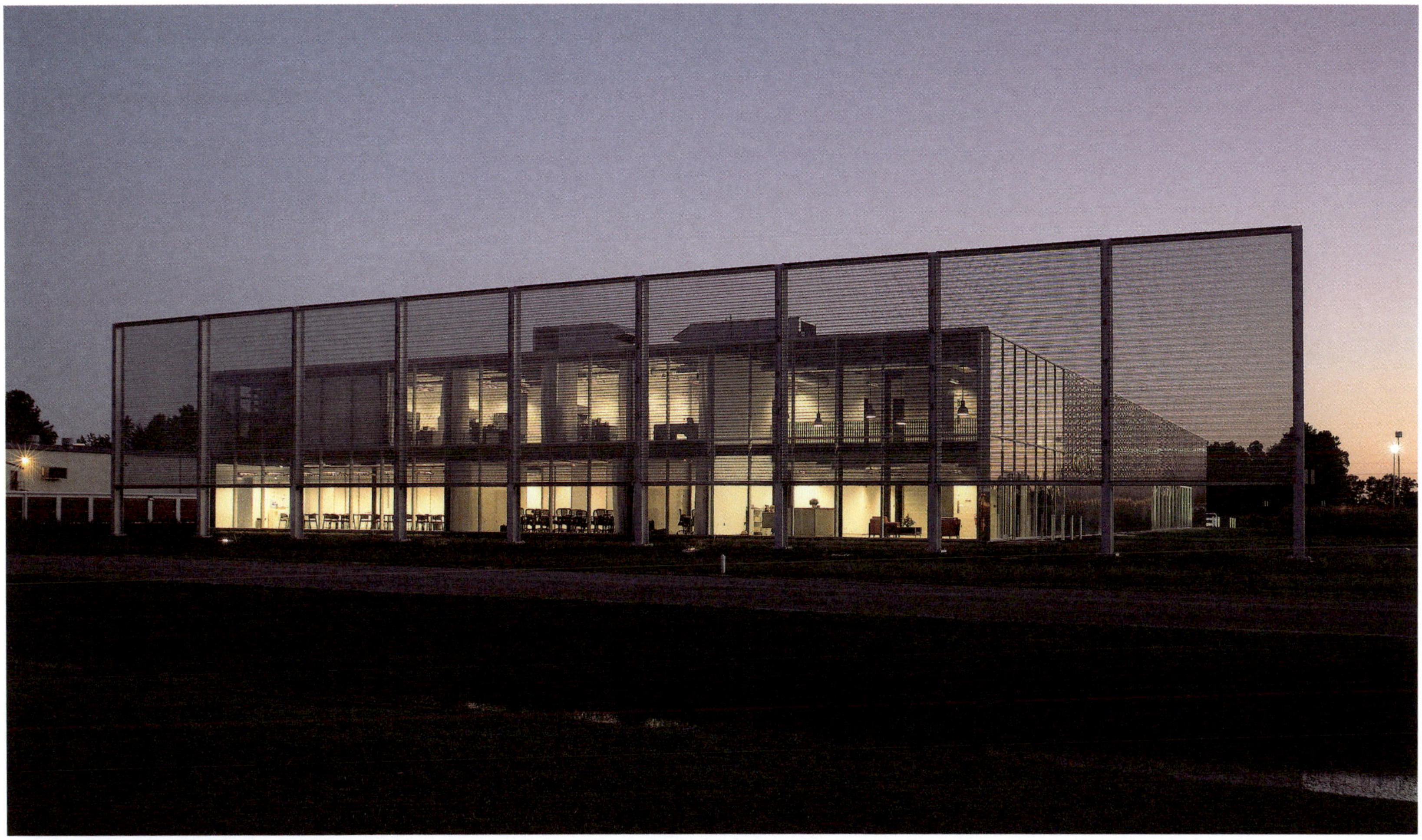

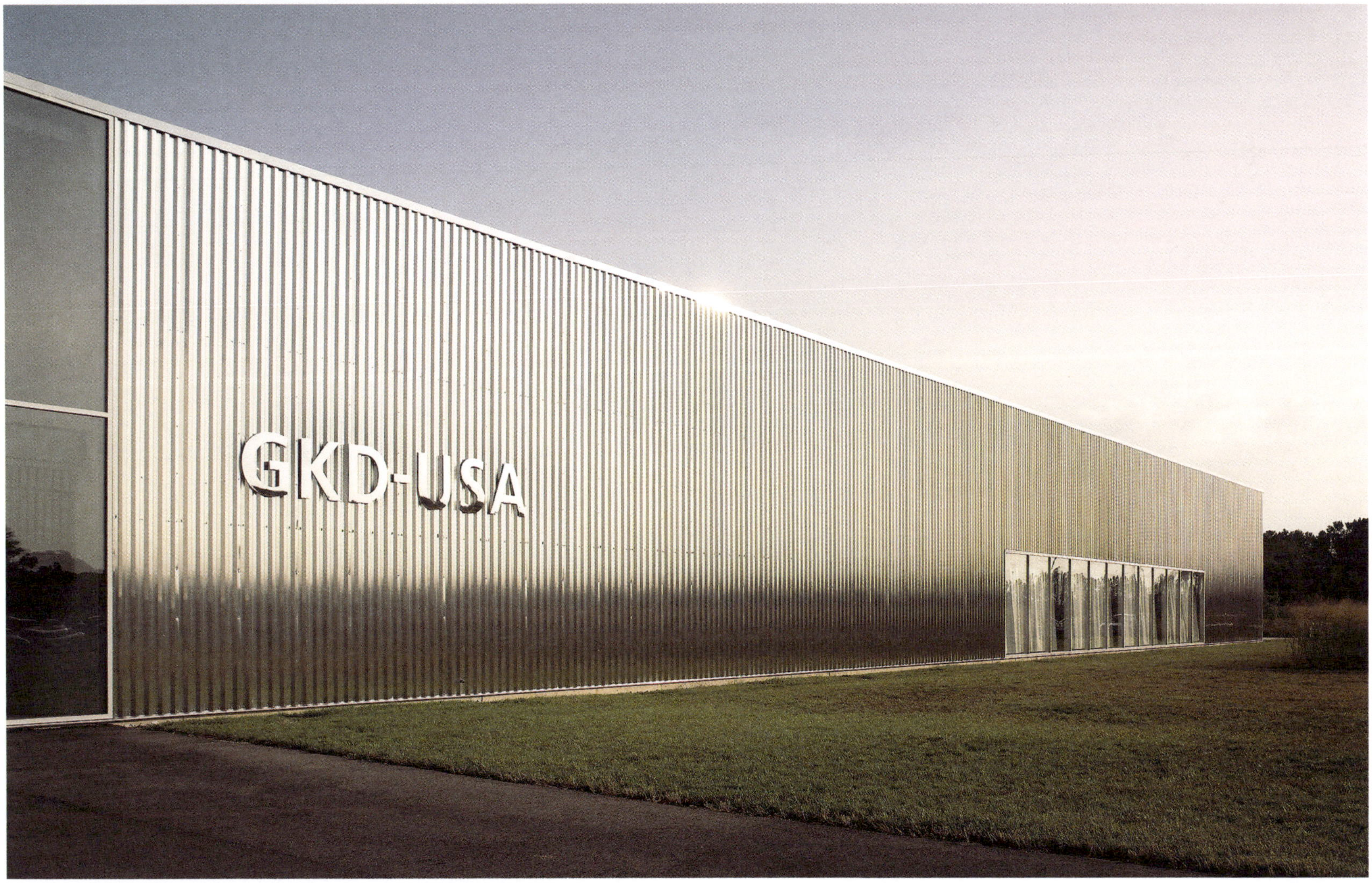
GKD-USA

SIÈGE DE LA CCTV
CCTV HEADQUARTERS

PÉKIN, CHINE, *BEIJING, CHINA,* 2002

Client: CCTV International, Pékin
Concours international, non réalisé
Bureaux d'étude: Setec Bâtiment (structure), Werner Sobek Ingenieure (structure métallique), HL Technik (fluides), Jean-Paul Lamoureux (acoustique et éclairage), Luc Heripret, Cognacq-Jay Image (consultant audiovisuel), Éric Jacobsen, Sauveterre (agronomie)
Programme: bureaux, studios, locaux techniques, salle de concert (800 places), parking, restaurant, hôtel, jardins, centre de conférence, salle de projection, théâtre (1 500 places), commerces, centre d'affaires
Surface construite: 553 000 m² ; surface du site: 10 ha

Client: CCTV International, Beijing
International competition, not built
Consultants: Setec Bâtiment (structure), Werner Sobek Ingenieure (metallic structure), HL Technik (fluids), Jean-Paul Lamoureux (acoustics and lighting), Luc Heripret, Cognacq-Jay Image (audiovisual consultant), Éric Jacobsen, Sauveterre (agronomy)
Program: offices, studios, technical areas, concert hall (800 seats), parking garage, restaurant, hotel, gardens, conference center, screening room, theater (1 500 seats), shops, business center
Built area: 553,000 m² ; plot area: 10 ha

Le projet imaginé pour le bâtiment de la chaîne de télévision chinoise CCTV s'articule autour de trois axes majeurs : un « grand bâtiment », un parc public, un territoire extérieur « à vivre ». Leur réunion dans un contexte urbain strict a pour objectif de redessiner le paysage en associant nature et architecture. Constituée de deux immeubles aux proportions carrées assemblés en angle droit, la construction épouse le tracé des rues existantes et assure une juste disposition des grands ensembles paysagers et architecturaux.

L'extrême complexité de ce programme, qui comprend la redistribution des services de la chaîne (information, studios, production, etc.), mais aussi un hôtel, est résolue par un empilement vertical des fonctions, depuis le sol jusqu'au sommet de l'édifice d'une hauteur de 220 m. De vastes « atriums horizontaux » permettent de desservir ces différentes fonctions et d'intégrer des espaces plus informels accessibles au public. Au centre de l'équerre principale, cet enchevêtrement de volumes fonctionnels est protégé du soleil et du vent grâce à des ombrelles en acier inoxydable et toile métallique tissée. Le foisonnement de ces ombrelles scintillantes reconstitue progressivement une topographie qui contrebalance alors la géométrie angulaire de l'ensemble. En cela, le projet réalise une sorte de « bâtiment-territoire », une ville verticale dont les larges plateaux ouverts rythment l'élévation et qui offre une vue imprenable sur Pékin.

The project designed for the Chinese television network CCTV is organized around three main concepts: a "great building", a public park and an exterior area "for living". The purpose of bringing these three elements together in a strictly urban context is to redesign the landscape through the association of nature and architecture. Comprising two buildings with square proportions joined to form a right angle, the structure follows the outline of existing streets in a balanced arrangement of the major landscaped areas architectural ensembles.

The extreme complexity of the program, which includes the distribution of the network's departments (information, studios, production, etc.), but also a hotel, is resolved by a vertical stacking of functions, from the ground to the top of the 220-meter building. Vast horizontal atria" provide access to the various functions and integrate more informal spaces made available to the public. At the center of the main T-square, the overlapping functional volumes are protected from the sun and wind by umbrellas in stainless steel and woven metallic fabric. The proliferation of these shimmering umbrellas gradually recreates a topography that counterbalances the angular geometry of the whole. Thus, the project attains the status of a sort of "territory-building"; a vertical city whose broad plateaus punctuate its elevation and offer breathtaking views of Beijing.

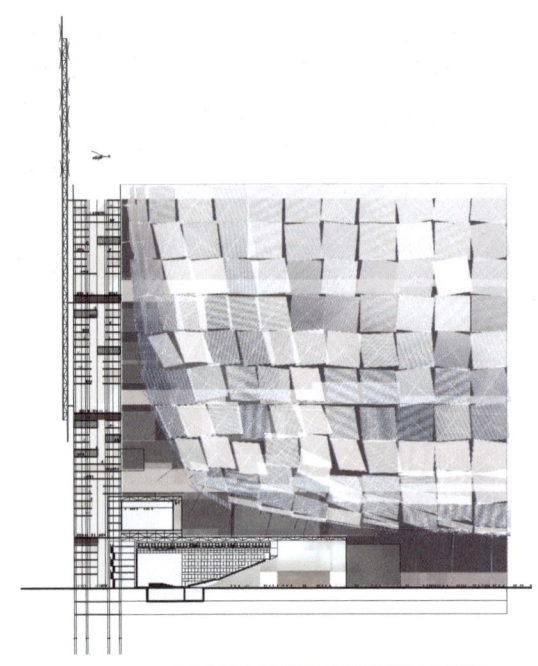

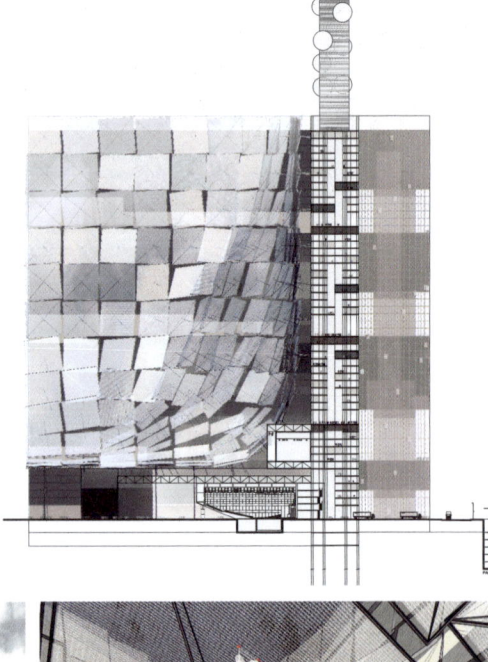

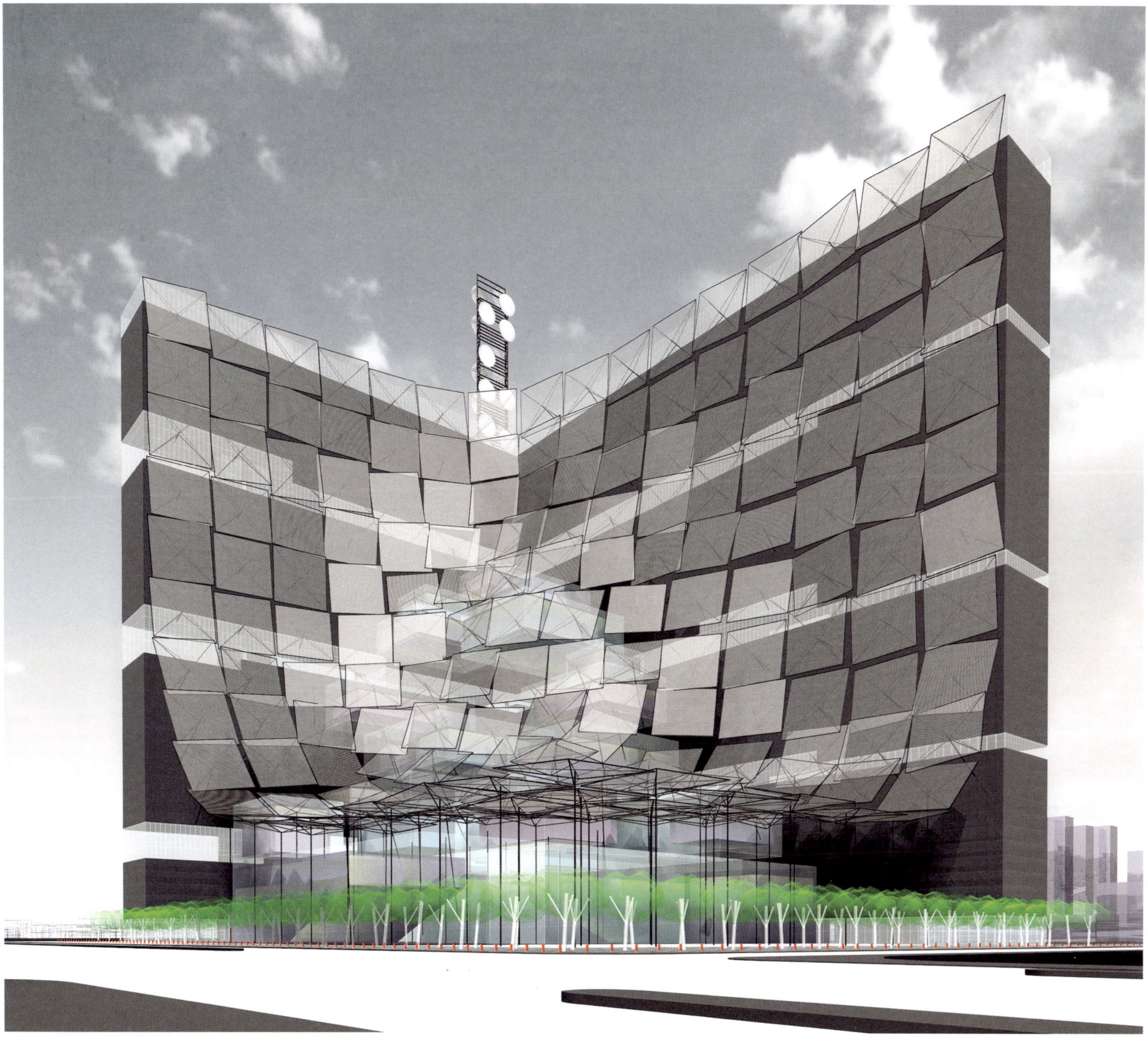

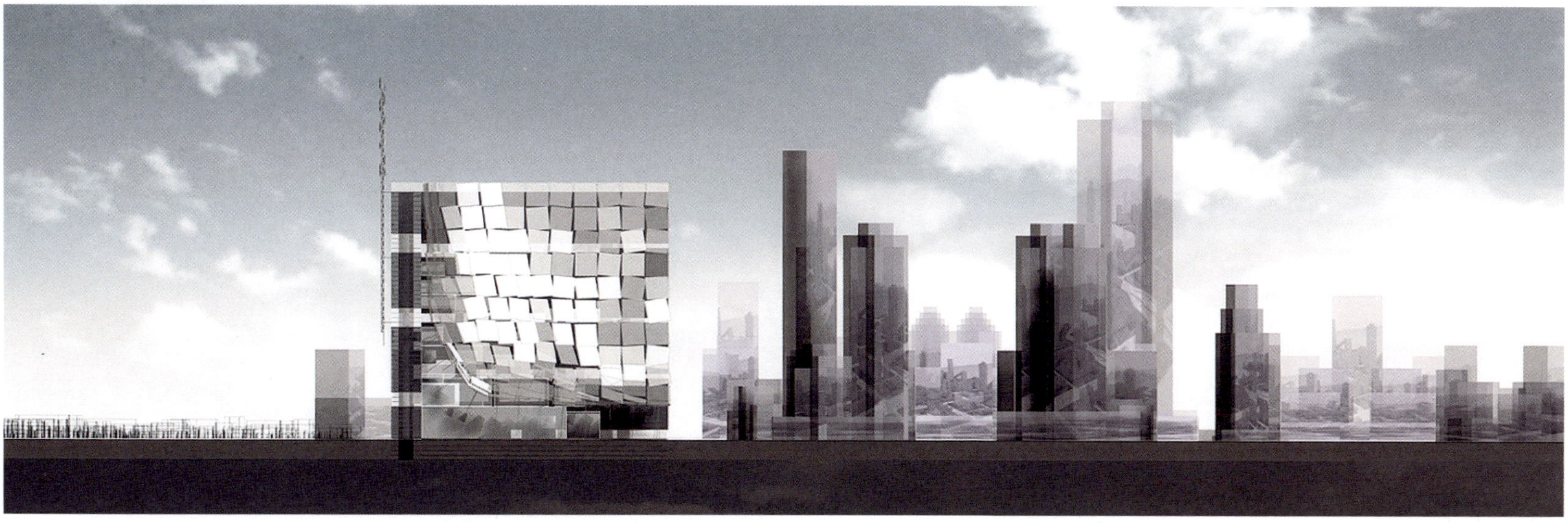

TOUR DE LA RECHERCHE
RESEARCH TOWER

PADOUE, VÉNÉTIE, ITALIE, *PADUA, VENETO, ITALY,* 2008

Client: ZIP Consorzio
Concours international, non réalisé
Bureau d'études: Ove Arup & Partners Milan (structure, fluides et études environnementales).
Programme: laboratoires de recherche, bureaux, auditorium, restaurants, commerces, chambres d'accueil, parking
Surface construite: 90 000 m² ; surface du site : 10 ha

Client: ZIP Consorzio
International competition, not built
Consultants: Ove Arup & Partners Milan (structure, fluids and environmental studies).
Program: research laboratories, offices, auditorium, restaurants, shops, hotel rooms, parking
Built area: 90,000 m² ; plot area: 10 ha

Le concours organisé en 2008 par la chambre de commerce de Padoue porte sur la construction de laboratoires de recherche et de bureaux, un projet qui suppose, pour qualifier les 10 ha du site, de croiser les échelles urbaines, paysagères et architecturales.
La réponse de Dominique Perrault prend appui sur un travail en plan de masse : il s'agit d'une part de rationaliser l'espace par une grille orthogonale qui complète les axes de circulation déjà existants et d'assigner à chacun des îlots une fonction spécifique : bureaux, auditorium, restaurant, jardin, parking. Ce dispositif, en apparence abstrait, présente l'avantage de mettre en valeur les anciennes infrastructures (constructions et plantations), de permettre un phasage du programme et de décliner les configurations spatiales pour les différents bâtiments de ce technocentre.
La première phase étudiée par l'agence concerne essentiellement la réalisation d'une tour où seront installés des laboratoires et des bureaux. Le concept architectural repose sur l'identité matérielle de l'enveloppe de l'édifice conçue comme un drapé composite associant une maille métallique, des brise-vent et des cellules photovoltaïques favorisant les économies d'énergie. Ce grand voile, dont la géométrie plissée emprunte ses codes formels au vocabulaire du vêtement – Perrault n'hésite pas à parler de « robe » –, est dissocié de la structure du bâtiment sur son premier tiers, avant d'épouser progressivement la forme quadrangulaire de la tour jusqu'à son sommet. Dessinant un atrium au pied de la construction, l'entre-deux ainsi créé, perméable et ouvert sur l'environnement immédiat, brouille les limites conventionnelles entre intérieur et extérieur.

The competition held in 2008 by the Padua chamber of commerce concerned the construction of research laboratories and offices, a project which, in order to qualify the 10-hectar site, foresees the conjugation of urban, landscape and architectural scales.
Dominique Perrault's proposal is based on the development of the overall site plan, which first involves the rationalization of the space. This is achieved by means of an orthogonal grid that continues already existing axes of circulation and second, the assignment of a specific function to each of the blocks: offices, auditorium, restaurant, garden, parking garage. The seemingly abstract arrangement presents the advantage of highlighting the older infrastructures (buildings and landscaping), while enabling a phased program and the differentiation of the spatial configurations of the various buildings comprising this research cluster.
The first phase studied by the firm essentially focused on the design of the tower housing the laboratories and offices. The architectural concept rests on the material identity of the building's skin, conceived of as a composite drape that associates metallic mesh, windbreaks and energy-saving photovoltaic cells. This great veil, whose folded geometry borrows its formal codes from the vocabulary of apparel – Perrault does not hesitate to refer to it as a "robe" – is dissociated from the lower tier of the building's structure, before gradually conforming to the quadrangular form of the tower all the way to its summit. The veil covers an atrium at the foot of the structure, permeable and open to its immediate surroundings. The "in-between" thus created, blurs the conventional limits between interior and exterior.

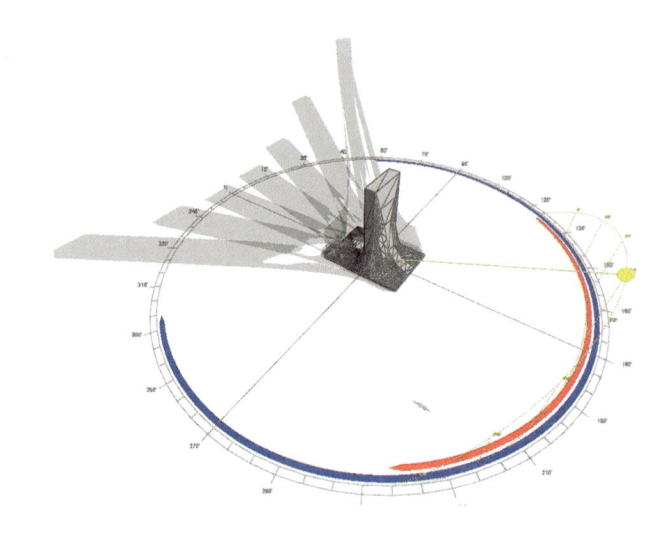

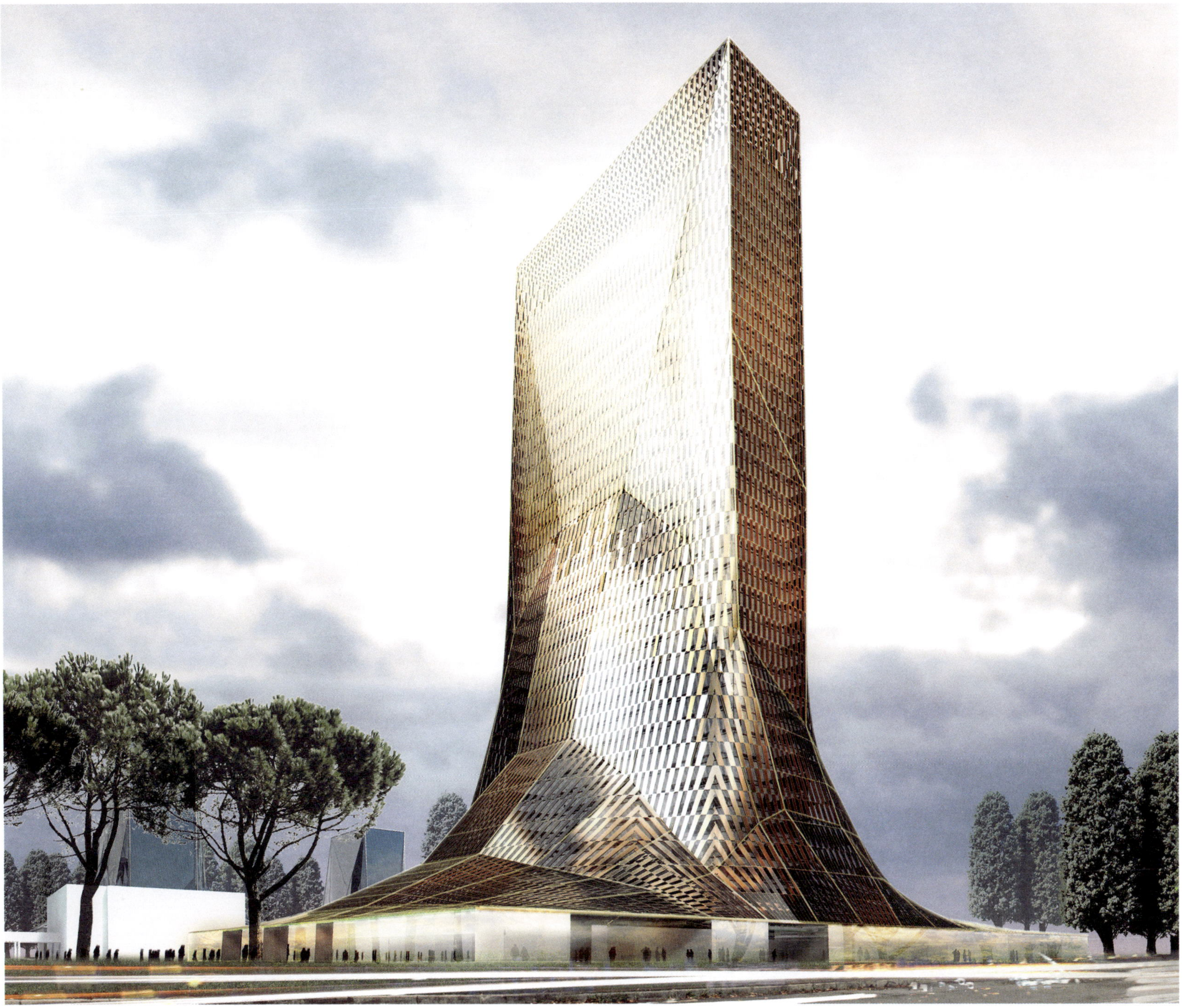
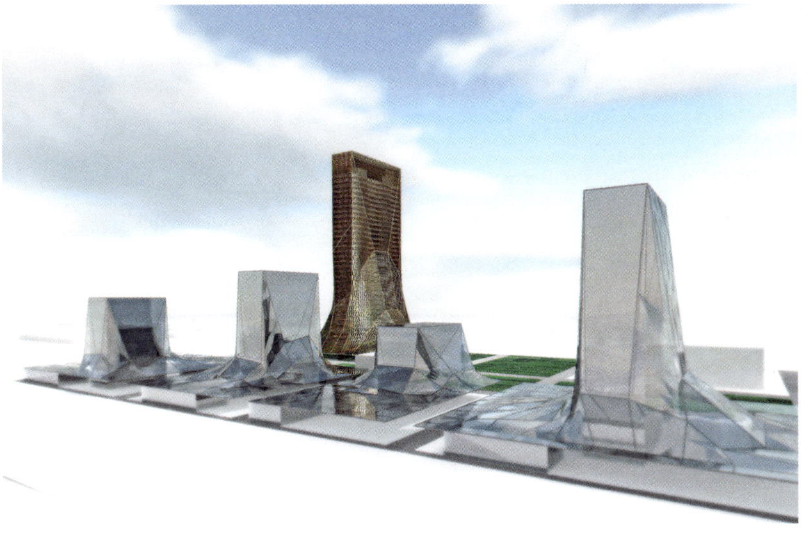
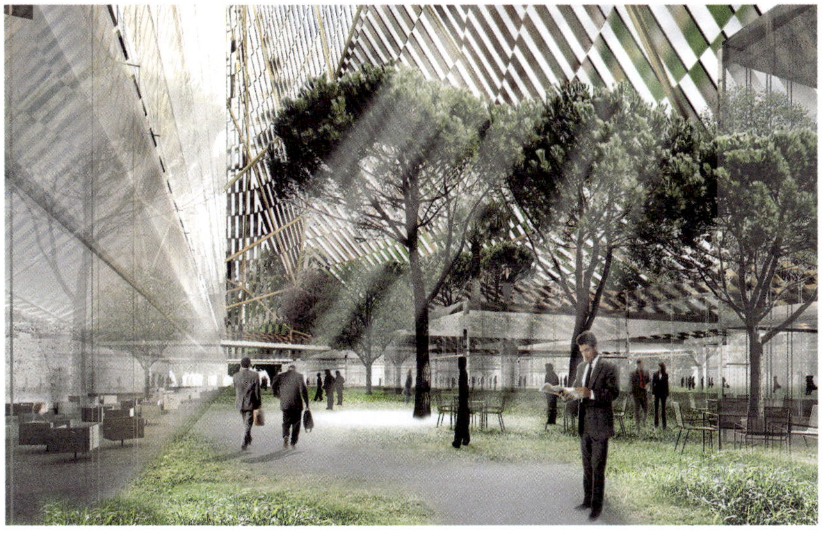

ENCEINTES
ENCLOSURES

SYNCHROTON EUROPÉEN, GRENOBLE, FRANCE, 1986

MUSÉE ORDRUPGAARD, COPENHAGUE, DANEMARK, 2001

LYCÉE FRANÇAIS, LE CAIRE, EGYPTE, 2002

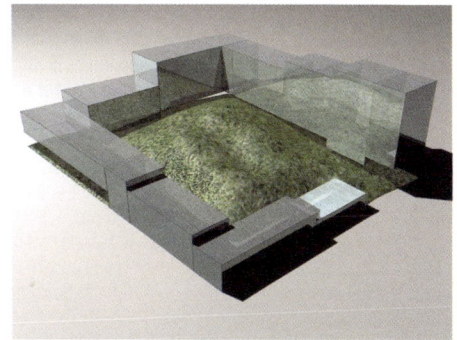

LYCÉE ØRESTAD, COPENHAGUE, DANEMARK, 2003

PALAIS DES FESTIVALS, CANNES, FRANCE, 2004

STADE GRIMONPREZ JOORIS, LILLE, FRANCE, 2001

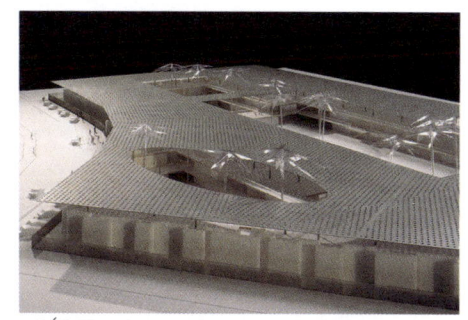

LYCÉE FRANÇAIS, LE CAIRE, EGYPTE, 2002

UNI-PARK NONNTAL, SALZBOURG, AUTRICHE, 2002

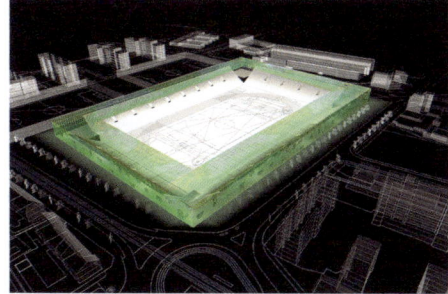

STADE DE LETZIGRUND, ZURICH, SUISSE, 2003

THE BEIJING CHANG AN ROAD, PÉKIN, CHINE, 2006

PALAIS DE JUSTICE, DOUAI, FRANCE, 2006

COUR DE JUSTICE DES COMMUNAUTÉS EUROPÉENNES
THE COURT OF JUSTICE OF THE EUROPEAN COMMUNITIES

LUXEMBOURG, LUXEMBOURG, 1996-2008

Client: Cour de justice des Communautés européennes, Administration des bâtiments publics
Consultation internationale sur invitation, équipe lauréate
Études urbaines pour le plateau du Kirchberg: travail urbain continu de définition des circulations, des îlots, de l'implantation du nouveau bâtiment de la communauté européenne et de programme mixte
Client: Fond d'urbanisme et d'aménagement du plateau du Kirchberg. Superficie: 10 ha
Bureaux d'étude: Geprolux SA (coordinateur), Perrault Projets (ingénierie architecturale), Ralf Rache (façades), Gehl, Jacoby & Associés SA, Schroeder & Associés SA, TR-Engineering SA (génie civil), Felgen & Associés SA, Bevilacqua & Associés SA (génie électrique), Jean Schmit Engineering SARL (génie thermique), RMC-consulting (génie sanitaire), Cabinet Casso & Cie (sécurité), AIB Vinçotte Luxembourg asbl, Secolux (organisme de contrôle), Jean-Paul Lamoureux (acoustique et éclairage)
Partenaires: Paczowski & Fritsch Architectes, m3 architectes
Programme: 4e extension de la Cour de justice des Communautés européennes: création du palais avec une grande salle protocolaire et 4 salles courantes, bureaux et locaux pour la présidence, les membres et le greffe, bureaux pour les traducteurs (24 000 m² dans les deux tours), bibliothèque, restaurants, salons, banque, parking, 23 000 m² d'esplanade publique
Surface construite: 100 000 m²; surface du site: 76 000 m²

Client: The Court of Justice of the European Communities, Administration of Public Buildings
International invitation to tender, winning team
Urban study of the Kirchberg plateau: ongoing urban planning project for the definition of circulation, city blocks, the location of the new building of the European Community and the mixed-use program.
Client: Kirchberg Plateau Urbanism and Development Fund. Plot area: 10 ha
Consultants: Geprolux SA (coordinator), Perrault Projects (architectural engineering), Ralf Rache (façades), Gehl, Jacoby & Associés SA, Schroeder & Associés SA, TR-Engineering SA (civil engineering), Felgen & Associés SA, Bevilacqua & Associés SA (electrical engineering), Jean Schmit Engineering SARL (thermal engineering), RMC-consulting (sanitary engineering), Cabinet Casso & Cie (security), AIB Vinçotte Luxembourg asbl, Secolux (technical control), Jean-Paul Lamoureux (acoustics and lighting)
Partners: Paczowski & Fritsch Architectes, m3 architectes
Program: 4th extension of the Court of Justice of the European Communities: creation of the courthouse with a main courtroom and 4 smaller courtrooms, offices of the presidency, the members and the court registry office, translators' offices (24,000 m² in the two towers), library, restaurants, lounges, banks, parking garage, 23,000 m² of public esplanades
Built area: 100,000 m²; plot area: 76,000 m²

Le plateau du Kirchberg est le terrain de plusieurs chantiers d'agrandissement de la ville de Luxembourg, dont celui de l'extension de la Cour de justice des Communautés européennes. L'enjeu est à la fois fonctionnel, urbain et institutionnel. Il s'agit de développer – 100 000 m² supplémentaires – les bâtiments où travaillent chaque jour plus de 2 000 personnes, de conjuguer les campagnes successives d'expansion (1973, 1988, 1992) et de donner corps au prestige de l'institution. L'intervention de Dominique Perrault comprend trois axes majeurs: la réalisation autour du palais existant d'un anneau édifié sur pilotis et ouvrant sur un parvis d'honneur plus vaste, l'élévation de deux tours jumelles qui signalent la présence de la Cour dans le territoire et la mise en place d'une grande galerie linéaire qui relie toutes les activités du site entre elles.
En définitive, l'opération ne se lit pas comme une quatrième greffe, mais apparaît bien, comme le souligne Perrault, telle « une injection » témoignant de la primauté accordée « à la liaison sur la juxtaposition, à l'unification sur la densification ». La matérialité de la maille d'aluminium anodisé doré participe au premier chef de cette unité. Utilisé pour l'ensemble du projet (en brise-soleil pour les deux tours, en écran pour le bâtiment des juges, au plafond de la principale salle d'audience), le tissage métallique mis en œuvre, de par le rythme de sa trame, la brillance de sa texture et le relief, des plis confère son identité à la construction. Celle-ci est véritablement caractérisée par son épiderme, ainsi que le constate Perrault: « Au fond, ce dont il est question ici, c'est d'un travail de haute couture, c'est d'une vêture plus que d'une structure. »

Depuis 2004 l'agence a été missionnée pour différentes études urbaines pour l'aménagement de l'entrée du plateau du Kirchberg. Il s'agit de donner une nouvelle urbanité à la Porte de l'Europe par la mise en relation des différents éléments du quartier, de ses différents utilisateurs et par la densification du bâti et de l'usage. La création d'un « Plan Unifiant », nivelant en partie la topographie existante, met sur un pied d'égalité -d'accessibilité et de représentation- les différents bâtiments et leurs utilisateurs.

The city of Luxembourg has been expanding onto the Kirchberg plateau where several large development projects have been undertaken, including the extension of the Court of Justice of the European Communities. Here the three-fold challenge was functional, urban and institutional in scope. First, the Court required 100,000 m² of additional space in buildings to house an army of more than 2,000 judges, clerks and translators daily. Second, successive expansion campaigns (1973, 1988 and 1992) desperately needed to be rationalized and articulated to function more efficiently. The third, perhaps most important objective was to raise the profile of this prestigious institution. Dominique Perrault devised an approach based on the realization of three main features: a ring encircling the existing courthouse with office space resting on stilts and overlooking the vast piazza surrounding the edifice; twin towers thrusting skyward to clearly mark the presence of the Court in the region and a long, linear arcade tying together all the activities of the site. Perrault's intervention successfully avoids resembling a fourth graft, appearing as he calls it more like an "injection" testifying to the primacy of "linkage over juxtaposition and unification over densification". The material qualities of the anodized gold-tinted aluminum mesh are a major component of this new unity. It has been employed throughout the project –for the sun-shades affixed to the two towers, as a screen for the judges' chambers and on the ceiling of the main courtroom. As Perrault observes, "this project is essentially an haute couture creation; more clothing and accessories than structure". The rhythm of the weft, the dazzling texture and the relief of its folds bestow a genuine visual identity on the Court. Thanks to its shimmering robes, it has become instantly recognizable.

Since 2004 Perrault's firm has been engaged to conduct several urban studies for the development of the entrance to the Kirchberg plateau. The aim is to give a more urban look and feel to the Porte de l'Europe by creating a better relationship between the different elements of the district and its various users and by densification of built areas and usages. The creation of a "Unifying Plan", which partially levels the existing topography, puts the different buildings and users on an equal footing in terms of accessibility and representation.

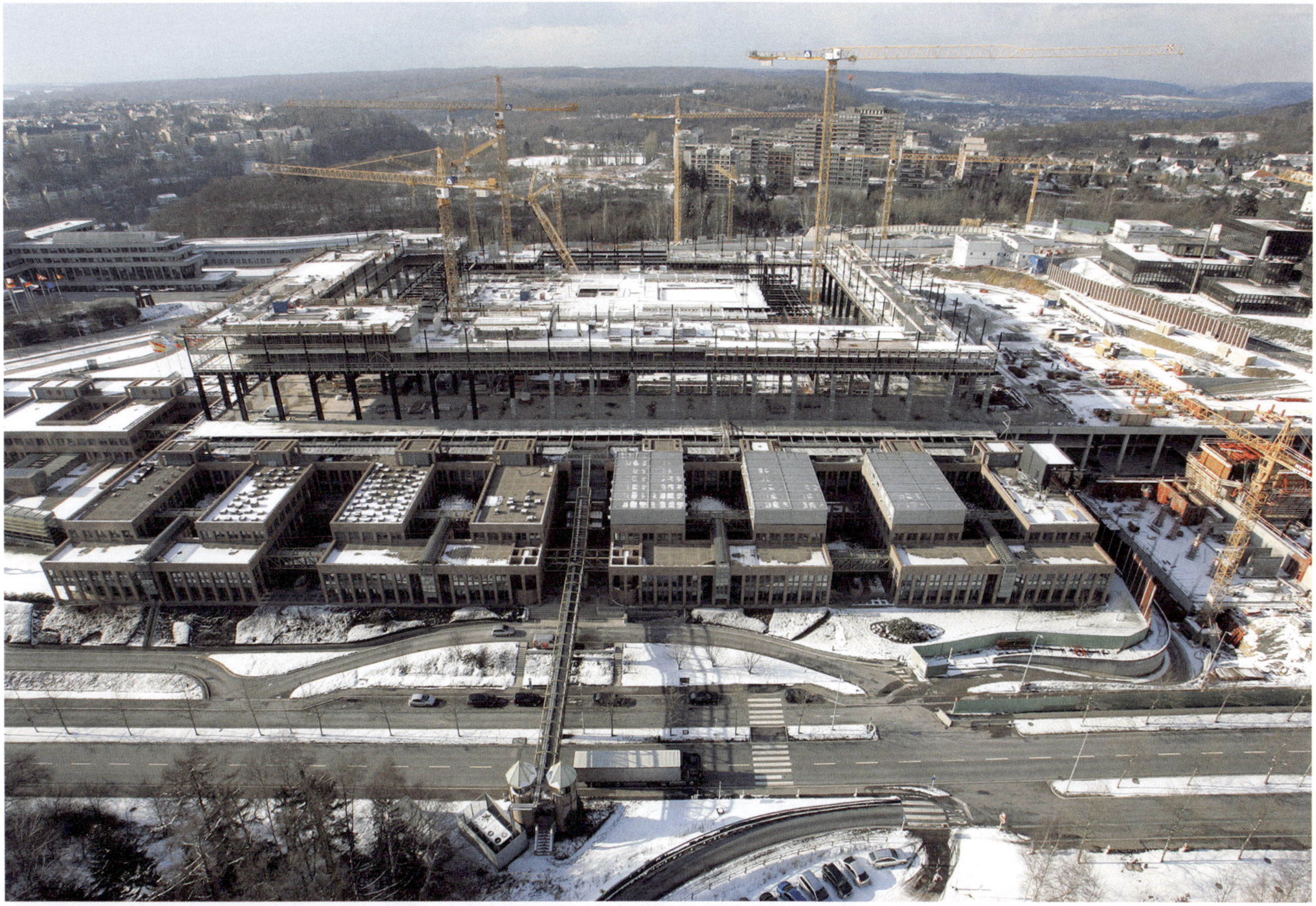

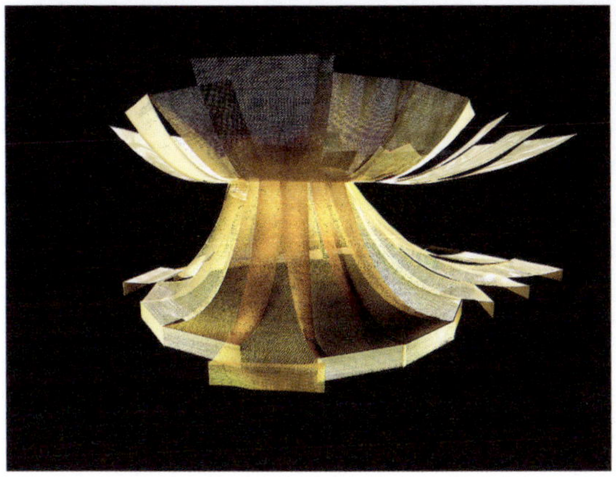

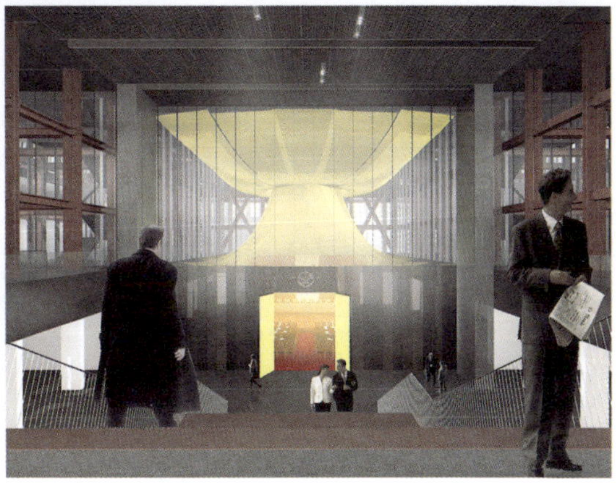

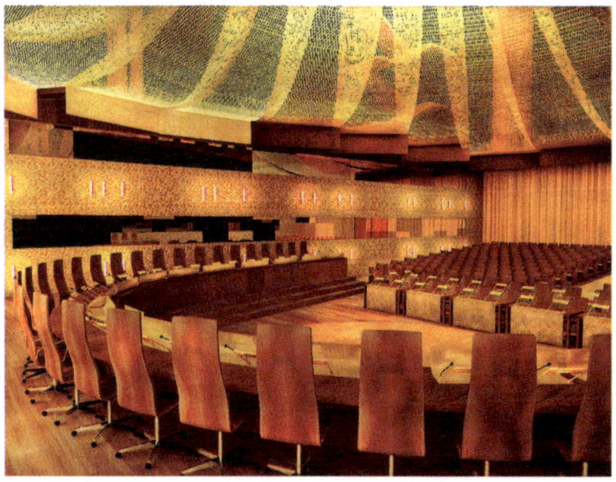

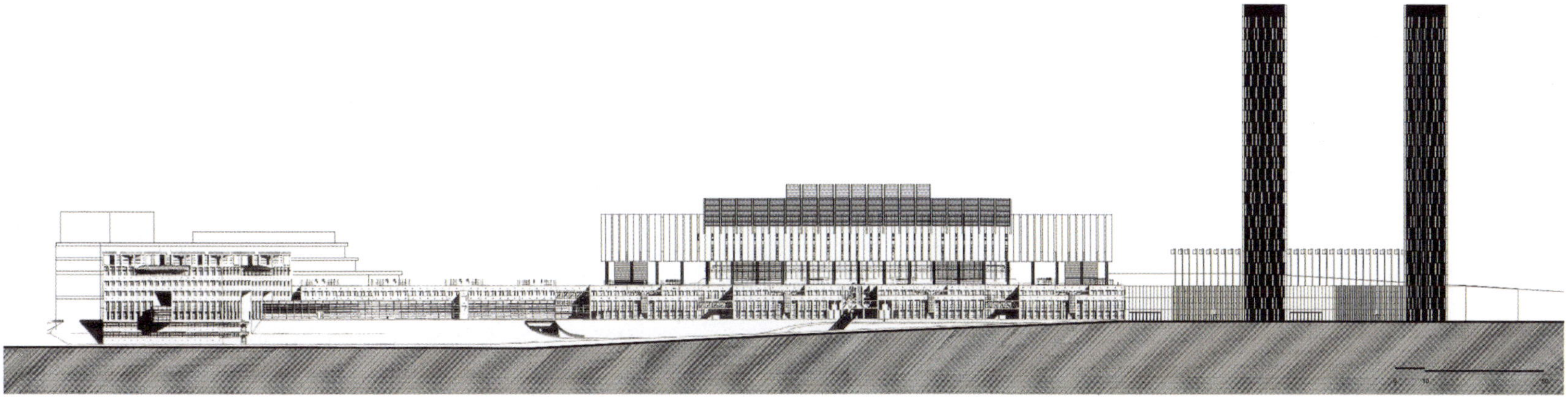

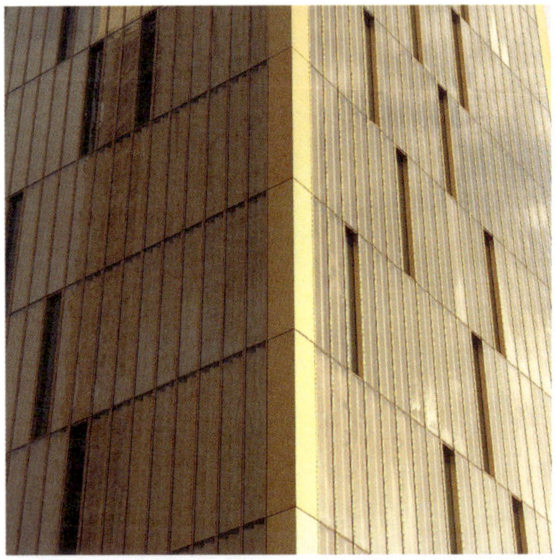
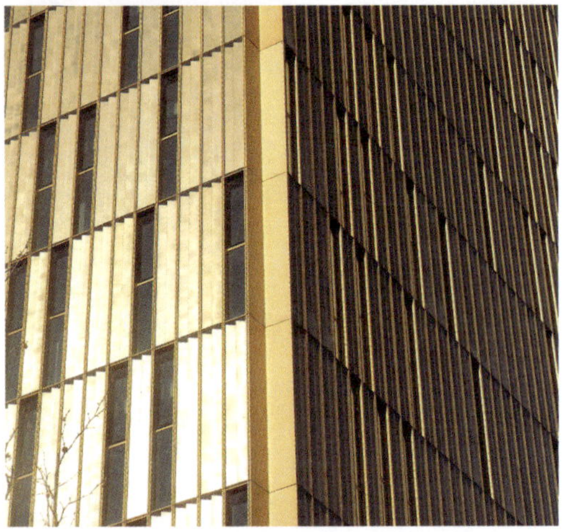
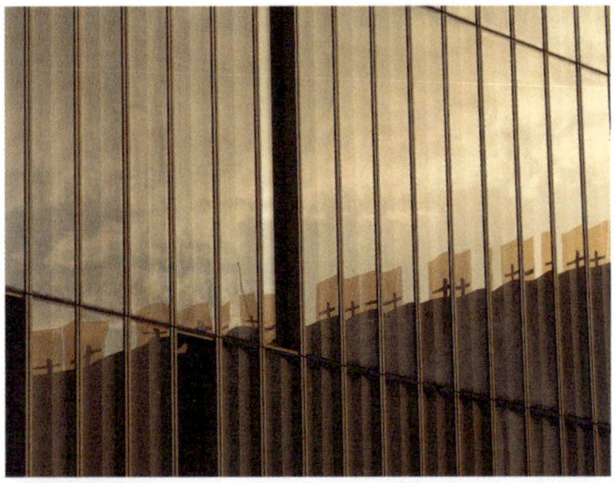
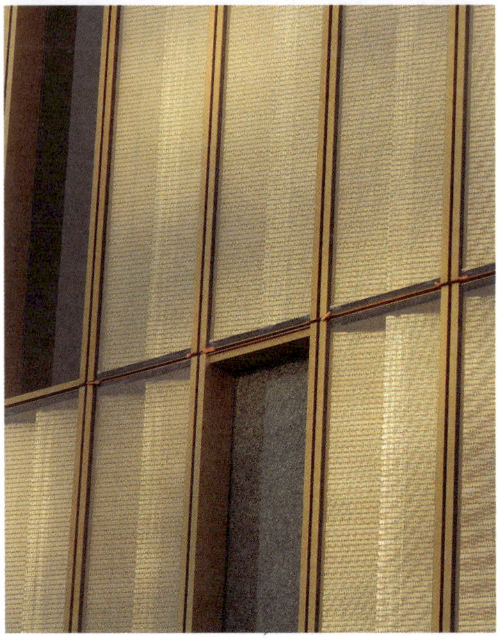
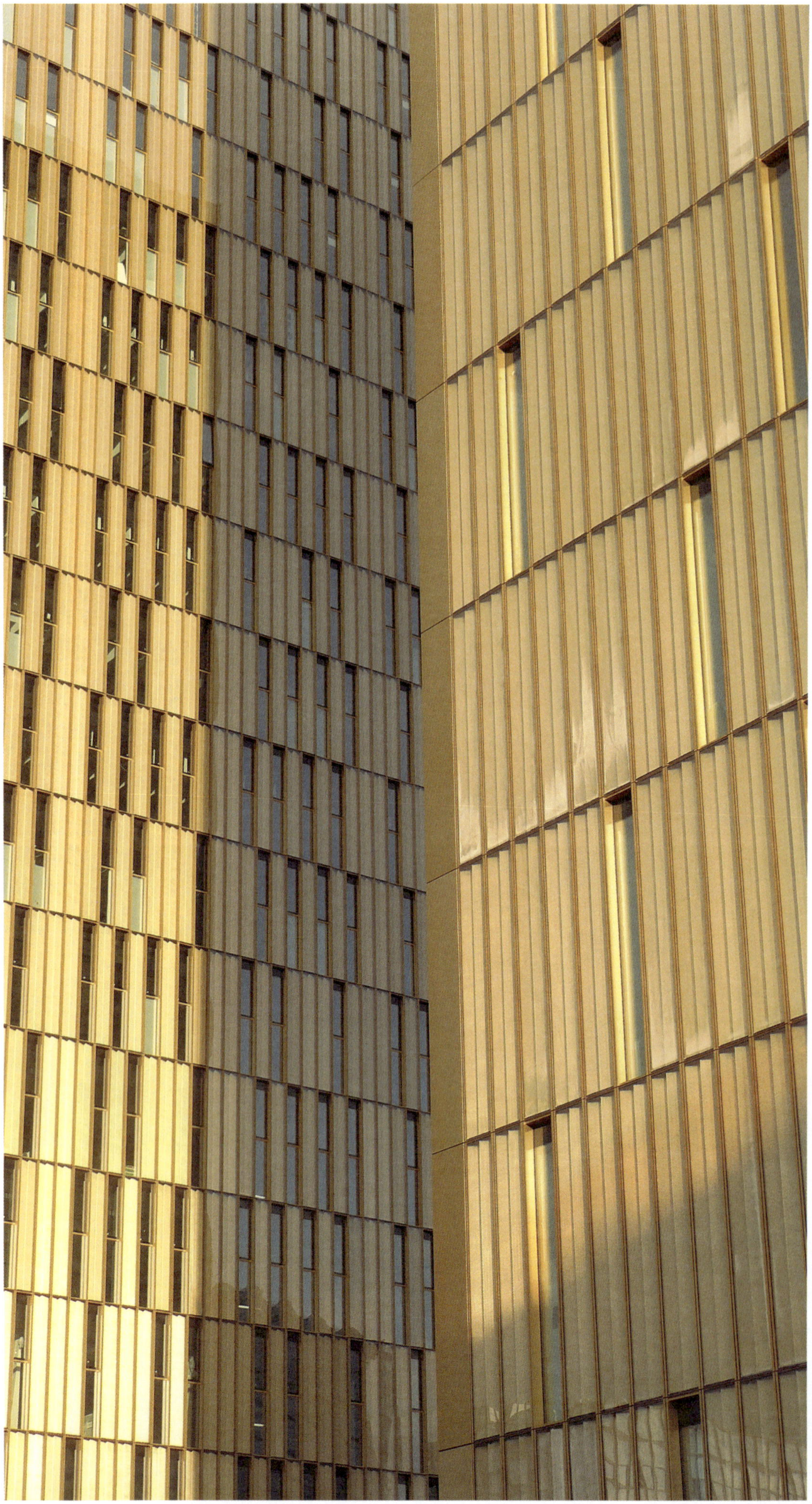

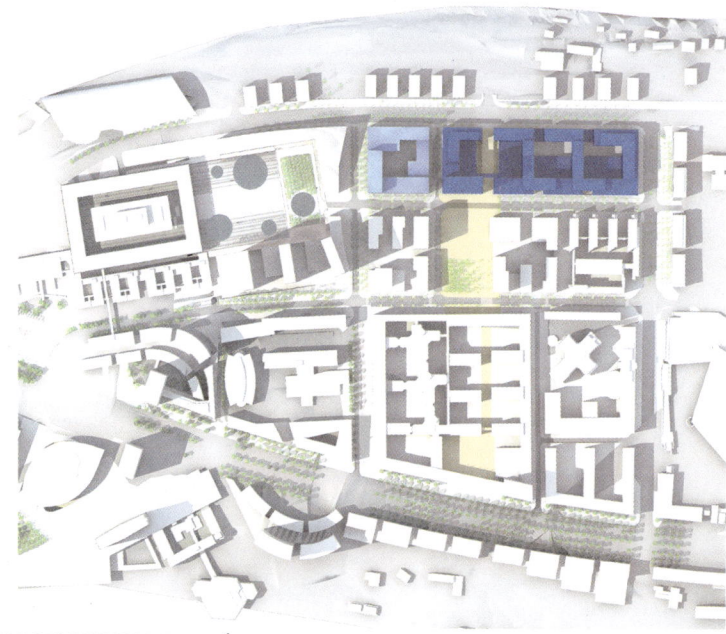

PORTE DE L'EUROPE, SECTEUR NORD, ÉTUDE URBAINE POUR L'IMPLANTATION DU SECRÉTARIAT DE LA COMMISSION EUROPÉENNE, 2007.
THE GATE OF EUROPE, NORTHERN SECTOR, URBAN STUDY FOR THE LOCATION OF THE SECRETARIAT OF THE EUROPEAN COMMISSION, 2007.

MÉDIATHÈQUE LUCIE AUBRAC
LUCIE AUBRAC MULTIMEDIA LIBRARY

VÉNISSIEUX, RHÔNE-ALPES, FRANCE, 1997-2001

Client: ville de Vénissieux
**Concours, projet lauréat; récompensé au 2002 World Architecture Award
(1er prix pour la meilleure construction publique européenne)**
Bureaux d'étude: Perrault Projets (ingénierie architecturale), Bérim Rhône-Alpes (ingénierie technique), Apave (bureau de contrôle), Loghabat (coordinateur sécurité protection), Jean-Paul Lamoureux (acoustique et éclairage)
Consultants: Fabrice Bougon (économie et mobilier), Jean-Paul Roux-Fouillet, Bureau Van Dijk (informatique et multimédia)
Programme: accueil, salle de lecture et aménagement mobilier, bureaux, salles de réunion, auditorium, locaux de services, parking; aménagement de l'espace publique autour de la médiathèque
Surface construite : 5 230 m²

Client: city of Vénissieux
Competition, award-winning proposal; received the 2002 World Architecture Award
(1st prize for the best European public building)
Consultants: Perrault Projets (architectural engineering), Bérim Rhône-Alpes (technical engineering), Apave (control agency), Loghabat (security and safety coordinator), Jean-Paul Lamoureux (acoustics and lighting), Fabrice Bougon (cost analysis and furnishings), Jean-Paul Roux-Fouillet, Bureau Van Dijk (Information and multimedia technology)
Program: reception, reading room and furnishings, offices, meeting rooms, auditorium, service areas, parking garage; development of the public space surrounding the multimedia library
Built area: 5,230 m²

La médiathèque de Vénissieux se devait d'être un lieu à la fois protégé et accueillant. Dominique Perrault a répondu à cette double ambition en concevant une « grande maison » de plain-pied avec la ville. Ses façades se composent de cassettes vitrées, dans lesquelles est glissée une feuille métallique perforée. Ce fragment de tôle, parfois placé en retrait, permet de jouer avec la lumière et les reflets du paysage alentour. Extérieurement, la médiathèque apparaît alors fermée sur elle-même, tandis qu'elle est, de l'intérieur, lumineuse et ouverte sur son environnement immédiat.

L'espace d'étude, vaste et fluide, sans cloisons, est meublé de rayonnages dont les dimensions laissent courir le regard jusqu'à la rue. Sur le pourtour de ce « marché couvert », une zone intermédiaire, sorte de péristyle, fait le lien avec l'extérieur, tout en constituant un lieu agréable de déambulation et d'exposition. Cette zone joue également un rôle important dans l'isolation thermique et acoustique. Outre cette circulation périphérique, un hall faisant figure de passage urbain traverse l'édifice, reliant le parvis à l'est et l'esplanade à l'ouest. Sur le faîte du bâtiment, est posé le bloc des bureaux, pensé comme un espace indépendant qui reste toutefois connecté à la médiathèque

The multimedia library of Vénissieux needed to be both a protected and welcoming place. Dominique Perrault answered this two-fold ambition by designing a "big house" on one floor, even with the street level. Its façades are composed of narrow glass cases into which sheets of perforated metal are slipped. These fragments of sheet metal, slightly set back in places, play with the light and the reflections of the surrounding landscape. From the exterior, the library seems turned inward, whereas on the inside, it is flooded with light and open to its neighboring environment.

The vast, fluid and wall-less study area is furnished with stacks whose dimensions allow the gaze to see straight through to the street outside. An intermediate zone, a sort of peristyles, surrounds this "covered market", linking it to the outside while creating a pleasant open area to stroll. This zone also fulfills an important role of thermal and acoustic insulator. In addition to this peripheral circulation, a hall resembling an urban passageway traverses the building, linking the forecourt to the east with the esplanade to the west. A block of offices rests on the roof of the building, designed as an independent space which is nevertheless connected to the media library below.

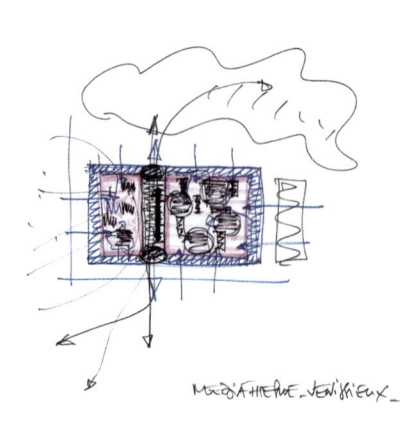

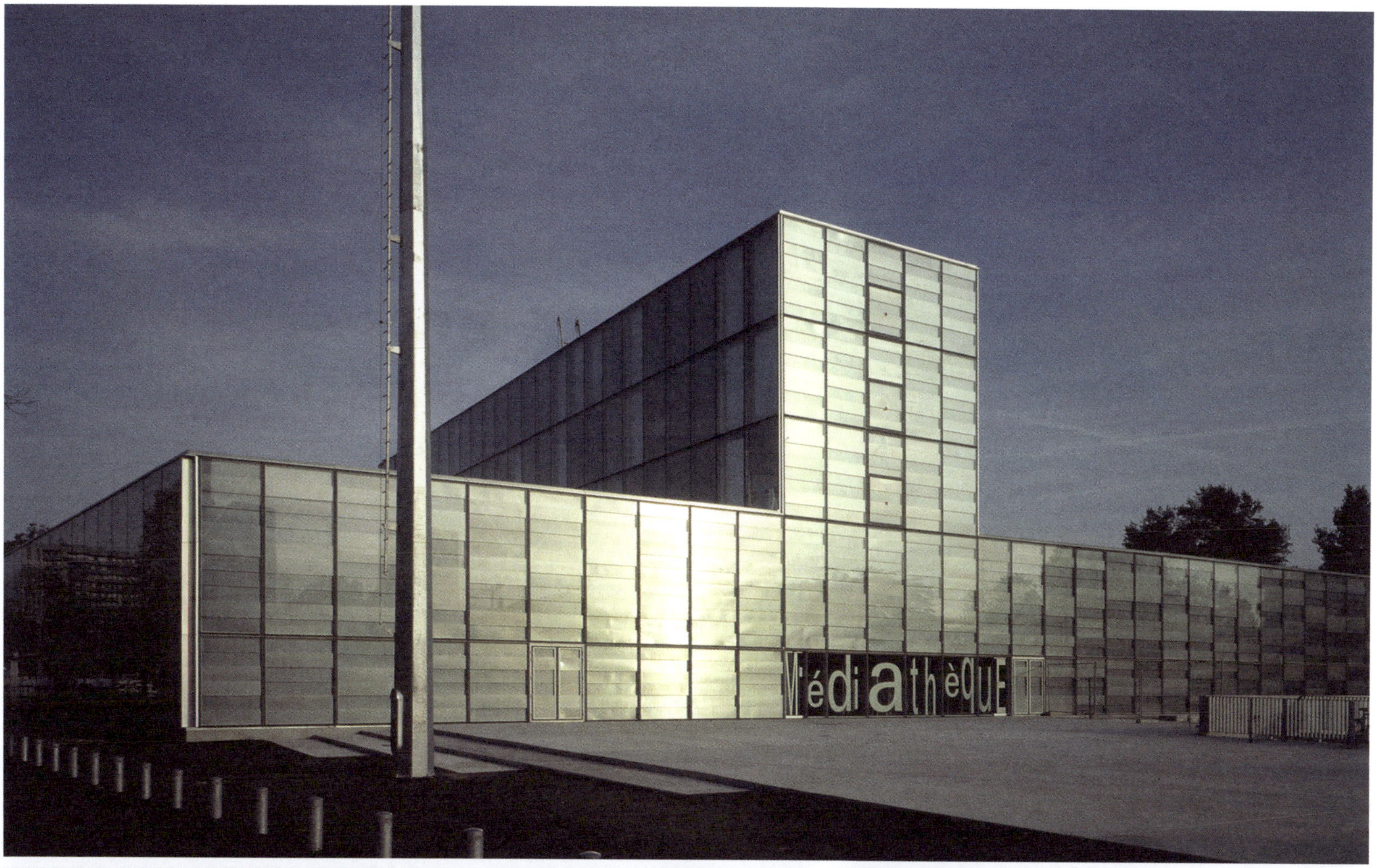
Médiathèque

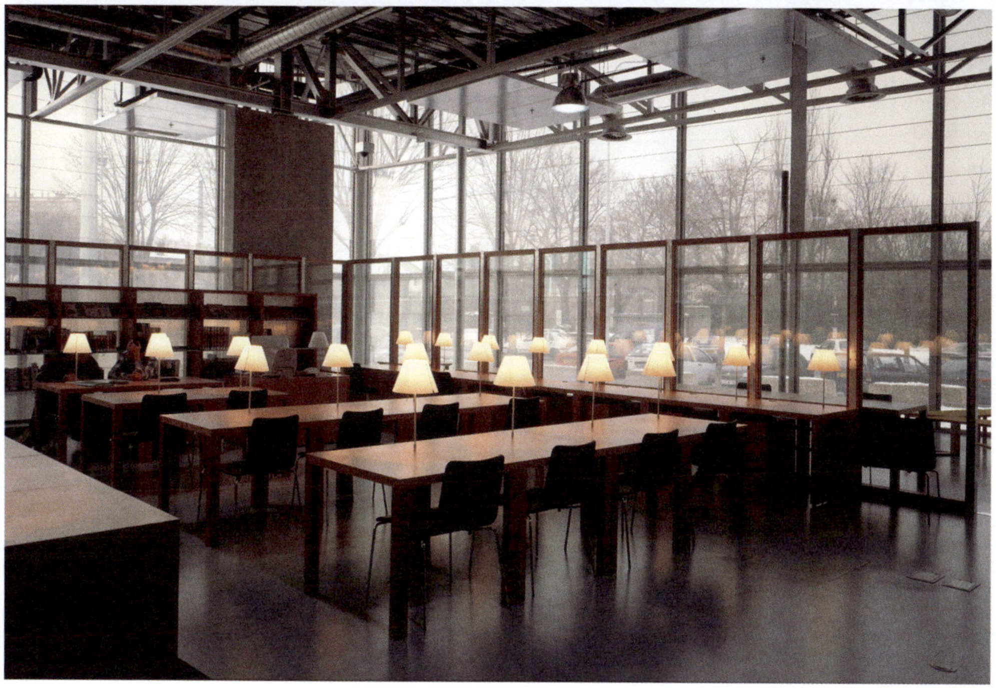

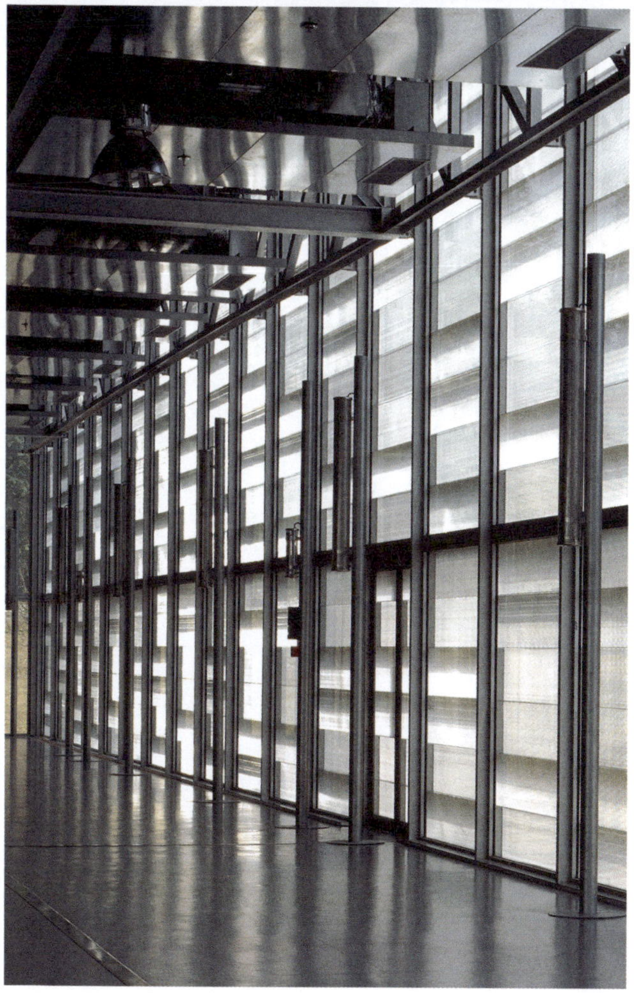

MUSÉE DE SANDNES
SANDNES MUSEUM

SANDNES, VESTLANDET, NORVÈGE, *NORWAY,* 2004

Client: Sandnes Museum
Concours international sur invitation, non réalisé
Programme: musée des sciences, de la construction, de l'industrie et de l'artisanat: salles d'exposition (3000 m²), planétarium, ateliers, salle de conférence, salles de réunion, réserve d'œuvres, bibliothèque, administration, commerces, restaurant et café, parking souterrain; réhabilitation d'un ancien moulin sur le site
Surface construite: 10 800 m²; surface du site: 5 500 m²

Client: *Sandnes Museum*
International invitation to tender, not built
Program: museum of science, construction, industry and craftsmanship: exhibition galleries (3,000 m²), planetarium, workshops, lecture hall, meeting rooms, reserve for artworks, library, administration, shops, restaurant and café, underground parking garage; rehabilitation of a former mill
Built area: 10,800 m²; plot area: 5,500 m²

Pour le concours du Sandnes Museum, Dominique Perrault choisit de présenter une architecture dont la forme et la matière évoquent autant la massivité du minéral que la brillance du cristal. Décalant les codes de représentation institutionnelle et monumentale, le projet s'affiche comme un volume énigmatique et sculptural qui affirme d'emblée la consistance de sa matérialité.
Sa géométrie prismatique semble avoir pour but d'accentuer l'effet tactile et visuel de la surface polie de son enveloppe – un parement d'acier inoxydable et de verre –, dont les reflets renvoient la lumière et les silhouettes des bâtiments alentour. L'implantation de l'édifice étant largement déterminée par la configuration en S de la parcelle, la stratégie adoptée par Perrault sera de décoller le bâtiment des immeubles voisins, renforçant de ce fait l'autonomie de la construction.
En plan, le pivot principal du bâtiment se trouve côté rue, autour de son angle saillant, lequel assure le rôle d'atrium et organise les accès vers les différentes fonctions du musée (auditorium, salle de classe, bibliothèque). Les salles d'exposition permanente sont situées au rez-de-chaussée, en léger contrebas du hall d'entrée. Les salles dévolues aux expositions temporaires sont situées aux deux niveaux supérieurs et sont reliées visuellement entre elles par le vide de l'atrium. Ce dernier permet l'aménagement d'une promenade verticale qui conduit jusqu'au dernier étage, occupé par un café surplombant le fjord qui se referme dans le centre-ville.

For the Sandnes Museum competition, Dominique Perrault chose to develop architecture that evokes the mineral mass, density and brilliance of a crystal in its form and materials. Here, the architect pushes against established institutional and monumental codes of representation to design a project that comes across as an enigmatic and sculptural volume, one whose consistency and materiality are immediately apparent.
The building's prism-shaped geometry seems intended to highlight the tactile and visual effect of the envelope's polished surface, faced in stainless steel and glass. The reflections of the façade throw light and shadows onto neighboring buildings. The position of the edifice is mainly determined by the S configuration of the plot. Thus, Perrault adopted a strategy of detaching the structure from surrounding buildings to emphasize its independence.
In terms of the plan, the building's hinge is on the street side, around its protruding angle, which forms an atrium and organizes access to the museum's various functions (auditorium, classroom and library). The galleries of the permanent collection are located on the ground floor, slightly lower than the entry hall. Temporary exhibitions galleries are distributed on the two upper floors with the void of the atrium visually linking them. The atrium opens the possibility of creating a vertical promenade that leads to the top floor, occupied by a café overlooking the fjord that comes right into the heart of the city.

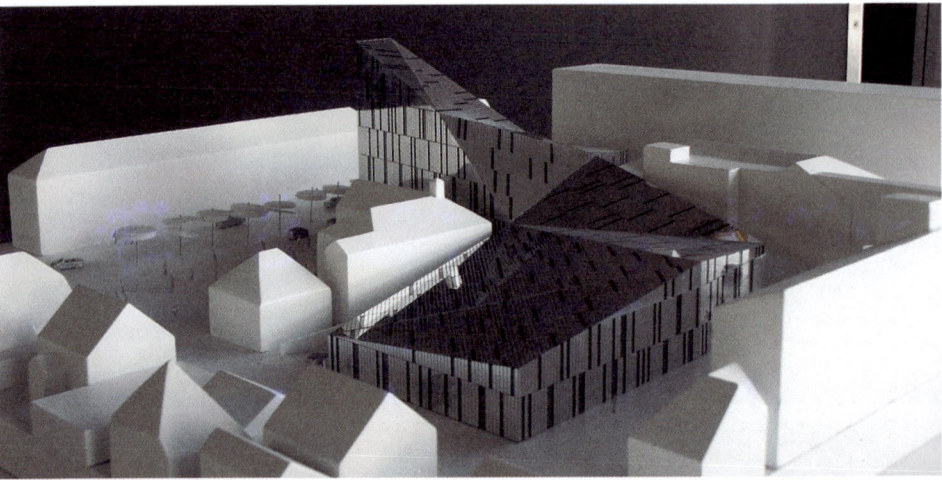

COUVENT DOMINICAIN SAINTE-MARIE-DE-PROUILHE
SAINTE-MARIE-DE-PROUILHE DOMINICAN CONVENT

FANJEAUX, LANGUEDOC-ROUSSILLON, FRANCE, 2004

Client: communauté des sœurs dominicaines de Prouilhe
Concours international, projet lauréat, non réalisé
Bureaux d'étude: OTH Sud-Ouest (structure et fluides), Changement à Vue (scénographie), Jean-Paul Lamoureux (acoustique et éclairage), Michel Desvigne (paysagiste), Cabinet Ripeau (économie), père Christian Lancrey-Javal (liturgie)
Programme: réaménagement global de la basilique pour son huitième centenaire, célébré en 2006: parvis, espaces muséographiques, commerces, salles de séminaire et de réunion, parkings, restauration; aménagement du lieu de culte pour accueillir des publics allant de la communauté seule à une assemblée de 250 à 1 500 personnes minimum

Client: community of Dominican sisters of Prouilhe
International competition, winning entry, not built
Consultants: OTH Sud-Ouest (structure an fluids), Changement à Vue (scenography), Jean-Paul Lamoureux (acoustics and lighting), Michel Desvigne (landscape architect), Cabinet Ripeau (economy), father Christian Lancrey-Javal (liturgy)
Program: complete redevelopment of the basilica for its eighth centennial, celebrated in 2006: forecourt, museographic spaces, shops, seminar and meeting rooms, parking areas, food services; organization of area of worship to receive the community alone and larger public groups of 250 to 1,500 persons minimum

Le projet imaginé pour la basilique de Prouilhe s'articule autour de deux interventions majeures: l'aménagement du parvis et la conception d'une nouvelle chapelle au centre de l'édifice. À l'extérieur, le traitement unifié du sol rehausse la puissance presque magnétique du monastère, vers lequel l'œil du visiteur est conduit dès l'entrée du site. À l'intérieur, un espace autonome, en forme de conque, est installé pour répondre aux exigences modernes de la liturgie. La modularité de cet ensemble, qui peut s'ouvrir ou rester fermé, offre la possibilité de recréer différents types de volume en fonction des besoins: soit des espaces protégés et accueillants, adaptés aux offices de la communauté des moniales, soit des espaces plus ouverts, destinés à recevoir les pèlerins et les fidèles lors de la messe du dimanche. Elle permet en outre de partitionner la basilique, en mettant en relief la diversité des lieux de prière.

Cette structure flexible établit un véritable dialogue avec le sanctuaire chargé d'histoire qui l'héberge: la puissance constructive de l'architecture de pierre vient s'opposer à la légère construction de bois; les petits percements dans les parois de la chapelle répondent aux grandes fenêtres du bâtiment ancien; la monumentalité de l'enveloppe de pierre grise s'adoucit au contact des teintes chaudes de la conque.

The project imagined for the basilica of Prouilhe hinges on two major interventions, the development of its forecourt and a design for a new chapel at the center of the edifice. Outside, the uniform treatment of the forecourt ground enhances the almost magnetic power of the convent, which captures the attention of visitors from the moment they arrive at the site. Inside, the independent space of the chapel, in the shape of a conch, is arranged to meet requirements of the modern liturgy. The modularity of this ensemble, which can be opened or left closed, offers the possibility of creating spaces of varying volume according to need. These include protected and welcoming spaces, adapted to the separate services held by the community of sisters, or more open spaces for receiving pilgrims and regular worshipers for Sunday mass. The structure also provides the possibility of partitioning the basilica while increasing the diversity of areas dedicated to prayer.

The flexibility of the chapel's structure establishes a dialog with the historic sanctuary that houses it. The constructive power of the basilica's stone architecture contrasts with the chapel's light construction in wood. The small apertures in the walls of the chapel are in counterpoint to the immense windows of the original building. The monumentality of the grey stone envelope is softened by the contact with the warm tones of the conch.

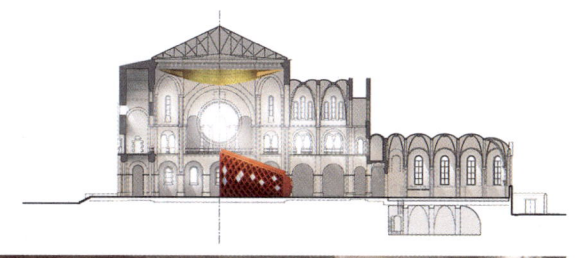

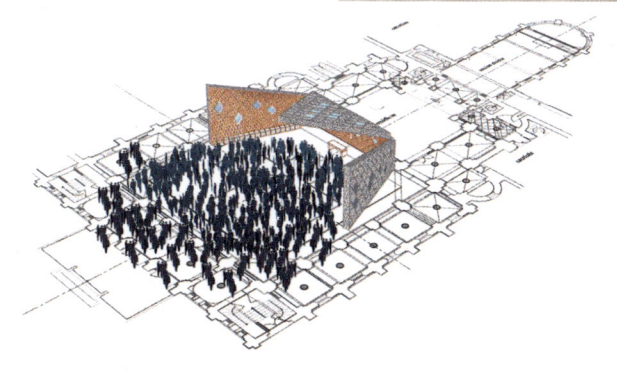

FAÇADE-ENVELOPPE DE L'ÎLE SEGUIN
ENVELOPE-FAÇADE OF THE ÎLE SEGUIN

BOULOGNE-BILLANCOURT, ÎLE-DE-FRANCE, FRANCE, 2004

Client: SAEM Val-de-Seine Aménagement
Étude de définition, non réalisé
Bureaux d'étude: Coyne & Bellier (structure), Claude Ripeau (économie), Jean-Paul Lamoureux (acoustique et éclairage)
Avec la collaboration de Daniel Buren
Programme: renouveler l'image globale de l'île Seguin en proposant une réinterprétation contemporaine de la façade existante réalisée après 1945 par l'architecte Albert Laprade
Longueur de la façade: 1 400 m (960 m de bâtiment, 440 m d'espace public); surface du site : 12,3 ha

Client: *SAEM Val-de-Seine Aménagement*
Definition study, not realized
Consultants: *Coyne & Bellier (structure), Claude Ripeau (economy), Jean-Paul Lamoureux (acoustics and lighting)*
With the collaboration of Daniel Buren
Program: *renew the overall image of the Île Seguin by proposing a contemporary reinterpretation of the existing façade, built after 1945 by architect Albert Laprade*
Façade length: *1,400 m (960 m of built areas, 440 m of public space); plot area: 12.3 ha*

Engagé officiellement en juin 2002 par la ville de Boulogne-Billancourt, le projet urbain de requalification de l'île Seguin s'inscrit dans un territoire historiquement façonné par l'implantation des usines Renault. Si la forme de l'île (la compacité de son bâti et de son enceinte en surplomb de la Seine) doit être modifiée en profondeur pour accueillir les programmes résidentiels et culturels projetés – la fondation Pinault devait s'y implanter –, le concours d'aménagement de ses rives invite les architectes à une démarche fondée sur la mémoire collective du lieu autant que sur l'identité industrielle de son urbanisme.

Dans cette double perspective, Dominique Perrault et Daniel Buren proposent de construire un ruban de maille métallique sur tout le périmètre de l'île. Alors que la matérialité de ce drapé transfigure la perception du lieu, son envergure (1 400 m de façade pour 11 m de hauteur), son calepinage, ainsi que la géométrie des percements renvoient au dessin de l'ancienne ceinture de l'usine. La résille délimite le contour de l'île et crée une variété d'interactions visuelles entre ses berges et les rives opposées. Ponctuellement, elle se redresse, s'enroule et laisse des belvédères la traverser.

Quant à la promenade, elle se divise en deux. Côté nord (vers Boulogne), l'effet d'optique produit par l'enveloppe est renforcé par des projections sur le tissu métallique qui fait office d'écran. Côté sud, une laie sur deux est soulevée et permet de réaliser un vélum, abritant la promenade. Douze fontaines événementielles – « des jeux d'eau extravagants », pour reprendre les termes de l'agence –, rythment la progression du visiteur et accentuent la dimension tactile du lien l'unissant à ce lieu.

The urban renewal project for the Île Seguin, officially launched in June 2002 by the city of Boulogne-Billancourt, involves a site that has been shaped over time by the presence of the automobile manufacturing plant Renault built there. Virtually the entire surface of the island is covered by compact structures built right up to the edge of the Seine. This ensemble requires a complete overhaul to make room for the residential and cultural programs planned for the site (the Pinault Foundation initially planned to open here). Nevertheless, the competition for the project to rework the façade along the river banks invited architects to give as much weight to its industrial identity in the collective memory as the new urban development requirements in their approach to the site.

With this double perspective in mind, Dominique Perrault and Daniel Buren proposed to build a ribbon of metallic mesh along the entire perimeter of island. Although the material quality of this wrapping transfigures one's perception of the place, its scale (1,400-meter façade with a height of 11 m), its short specs and the geometry of its openings recall the outline of the original façade encircling the former factory. This netting follows the contour of the island and creates a variety of visual interactions between its banks and the banks on the opposite sides of the river. In spots, it rises and rolls back to allow the belvederes to pass through it.

The promenade is divided in two parts. On the North side (facing Boulogne), the optical effect produced by the envelope is enhanced by projections onto the metallic fabric, which serves as a screen. On the south side, every other kevel is slightly raised to support a translucent covering designed to shelter the promenade. Twelve "events" fountains – "extravagant jets of water", in the words of the firm – regulate visitors' progress along the promenade and accentuate the tactile dimension of the link connecting them with this place.

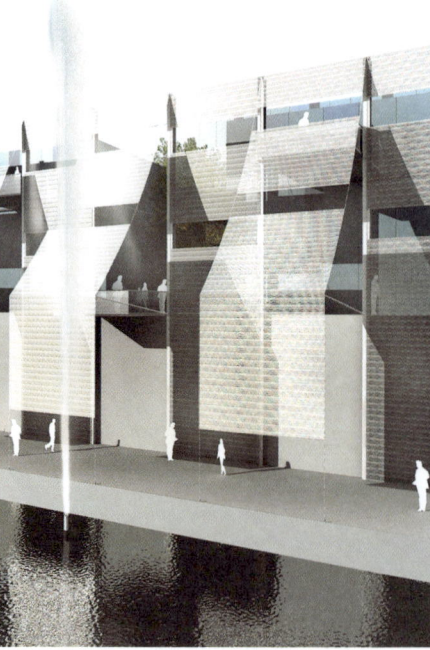

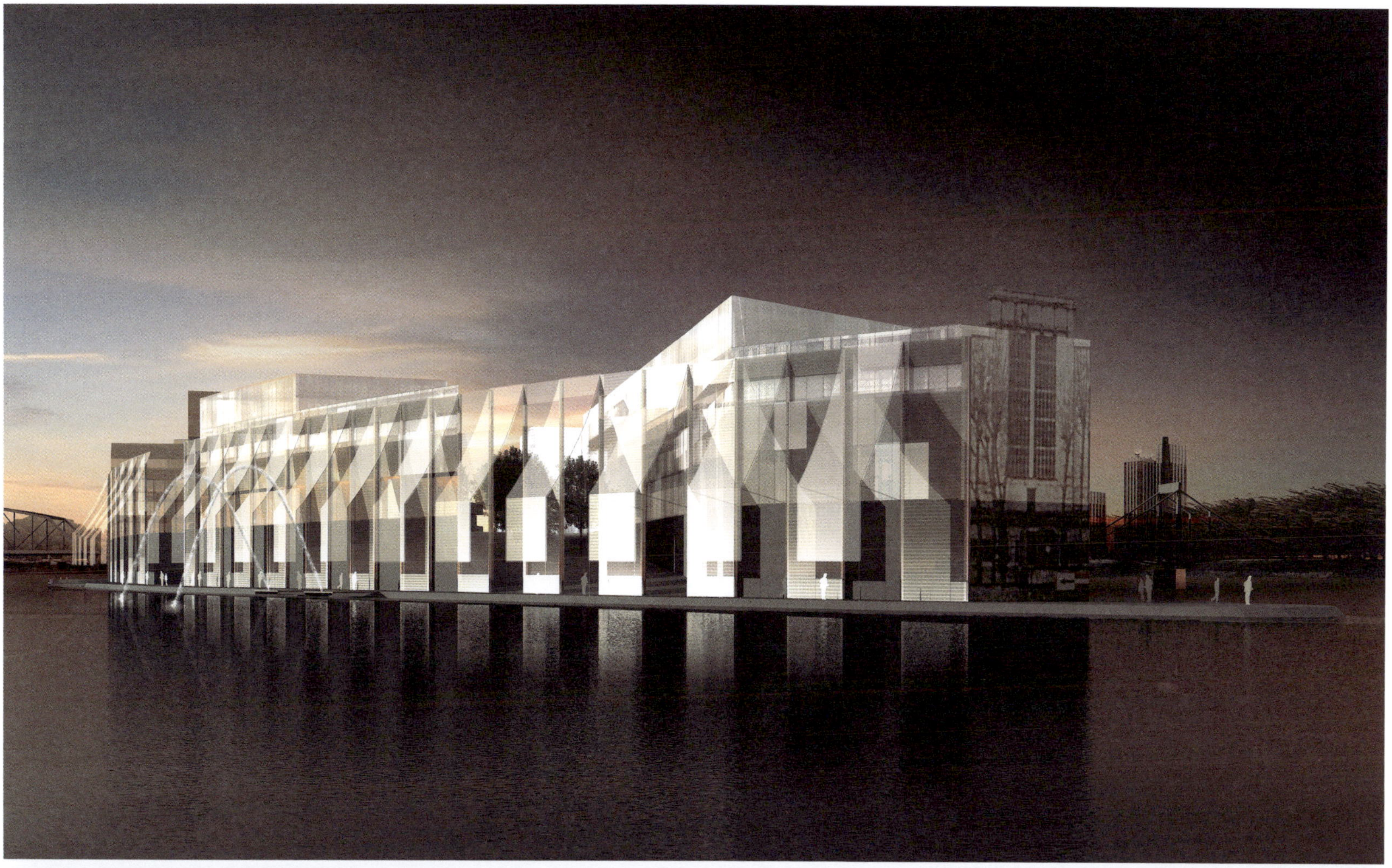

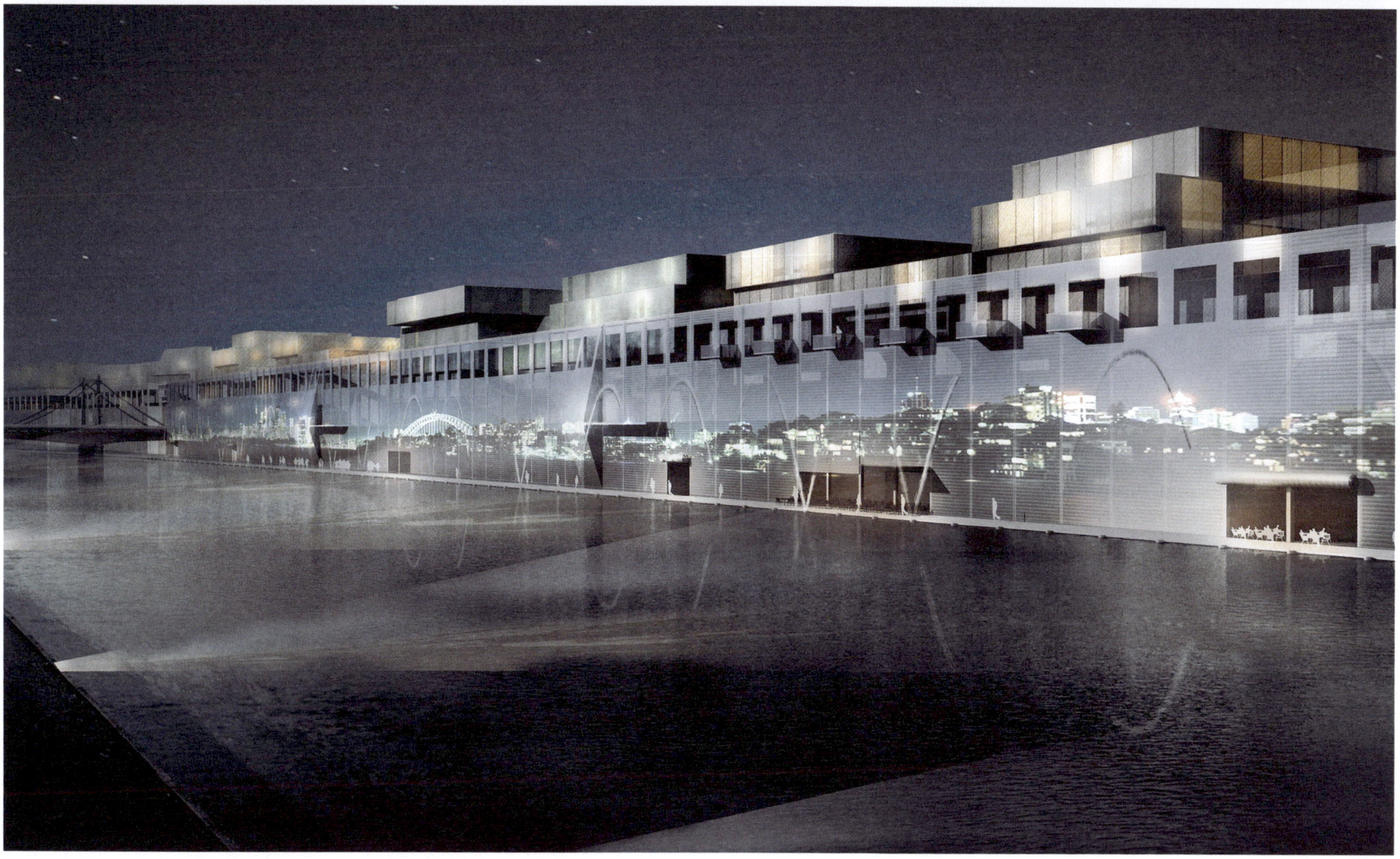

BANQUE SLOVENSKÁ SPORITEĽŇA
SLOVENSKÁ SPORITEĽŇA BANK

BRATISLAVA, SLOVAQUIE, *SLOVAKIA,* **2005**

Client: Slovenská Sporiteľňa
Concours international sur invitation, non réalisé
Bureau d'études: Bollinger & Grohmann (structure)
Programme: bureaux et siège social de la banque Slovenská Sporiteľňa, salles de formation, chambre forte, département des archives, accueil téléphonique, espace technique, lieu de stockage, restaurant, parkings
Surface construite: 28 950 m² ; surface du site : 13 000 m²

Client: *Slovenská Sporiteľňa*
International invitation to tender, not built
Consultants: *Bollinger & Grohmann (structure)*
Program: *offices and headquarters of Slovenská Sporiteľňa Bank, training rooms, vault, archives department, telephone receptionist banks, technical areas, storage areas, restaurant, parking garages*
Built area: *28,950 m²; plot area: 13,000 m²*

Le bâtiment de la banque Slovenská Sporiteľňa établit un dialogue permanent avec les structures urbaines et paysagères qui caractérisent le lieu. Les éléments significatifs du site (le lac, deux immeubles de grande hauteur et le panorama offert par la montagne) sont mis en valeur et réinterprétés pour donner forme à une construction hybride. Situé à l'angle de deux rues, la banque adopte une configuration en L et, tout en laissant le paysage empiéter sur ses parois, propose de nouvelles perspectives sur le lac.
Au centre du projet, une piazza, à la fois lieu de réception, d'information et de repos, est aménagée. Cet espace public s'implante sur une topographie entièrement redessinée qui se prolonge dans les façades légèrement inclinées du bâtiment, une dynamique rappelant les mouvements induits par le relief des montagnes. Dans le même ordre d'idée, les scintillements du plan d'eau réapparaissent dans les reflets de la composition vitrée qui enclot cette volumétrie complexe, renforçant ainsi l'homogénéité d'un édifice qui, dès lors, confond extérieur et intérieur, être et apparence, désir et réalité.
L'ambiguïté des relations de cause à effet entre l'architecture et son contexte s'impose ici comme le fondement d'une pratique qui cherche à entremêler les perceptions et les usages.

The Slovenská Sporiteľňa Bank building establishes a permanent dialogue with the urban structures and landscapes that characterize its area. The main features of the site (a lake, two skyscrapers and a panoramic view of the mountain) are highlighted and reinterpreted to give form to a hybrid construction. Situated on the corner of two intersecting streets, the bank is in an L-shaped configuration and, while allowing the landscape to encroach upon its walls, opens up new perspectives on the lake.
A piazza in the center of the project provides a reception, information and rest area. This public space lies on an entirely redesigned topography that extends into the building's slightly sloping façades – a dynamic recalling the movement induced by a mountain relief. In a similar vein, the glistening surface of the lake reflects in the glass composition enclosing this complex volumetry, strengthening the homogeneity of the edifice and blurring the frontier between exterior and interior, being and appearance, desire and reality.
Here, the ambiguity of cause and effect relationships between the architecture and its context manifests the foundations of a practice that seeks to blend perceptions and uses.

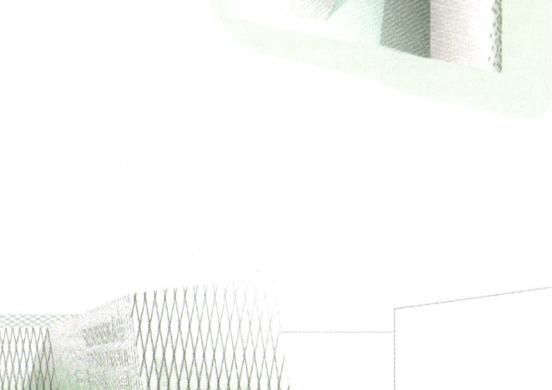

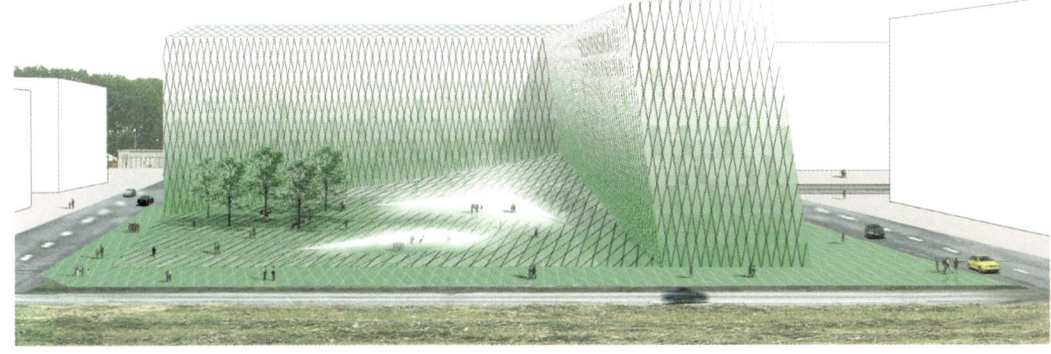

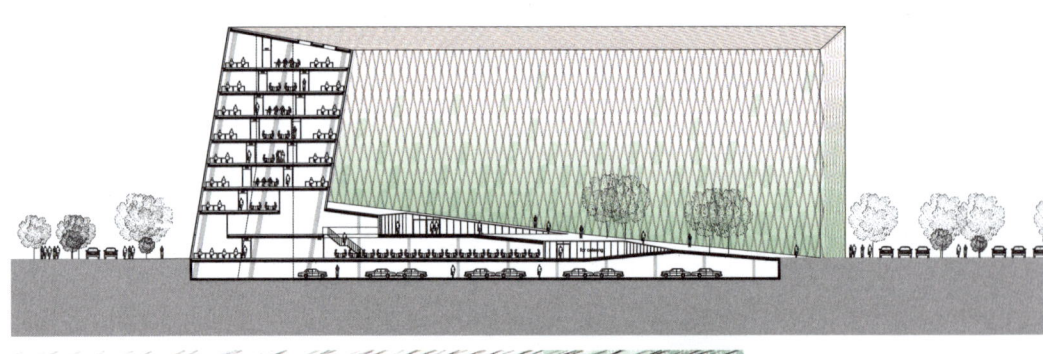

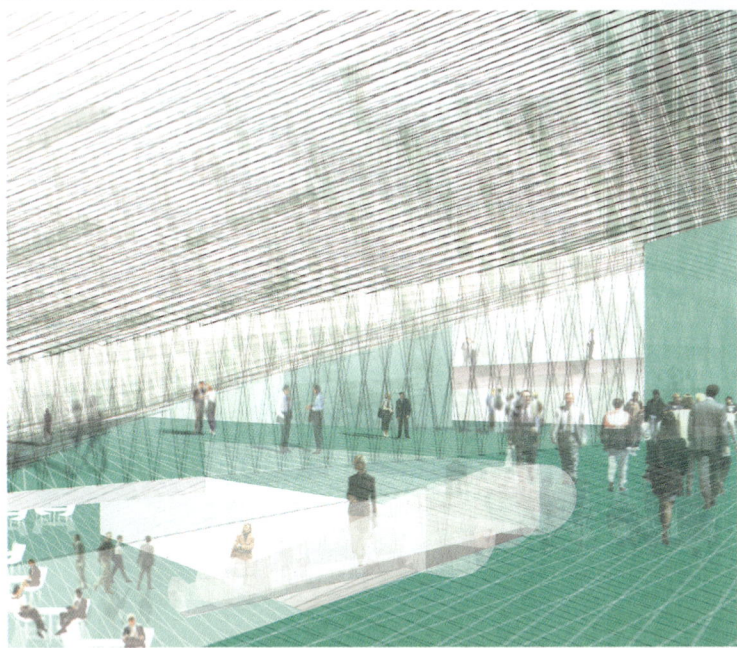

STADE JEAN-BOUIN
JEAN-BOUIN STADIUM

PARIS, FRANCE, 2007

Client: ville de Paris
Concours international, non réalisé
Bureaux d'étude: Bollinger + Grohmann (structure), Inex (fluides), Jean-Paul Lamoureux (éclairage et acoustique), Bio Intelligence Service (HQE)
Programme: stade de rugby et services au public associés, espaces pour les joueurs, espaces privatifs, siège du Stade Français, commerces, bureaux
Surface construite: 38 000 m² ; surface du site : 55 000 m²

Client: city of Paris
International competition, not built
Consultants: Bollinger + Grohmann (structure), Inex (fluids), Jean-Paul Lamoureux (lighting and acoustics), Bio Intelligence Service (HQE)
Program: rugby stadium and associated public services, spaces reserved for players, private spaces, headquarters of Stade Français, shops, offices
Built area: 38,000 m²; plot area: 55,000 m²

Le concours pour la transformation du stade Jean-Bouin à Paris repose sur un programme de restructuration du complexe existant. Afin de pouvoir accueillir des compétitions internationales, l'objectif est de moderniser la construction actuelle, en y apposant une couverture, en agrandissant les gradins, et en installant des commerces et des bureaux.
Le parti architectural choisi par Dominique Perrault consiste d'une part à réaliser sur toute la surface du site un socle dans lequel sont implantés les locaux techniques, les bureaux et les commerces. La couverture de ce soubassement forme un parvis, accessible depuis la rue par une rampe et permettant aux spectateurs du stade de rejoindre aisément les quatre tribunes. D'autre part, l'extension des gradins est enveloppée par une coque monumentale que Perrault compare à un bouclier. Sa géométrie unitaire est déterminée par les contraintes d'insertion dans l'environnement urbain, autant que par la double nécessité d'assurer le confort des 20 000 spectateurs et de contenir le bruit généré par la foule. À l'échelle du piéton, on ne perçoit tout d'abord que la façade du socle qui est déroulée comme un long ruban en verre sérigraphié. La présence massive du stade à proprement parler semble alors surgir au-dessus de ce ruban. Enfin, le mouvement organique de la toiture dialogue avec la forme puissante de son voisin le Parc des Princes, tout en s'harmonisant parfaitement avec les immeubles du quartier.

The competition to select the design for the transformation of the Jean-Bouin stadium in Paris is based on a program involving an overhaul the existing complex's structure. The goal is to modernize the current facility and enable it to host international competitions by endowing it with a roof, enlarging the stands and installing shops and offices.
The approach chosen by Dominique Perrault consists of two main elements. First, he builds a platform over the entire area of the site into which technical areas, offices and shops are placed. The covering of this base forms a forecourt, accessible from the street by a ramp, and it also enables stadium spectators to easily reach the stands. The second major element is the extension of the stands, which is enveloped by a monumental shell that Perrault compares to a shield. Its unified geometry is determined as much by constraints related to the structures insertion into its urban environment, as by the double requirement of ensuring the comfort of 20,000 spectators and containing the noise generated by the crowd. On the pedestrian scale, passersby only perceive the façade of the platform, which unfolds like a long ribbon of silk-screened glass. The stadium's massive presence seems to surge up from this ribbon. Finally, the organic movement of the roof dialogs with the powerful form of its neighbor, the Parc des Princes, while maintaining perfect harmony with the other buildings in the neighborhood.

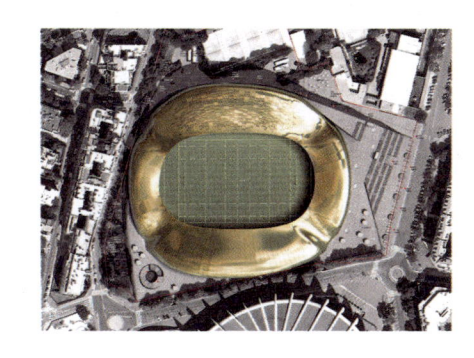

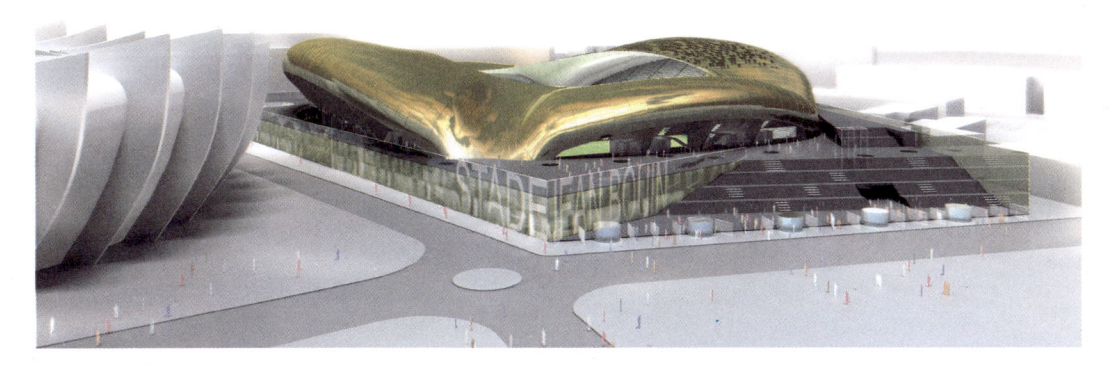

TABLES
TABLES

PALAIS EUROPÉEN DES DROITS DE L'HOMME, STRASBOURG, FRANCE, 1989

WIILHELMGALERIE, BERLIN, ALLEMAGNE, 1993

SALZBURGER SPARKASSE, SALZBOURG, AUTRICHE, 1994

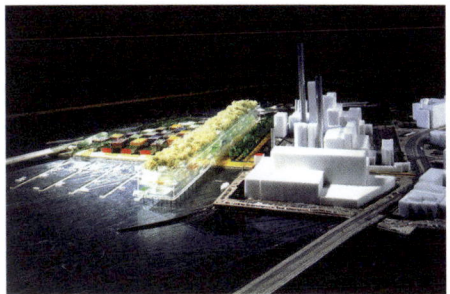

CENTRE DES CONGRÈS, GRAZ, AUTRICHE, 1999

MASTERPLAN SALISAARI RUHOLAHTI, HELSINKI, FINLANDE, 2000

QUARTIER DE L'ANCIEN PALACE, LUGANO, SUISSE, 2000

CAMPUS STIC, SOPHIA ANTIPOLIS, FRANCE, 2004

CENTRE DES CONGRÈS, ZURICH, SUISSE, 2005

ENGADIN AIRPORT, SAINT MAURITZ, SUISSE, 2006

THE SKY SPACE, AROS, AARHUS, DANEMARK, 2006

SIÈGE DE LA RADIO ET DE LA TÉLÉVISION DANOISES
DANISH RADIO AND TELEVISION HEADQUARTERS

COPENHAGUE, HOVEDSTADEN, DANEMARK, *COPENHAGEN, HOVEDSTADEN, DENMARK,* 2000

Client: Danmarks Radio
Concours international sur invitation (2ᵉ prix), non réalisé
Bureaux d'étude: COWI, Kongens Lyngby (ingénierie, environnement et économie),
Jean-Paul Lamoureux (éclairage et acoustique)
Programme: siège de la radio et de la télévision danoises, hôtel, bureaux, commerces, restaurants et jardins
Surface construite: 57 500 m² ; surface du site : 32 000 m²

Client: Danmarks Radio
International invitation to tender (2nd place), not built
Technical partners: COWI, Kongens Lyngby (engineering, environment and economy),
Jean-Paul Lamoureux (lighting and acoustics)
Program: headquarters of Danish Radio and Television, hotel, offices, shops, restaurants and gardens
Built area: 57,500 m²; plot area: 32,000 m²

En 1999, la Danmarks Radio lance un vaste projet visant au rassemblement de ses douze sites dans un seul et même lieu. Dominique Perrault est invité au concours organisé en 2000 pour l'élaboration d'un plan d'ensemble de ce qui constituera un quartier à part entière. Situé dans un espace intermédiaire associant deux structures urbaines très différentes, le siège de la Danmarks Radio devra afficher sa singularité, tout en s'harmonisant avec les alentours.
La proposition de Dominique Perrault, qui reçoit le 2ᵉ prix au concours, a pour ambition de permettre au bâti de « créer son propre environnement ». En référence au land art et au minimalisme, l'architecte songe à réaliser une table, à la fois « d'hôtes » et « de mixage », qui soit au service des « architectures invitées » et rende possible une expansion par phases sans morcellement de l'ensemble.
Loin de la dalle que l'on pourrait imaginer, cette table, sorte de caisson soutenu par des poteaux, semble flotter au-dessus d'un vaste bassin traversé par des chemins piétonniers. Elle laisse ainsi le regard se déployer librement. Ses façades, entièrement habillées de verre, jouent avec le paysage et avec la lumière, le dessous de la table faisant miroiter les reflets de l'eau.
L'agence préconise, pour chaque segment architectural, l'utilisation du verre sous toutes ses formes, afin de garantir l'unité de l'ensemble sans restreindre pour autant la gamme des constructions envisageables.

In 1999, Danmarks Radio launched a vast project with the aim of concentrating its twelve separate sites in a single place. Dominique Perrault was invited to participate in the competition held in 2000 for developing an overall plan for what evolved into an entire neighborhood. Situated in an intermediate space linking two very different types of urban structure, the headquarters of Danmarks Radio had to assert its singularity, while harmoniously fitting in with its surroundings.
Dominique Perrault's proposal, which won the prize for 2nd place, was intended to enable the building to "create its own environment". Making reference to land art and minimalism, the architect envisaged building a table. This structure had a two-fold purpose: functioning as a table to receive guests and as a "mixing table", made available to the "invited architectures" and making it possible to implement the development plan in phases to avoid fragmentation of the whole.
One might imagine a sort of giant slab. But this table is far from that idea. A sort of case on poles, it seems to float over a vast basin crisscrossed by pedestrian pathways, leaving the space open for the visitor's gaze to wander freely. Its façades, entirely clad in glass, set up a screen for the interplay of reflections of the landscape and light, with the underside of the table mirroring watery reflections from the basin. The firm's proposal recommends utilization of glass in all its forms for every architectural segment of the plan to ensure the unity of the ensemble without restricting the range of possible buildings.

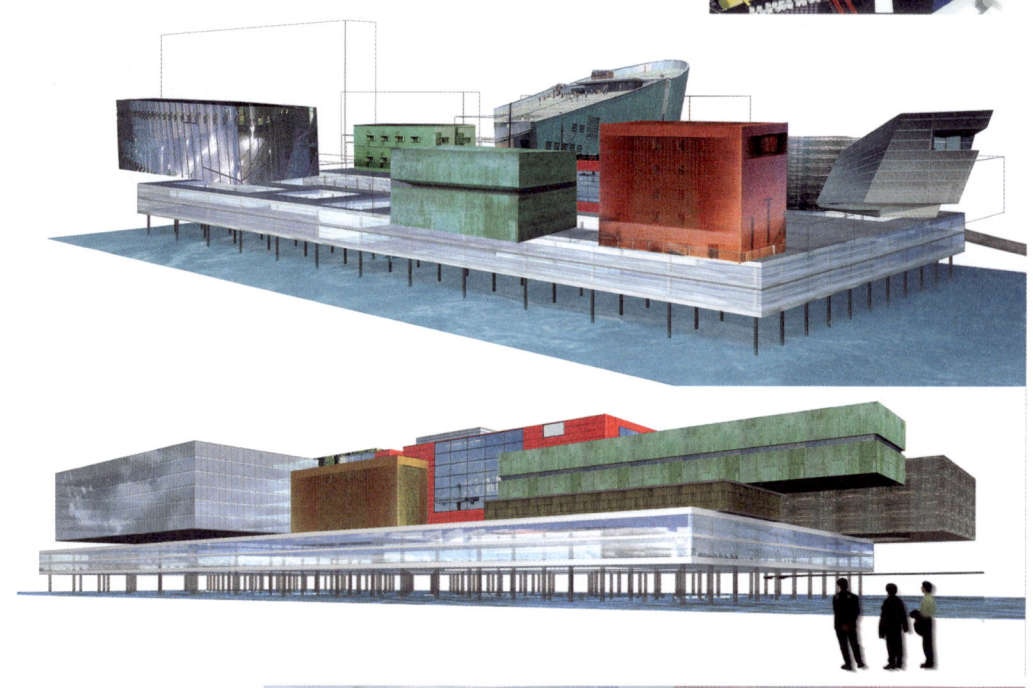

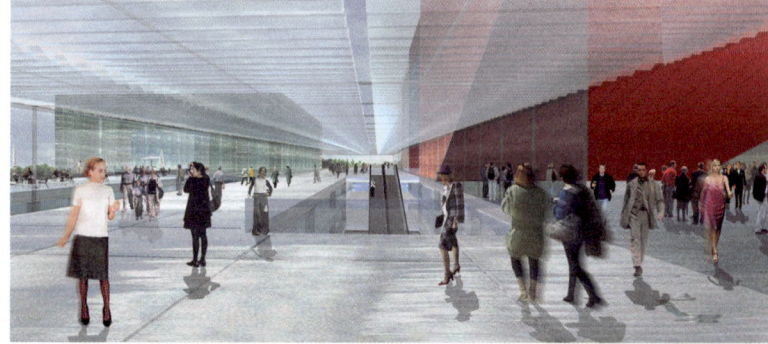

CENTRE DE CONFÉRENCE BARILLA
BARILLA CONFERENCE CENTER

PARME, ÉMILIE-ROMAGNE, ITALIE, *PARMA, EMILIA-ROMAGNA, ITALY,* 2003

Client: Barilla Alimentare Sp.A.
Étude, sans suite
Programme : centre de conférence et de recherche, qualifiant l'image de l'entreprise Barilla ; aménagement paysager du site
Surface construite : 6 000 m² ; surface du site : 95,6 ha

Client: Barilla Alimentare Sp.A.
Study: no project forthcoming
Program: conference and research center, qualifying the image of the Barilla company landscape development of the site
Built surface: 6,000 m²; plot site: 95.6 ha

En 2003, la société agroalimentaire Barilla confie à Dominique Perrault le réaménagement de son site de production à Parme. Le programme comprend une zone paysagère de 64 ha, ainsi qu'un bâtiment d'environ 6 000 m² associant les services administratifs et un centre de conférence. D'un point de vue territorial, l'architecte propose de mettre en valeur l'identité du lieu en délimitant quatre bandes : la première réunit l'activité industrielle, la seconde accueille les bureaux de l'administration – c'est la bande principale –, la troisième est réservée au parking et la quatrième reste un terrain agricole.

Le projet à réaliser, baptisé « la table d'hôtes », est situé sur l'axe majeur du territoire de l'usine. Il doit constituer un signal, un nouveau centre géographique et créer un dialogue avec les édifices existants et la future minoterie. Son implantation à l'entrée du site favorise cette fonction identitaire : « Il regroupe, assemble, fédère autour de lui la diversité des bâtiments et des hommes de l'usine ; il crée une identité pour l'ensemble du groupe Barilla ; c'est un campanile moderne. » Formellement, le *Barilla-learning center* n'occupe pas le sol, c'est un belvédère, une terrasse qui semble comme en apesanteur. Posé sur quatre colonnes dans lesquelles sont réparties les circulations verticales, cette construction s'apparente à un entablement monumental. Fonctionnellement, il s'agit d'un plateau libre, dont l'aménagement peut évoluer selon les besoins et la culture de l'entreprise.

In 2003, Barilla, the food processing company, engaged Dominique Perrault to design a redevelopment plan for its production site in Parma. The program comprised a 64-hectar landscape, and a building of approximately 6,000 m² to house administrative services and a conference center. The architect, taking an overall approach to the site, proposed a plan to enhance its value as an identifying marker of the company. To achieve this, he devised a plan to organize the site into four bands. The first band groups industrial production, the second (main band) houses the administrative offices, the third is reserved for parking and the fourth is left as an agricultural zone.
The construction project, dubbed "la table d'hôtes" (sort of large family dining table for entertaining numerous guests who are served fine local cuisine), is located on the main axis crossing the factory site. It had to be a sign, a new geographic center, dialoging with existing buildings and a future flour mill. Its positioning at the entry to the site supports its role of identifying signal: "It groups, assembles and unites the diverse people and surrounding buildings of the factory; it creates an identifying symbol for the entire Barilla group and it is a modern-day campanile". The Barilla-learning center, its official name, does not rest on the ground. It is a belvedere, a floating terrace. The construction, placed atop four massive columns containing elevator shafts and stairwells, resembles a monumental entablature. It functions as an open platform that can be reorganized according to Barilla's evolving requirements and culture

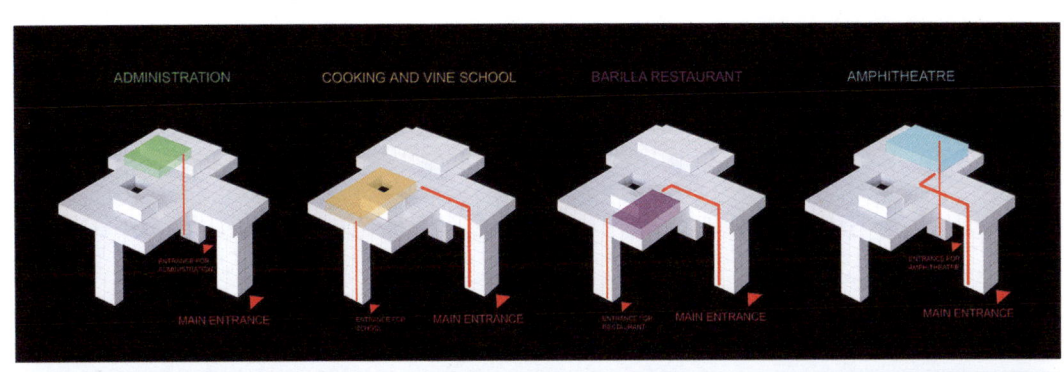

JARDIN BOTANIQUE DE PADOUE
PADUA BOTANIC GARDEN

PADOUE, VÉNÉTIE, ITALIE, *PADOUA, VENETO, ITALY,* 2005

Client: université de Padoue
Concours international, non réalisé
Bureaux d'étude: Buro Happold (structure), Patrick Blanc (botaniste), Marco de Michelis (historien d'architecture), Costanza Rampello (paysagiste), Arrdhor (horticulture)
Partenaire: Luca Bergo
Programme: développement et embellissement du jardin botanique de Padoue; construction d'un nouveau bâtiment accueillant une grande serre, un restaurant et des espaces d'exposition; aménagement de jardins
Surface construite: 3000 m²; surface du site : 21 960 m²

Client: *University of Padua*
International competition, not built
Consultants: *Buro Happold (structure), Patrick Blanc (botanist), Marco de Michelis (architectural historian), Costanza Rampello (landscape architect), Arrdhor (horticulture)*
Partner: *Luca Bergo*
Program: *development and embellishment of the Padua botanic gardens; construction a new building featuring a large greenhouse*
Built area: *3000 m²; plot area: 21,960 m²*

Le jardin botanique de l'université de Padoue, fondé en 1545 et inscrit au patrimoine mondial de l'Unesco depuis 1997, est le plus ancien jardin botanique existant.
En 2005, le concours lancé pour le revaloriser est articulé autour de deux axes : d'une part, la restauration du jardin lui-même, d'autre part, la construction d'une vaste serre. Dominique Perrault fait sienne la double contrainte du programme en insistant, dans sa proposition, sur la dialectique entre histoire et modernité. La réhabilitation et la mise en valeur du jardin botanique doivent s'inscrire dans la continuité du tracé historique des allées et des différents espaces, tout en respectant l'empreinte poétique du lieu.
En revanche, pour la construction du nouveau bâtiment, le choix effectué est celui de la modernité. Le contraste revendiqué avec le jardin ancien n'est toutefois pas synonyme de rupture : la forme rectangulaire de la serre est aussi pure que celle, circulaire, du jardin. Elle s'insère de façon harmonieuse à son environnement. Par ailleurs, son sol de marbre blanc s'adapte à la configuration accidentée du terrain, permettant ainsi au bâtiment de ne pas gêner les déambulations des promeneurs. En plus de la grande serre, le nouvel édifice comprend des espaces d'exposition et un restaurant. Dans ce « prisme transparent et vivant », les murs et les plafonds entièrement vitrés, presque immatériels, accentuent chez le visiteur l'impression de n'être toujours pas entré, d'être encore au beau milieu du jardin.

The University of Padua's botanic garden, founded in 1545 and a registered UNESCO World Heritage Site since 1997, is the world's oldest botanical garden in continuous existence in the same location.
In 2005, the competition held for the project to redevelop it involved two main concepts: restoration of the garden and the construction of a vast greenhouse. Dominique Perrault took on the double-constraint imposed by the program, emphasizing in his proposal the dialectic between history and modernity. The garden's rehabilitation and redevelopment must retain the historic layout of the allies and spaces, while respecting the poetic imprint of the place.
However, the new building would be resolutely modern. But this contrast with the ancient garden Perrault proposes is not synonymous with a rupture; the rectangular form of the greenhouse is as pure as the circular shape of the garden. It harmoniously fits in with its environment. Moreover, its marble floor adapts to the irregular configuration of the terrain, thereby enabling the building to avoid impeding the movements of strollers. In addition to the large greenhouse, the new structure includes exhibition spaces and a restaurant. In this living and transparent prism," the almost immaterial walls and ceilings entirely in glass accentuate the visitor's impression of still being outside in the middle the beautiful garden.

PALAIS DES SPORTS DE ROUEN
ROUEN SPORTS PALACE

ROUEN, HAUTE-NORMANDIE, FRANCE, 2006-2010
(en cours d'étude / *under study*)

Client: Communauté de l'Agglomération Rouennaise
Concours, projet lauréat
Bureaux d'étude: Perrault Projets (ingénierie architecturale), Khephren Ingénierie (structures), Alto Ingénierie (fluides et HQE), Cabinet Ripeau (économie), Jean-Paul Lamoureux (acoustique et éclairage)
Programme: grande salle modulable de 3500 à 6000 places, seconde salle de 600 places, salle de musculation, espaces d'échauffement et vestiaires, bureaux, salle de presse, espace privatif
Surface construite: 13 500 m² ; surface du site : 31 500 m²

Client: *Communauté de l'Agglomération Rouennaise*
Competition, award-winning proposal
Consultants: *Perrault Projets (architectural engineering), Khephren Ingénierie (structures), Alto Ingénierie (fluids and HQE), Cabinet Ripeau (cost analysis), Jean-Paul Lamoureux (acoustics and lighting)*
Program: *large modulable hall of 3,500 to 6,000 seats, second hall of 600 seats, weightlifting room, warm-up areas and dressing rooms, offices, press area, private lounge*
Built area: *13,500 m² ; plot area: 31,500 m²*

Le projet du palais des sports de Rouen est abordé par Dominique Perrault comme s'il s'agissait de dessiner une nouvelle topographie. Ce concept, transversal dans le travail de l'architecte, trouve ici une expression radicale. Formellement, la construction se compose tout d'abord d'un vaste emmarchement monolithique et minéral, qui s'appuie sur un mail public reliant le centre TEOR à la Seine pour former un grand parvis. C'est par cet emmarchement, dont l'effet spectaculaire est accentué par la géométrie triangulaire de son plan, que se fait l'accès principal au centre sportif. Au cœur de l'édifice, les deux terrains de sport sont ceinturés par les gradins, créant ainsi deux arènes de 1 400 et 4 000 m². La coupe générale fait apparaître des espaces creusés dans ce socle, en périphérie desquels s'organise l'ensemble des fonctions techniques du centre sportif. La couverture du palais des sports utilise le même langage que le soubassement, à la différence près qu'elle se présente comme une « topographie inversée » pour reprendre l'expression de l'architecte. Sa géométrie et sa volumétrie sont symétriques à celles de l'emmarchement. L'effet architectural que produit la superposition de ces deux volumes est renforcé par le décollement de la couverture par rapport au soubassement, à tel point qu'elle semble flotter au-dessus de lui. Cette toiture constitue à la fois un repère à l'échelle de la ville et le signe distinctif d'un bâtiment que Perrault ne considère pas seulement comme un simple espace sportif, mais plutôt comme une « salle des fêtes, citoyenne et moderne », ayant vocation à accueillir tous les types de manifestation.

Dominique Perrault approached the project for the Rouen Sports Palace as a task of designing a new topography. This concept, one recurring throughout the architect's work, is radically expressed here. Formally, the construction is composed first and foremost of a vast, monolithic and mineral stepped platform, which borders a public mall that links the TEOR (Transport Est-Ouest Rouennais) station with the Seine and forms a broad forecourt. Access to the sports palace is achieved by this platform, whose spectacular visual effect is accentuated by the triangular geometry of its plan. Inside the building, the two playing courts are ringed by stands, thereby creating two arenas of 1,400 and 4,000 m² respectively. The general profile reveals hollow spaces in the structure's base, around which all the technical functions of the sports complex are organized.
The roof of the sports palace utilizes the same vocabulary as the platform, except that it appears as an "inverted topography", in the architect's description. Its geometry and volumetry are in symmetry with the stepped platform. The architectural effect produced by the superposition of these two volumes is enhanced by the detachment of the roof from the base, which seems to float above it. The roof creates both a landmark on the urban scale and the distinctive signature of a building that Perrault not only considers a sports complex, but more a "modern, civic center," with the role of hosting all sorts of events.

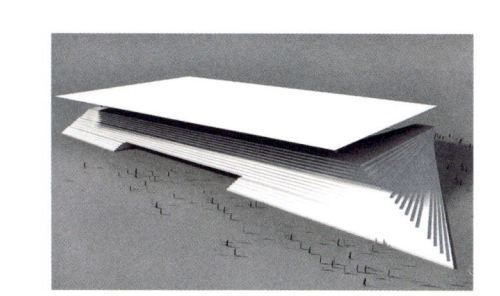

OPÉRA DE SÉOUL
SEOUL OPERA

SÉOUL, CORÉE DU SUD, *SEOUL, SOUTH KOREA,* 2006

Client: division de l'infrastructure culturelle de la ville de Séoul
Concours international sur invitation, non réalisé
Bureaux d'étude: B+G Ingenieure (structure), HL-PP Consult (fluides), Jean-Paul Lamoureux (acoustique et éclairage)
Architecte local: Mooyoung Architects and Engineers
Programme: théâtre de l'opéra (1 500 places) et salle de concert (2 000 places)
Surface construite: 54 657 m² ; surface du site : 52 400 m²

Client: cultural infrastructure division of the city of Seoul
International invitation to tender, not realized
Consultants: B+G Ingenieure (structure), HL-PP Consult (fluids), Jean-Paul Lamoureux (acoustics and lighting)
Local architect: Mooyoung Architects and Engineers
Program: opera house (1,500 seats) and concert hall (2,000 seats)
Built surface: 54,657 m² ; plot area: 52,400 m²

L'implantation de l'opéra de Séoul, en débord de la rive de l'île de No-Deul, n'est pas sans évoquer l'approche constructive développée pour le pavillon coréen typique, ou « jung-ja », qui considère l'architecture comme un intermédiaire symbolique entre terre et eau.
Sa situation, à l'extrémité de l'île, permet de libérer le sol et de créer un vaste parc public. Le bâtiment, qui accueille un opéra de 1 500 sièges et une salle de concert de 2 000 places, se compose de quatre volumes cubiques simples entablés sur une large plate-forme, elle-même construite sur pilotis. Cette organisation géométrique stricte est mise en tension par l'émergence en son centre de deux volumes verticaux. À chaque bloc correspond une fonction spécifique (opéra, salle de concert, services techniques, etc.). La hiérarchie définie par la disposition des différents espaces renvoie à la tradition des temples bouddhistes coréens, tradition réinterprétée par l'utilisation de nouveaux matériaux et par le redimensionnement à grande échelle de l'édifice.
Le cuivre, un des minéraux les plus purs, est utilisé comme teinte dominante pour les façades. La volumétrie élémentaire du projet est ainsi rendue visible par une unité de traitement. Seules des variations progressives de densité dans les perforations viennent animer cet empilement de monolithes. Le jour, la peau du bâtiment scintille en suivant les mouvements du soleil. La nuit, la lumière filtre à travers les parois depuis l'intérieur vers l'extérieur et offre à la ville l'image d'un joyau suspendu au-dessus de la rivière Han.

The location of the Seoul opera house, overhanging the banks of the Nodeul Island, is reminiscent of the layout of the typical Korean pavilion, or jung-ja, which envisages architecture as a symbolic intermediary between earth and water.
The structure's position at the tip of an island opens up a vast space for a public park. The building, which houses a 1,500-seat opera house and a 2000-seat concert hall, is composed of four simple cubic volumes laid out on a platform resting on stilts. Tension is created in the strict geometric organization through the emergence of two vertical volumes in its center. Each block has a specific function (opera, concert hall, technical services, etc.). The hierarchy defined by the layout of the different spaces echoes traditional Korean Buddhist temples, reinterpreted here through the utilization of new materials and the much larger scale of the edifice.
Copper, one of the purest materials, is the dominant tint of the façades. Thus, the elementary volumetry of the project becomes visible through the unity of its treatment. Graduated variations in the density of perforations enliven the façades of this stack of monoliths. In daylight, the building's skin shimmers under the passing sun above. At night, light filters through the walls from the inside towards the exterior and offers the city the image of a jewel suspended over the Han River.

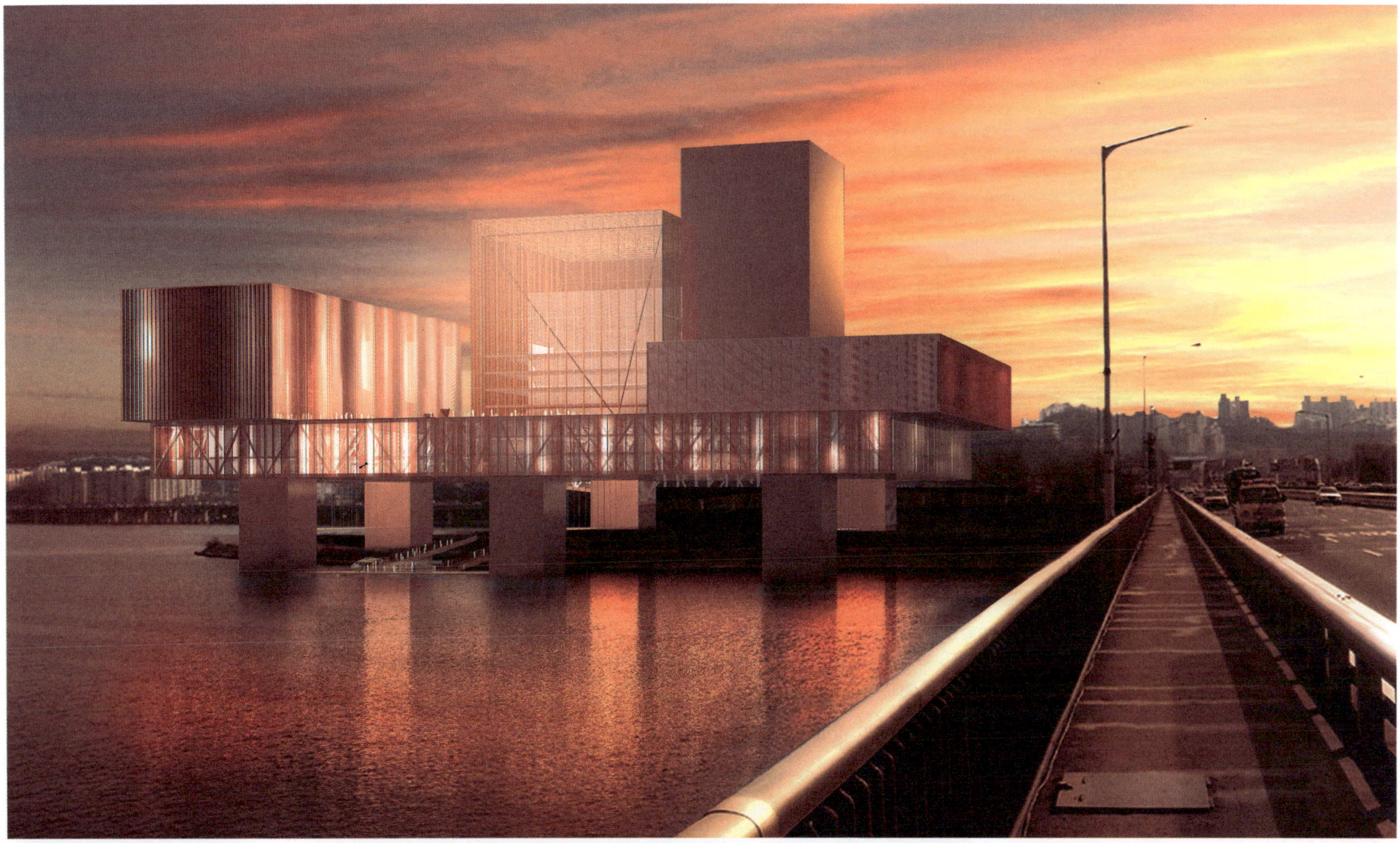

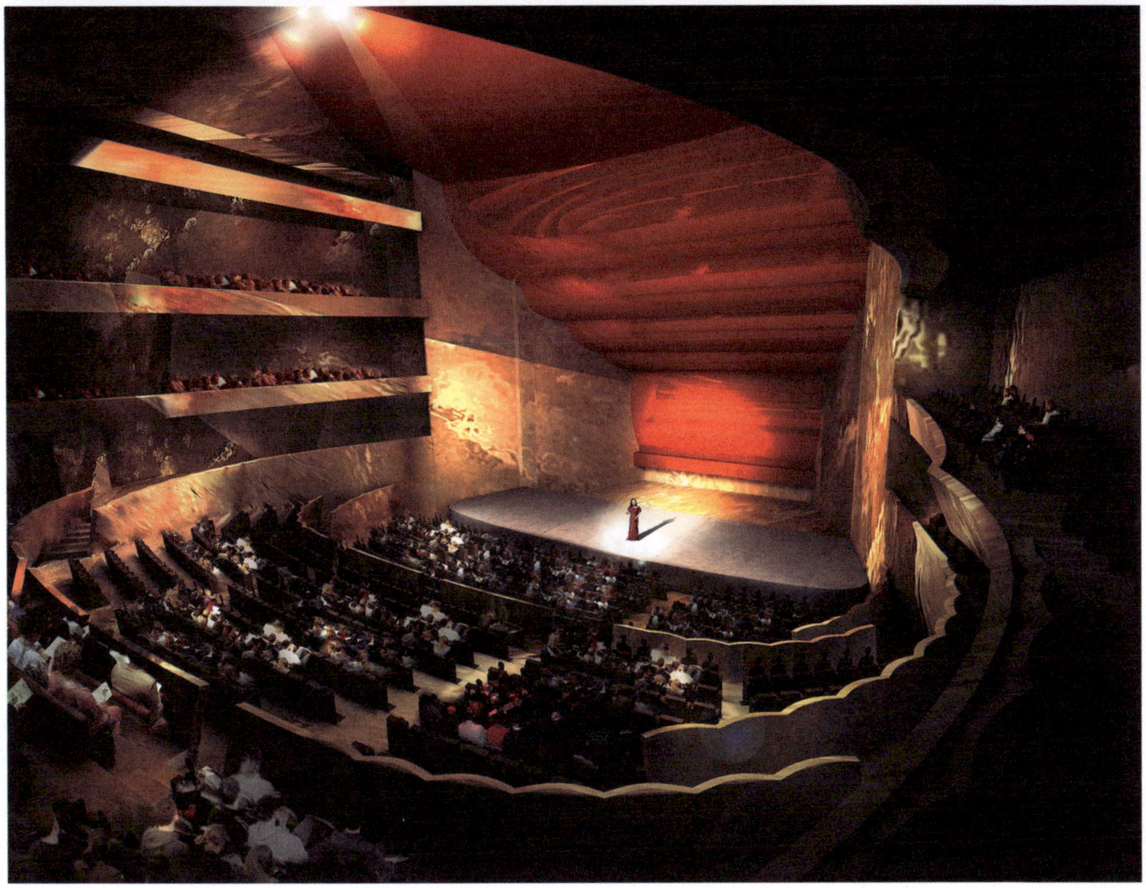

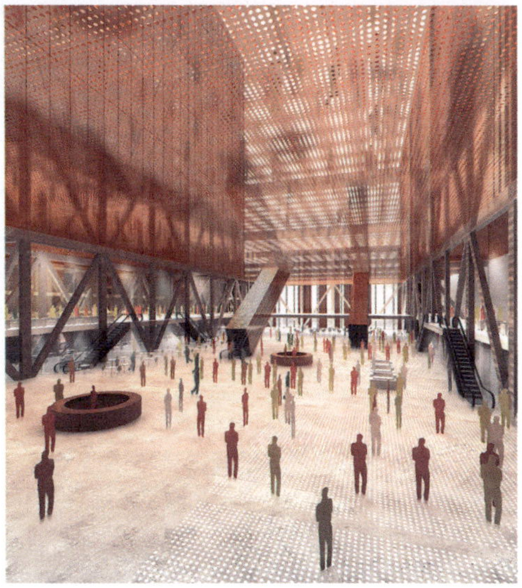

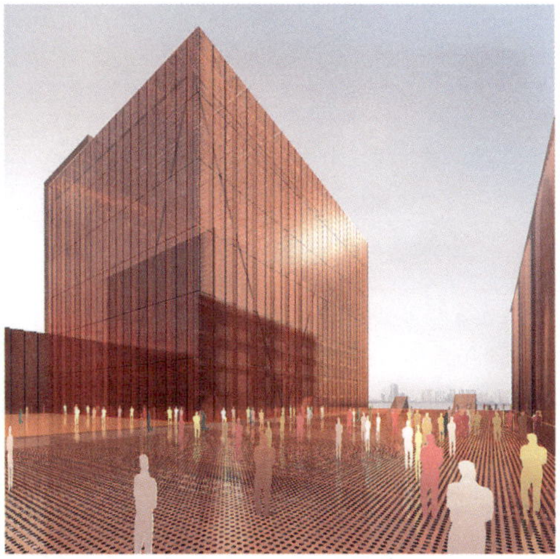

TECTONIQUES
TECTONICS

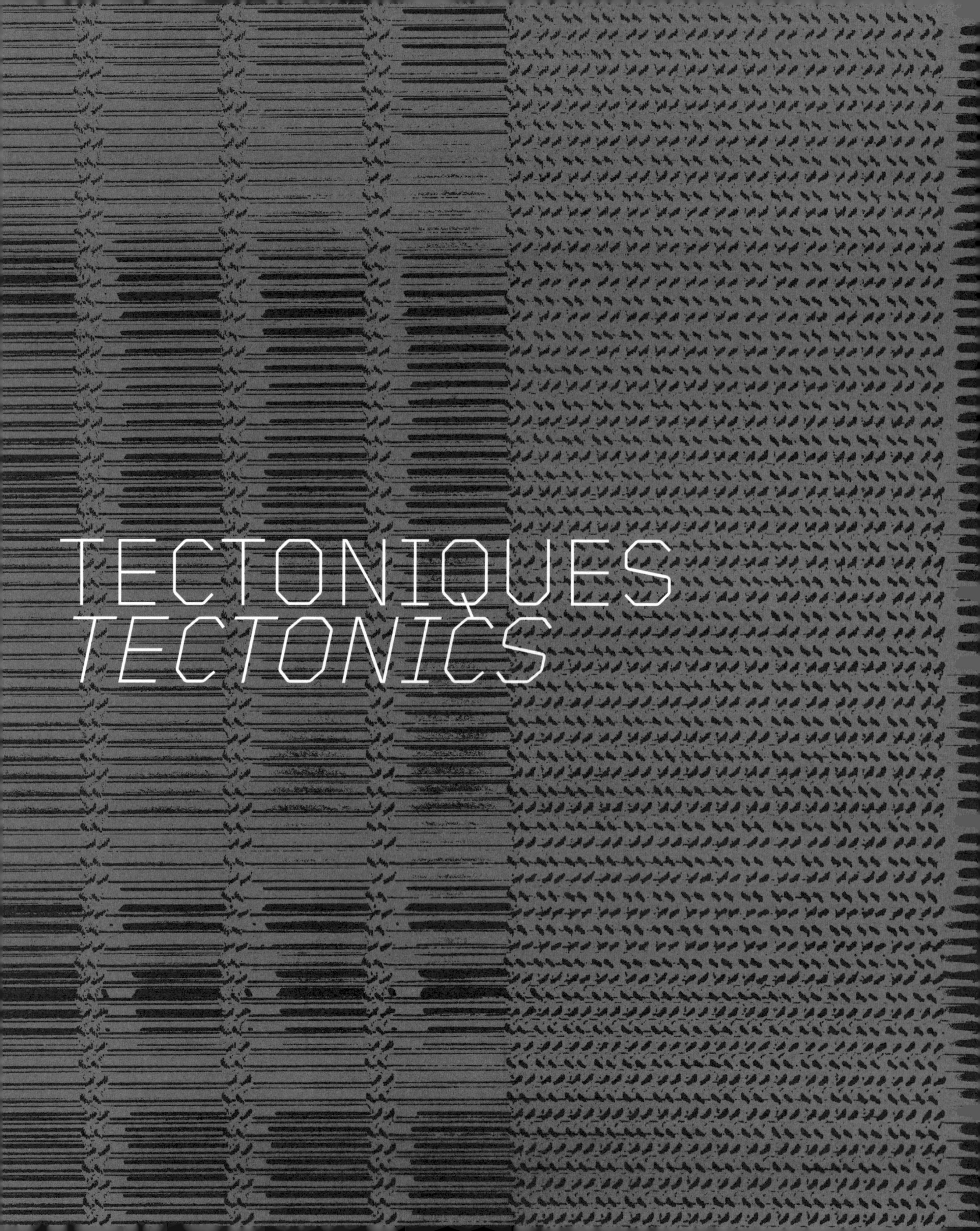

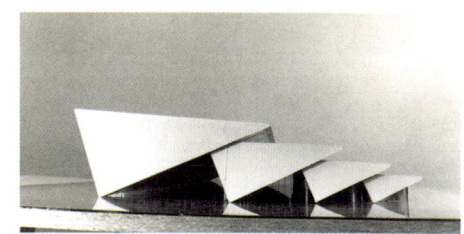

USINE I2L, MARSEILLE, FRANCE, 1985

INSTITUT FRANÇAIS DE MÉCANIQUE AVANCÉE, CLERMONT-FERRAND, FRANCE, 1989

ZURICH GLOBUS PROVISORIUM, ZURICH, SUISSE, 2004

CENTRE DES CONGRÈS, PALMA DE MAJORQUE, ESPAGNE, 2005

CITÉ DE L'ENVIRONNEMENT, SORIA, ESPAGNE, 2007

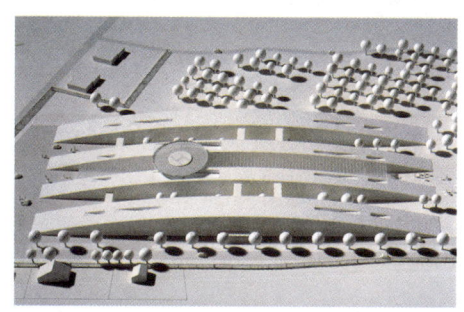

CENTRE HOSPITALIER, ALBERTVILLE, FRANCE, 1988

GOLDSMITH COLLEGE, LONDRES, ROYAUME-UNI, 2002

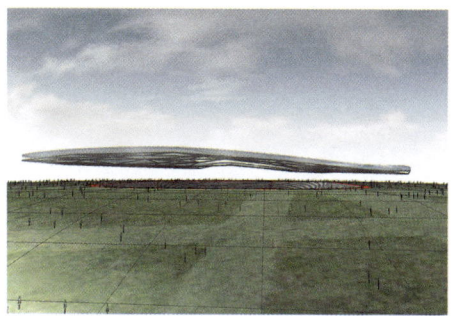

STADE, MOSCOU, RUSSIE, 2004

AIRBUS DELIVERY CENTER SAUROUS, TOULOUSE, FRANCE, 2005

PALAIS DES SPORTS, ROUEN, FRANCE, 2006-2010

BIBLIOTHÈQUE NATIONALE KANSAI-KAN
KANSAI-KAN NATIONAL LIBRARY

KYOTO, KANSAI, JAPON / *JAPAN,* **1996**

Client: Bibliothèque nationale Kansai-kan, ministère de la Construction et gouvernement du Japon
Concours international, non réalisé
Programme: salles de lecture publiques, salles de lecture pour les travaux de recherche, espaces d'accueil et de service au public, salles de conférence, stockage, administration, locaux techniques
Surface construite: 55 000 m² ; surface du site : 37 500 m²

Client: *Kansai-kan National Library, Ministry of Construction and the government of Japan*
International Competition, not built
Program: *public reading rooms, research reading rooms, reception and public service areas, lecture halls, storages, administration, technical areas*
Built area: *55,000 m²; plot area: 37,500 m²*

Le projet de la bibliothèque Kansai-kan repose sur l'idée d'une inscription de l'architecture dans un environnement très végétalisé. Enfouie dans le sol, elle est envisagée comme un fragment de nature, une excroissance organique du paysage.
À l'extérieur, un jardin arboré se prolonge en une large esplanade de bois qui mène progressivement vers l'entrée de l'édifice, une entrée qui fait penser à un « jardin de verre » et qui constitue un volet essentiel de la poétique de la nature développée sur le site. Presque insaisissable, tel un flash de lumière, sa configuration agit comme l'indice d'une présence dissimulée aux regards. Transition douce entre le monde extérieur et l'intérieur du bâtiment, cette structure horizontale démultiplie les éléments perçus en entremêlant, à la manière d'un gigantesque kaléidoscope, les images des espaces intérieurs à celles de la végétation alentour.
Descendu au cœur de la bibliothèque, le visiteur se retrouve dans la grande salle de lecture, baignée par une lumière zénithale filtrée. Pour le confort des lecteurs, ce vaste espace dessert des volumes isolés, plusieurs salles de réunion et un auditorium à l'acoustique soignée. Conformément à l'approche naturaliste ayant présidé à l'élaboration du projet, les meubles et les murs qui habillent le lieu sont construits en bois. Autour de la salle principale, les espaces de fonctionnement et de réserves sont aménagés à intervalle régulier, de façon à en optimiser l'usage et à anticiper sur une possible extension de l'ensemble du bâtiment.

*The basic idea underlying the Kansai-kan library project is to integrate architecture into a highly verdant environment. Imagined as a fragment of nature, it is sunk into the ground, partially emerging like an organic outgrowth of the landscape. Outside, a garden planted with trees stretches out onto a broad, wooded esplanade that leads to the building entrance. The entrance resembles a "glass-enclosed garden" and is an essential element of the poetry of nature developed on the site. This elusive structure appears as a flash of light and its shape and position serve as a hint of a larger presence hidden from view. A gentle transition between building exterior and interior, this horizontal structure expands one's perception of the elements in place, combining and reconfiguring images of interior spaces and the surrounding vegetation like a gigantic kaleidoscope. Down in the heart of the library, the visitor stands in the main reading room, bathed in light filtering in from the skylights above. This vast space offers readers comfortable areas where they can work in semi-isolation, several meeting rooms and an auditorium with high quality acoustics. In keeping with the naturalistic approach chosen at the beginning of the project, the furnishings and wall paneling are in wood.
Functional areas and stacks are regularly spaced around the main reading room to optimize useable space and with a view to a possible future extension of the building.*

THÉÂTRE NÔ
NOH THEATER

TOKAMACHI, CHUETSU, JAPON, *CHUETSU, JAPAN,* 2005-2006

Client: ville de Tokamachi
Commande directe
Partenaire: Kanetsu Sougou Kikaku Sekkei (Kazuo Watanabe)
Programme: pavillon pour des représentations de théâtre Nô en extérieur
Surface construite : 86,86 m²

Client: city of Tokamachi
Direct commission
Partner: Kanetsu Sougou Kikaku Sekkei (Kazuo Watanabe)
Program: pavilion for outdoor performance of Noh Theater
Built area: 86.86 m²

Érigé à l'initiative de la Art Front Gallery, ce pavillon surplombe l'étang du parc Kaino River, situé au cœur de la montagne Tokamachi. Inspiré des méthodes constructives traditionnelles des théâtres Nô, il repose sur quatre piliers, espacés de 6 m, qui définissent l'intériorité du lieu. Pour y accéder, a été installée une passerelle de près de 2 m de largeur, qui symbolise le passage entre le monde d'hier et le monde d'aujourd'hui. Comme un papillon de saison qui ouvre ses ailes avec l'arrivée des beaux jours, le toit de cet édifice, composé de grandes écailles de métal brillantes, se déploie dans toutes les directions. Il crée de ce fait, avec la complicité de l'eau, un mélange visuel surprenant entre les reflets du paysage environnant et la scène du théâtre. C'est ainsi que la profusion d'images intensifie la présence de cette petite construction, qui semble un peu perdue au milieu de ce site majestueux. À l'instar d'un kiosque isolé, que l'on découvre au hasard d'une promenade, ce bâtiment devient un lieu de rencontre et de repos lorsqu'il n'y a pas d'événement théâtral. L'hiver, il replie ses « ailes », pour se mettre à l'abri du vent et de la neige, en attendant l'été suivant.

The pavilion, an initiative of the Art Front Gallery, overlooks the lake in the Kaino River Park at Mount Tokamachi. The structure's design takes inspiration from traditional building methods used in Noh theaters. Four pillars spaced at 6 m support the stage and define its interior area. Actors access the stage by way of a footbridge approximately 2 m by 2 m that symbolizes passage from the world of yesterday to the world of today.
Like a seasonal butterfly that opens its wings with the arrival of warmer weather, the roof of the edifice, composed of large sheets of shiny metal, opens on all four sides, setting up a relationship with the water in the lake that reflects surprising visual effects onto the surrounding landscape and the stage. This profusion of images intensifies the presence of this little structure, which seems a bit lost in this majestic mountain site. Like an isolated kiosk one discovers by chance on a walk, this building becomes a meeting place and a place for relaxation when no performances are scheduled. In winter, it folds it "wings" and is stowed away to protect it from the wind and snow, awaiting the return of summer.

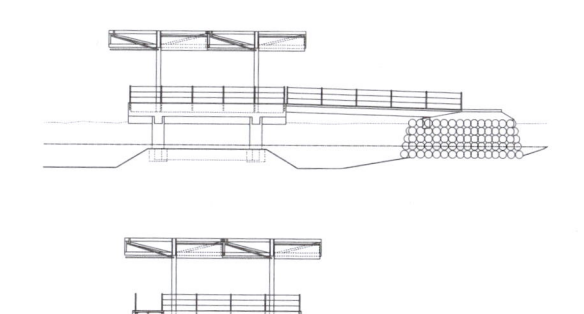

CITÉ DE LA CULTURE DE GALICE
CITY OF CULTURE OF GALICIA

SAINT-JACQUES-DE-COMPOSTELLE, GALICE, ESPAGNE, *SANTIAGO DE COMPOSTELA, GALICIA, SPAIN*, 1999

Client: gouvernement de Galice
Concours international, non réalisé
Programme: bibliothèque, musée, théâtre, auditorium et salles de conférence
Surface construite: 115 000 m²; surface du site : 460 000 m²

Client: government of Galicia
International competition, not built
Program: library, museum, theater, auditorium and conference rooms
Built area: 115,000 m²; plot area: 460,000 m²

Le site retenu pour la Cité de la Culture est la colline qui domine la ville de Saint-Jacques-de-Compostelle. Lors de sa participation au concours, Dominique Perrault propose d'enfouir la construction sous la terre, faisant du paysage la façade principale de l'édifice. La géographie devient ainsi architecture et le sol un élément du programme à part entière.

Loin de tendre vers l'effacement du lieu, ce projet repose sur l'incrustation d'un gigantesque instrument d'optique qui introduit la lumière du soleil dans chaque niveau souterrain du bâtiment. Il s'agit d'un instrument hybride, entre la lentille de Fresnel et le kaléidoscope, capable également de faire jaillir la lumière au dehors lorsqu'il fait nuit. Grâce à un savant jeu de miroirs, il permet en outre de projeter à l'extérieur des images capturées à l'intérieur, et de refléter à l'intérieur des fragments de la nature environnante et de la ville.

L'entrée est discrète, à flanc de colline, et seul émerge l'impressionnant parallélépipède de verre. Ce prisme, qui sait jouer avec la lumière naturelle comme avec la lumière artificielle, apparaît comme une sorte de phare dans le paysage, surplombant la ville historique et guidant les voyageurs.

The hill that overlooks the city of Santiago de Compostela is the site selected for the new City of Culture. Dominique Perrault's proposal buries the building underground, turning the landscape of the hillside into its main façade. The topography becomes the architecture and the ground a full-fledged element of the program.

But far from making the place disappear, this project relies on the incrustation of a gigantic optical instrument to flood each underground level of the structure with sunlight. This is a hybrid instrument, between a Fresnel lens and a kaleidoscope, which at night projects beams of light to the outside. Through a skillfully designed set of mirrors, it also reflects to the outside images of what is going on inside, and inside reflects fragments of the natural surroundings and the cityscape.

The entrance is discretely placed on the side of the hill with only the impressive glass parallelepiped "instrument" emerging. This prism, which bends and plays with natural and artificial light alike, resembles a sort of lighthouse in the landscape, watching over the historic city and guiding pilgrims to safe harbor.

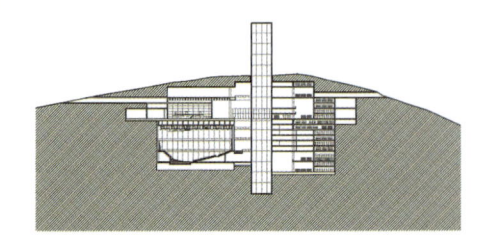

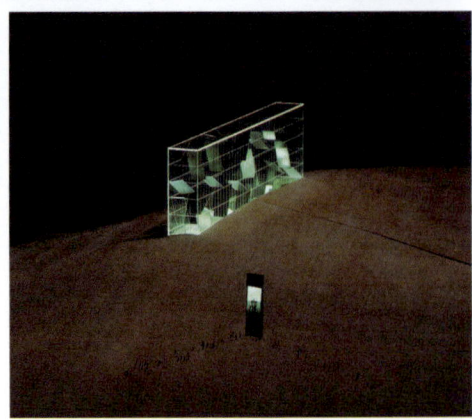

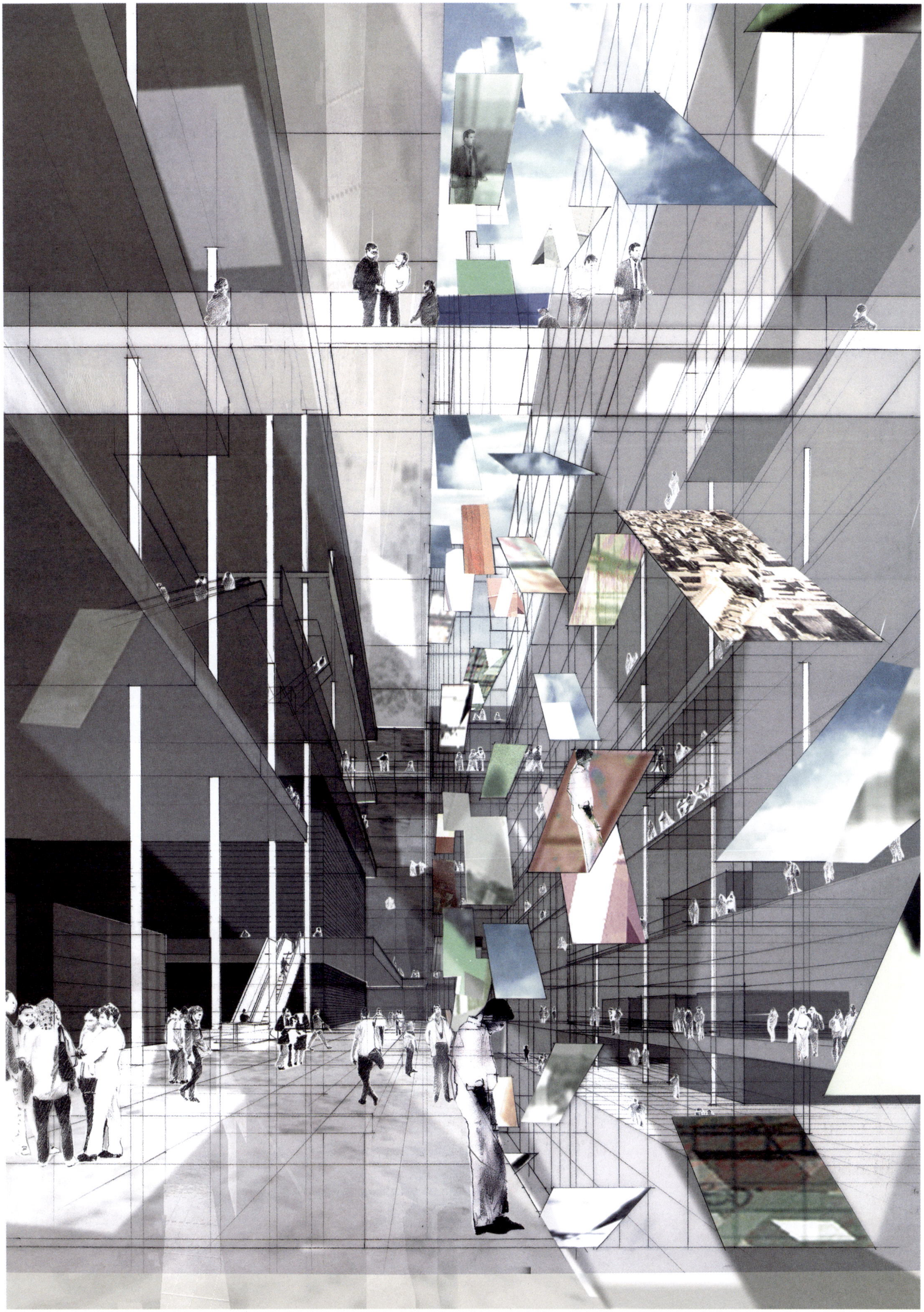

CENTRE OLYMPIQUE DE TENNIS
OLYMPIC TENNIS CENTER

MADRID, ESPAGNE, *SPAIN*, 2002-2009
(en cours de construction / *under construction*)

Client: Madrid Espacios y Congresos
Concours international, projet lauréat
Bureaux d'étude: Perrault Projets (ingénierie architecturale), TYPSA Madrid (structure et installations), LKS Madrid (gestion de projet), Jean-Paul Lamoureux (éclairage et acoustique)
Programme: centre olympique de tennis : trois cours de tennis ouverts ou couverts pour 20 000 spectateurs (respectivement 12 000, 5 000 et 3 000), 16 cours de tennis extérieurs, cinq cours couverts avec une capacité de 350 spectateurs chacun, six cours pour l'entraînement, une piscine intérieure, le siège de la Fédération Espagnole de Tennis, une école de tennis, un club house, un centre de presse, des espaces privatifs, des restaurants ; aménagement du site (16 ha)
Surface construite: 100 000 m² ; surface du site : 16,5 ha

Client: Madrid Espacios y Congresos
International competition, winning project
Consultants: *Perrault Projects (architectural engineering), TYPSA Madrid (structure and installations), LKS Madrid (project management), Jean-Paul Lamoureux (lighting and acoustics)*
Program: *Olympic tennis center; three indoor courts or with covered area for 20,000 spectators (12,000, 5,000 and 3,000 respectively), 16 outdoor courts, five courts with covered area for 350 spectators each, six practice courts, indoor pool, headquarters for the Spanish Tennis Federation, tennis school, clubhouse, press center, stadium boxes and other private areas, restaurants; overall development of the site (16 ha)*
Built area: *100,000 m²; plot area: 16.5 ha*

La proposition pour le centre olympique de tennis est fondée sur le dialogue entre l'architecture et l'environnement. Espaces construits et paysage ne sont pas simplement juxtaposés, mais s'articulent dans une mise en scène qui intègre une grande variété de combinaisons. La construction s'organise autour d'un vaste plan d'eau sur lequel viennent s'implanter les différents volumes, comme des îles ou des fragments de nature invitant à la promenade. Le système de ponts et de passerelles démultiplie les parcours et offre au regard de nouvelles perspectives. Enveloppant les bâtiments sportifs, une « boîte magique » s'adapte aux usages multiples du complexe. Un système de toits amovibles, monté sur vérins hydrauliques, permet en effet aux trois toitures de s'entrouvrir pour laisser entrer l'air et le soleil. Ces mouvements à l'échelle de l'édifice créent une silhouette vivante dans le paysage. S'opère ici comme un retournement de l'architecture vers ses alentours. Le projet, en même temps qu'il est agencé par son environnement, vient en bouleverser la perception.

L'enveloppe de cette « boîte magique » est composée de maille qui, selon le moment de la journée, est tour à tour filtrante, réfléchissante, ou opaque. Scintillante pendant la journée, elle laisse traverser la lumière le soir venu de l'intérieur vers l'extérieur et suggère ainsi l'activité incessante du complexe. L'architecture modifie alors la configuration de la ville en s'imposant comme un signal fort, un nouveau repère fixe.

The proposal for the Olympic Tennis Center is based on the concept of a dialog between architecture and environment. Structures and landscape are not merely juxtaposed. Rather they are integrated into a wide variety of combinations. Though the complex is shaped by its environment, its architecture radically alters one's perception of that environment.
Built areas are organized around a vast artificial lake over which volumes of varying sizes are scattered, like islands or fragments of nature beckoning strollers. A system of footbridges opens numerous paths through these volumes offering spectacular new perspectives.
The tennis arenas, placed inside a "magic box," are adapted to the different uses of the complex. The roof is composed of a system of mobile panels mounted on hydraulic jacks, which serve to partially open the panels to allow for passage of air and sunlight. These movements on the scale of the immense structure throw a giant living shadow onto the landscape. The main building seems to turn around and look back at its surroundings.
The metallic mesh enveloping the magic box is, depending on the time of day, filtering, reflective or opaque. In daylight, it shimmers. At night, light radiates from within, signaling the events under way inside. The architecture of the magic box changes the configuration of the city, standing as a powerful signal and permanent new landmark.

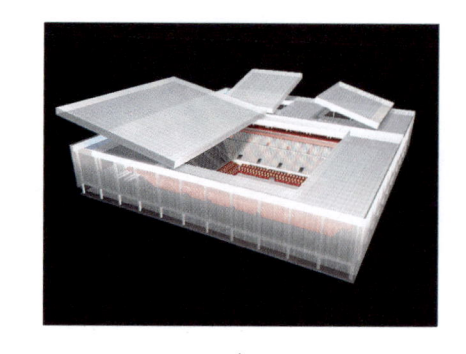

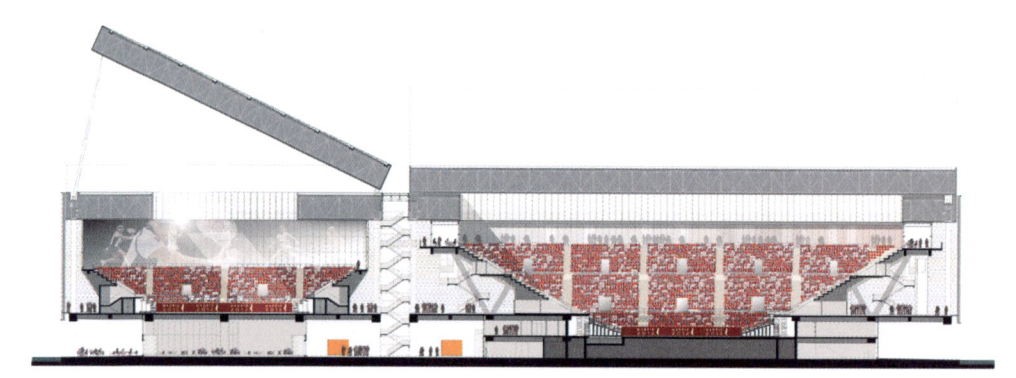

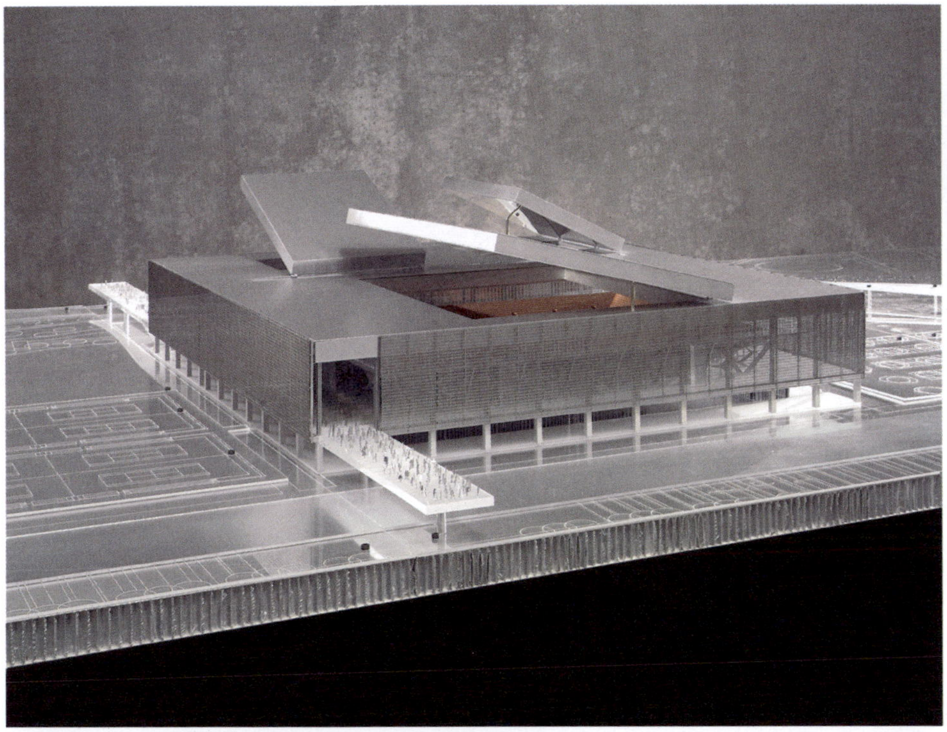

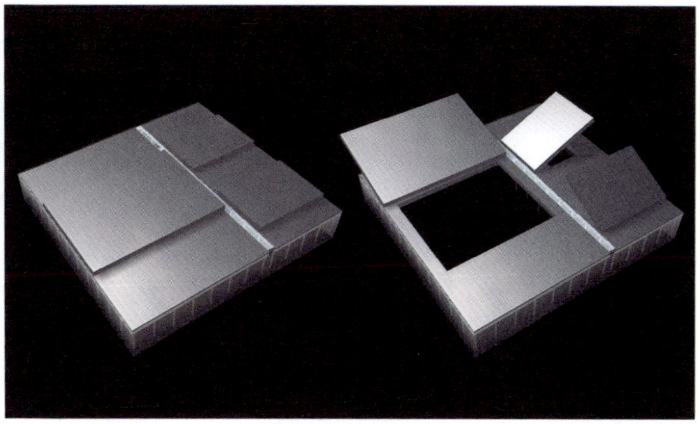

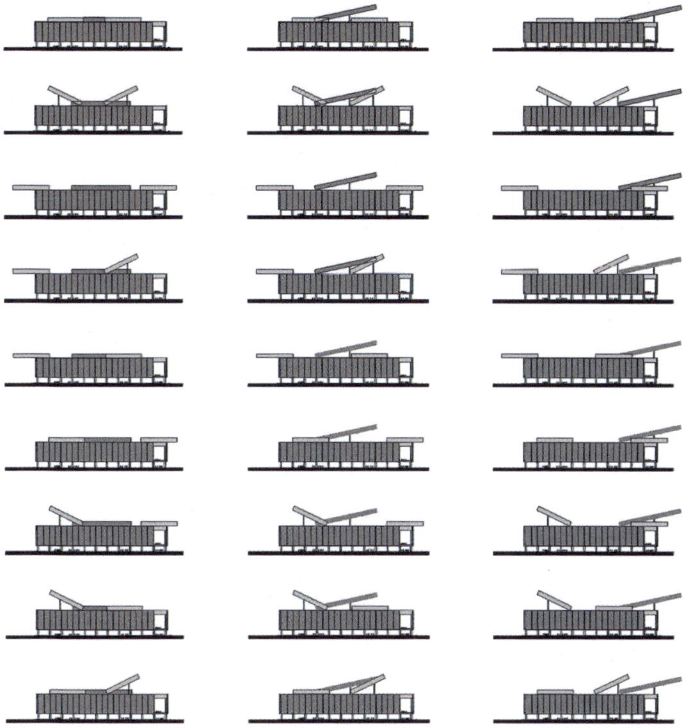

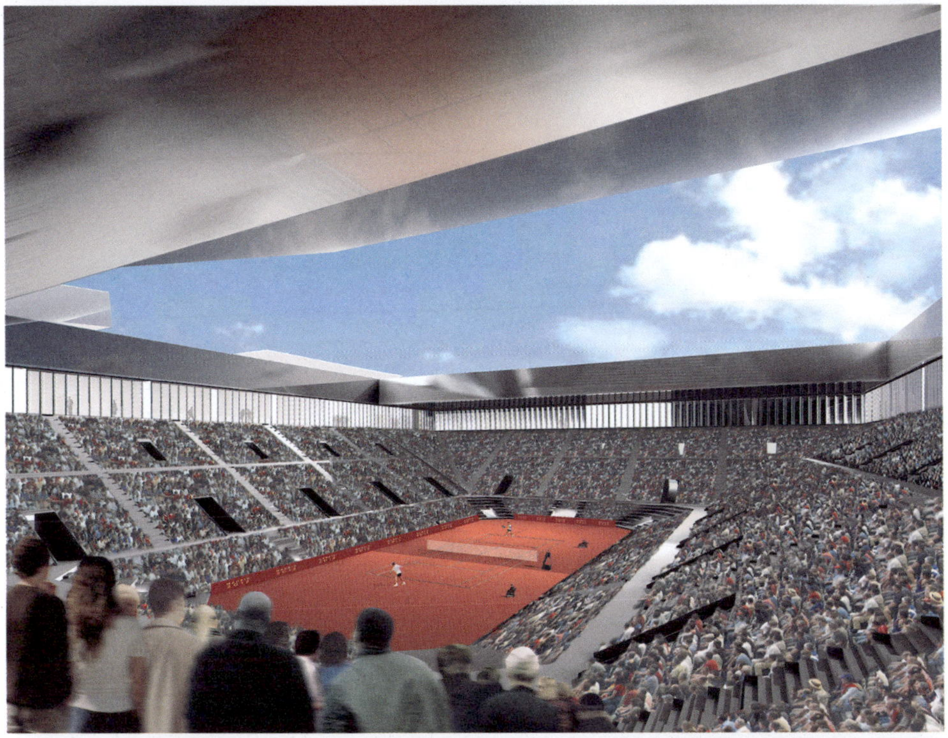

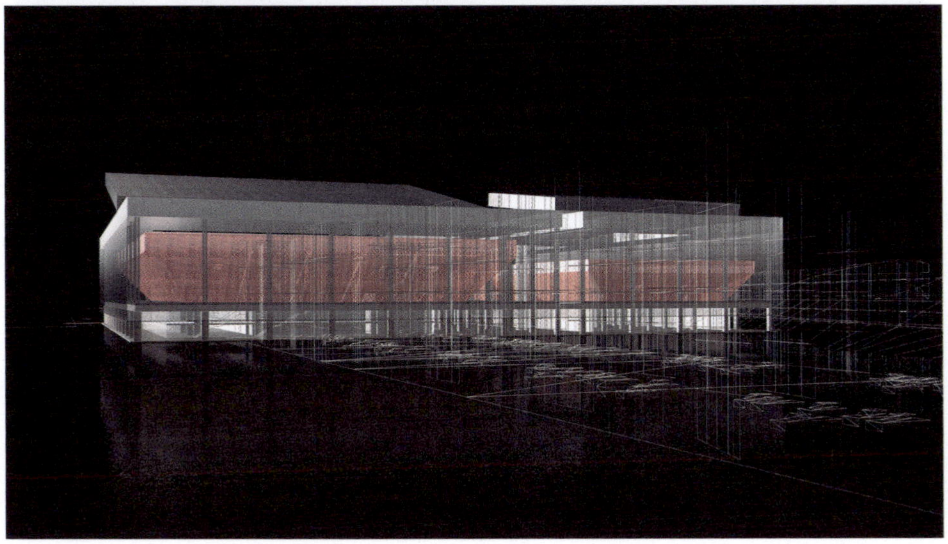

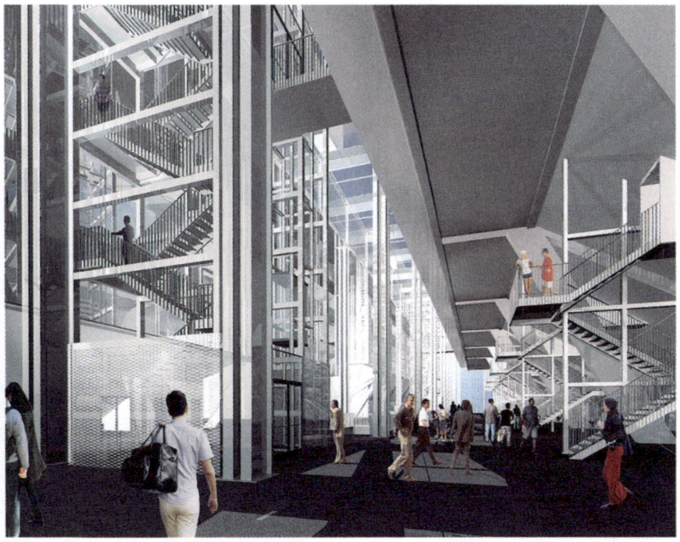

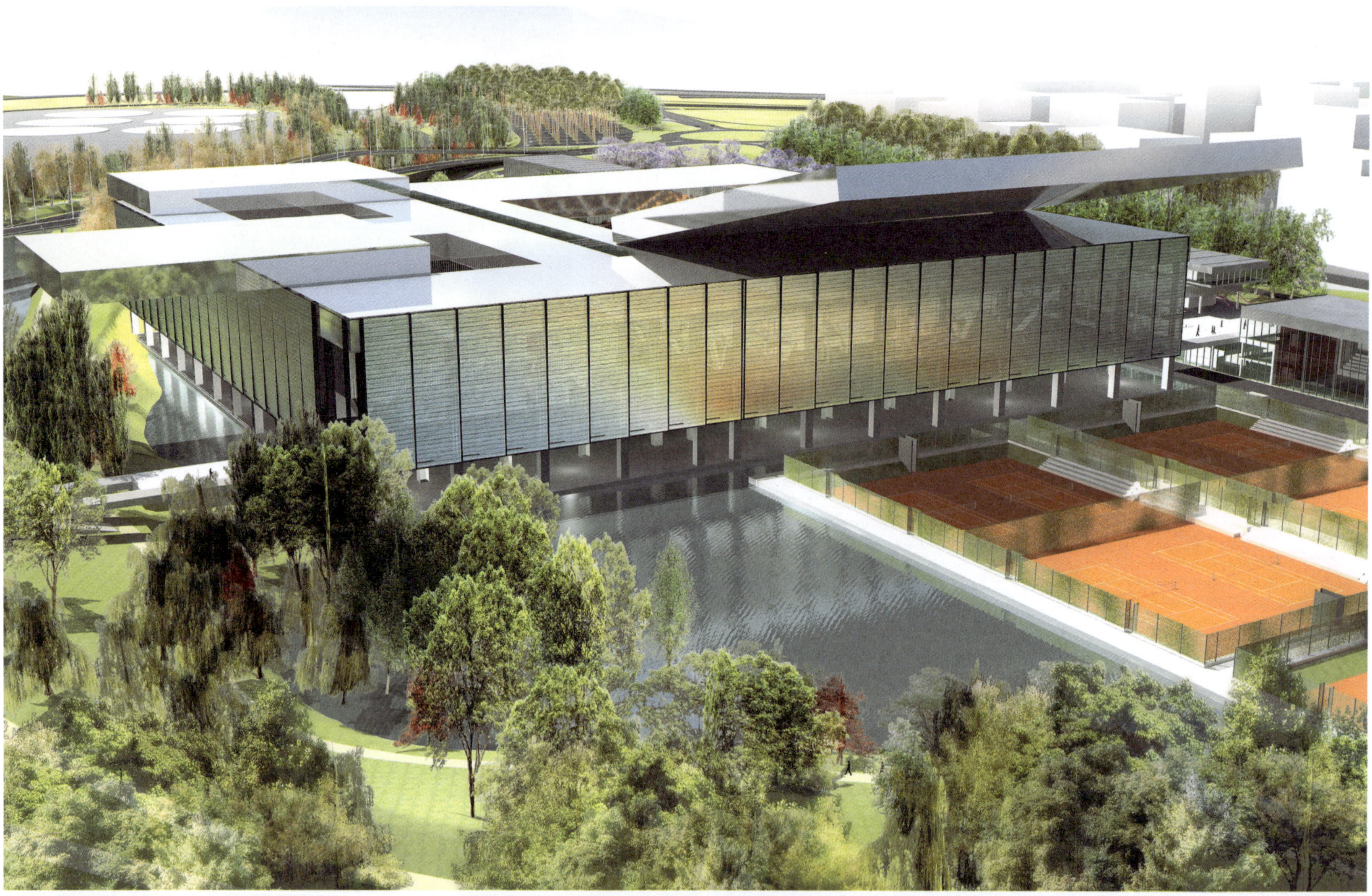

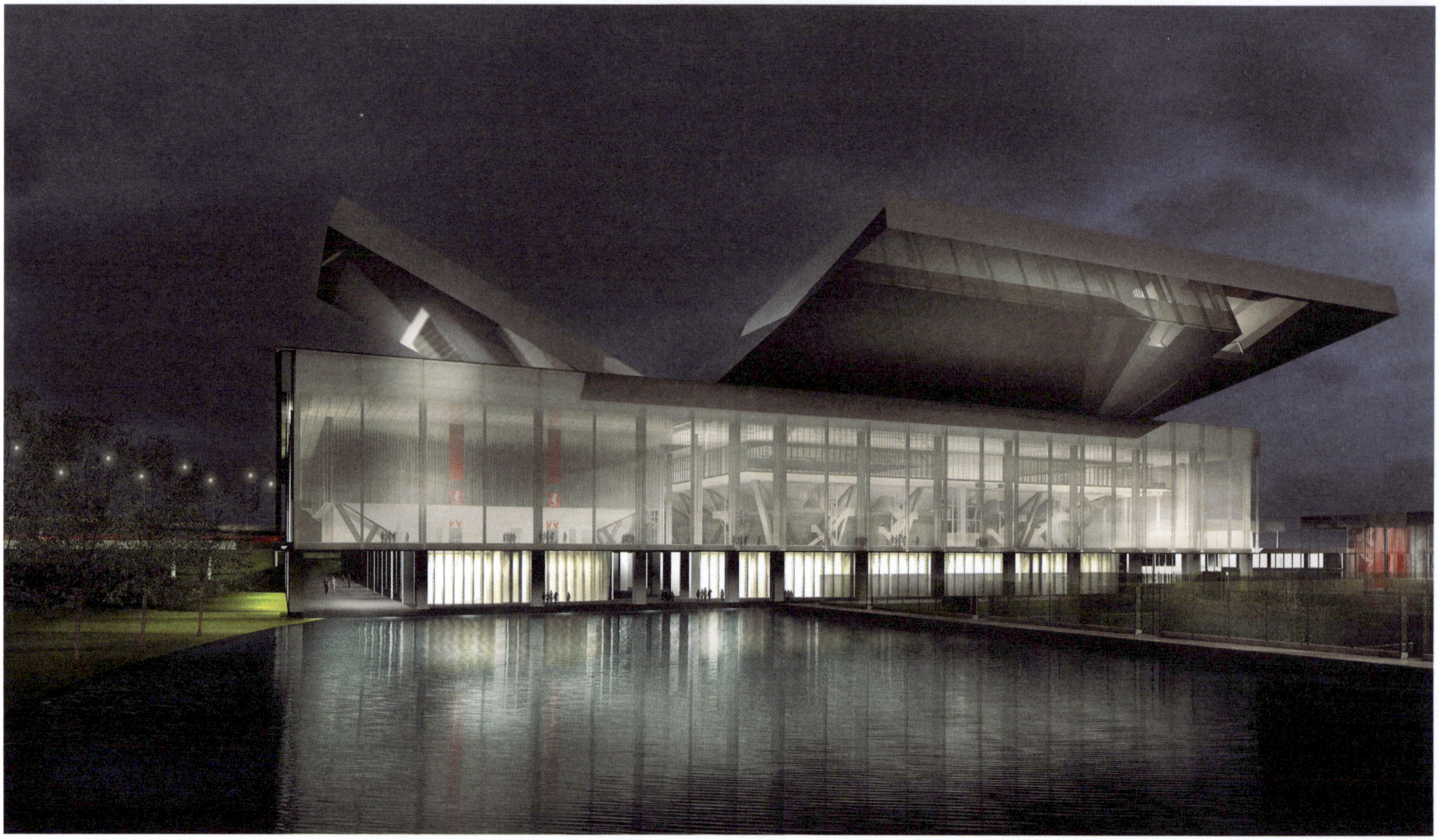

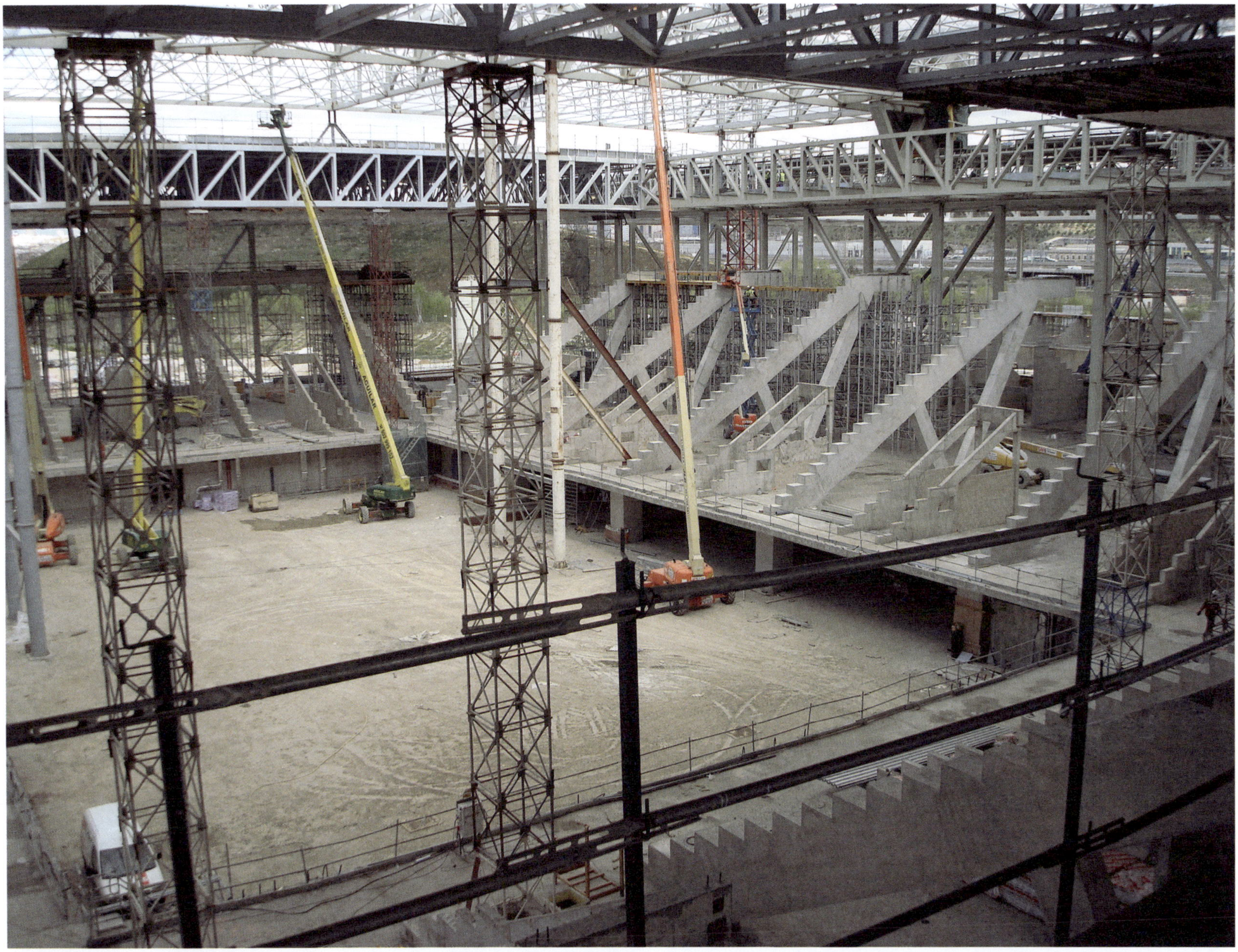

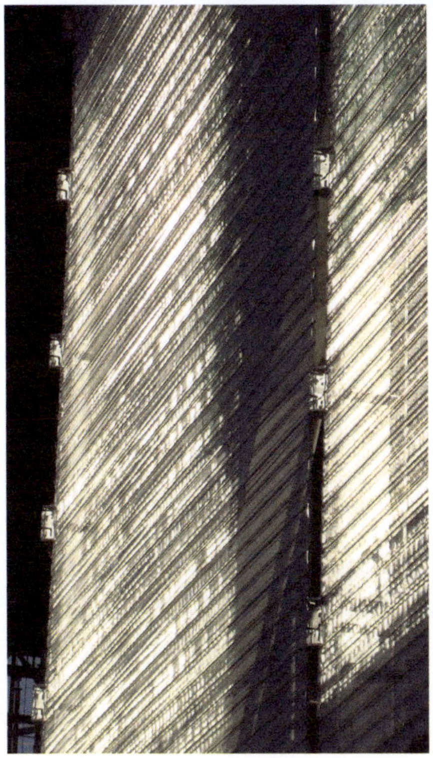

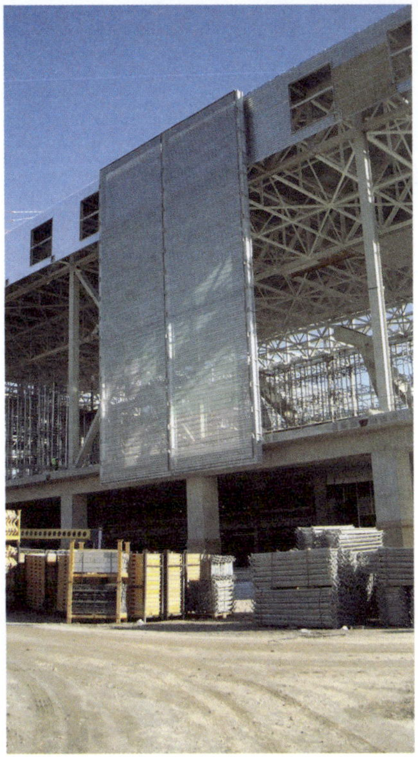

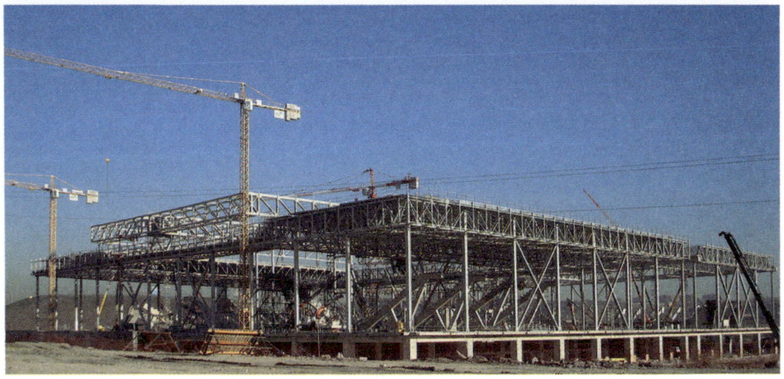

GARE AFRAGOLA
AFRAGOLA TRAIN STATION

NAPLES, CAMPANIE, ITALIE, *CAMPANIA, ITALY,* 2003

Client: TAV Treno Alta Velocita
Concours international sur invitation, non réalisé
Bureaux d'étude: Coyne & Bellier (structure), Jean-Paul Lamoureux (éclairage et acoustique), Luca Bergo (consultant architectural)
Programme: nouvelle gare pour trains à grande vitesse, commerces, bureaux
Surface construite : 20 000 m²

Client: TAV Treno Alta Velocita
International invitation to tender, not built
Consultants: Coyne & Bellier (structure), Jean-Paul Lamoureux (lighting and acoustics), Luca Bergo (architectural consultant)
Program: new station for high-speed trains, shops and offices
Built area: 20,000 m²

La proposition de Dominique Perrault pour la conception de la nouvelle gare de Naples prévoit un programme composite : aux caractéristiques traditionnelles du nœud ferroviaire et commercial s'ajoutent en effet des fonctions liées aux activités de loisirs. Le concept de « loge urbaine » donne corps à ce nouveau type d'équipement à partir d'une réflexion sur la relation du bâtiment avec sa géographie (la façade principale de la gare donne sur le Vésuve) et sur l'anticipation de l'urbanisation future du site.

Formellement, le projet se compose d'une vaste structure en nappe, dont le mouvement tectonique et ondulatoire s'adapte à la topographie naturelle du terrain. Le complexe est dessiné sur trois niveaux : le sous-sol pour les équipements techniques, le rez-de-chaussée pour les flux de circulation, le premier étage pour les activités commerciales. Son organisation en plan repose sur le concept de « surface continue » favorisant l'ouverture des espaces, leur perméabilité avec le paysage extérieur, l'absence de rupture entre les niveaux et la fluidité des déplacements. Les plissements de la toiture, qui expriment à la fois cette idée de continuité et rappellent la légèreté d'un simple abri, marquent les entrées principales dans la gare. La couverture est constituée de panneaux solaires et ponctuée de hublots zénithaux qui favorisent l'éclairage naturel à l'intérieur de l'édifice.

Dominique Perrault's proposal for the design of a new train station for Naples envisages a hybrid program. Indeed, in addition to the traditional features of a commercial and railway hub, functions linked to leisure activities are included. The concept of "urban loggia" materializes this new kind of facility, which is based on an analysis of the buildings relationship with its geography (the main façade overlooks Mount Vesuvius), and anticipates future urbanization of the site.

The project's formal program comprises a vast slab structure, whose tectonic and undulating movement follows the natural topography of the terrain. The complex is organized into three levels: the basement for technical functions, the ground floor for the flows of passengers and visitors and the upper level for shops and services. Its open-plan design is based on the concept of a "continuous surface," which is well-suited to open spaces, increasing their permeability with the landscape, enabling the absence of a rupture between the levels and facilitating the fluidity of circulation. Folds in the roof, which express the idea of continuity and make the roof resemble a simple light shelter, mark the main entrances to the station. The covering is composed of solar panels and punctuated by porthole-like skylights, thereby increasing penetration of natural lighting into the edifice.

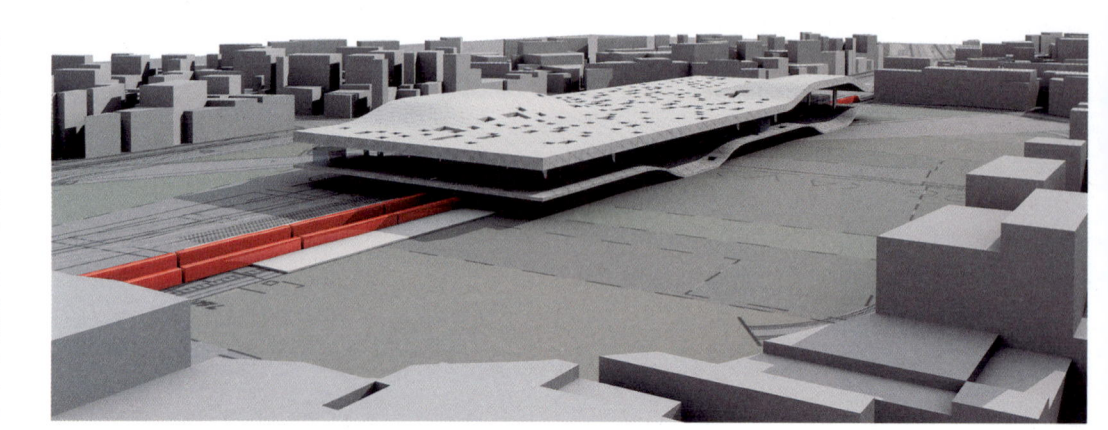

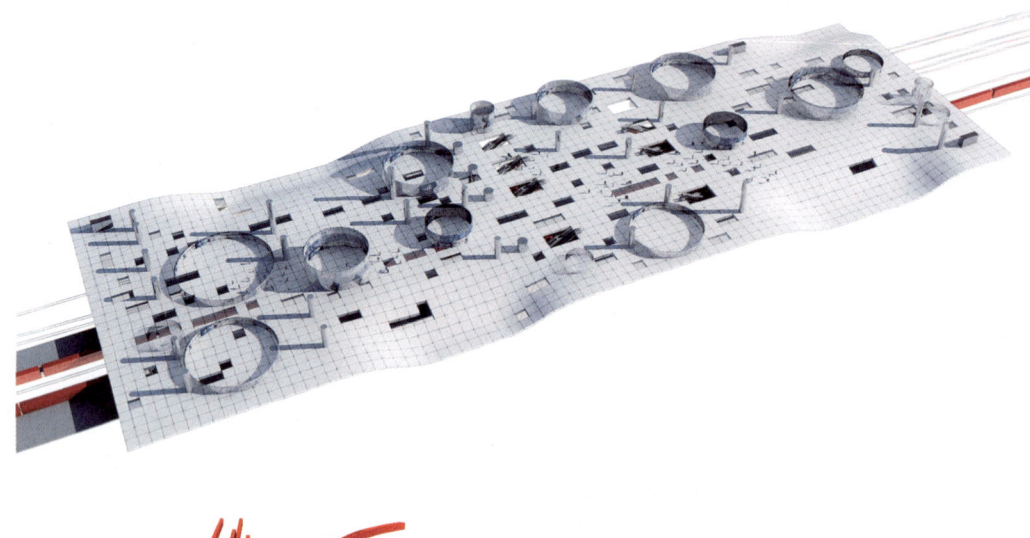

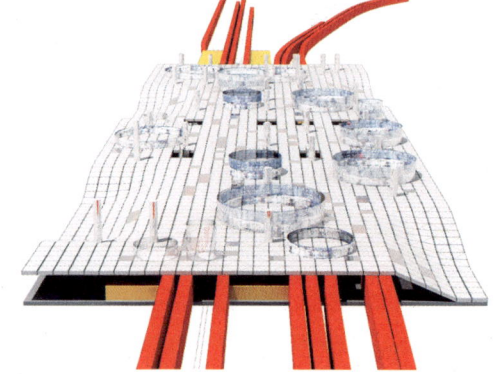

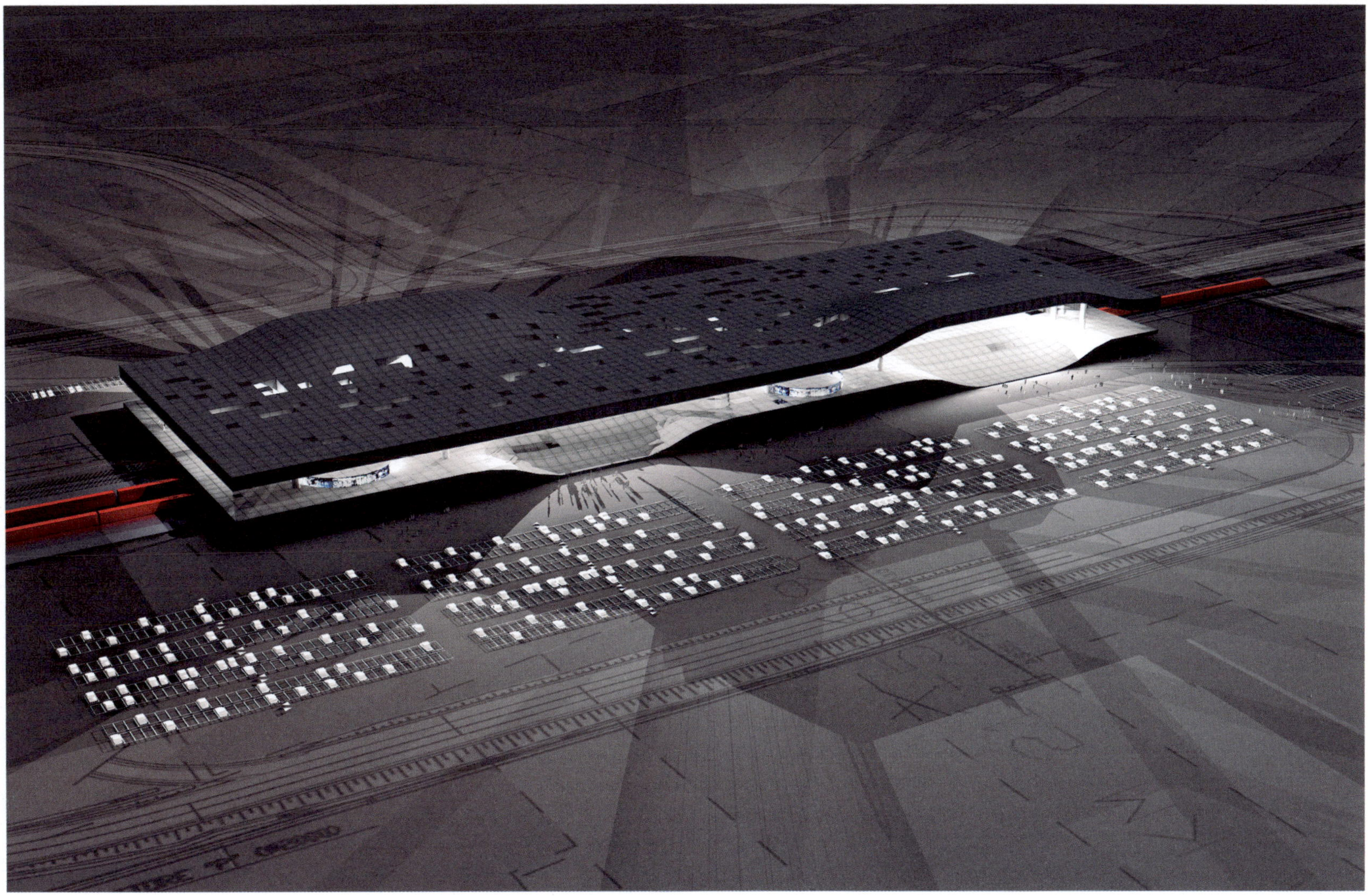

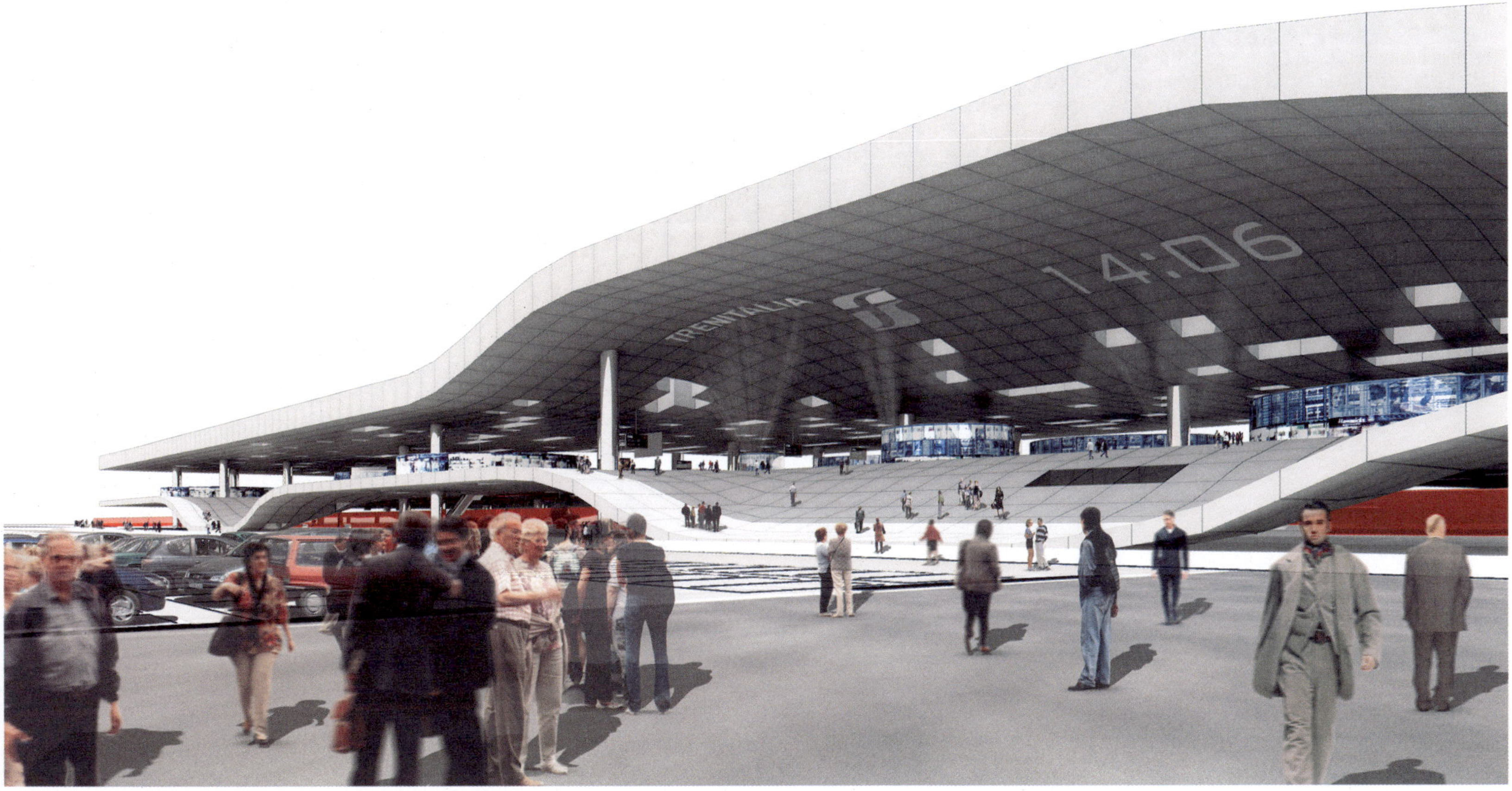
TRENITALIA
14:06

UNIVERSITÉ FÉMININE EWHA
EWHA WOMANS UNIVERSITY

SÉOUL, CORÉE DU SUD, *SEOUL, SOUTH KOREA*, 2004-2008

Client: Ewha Campus Center Project T/F
Concours international, projet lauréat
Bureaux d'étude: Perrault Projets (ingénierie architecturale), VP & Green Ingénierie (structure), Rache-Willms (façades), HL-PP Consult, (fluides), Jean-Paul Lamoureux (acoustique et éclairage)
Partenaire: Baum Architects
Consultants locaux: Jeon and Lee Partners (structure), HIMEC (génie mécanique), CG E&C (génie civil), CnK Associates (paysagement)
Programme: un campus universitaire pour environ 22 000 étudiantes comprenant un programme académique (espaces d'étude et de sport, bibliothèques, cafétéria), un programme administratif et un programme commercial (cinéma, théâtre, commerces), ainsi que des espaces sportifs extérieurs et des parkings
Surface construite: 70 000 m²; surface du site : 50 000 m²

Client: Ewha Campus Center Project T/F
International competition, winning entry
Consultants: Perrault Projets (architectural engineering), VP & Green Engineering (structure), Rache-Willms (façades), HL-PP Consult, (fluids), Jean-Paul Lamoureux (acoustics and lighting)
Partner: Baum Architects
Local consultants: Jeon and Lee Partners (structure), HIMEC (mechanical engineering), CG E&C (civil engineering), CnK Associates (landscaping)
Program: university campus for approximately 22,000 students including an academic part (study areas, libraries, cafés and indoor sports facilities), an administrative part and a commercial part (cinema, theater, shops), as well as outdoor sports facilities and parking garages
Built area: 70,000 m²; plot area: 50,000 m²

L'université féminine de Shinchon doit trouver sa place au sein d'une ville à forte densité de population, où les espaces publics sont rares et dans laquelle il est difficile de trouver des lieux propices au repos et à la méditation. Par conséquent, l'agence de Dominique Perrault a préféré, plutôt qu'ajouter un bâtiment supplémentaire à un tissu urbain déjà saturé, favoriser l'émergence d'une vaste superficie végétalisée. La ville semble ainsi se prolonger dans une architecture qui en inverse progressivement les logiques constructives.

Après avoir accédé au site par une large esplanade située au sud, le visiteur est conduit vers un chemin qui découpe la nouvelle topographie à la manière d'une vallée rectiligne. Là, il peut échapper pour un temps aux bruits de la rue, en longeant les flancs vitrés de cette faille qui révèlent l'intérieur des locaux. La complexité du programme et le mouvement de la vie étudiante apparaissent alors au fur et à mesure que l'on « descend » vers le cœur de l'établissement.

Cette promenade s'achève par un escalier monumental qui permet de remonter sur un point haut d'où l'on peut contempler le projet dans toute son étendue. En surface, le campus est recouvert par une variété d'arbres, de fleurs, de rochers formant un « jardin idéal » qui donne à l'ensemble sa véritable identité. Un équilibre est atteint, entre calme et mouvement, entre nature et culture.

Shinchon Womans University must find more room to expand in a densely populated city where public space is rare and places conducive to study and meditation few and far between. Consequently, Dominique Perrault's firm preferred, rather than add yet another building to the already saturated urban fabric, to enable a vast green zone to unfold. Thus, the city appears to prolong itself through architecture that gradually inverts its constructive logic.

Access to the site is via a broad esplanade situated on the southern edge of the campus. Here the visitor is drawn to a pathway that cuts through the new topography like a rectilinear valley. Here, one can escape the incessant noise of the street for a while by following along the glass flanks of this path that gradually turns into an immense fracture revealing the interior of the building. The complexity of the program and the flow of student life come into view as one "descends" into the core of the institution.

This promenade comes to an end at the foot of a monumental stairway that allows one to climb back up to a high point from whence one can take in the full scope of the project. On the surface, the campus is covered by a variety of trees, flowers and boulders composing an "ideal garden" and endowing the whole with its true identity. Thus, a balance is achieved between tranquility and movement, nature and culture.

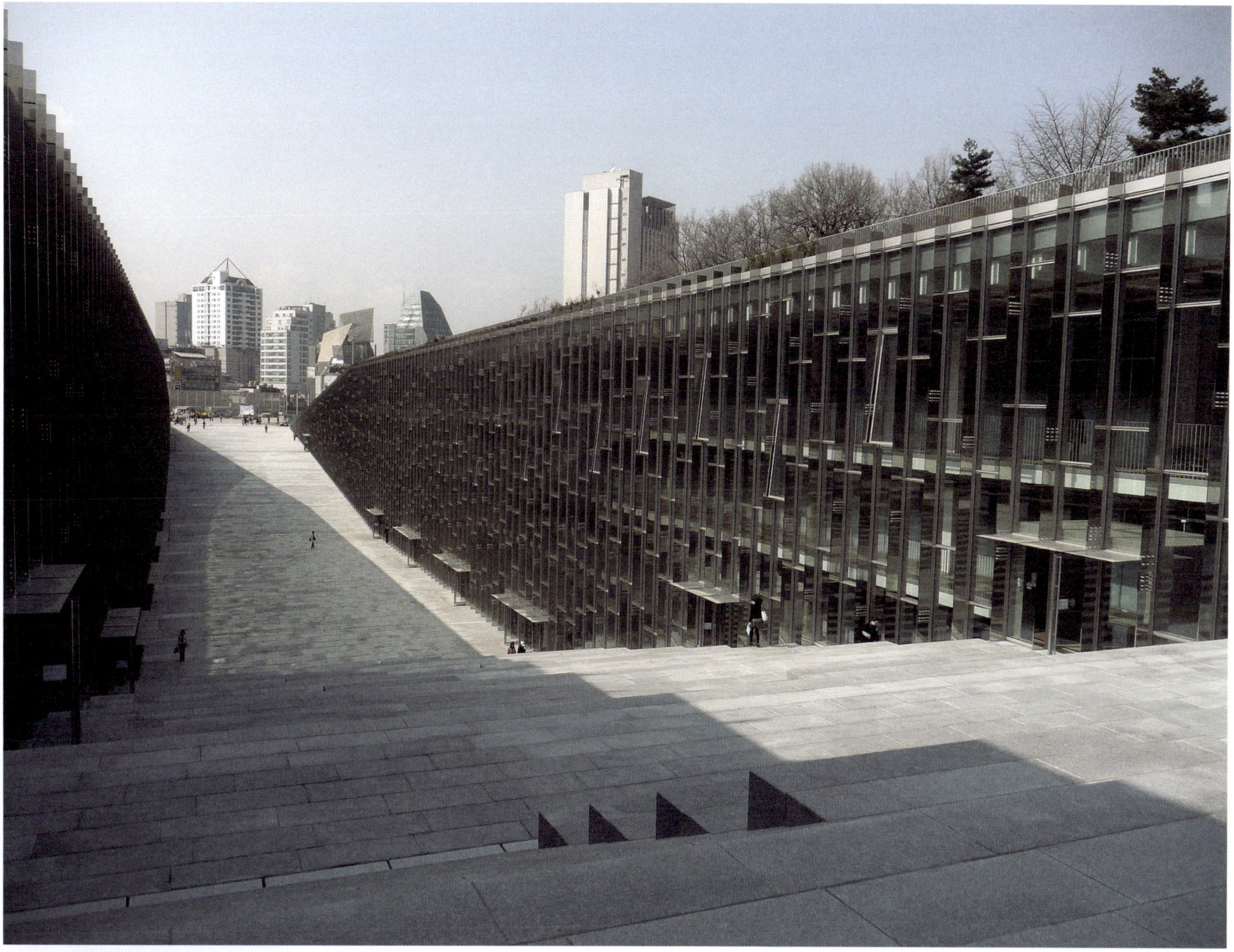

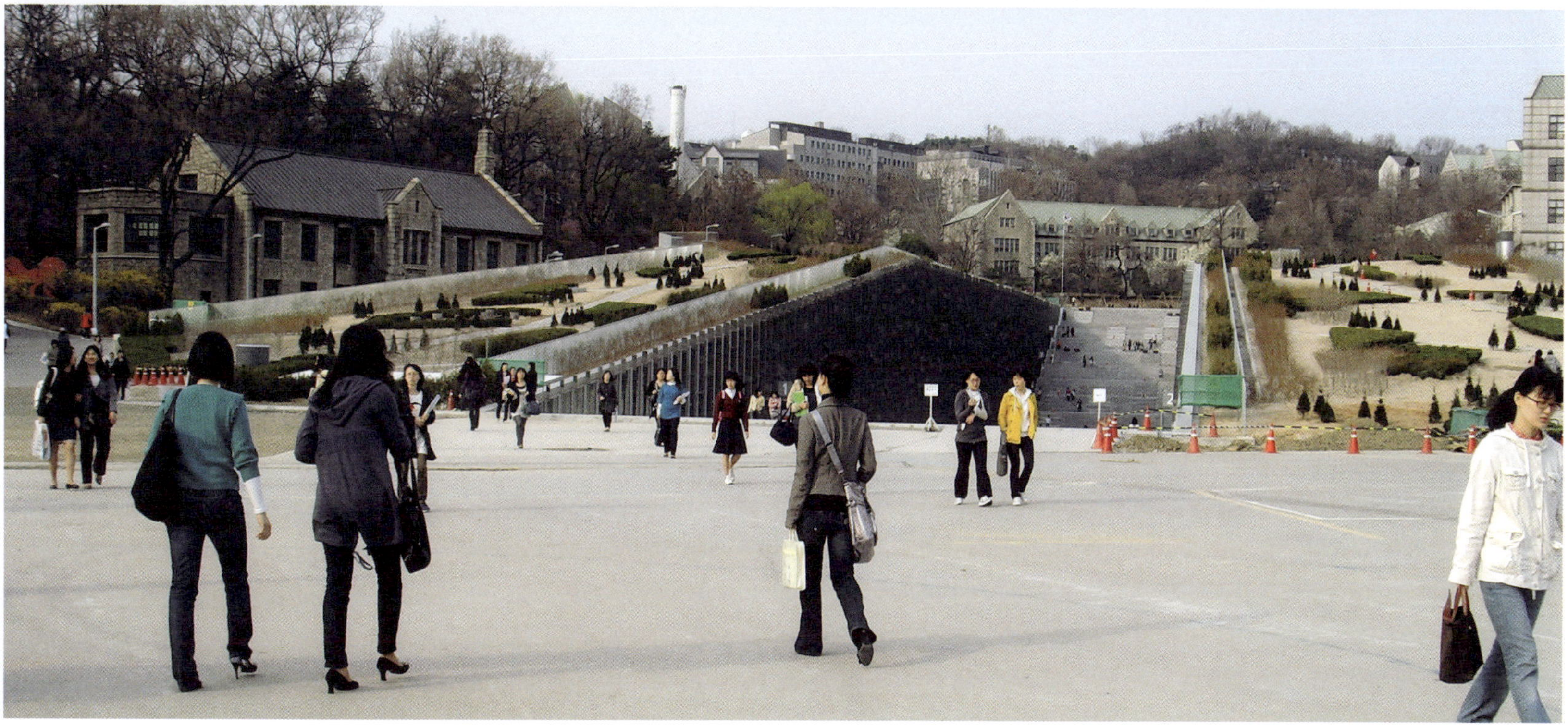

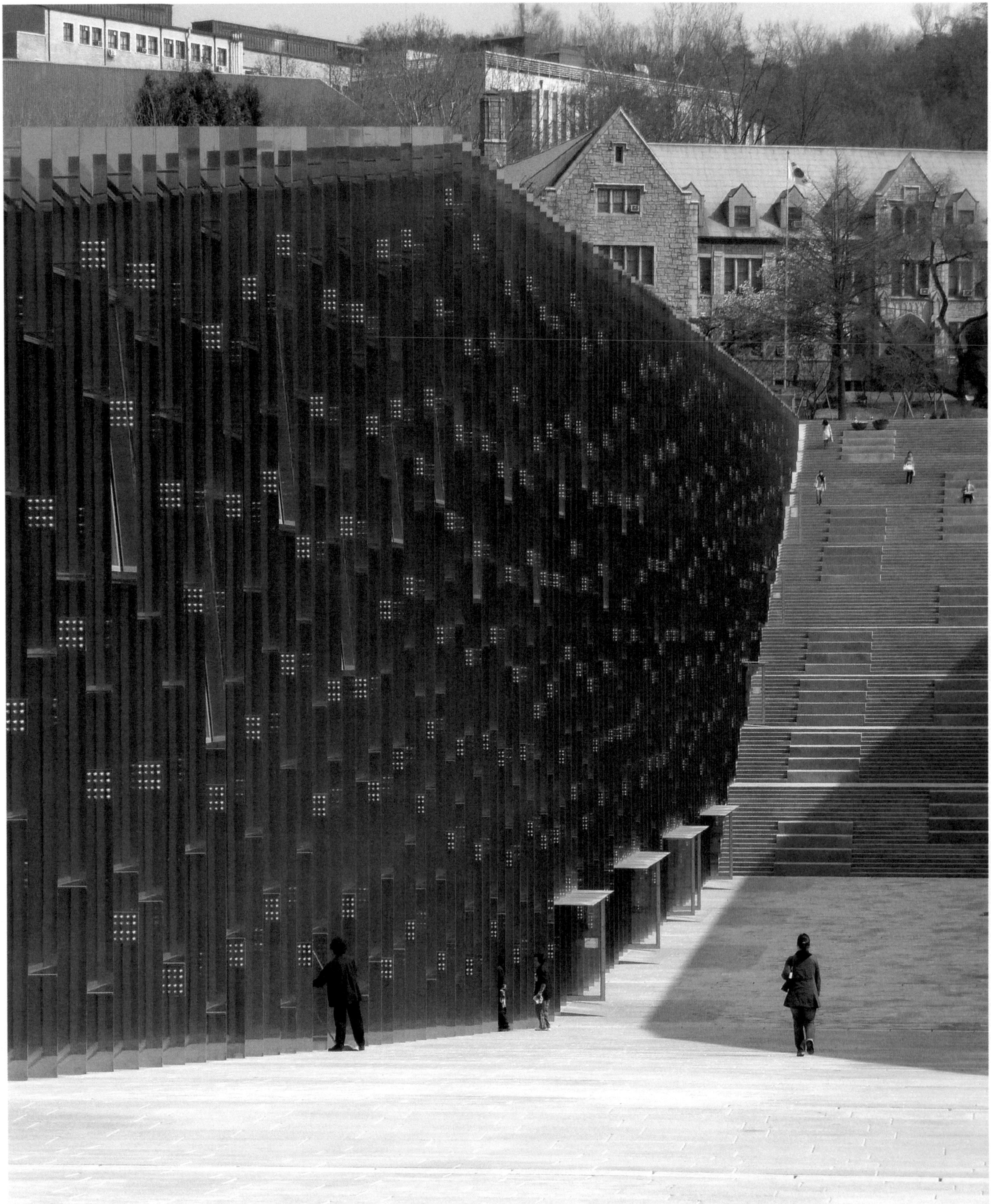

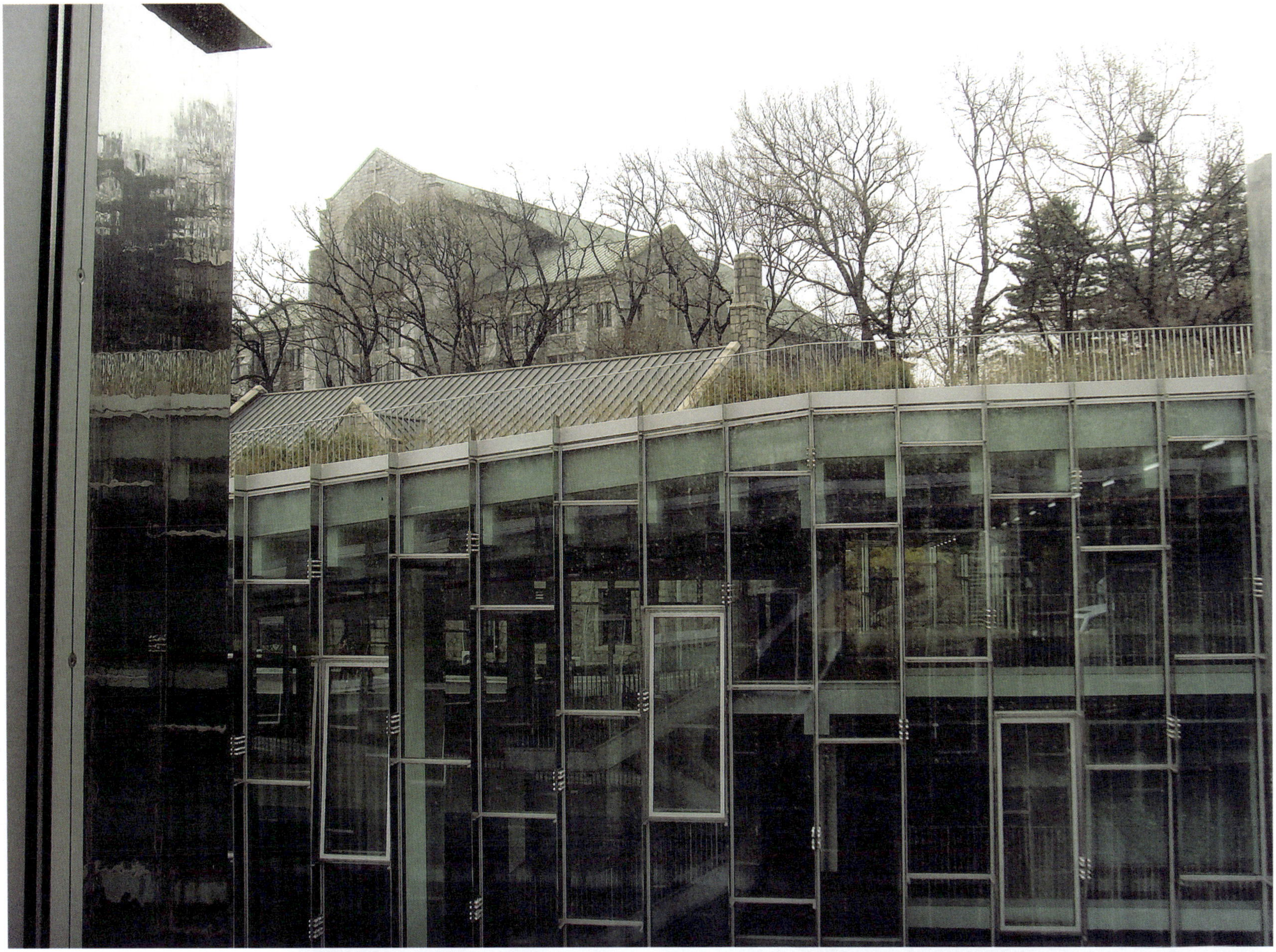

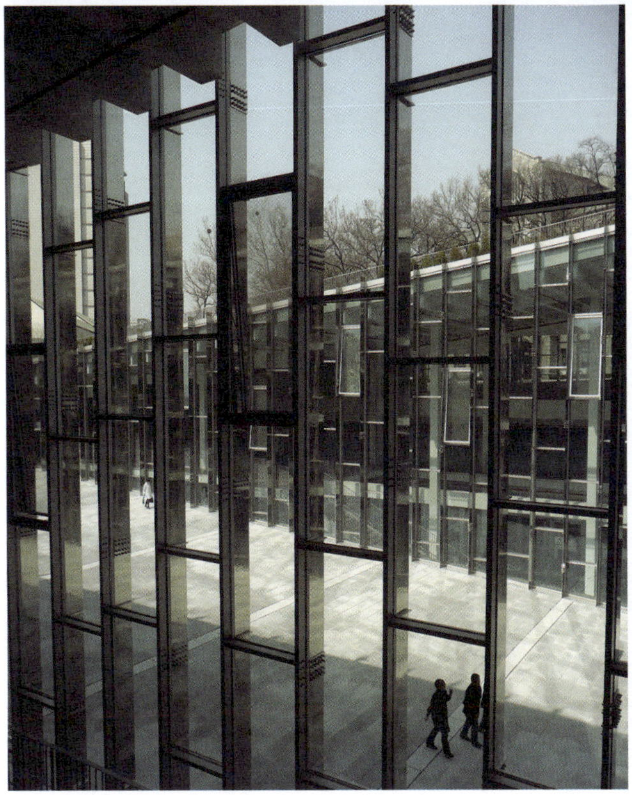

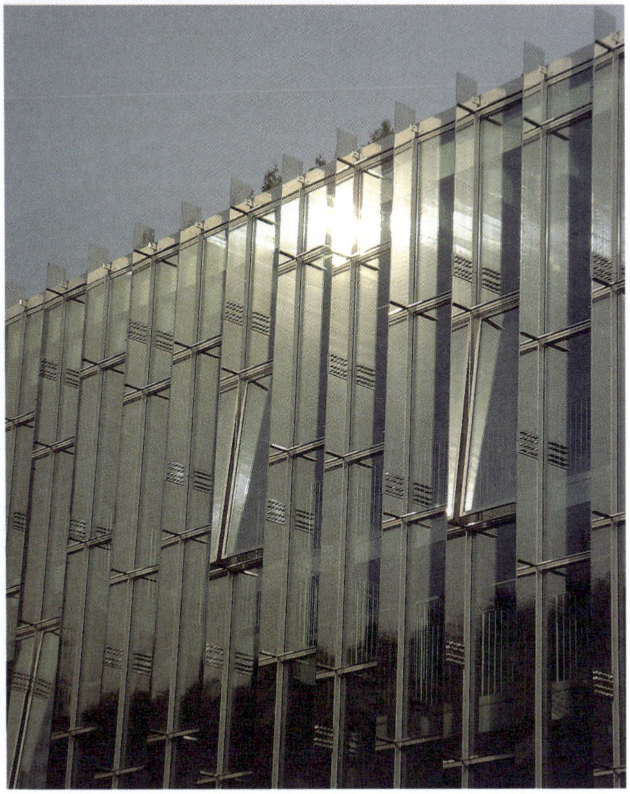

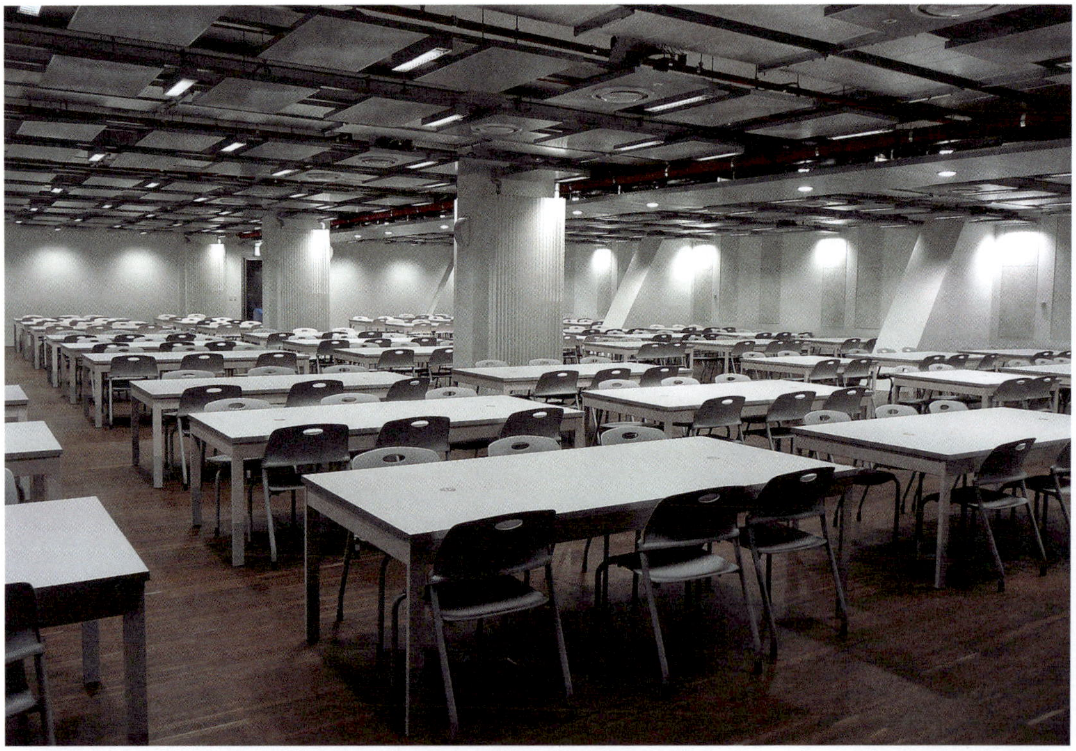

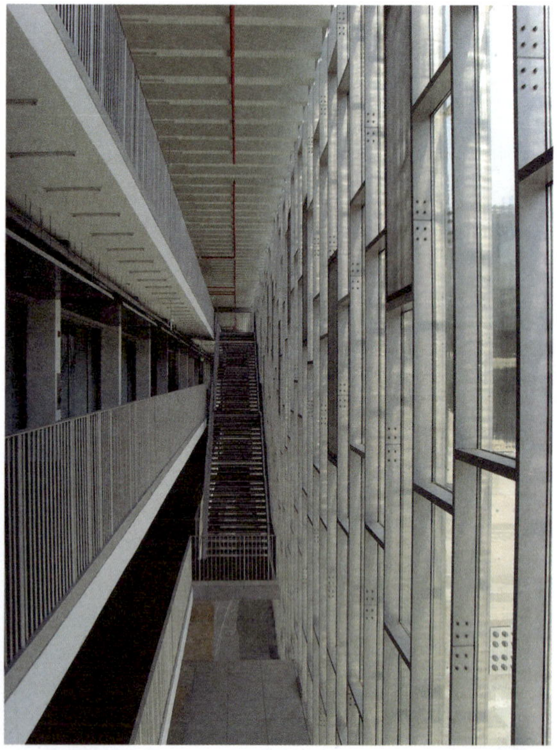

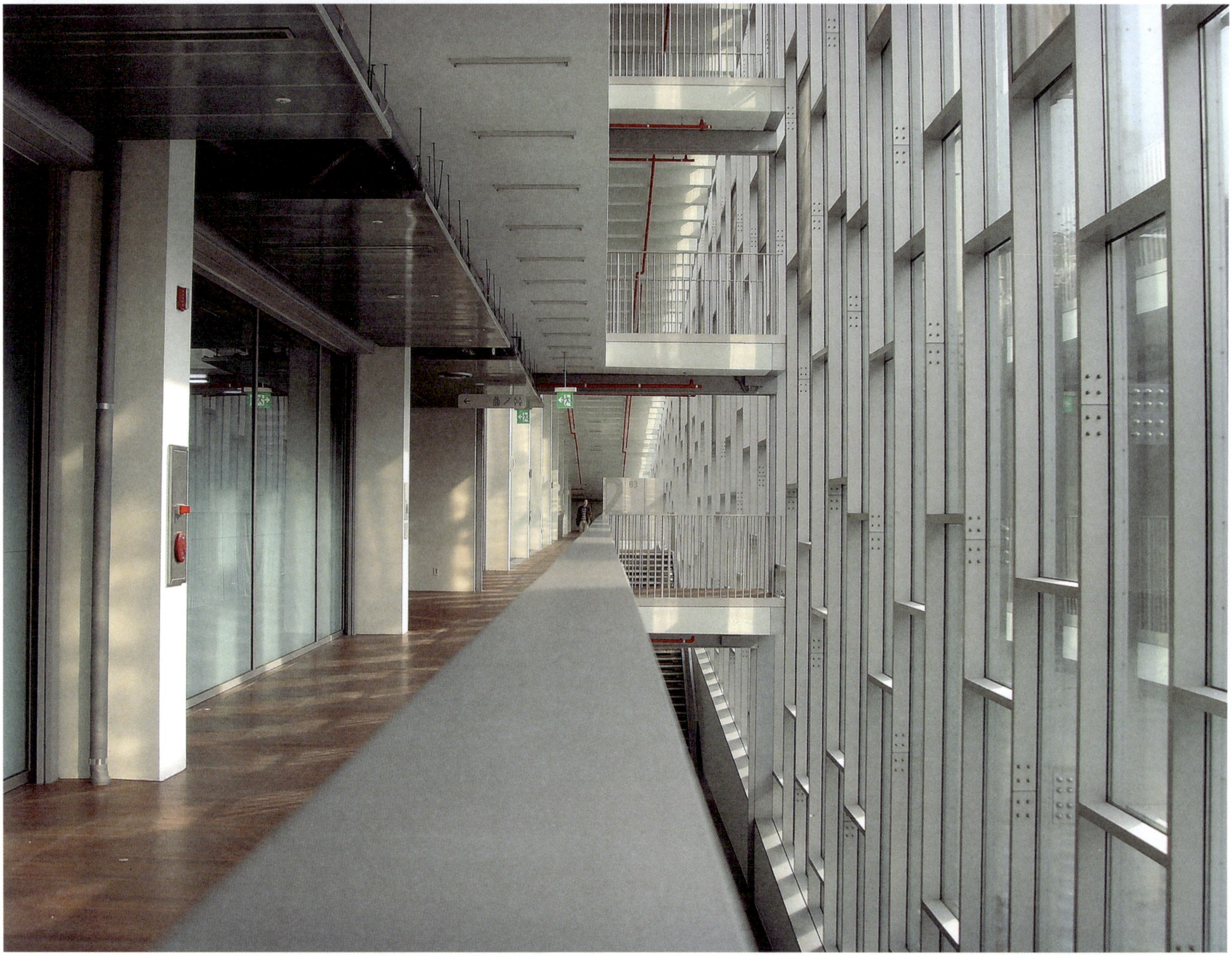

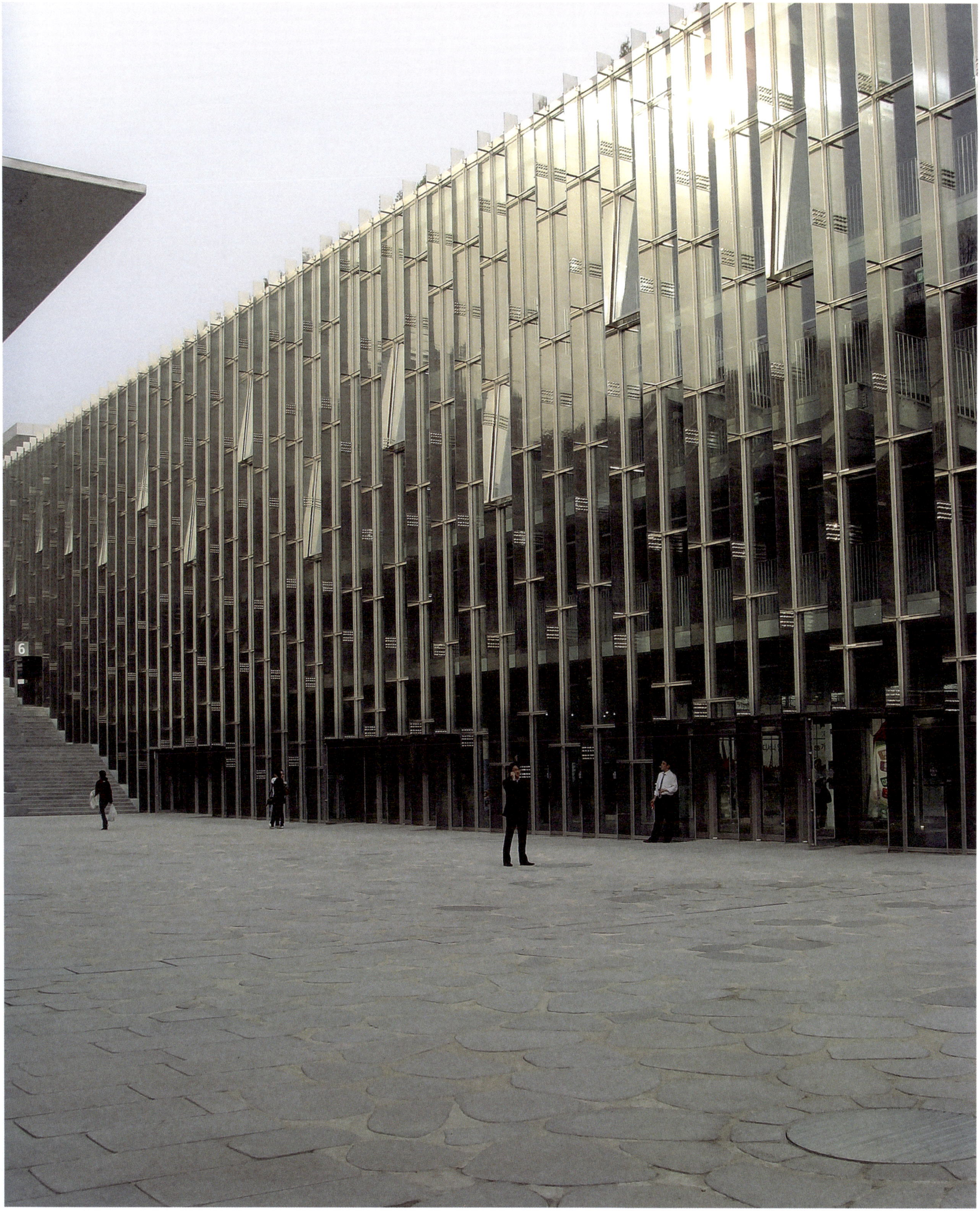

PLACE GARIBALDI
PIAZZA GARIBALDI

NAPLES, CAMPANIE, ITALIE, *CAMPANIA, ITALY,* 2004-2011
(en cours de construction / *under construction*)

Client : Metropolitana di Napoli
Commande directe
Bureaux d'étude : Perrault Projets (ingénierie architecturale), Bollinger + Grohmann (structure), Metropolitana di Napoli SpA et Metropolitana di Milano (exécution)
Programme : réaménagement de la place Garibaldi, création d'un jardin, de zones piétonnes, réorganisation du trafic routier ; création d'un pôle multifonctionnel comprenant une galerie commerciale et les accès au métro
Surface construite : 38 500 m² ; surface du site : 64 000 m²

Client: Metropolitana di Napoli
Direct commission
Consultants: Perrault Projects (architectural engineering), Bollinger + Grohmann (structure), Metropolitana di Napoli SpA and Metropolitana di Milano (execution)
Program: *redevelopment of the piazza Garibaldi, creation of a garden, pedestrian areas, reorganization of road traffic flows; creation of a multi-purpose complex with a shopping center and subway access.*
Built area: *500 m²; plot area: 64,000 m²*

Le projet de réaménagement du quartier des gares de Naples a pour ambition d'offrir à la ville un nouvel ensemble d'espaces publics (places, jardins et zones piétonnes), tout en valorisant les infrastructures routières et ferroviaires (la gare centrale, la nouvelle gare TAV, la gare Circumvesuviana, les deux stations de métro des lignes 1 et 2, la gare routière et la station de taxis). L'intervention doit porter sur deux zones distinctes, Garibaldi 1 et Garibaldi 2, et permettre d'intégrer ultérieurement les éventuelles transformations de ce secteur de l'agglomération. Il s'agit par ailleurs de conserver l'identité des lieux et de résoudre une partie des problèmes liés au trafic automobile et à la fragmentation des espaces piétonniers.

C'est pourquoi Dominique Perrault propose un circuit continu faisant le tour du quartier, circuit destiné à fluidifier les déplacements et à développer l'activité économique dans les rues adjacentes. Au nord, sont ensuite agencés des jardins, un grand bassin qui marque l'accès au métro et un espace de repos qui rejoignent la place de la gare centrale ; au sud, une galerie abrite une vaste zone piétonne où déambulent les citadins. Le dessin du projet a été imaginé en tenant compte des éléments du contexte urbain : la tour et la couverture en porte-à-faux de la gare centrale. Garibaldi 1 et Garibaldi 2 sont alors coiffées par un grand toit, dont la silhouette rappelle celle d'un véritable refuge. Son traitement en prisme, qui intensifie la perméabilité du lieu au soleil et à la pluie, et le recours à des revêtements alternativement pleins et perforés compose une multitude de situations architecturales.

The goal of this redevelopment project for the Naples district containing its train stations is two-fold. First, to provide the city with a new system of publics spaces (plazas, gardens and pedestrian areas) and second, to simultaneously enhance efficiency of road and rail networks (the main train station, the new TAV station, the Circumvesuviana station, two subway stations of lines 1 and 2, the bus station and taxi stand). The project focuses on two distinct zones, Garibaldi 1 and Garibaldi 2, and must remain open to integration of eventual transformations of this sector of the metropolitan area. Moreover, the identity of landmarks places must be conserved, automobile traffic issues resolved and fragmentation of pedestrian zones repaired.

In answer to this broad and complex range of requirements, Dominique Perrault proposes a continuous circuit running encircling the district to streamline movement and foster development of economic activity in adjacent streets. To the north, gardens are laid outs, with a large pond marking access to the subway and a calm zone connected to the plaza in front of the central train station; to the south, an arcade shelters a vast pedestrian area where inhabitants can stroll freely. The project design takes into account the elements of the urban context, including the tower and the overhanging roof of the central station. Garibaldi 1 and Garibaldi 2 are covered by a great shed whose outline recalls a genuine mountain refuge. Its prism form, which increases the permeability of the place to sunlight and rain, and the use of alternating solid and perforated facing materials, offer a broad range of architectural situations

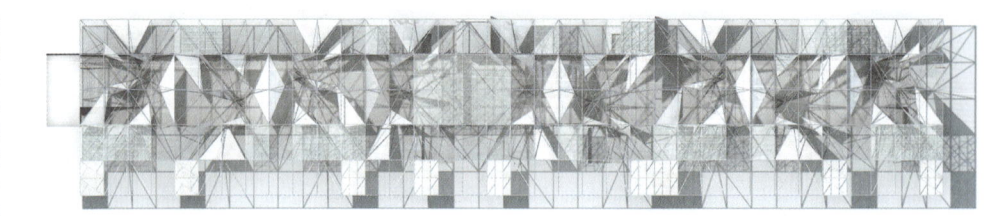

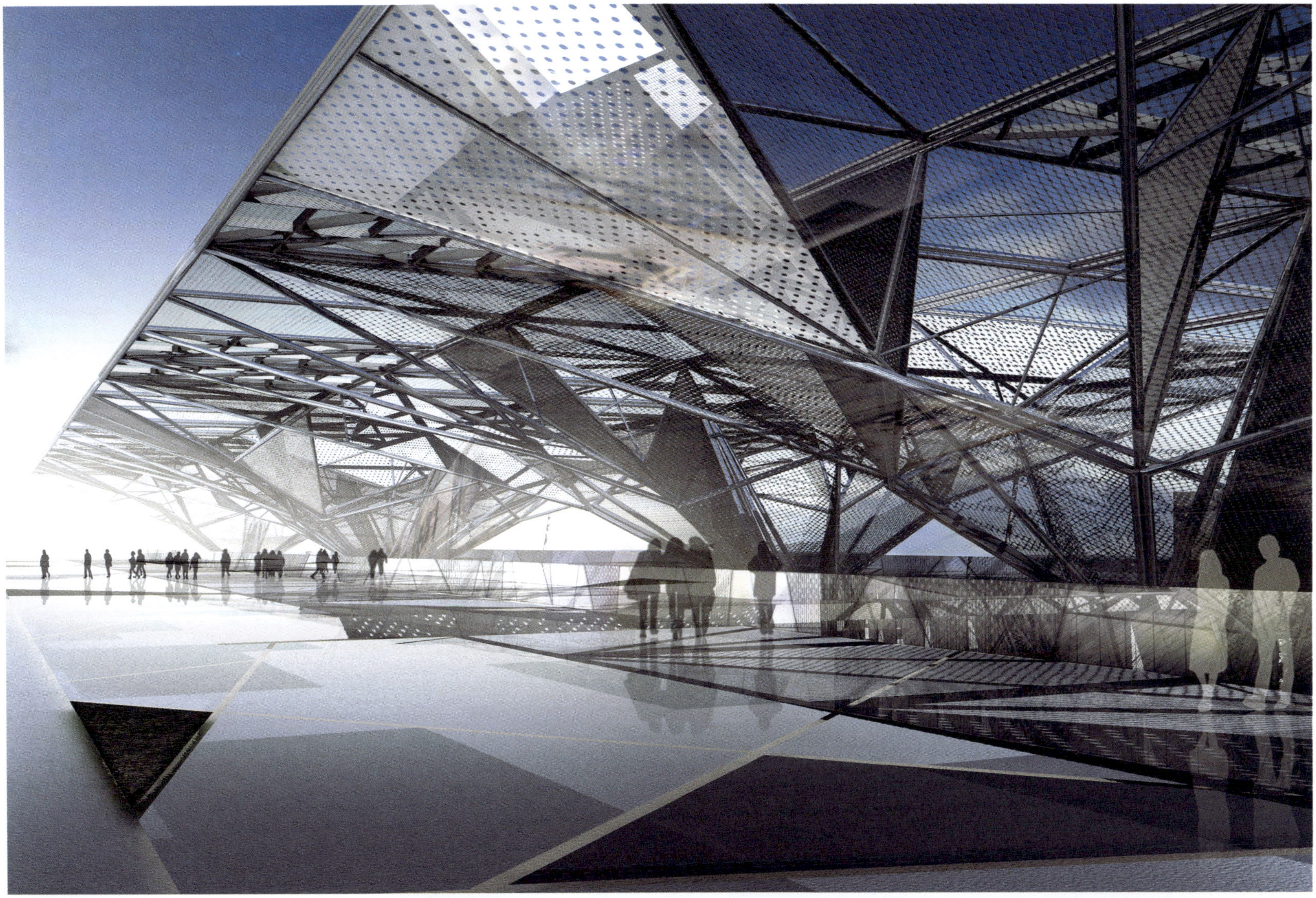

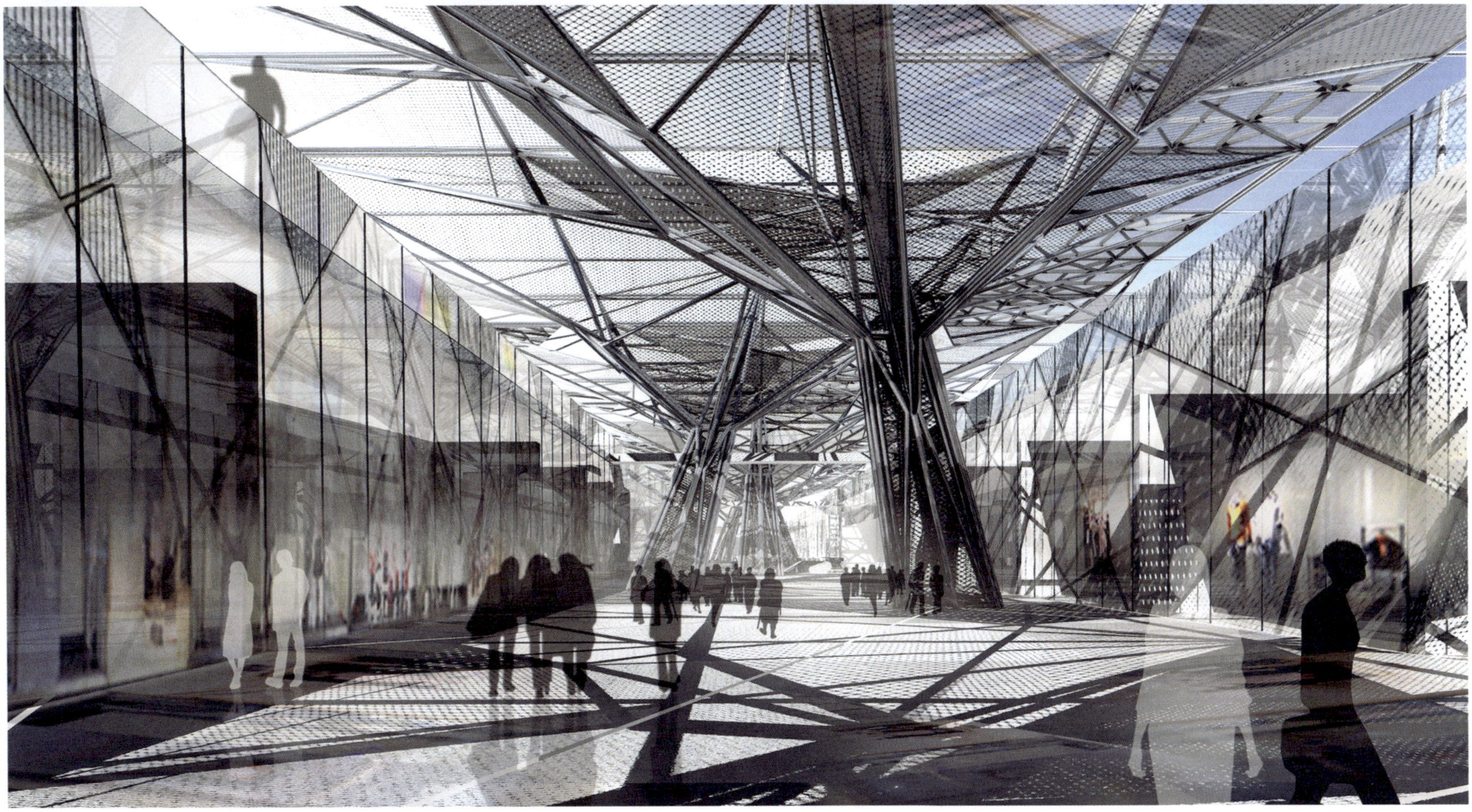

CIUDAD DEL MOTOR

ALCAÑIZ, ARAGON, ESPAGNE, *SPAIN*, 2007

Client: Diputación General de Aragón
Concours international sur invitation, non réalisé
Programme: circuits de vitesse, karting et cross, ateliers, centre de loisirs, commerces, hôtel
Surface construite: 50 000 m^2 ; surface du site : 25 ha

Client: *Diputación General de Aragón*
International invitation to tender, not built
Program: racing circuits, kart racing and motocross, workshops, theme park, shops, hotel
Built area: 50,000 m^2 ; plot area: 25 ha

Le concours pour la Ciudad del Motor [la ville du moteur] a pour objectif d'installer, dans une zone désertique de la province d'Aragon, un ensemble d'activités liées à l'économie de l'automobile : des circuits et leurs espaces techniques d'une part, mais aussi un centre de loisirs, des commerces spécialisés et un hôtel.

Pour ce projet, Dominique Perrault s'inspire du mode de vie des peuples nomades, qui n'est pas sans évoquer celui des professionnels de ce milieu. Il propose d'établir sur le site un ensemble de tentes sous lesquelles seront accueillies des constructions diverses, réalisées en fonction des besoins. L'aspect nomade se trouve ainsi contrebalancé par une organisation rappelant celle des villages traditionnels.

Ce programme a été imaginé pour éviter de bouleverser la topographie existante. Il suggère par conséquent une occupation souple, légère et éphémère du territoire, qui, vu d'en haut, fait songer à un paysage de dunes parfaitement assorti à l'environnement immédiat. Le ciel artificiel créé par les tentes permet de bénéficier de conditions climatiques agréables, qu'il s'agisse de la température, de l'humidité ou de l'ensoleillement. La nature, plutôt hostile dans cette région, devient alors habitable.

Différents matériaux sont utilisés pour monter ces structures tendues, qui s'intercalent avec des espaces laissés ouverts : une maille métallique dorée à la densité variable, une maille lumineuse équipée de leds et des panneaux solaires. Cette diversité de surfaces inclinées, qui jouent avec la lumière de jour comme de nuit, contribue à donner une nouvelle identité au site.

The competition for the Ciudad del Motor [motor city] sought to select a design encompassing a range of leisure activities linked to the automobile industry for a site in a barren region of the province of Aragon. The program comprises racing circuits and their technical areas on one hand, and a theme park, specialized shops and a hotel, on the other.

For this project, Dominique Perrault draws inspiration from the life of nomadic peoples, which has certain parallels with the professional life of people working in this milieu. He proposes a series of tents on the site that will shelter diverse constructions, built according to need. The nomadic aspect is thus counterbalanced by an organization emulating traditional villages.

The program was designed to avoid disrupting the existing topography. Thus, it suggests a flexible, ephemeral occupation of the area. Seen from above, it reminds one of a dune landscape, fitting in perfectly with its immediate environment. The artificial sky created by the tents takes full advantage of good weather conditions, in terms of temperature and humidity as well as sunlight. Nature's relatively hostile character in this region becomes inhabitable.

Different materials are utilized for the tent structures, which are sandwiched in between spaces left open: a gold-tinted metallic mesh of varying density, a luminous mesh studded with LEDs and equipped with solar panels. The diversity of inclined surfaces, which play with light during the day and at night, bestows a new identity on the site.

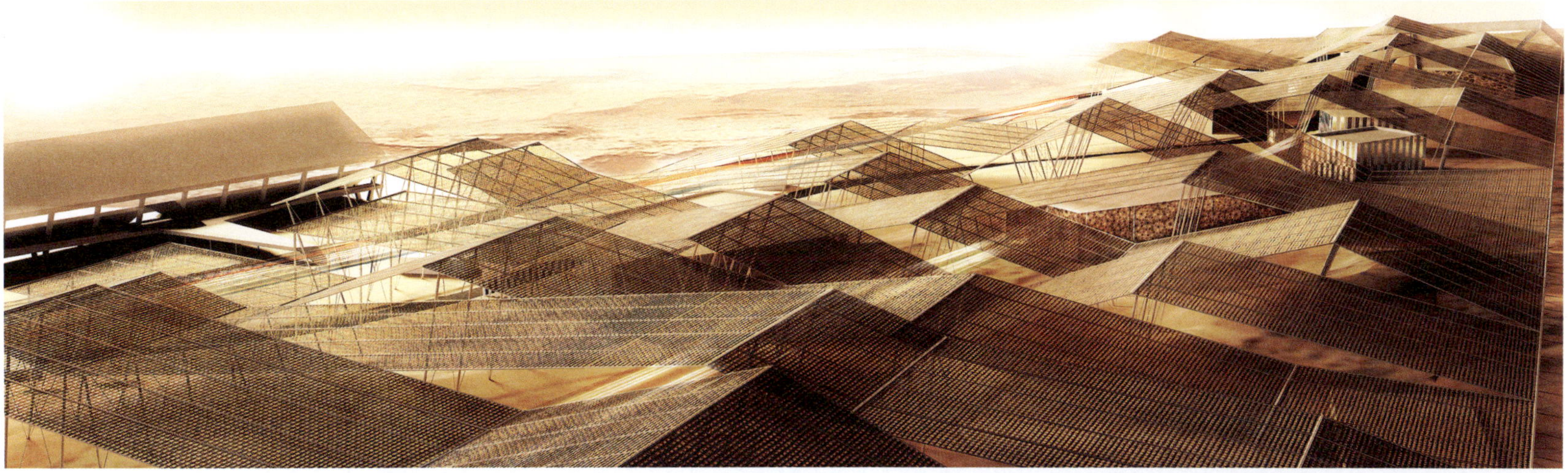

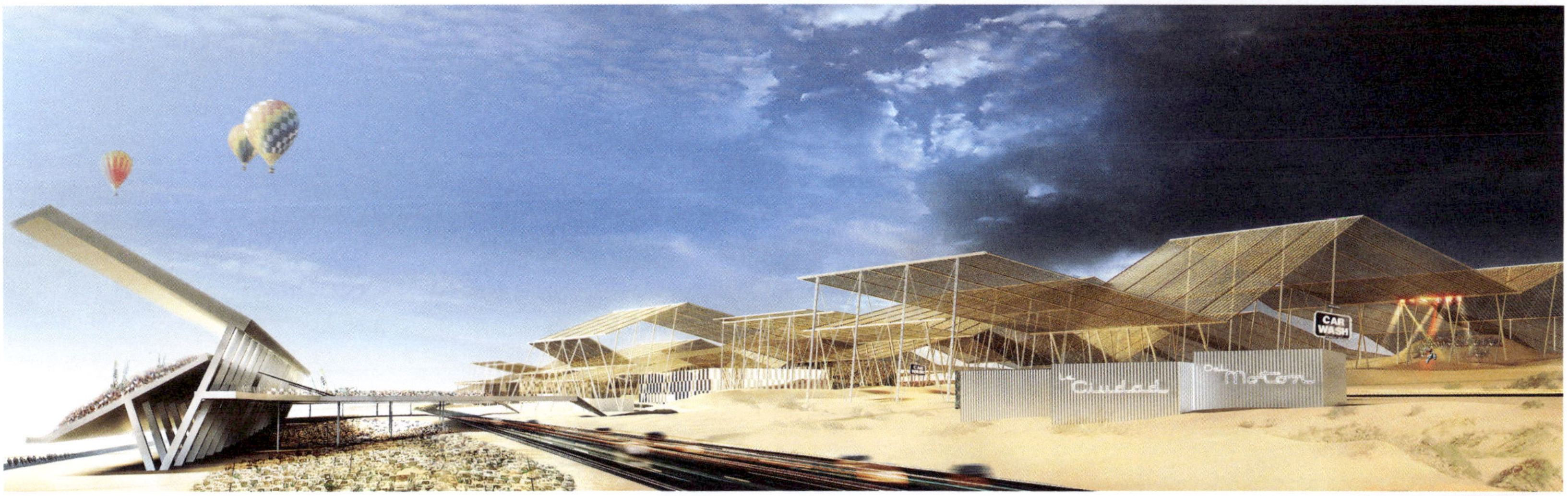
CAR
WASH

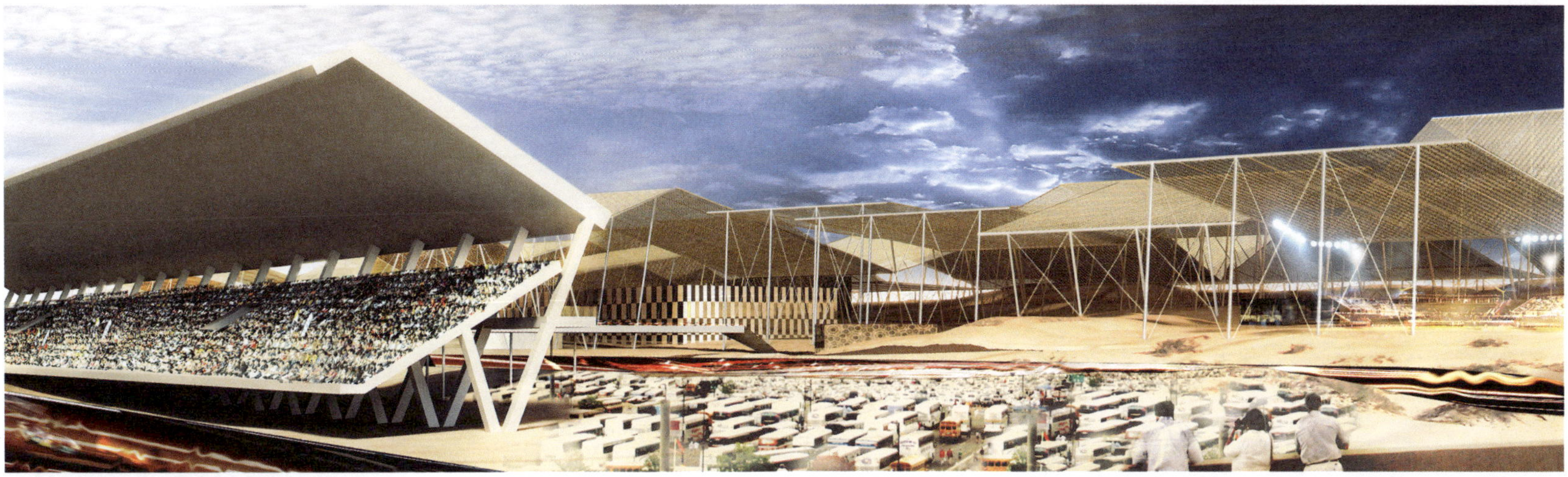

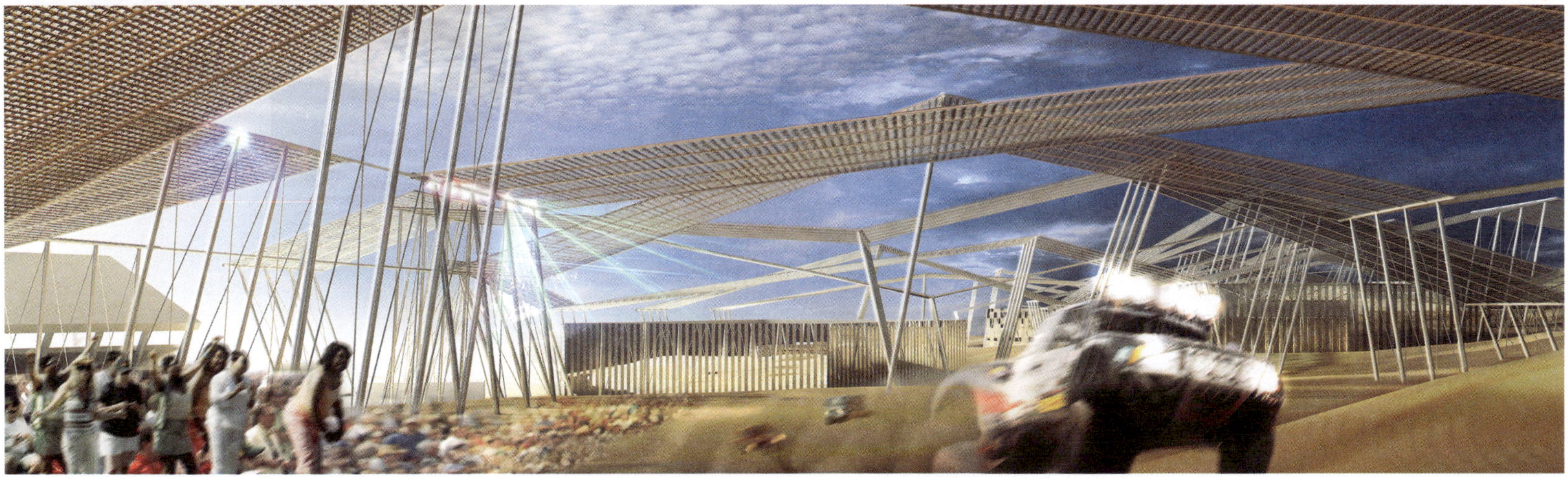

BLURS

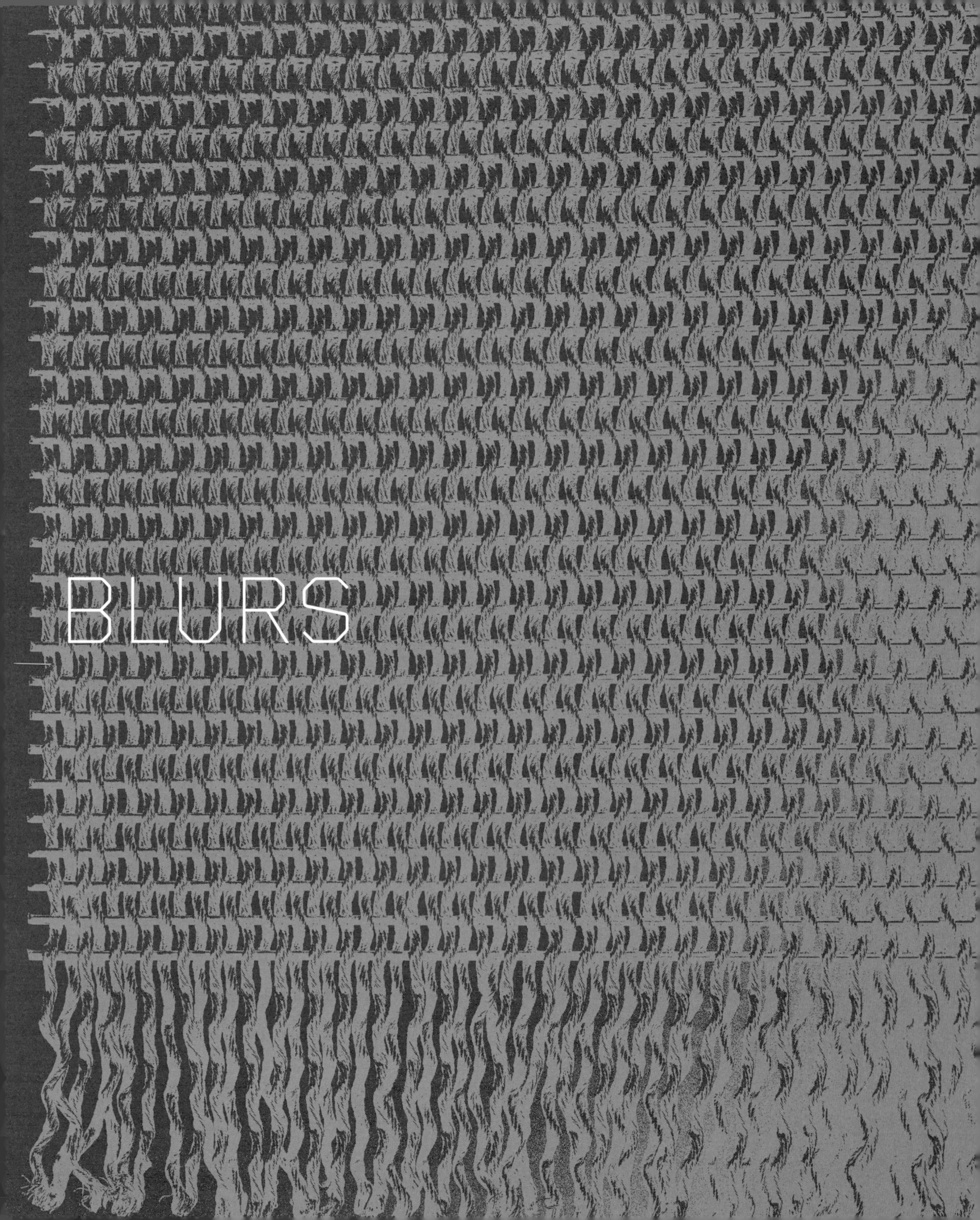

ÉCOLES ENPC-ENSG, MARNE-LA-VALLÉE, FRANCE, 1989

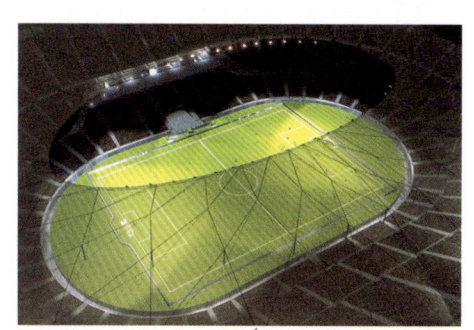

LE GRAND STADE, MELUN-SÉNART, FRANCE, 1992

CENTRE DE POLITIQUE DE SÉCURITÉ, MAISON DE LA PAIX, GENÈVE, SUISSE, 1997

CASA DA MÚSICA, PORTO, PORTUGAL, 1999

MÉDIATHÈQUE, BRAUNSCHWEIG, ALLEMAGNE, 2004

TÉLÉPHÉRIQUE HUNGERBURG, INNSBRUCK, AUTRICHE, 2004

CASINO MAXIM, LAS VEGAS, ÉTATS-UNIS, 2006

SIÈGE DE SALEWA, BOLZANO, ITALIE, 2007

TROIS PAVILLONS, DISTRICT DE BAO'AN, SHENZHEN, CHINE, 2007

COMPLEXE SPORTIF DE MONTIGALÀ
MONTIGALÀ SPORTS COMPLEX

BADALONA, CATALOGNE, ESPAGNE / *BADALONA, CATALONIA, SPAIN, 1998-2001*

Client: ville de Badalona
Commande directe, projet partiellement réalisé (le terrain d'entraînement a été réalisé en 2001)
Architecte local: AIA, Barcelone
Programme: plan général d'urbanisation et de paysagement intégrant un ensemble d'équipements sportifs : stade de football pour 8 000 spectateurs, terrain de football, terrain d'entraînement, salle de sport avec piscine couverte, terrain de basket-ball, centre de remise en forme
Surface construite: 50 000 m² ; surface du site : 10 ha

Client: city of Badalona
Direct commission, project partially built (the training ground was completed in 2001)
Local Architect: AIA, Barcelona
Program: overall urban plan and landscaping integrating a variety of sports facilities: football stadium for 8,000 spectators, football field, training field, gymnasium with covered swimming pool, basketball court, fitness center.
Built: 50,000 m²; plot area: 10 ha

Pour le complexe sportif de Montigalà, situé dans une vallée encore peu urbanisée de la banlieue de Barcelone, Dominique Perrault est guidé par la volonté de mettre en valeur les singularités de la géographie locale. L'organisation des différents équipements s'adapte au relief découpé entre mer et montagne, en progressant depuis un espace citadin et dense jusqu'à un espace plus paysager dans la partie haute du site.
Quatre secteurs sont alors définis : les équipements sportifs de proximité (terrain, piscine, salle de sport), le grand stade de football – le cœur du programme –, le stade d'entraînement et un parc de loisirs. Les circulations qui parcourent l'ensemble de la zone se calent sur ce schéma initial : les rues qui quadrillent l'espace côté mer se transforment petit à petit en chemins, puis en sentiers, lorsque l'on traverse le parc sportif.
Un des points clés du projet réside dans la situation encaissée du stade, qui vient se loger dans un creux de la topographie. Cet équipement monumental se fond complètement dans le paysage, ne laissant émerger que les ondulations de sa couverture. L'aménagement proposé a ainsi le mérite de créer un espace spécifique connecté à la ville, tout en magnifiant le lieu dans lequel il s'inscrit.

The Montigalà complex is settled into a sparsely built valley of a Barcelona suburb. Dominique Perrault wished to take advantage of its interesting topographical features in his design. The various sports facilities of the complex adapt to the relief wedged between sea and mountain, extending from a densely urbanized area in its lower reaches to a more naturalistic zone in the upper regions of the site.
The complex is divided into four sectors: a main football stadium, the open access sports facilities (training field, pool and gymnasium), the training stadium and a theme park.
The circulations crisscrossing the site follow the initial plan. The street grid of the area on the seaside gradually becomes a series of trails which turn into paths when they reach the sports park. A key feature of the project is the location of the stadium, which is nestled into a hollow area of the topography. The monumental structure sinks into the landscape with only the outcrop of its undulating covering emerging. The proposed development creates a new, signature landmark for the city while skillfully highlighting the geography of the site.

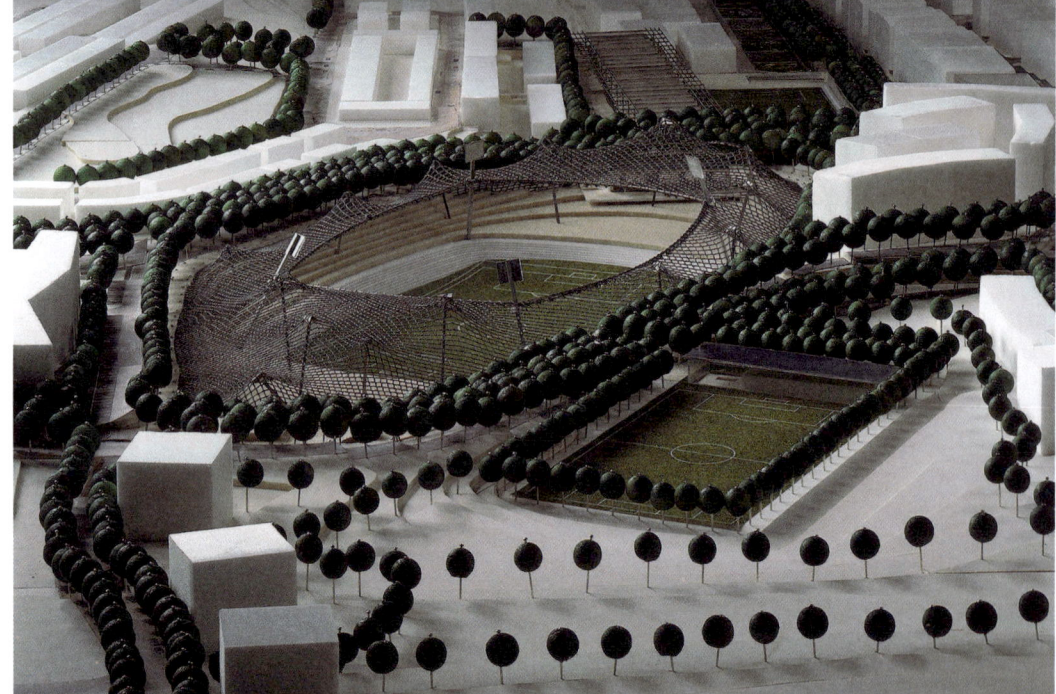

PISCINE OLYMPIQUE DE PÉKIN
BEIJING OLYMPIC SWIMMING POOL

PÉKIN, CHINE, *BEIJING, CHINA,* 2003

Client: Beijing State-owned Assets Management Co., Ltd.
Concours international, non réalisé
Bureaux d'étude: Coyne & Bellier
Programme: piscine nationale pour les jeux Olympiques de 2008 (capacité de 17 000 spectateurs)
Surface construite: 65 000 m² ; surface du site : 70 800 m²

Client: Beijing State-owned Assets Management Co., Ltd.
International competition, not built
Consultants: Coyne & Bellier
Program: national swimming pool for the 2008 Olympic Games (capacity: 17,000 spectators)
Built area: 65,000 m²; plot area: 70,800 m²

La réponse de Dominique Perrault au concours pour la piscine olympique de Pékin comprend deux axes principaux. Il s'agit d'une part de bâtir l'extension de l'équipement sportif existant et d'autre part d'en rendre possible la transformation en vue des épreuves qui s'y tiendront durant l'été 2008.

Les différents éléments du programme (trois bassins, leurs tribunes, les lieux de restauration, les vestiaires et les bureaux), tous abrités sous un volume rectangulaire transparent, sont dissociés dans leur fonctionnement. Ces espaces sont desservis par une circulation annulaire en périphérie de l'édifice et par une rue intérieure qui le coupe transversalement et le relie visuellement à l'espace public de l'équipement. Pour les besoins de la compétition, le projet prévoit également de surélever la couverture du bassin principal, le gain de hauteur obtenu permettant d'installer un niveau de tribunes supplémentaire.

Une maille métallique enveloppe l'ensemble de la construction, tout en lui conférant une véritable identité. À la manière d'une toile de tente tendue jusqu'au niveau du sol, cette maille filtre et sculpte la lumière qui pénètre vers l'intérieur de la piscine, et tend à faire disparaître la limite entre l'intérieur du centre sportif et ses alentours. Le temps des JO, une seconde toile en Téflon viendra couvrir le bassin olympique et doubler ainsi la maille métallique déjà posée.

Dominique Perrault's entry for the Beijing Olympic swimming pool rests on two main concepts. The first is to build an extension to the existing facility and second to prepare it to be transformed for the games to be held in summer of 2008.

The different elements of the program (three pools, stands for each, food service areas, dressing rooms and offices), all sheltered under a rectangular and transparent volume, are separated from the public. They are accessed via a circular corridor ringing the periphery of the building and by an interior street transversally cutting and visually linking the public spaces and the sporting facilities. For competition purposes, the project also provides for elevating the covering of the main pool; the increased height allowing for the installation of an additional level to the stands.

Metallic mesh envelopes the entire construction, thus giving it a real identity. Like the canvas of a tent stretched down and attached to the ground, the mesh filters and sculpts the light penetrating the pool area, which tends to blur the frontier between the interior of the facility and its surroundings. During the Olympic Games, a second skin in Teflon will cover the Olympic pool, acting as a lining of the metallic mesh already in place.

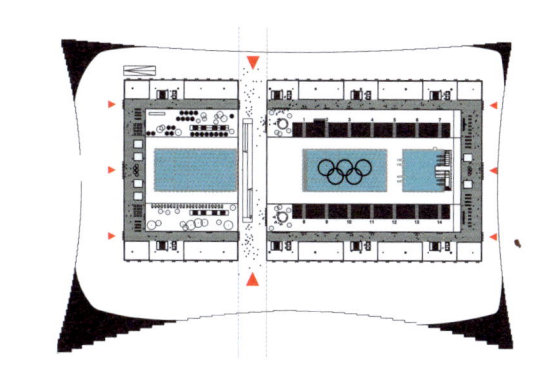

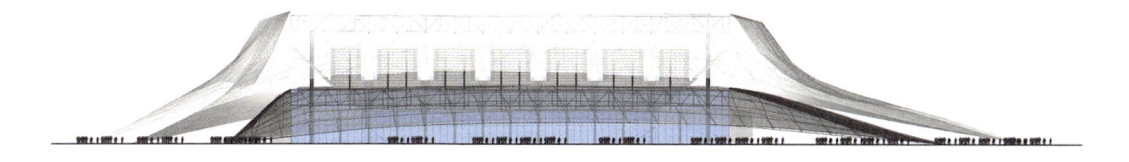

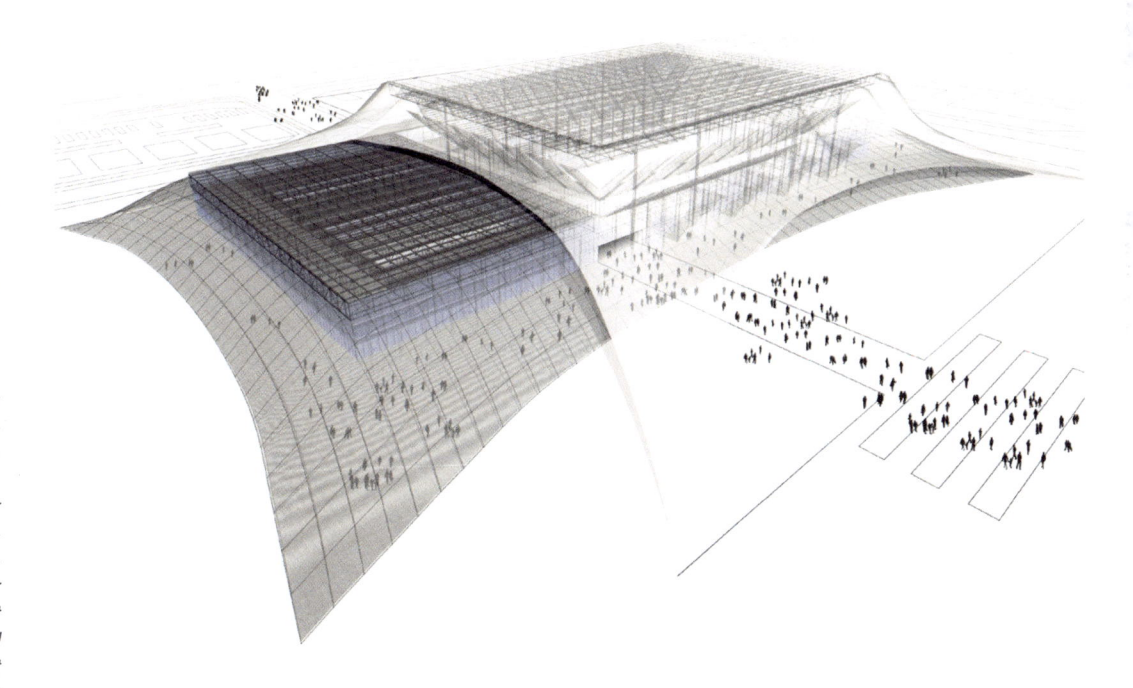

AMÉNAGEMENT DE LA PLAGE ET CONSTRUCTION DE L'HÔTEL LAS TERESITAS
LAS TERESITAS BEACH DEVELOPMENT AND HOTEL

SANTA CRUZ DE TENERIFE, ÎLES CANARIES, ESPAGNE, *CANARY ISLANDS, SPAIN,* 2000 - 2010

Client: ville de Santa Cruz de Tenerife
Concours international, projet lauréat
Programme: extension et réaménagement de la plage ; projet pour un hôtel 5 étoiles comprenant un centre de thalassothérapie : 225 chambres, centre de remise en forme, piscine, salles de conférences, restaurants, commerces, bureaux administratifs, parking souterrain
Surface aménagée: 60 000 m²

Client: city of Santa Cruz de Tenerife
International competition, winning project
Program: *extension and redevelopment of the beach; project for a 5 star luxury hotel including thalassotherapy center: 225 guestrooms, fitness center, pool, conference rooms, restaurants, shops, administrative offices, underground parking garage*
Development area: *60,000 m²*

La construction de cet hôtel s'inscrit dans le projet global d'aménagement de la plage de Santa Cruz de Tenerife, Las Teresitas. Pour ce bâtiment de 10 étages et 225 chambres édifié sur une ancienne batterie militaire, Dominique Perrault est surtout soucieux d'élever un bâtiment qui puisse s'harmoniser avec le front de mer et respecter l'identité du site.
Il engage dans cette perspective un processus de réaménagement de la montagne de l'ancienne citadelle devenue une zone abandonnée dépourvue de végétation. Son intervention va consister à créer un lieu « plus naturel, plus écologique et plus agréable », pour les habitants comme pour les touristes, sans pour autant nier toute présence architecturale. L'hôtel dispose de deux façades : l'une, surplombant la plage, affiche un air de famille avec le vieux village, tandis que l'autre, tournée vers les espaces urbanisés et la montagne, s'impose de façon plus massive tout en permettant à l'établissement d'assumer son rôle de pivot entre les différents quartiers de la ville. Enfin, un voile de maille métallique inoxydable vient recouvrir la totalité de la construction dont les étages composent alors un véritable mille-feuille aux strates géologiques superposées.
Grâce à un climat favorable, une végétation luxuriante ira se greffer sur l'ensemble de la structure. Ainsi, dans cette dualité entre nature et architecture, cette construction est pensée pour s'intégrer parfaitement à son environnement.

Construction of this hotel fits into a broader project to redevelop the beachfront of Santa Cruz de Tenerife, Las Teresitas. For the 10-story, 225 guestroom hotel built on the site of a former army gun battery, Dominique Perrault was most concerned with erecting a building in harmony with the beachfront and that respected the site's identity.
With this perspective uppermost in mind, he undertook a process of reorganizing the mountain upon which the city's former citadel stands, in a denuded and abandoned area. His intervention consists of creating a "more natural, ecological and pleasant" place for the city's inhabitants and tourists, without negating all architectural presence in the process. The hotel has two façades: the one overlooking the beach has a family look and feel to it facing the old village, while the other one, turned towards urbanized areas and the mountain, presents a more massive face that signals its role as a hinge between different neighborhoods of the city. Finally, a veil of stainless steel mesh drapes the entire construction, whose floors resemble a Napoleon pastry of superimposed geological strata.
Thanks to the favorable climate, luxuriant vegetation is grafted onto places across the entire structure. Thus, in this duality between nature and architecture, the building is designed to perfectly blend into its environment.

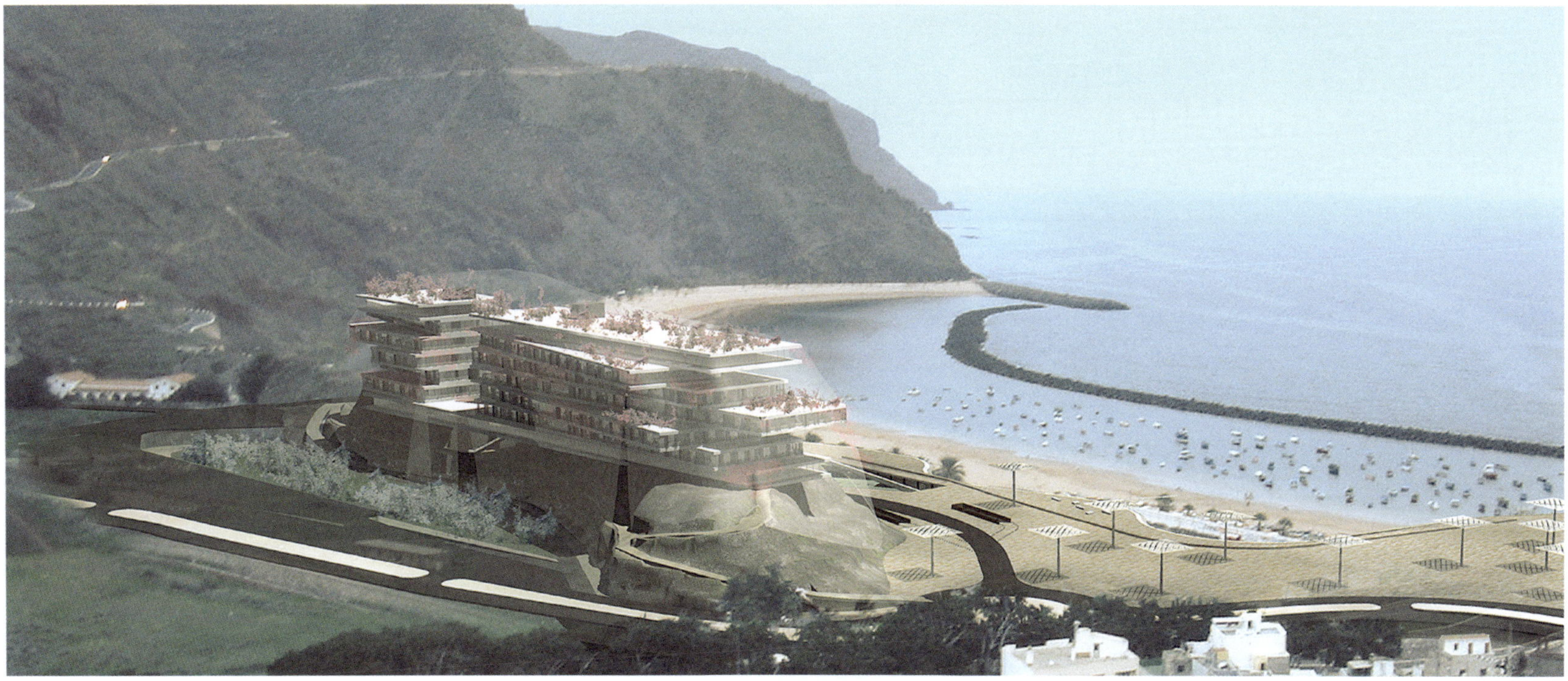

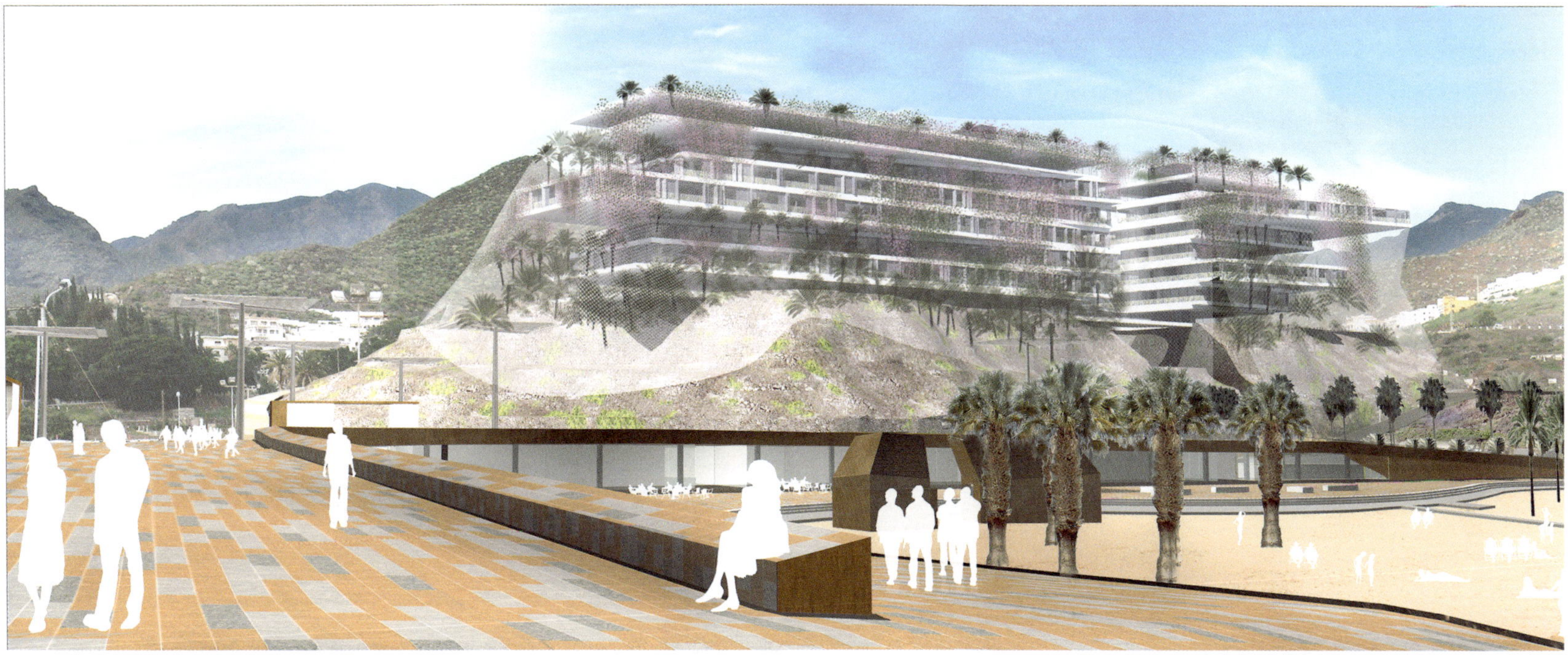

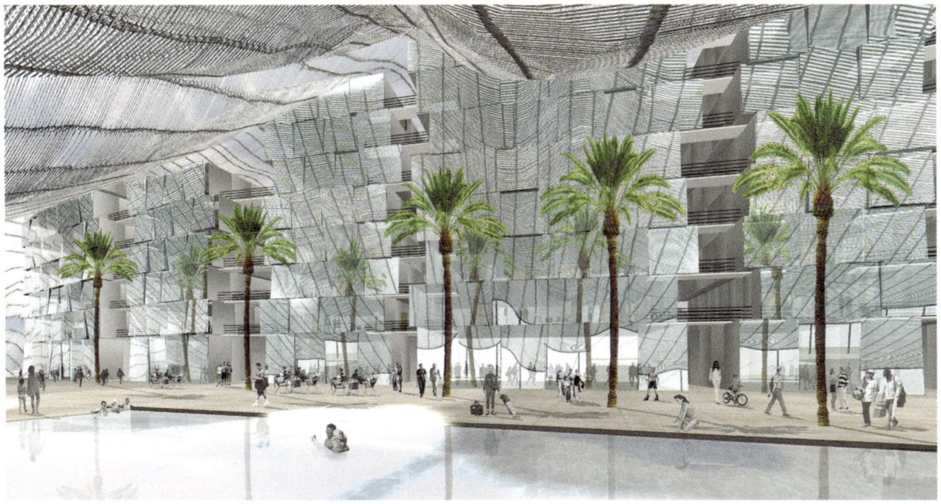

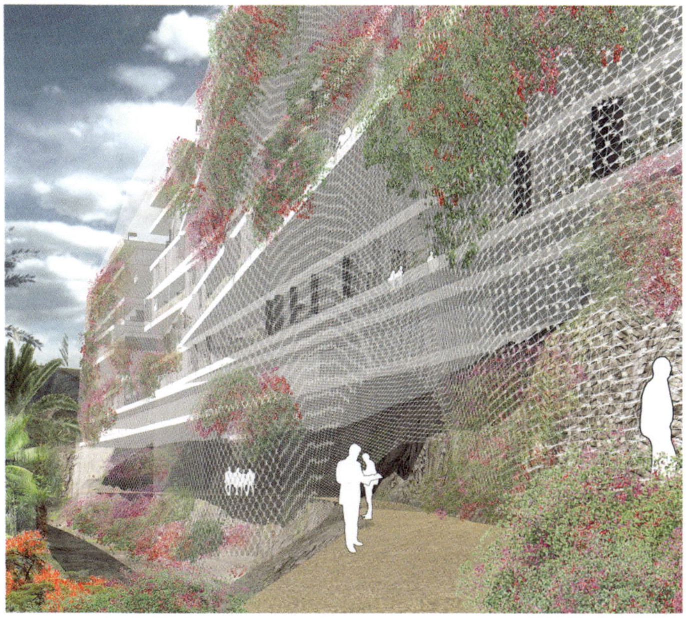

FONDATION FRANÇOIS PINAULT POUR L'ART CONTEMPORAIN
FRANÇOIS PINAULT FOUNDATION FOR CONTEMPORARY ART

BOULOGNE-BILLANCOURT, ILE-DE-FRANCE, FRANCE, 2001

Client: Artemis
Concours international sur invitation, non réalisé
Bureaux d'étude: Guy Morisseau (structure), Trouvin Serequip (fluides), Jean-Paul Lamoureux (éclairage et acoustique)
Programme: création d'une fondation d'art contemporain : salles d'exposition (22 000 m²), ateliers de restauration, amphithéâtre, studios de télévision, librairie, boutiques, restaurants, videocafé, esplanade, espaces d'exposition extérieurs.
Surface construite: 35 800 m² ; surface du site : 19 000 m²

Client: *Artemis*
International invitation to tender, not built
Consultants: *Guy Morisseau (structure), Trouvin Serequip (fluides), Jean-Paul Lamoureux (lighting and acoustics)*
Program: *creation of a contemporary art museum: exhibition galleries (22,000 m²), food service areas, lecture hall, television studios, bookshop, boutiques, restaurants, video-café, esplanade, outdoor exhibition areas.*
Built area: *35,800 m²; plot area: 19,000 m²*

La Fondation François Pinault pour l'art contemporain, qui devait initialement s'installer sur le site des anciennes usines Renault de l'île Seguin, fait l'objet, en 2001, d'un concours pour sa réalisation. Dominique Perrault la conçoit comme un don, un acte de partage, qui doit s'incarner dans l'ouverture de la collection à un large public, invité à déambuler dans un lieu unique. En découle un programme qui s'organise autour de sept axes principaux.

Le premier vise à conserver le socle de l'île tel qu'il est, pour ne pas dénaturer l'identité du lieu. Le deuxième et le troisième axes privilégient les points de contact avec l'eau, l'un par l'élaboration autour du musée d'une promenade qui s'insère dans le paysage préexistant, l'autre par un plan légèrement incliné descendant vers le fleuve. Vient ensuite – c'est le quatrième point – la « grande robe » de l'édifice, cette maille métallique qui l'enveloppe et crée une sorte de narthex, un espace d'entre-deux enchevêtrant symboliquement les notions de centre et de marge. Cet espace permet de desservir les quatre bâtiments qui ont chacun une fonction spécifique (exposition, conservation, patrimoine, communication), et de faciliter les parcours de visite. Le sixième axe concerne les galeries d'exposition : disposées sur un seul niveau, elles sont liées les unes aux autres et vouées à héberger des œuvres aux formats très divers. Enfin, pour ne pas interférer dans l'expérience esthétique du visiteur, le dernier axe du programme mise sur le « silence des matériaux » choisis : béton en plaque, verre en feuille, métal en maille. Ainsi les différents éléments du dispositif, en interaction permanente, parviennent-ils à créer un ensemble à la fois accueillant et mystérieux.

François Pinault Foundation for Contemporary Art initially planned to build its museum on the former site of the Renault assembly lines on the Île Seguin. In 2001 the Foundation held an international competition for its design. Dominique Perrault envisaged the project as a gift, an act of sharing made concrete by the opening of the collection to a wider public, invited to wander through a unique place dedicated to contemporary art. The program flows from this idea, which is organized around seven main concepts.

The first concept is to maintain the pedestal formed by the island as is, to avoid denaturing the identity of the place. The second and third concepts seek to set up points of contact with the waters of the Seine, one through the construction of a promenade encircling the museum and wedged into the existing landscape; the other by a slightly sloping plane descending towards the river. The fourth concept involves the "great cloak" covering the complex – in metallic mesh. The cloak envelopes the structure and creates a sort of narthex, an "in-between" space where the notions of center and margin symbolically overlap. This space provides access to the four buildings comprising the museum, each with a specific function (exhibition, conservation, heritage, communication), and facilitates the different possible itineraries of the visit. The sixth concept deals with the exhibition galleries, which are laid out on one level, linked in a chain and designed to contain artworks in every sort of format. The seventh concept is to avoid interfering with the visitor's esthetic experience. This aim is achieved through the "silence of the materials" selected: concrete plaques, sheet glass, metallic mesh. Thus, the various elements that compose the whole continuously interact to create a welcoming and mysterious place.

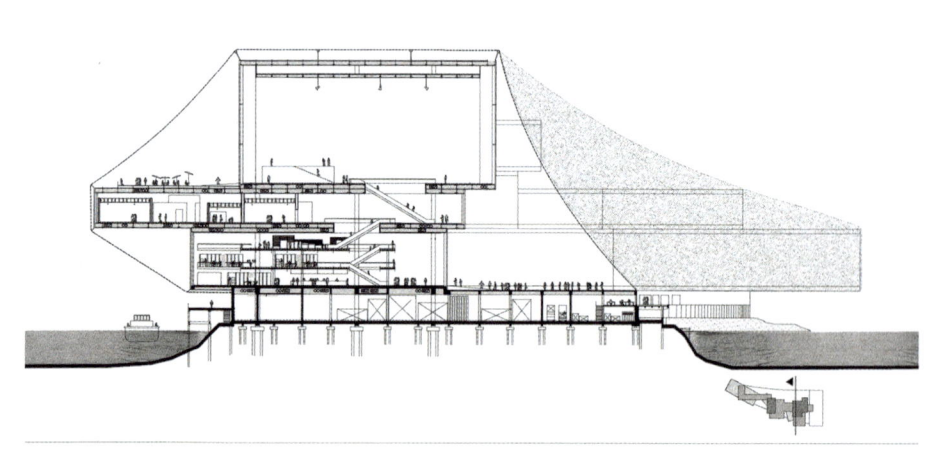

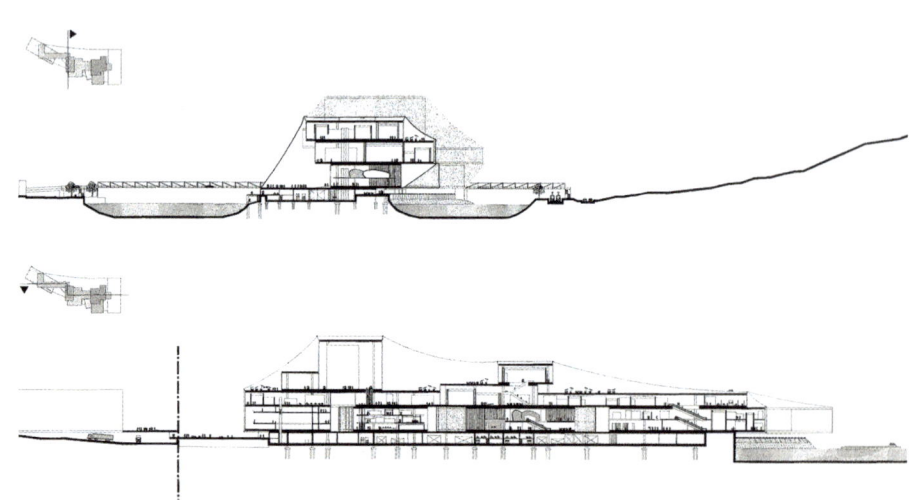

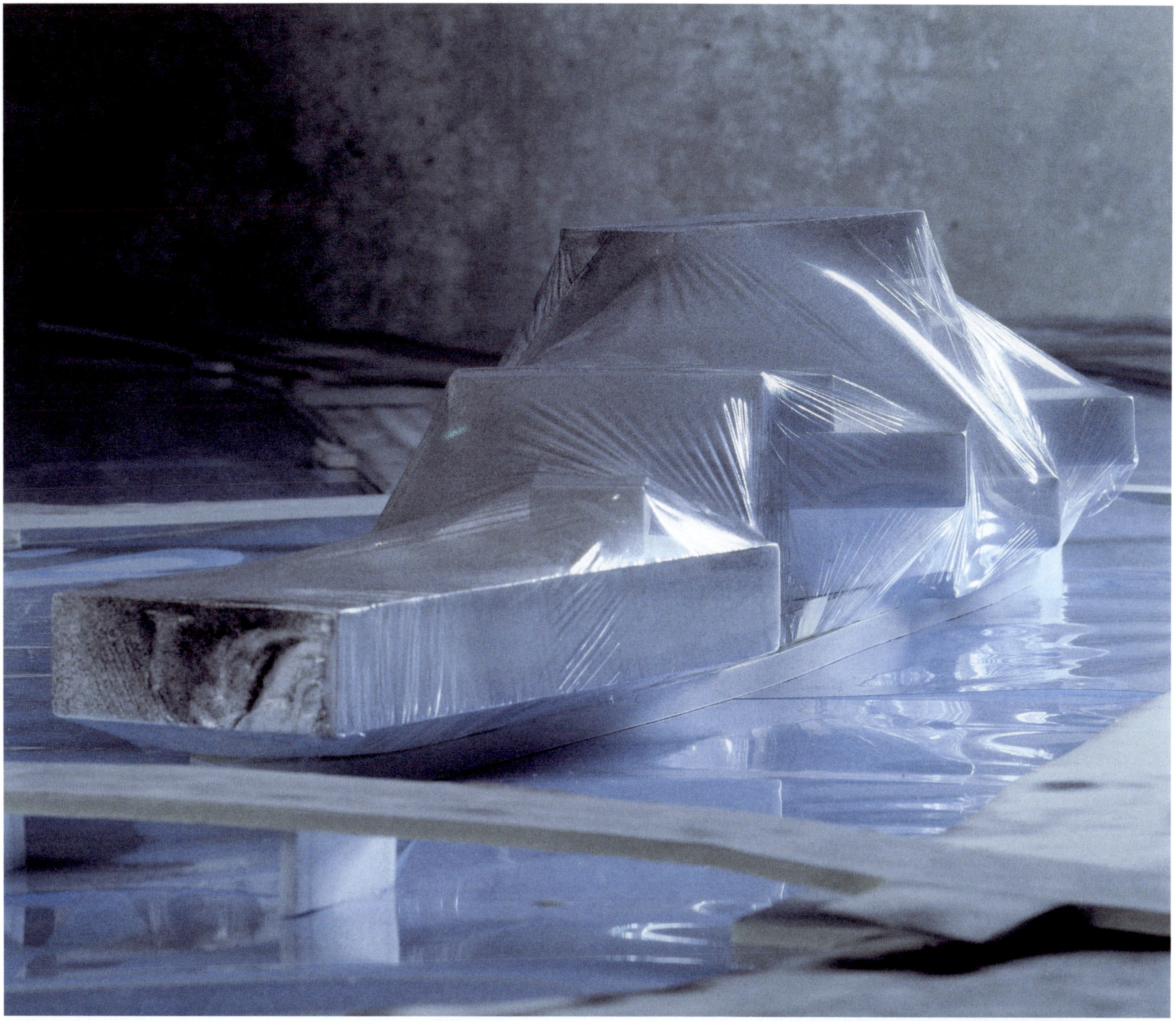
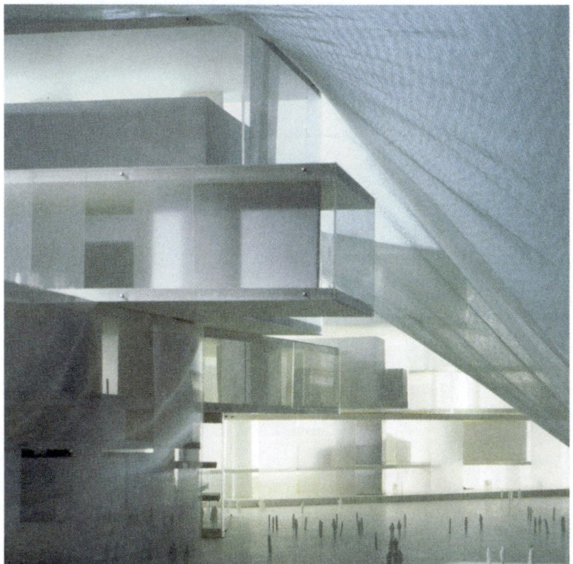
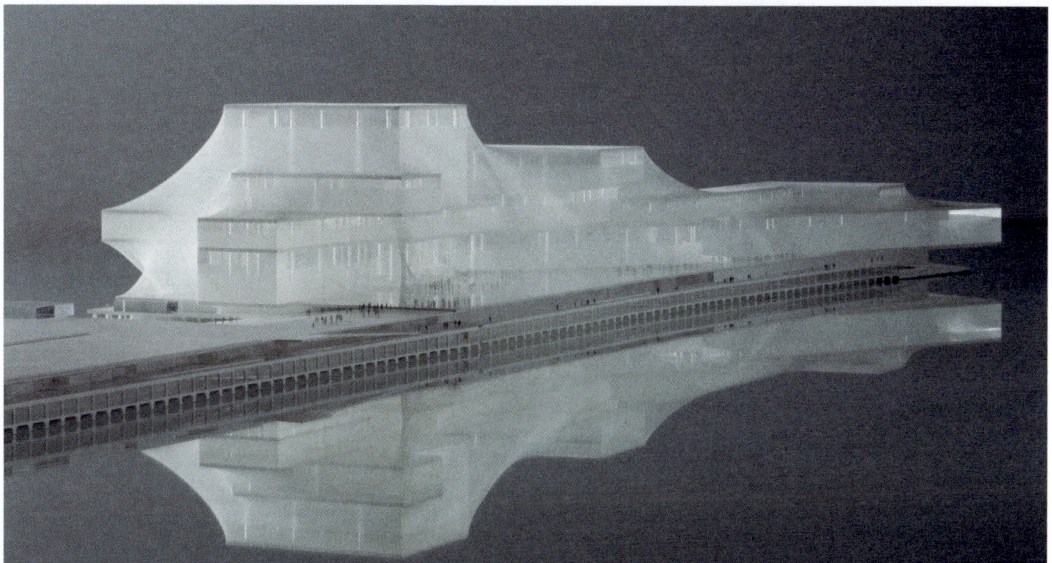

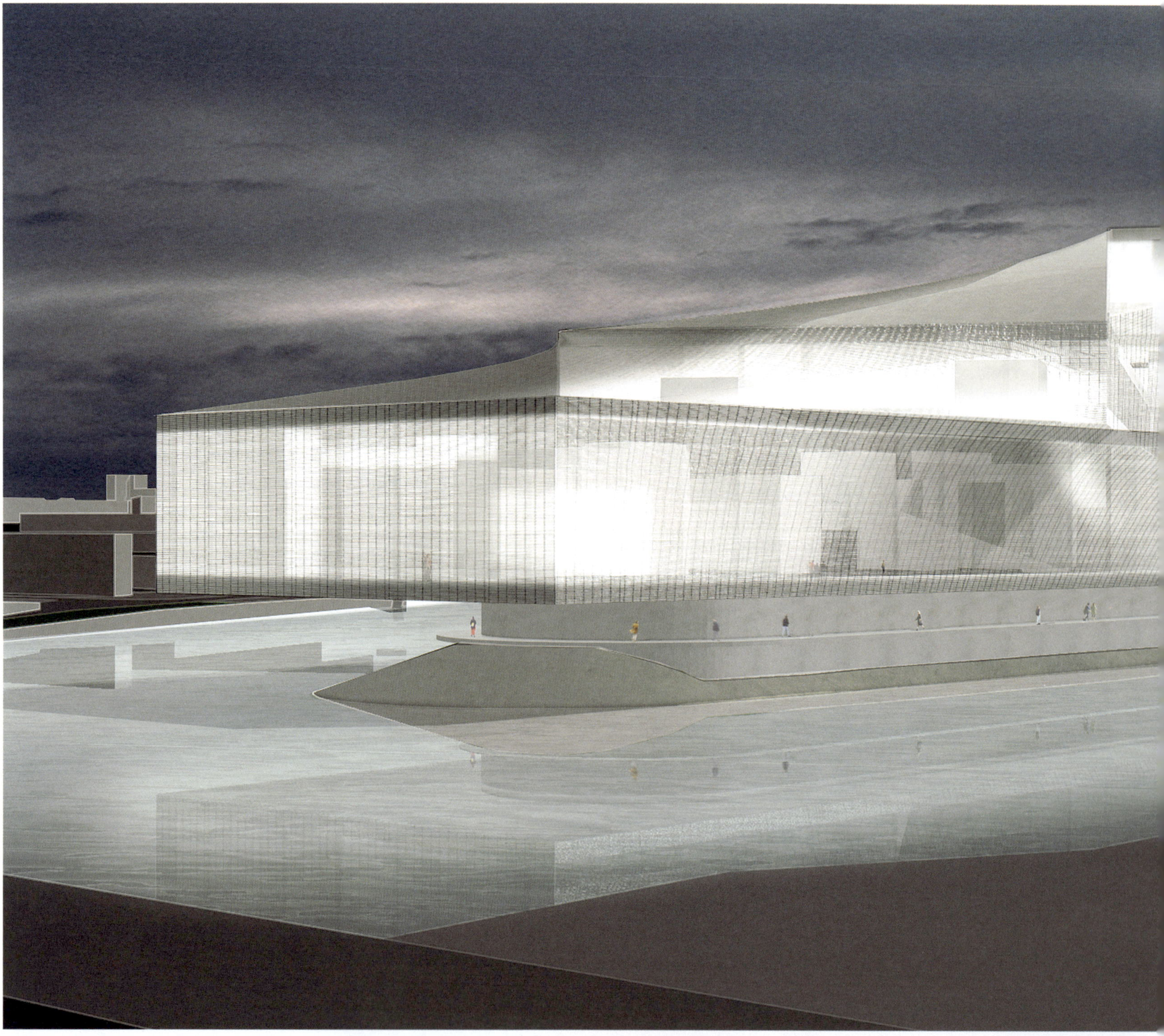

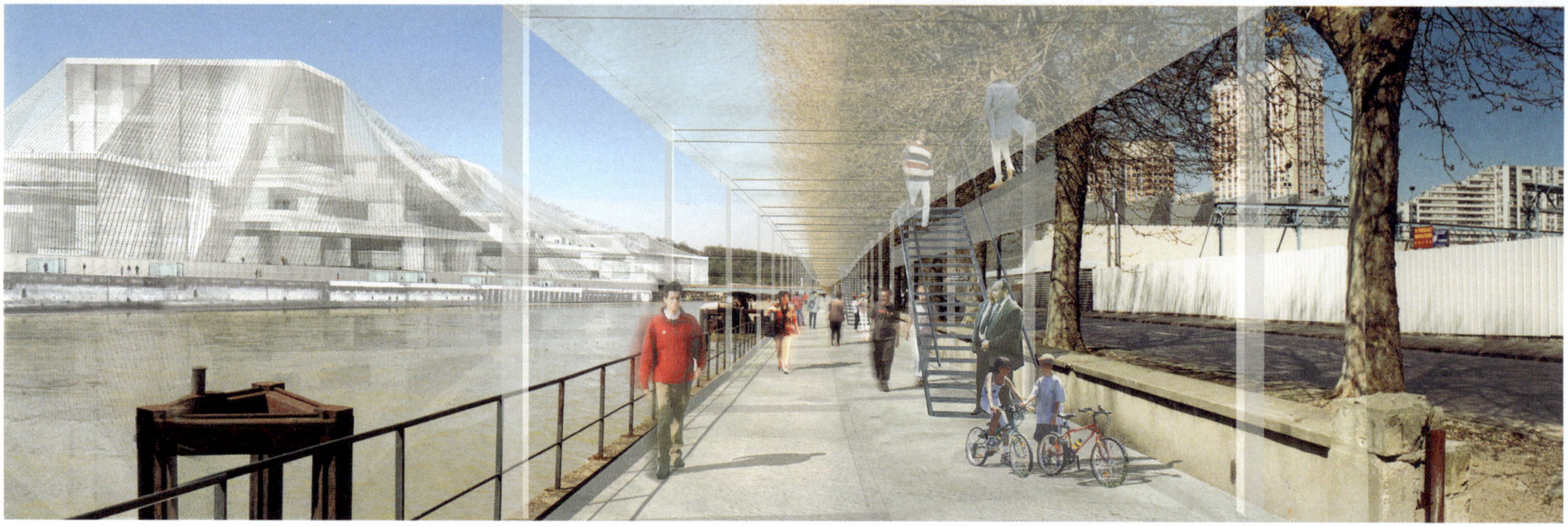

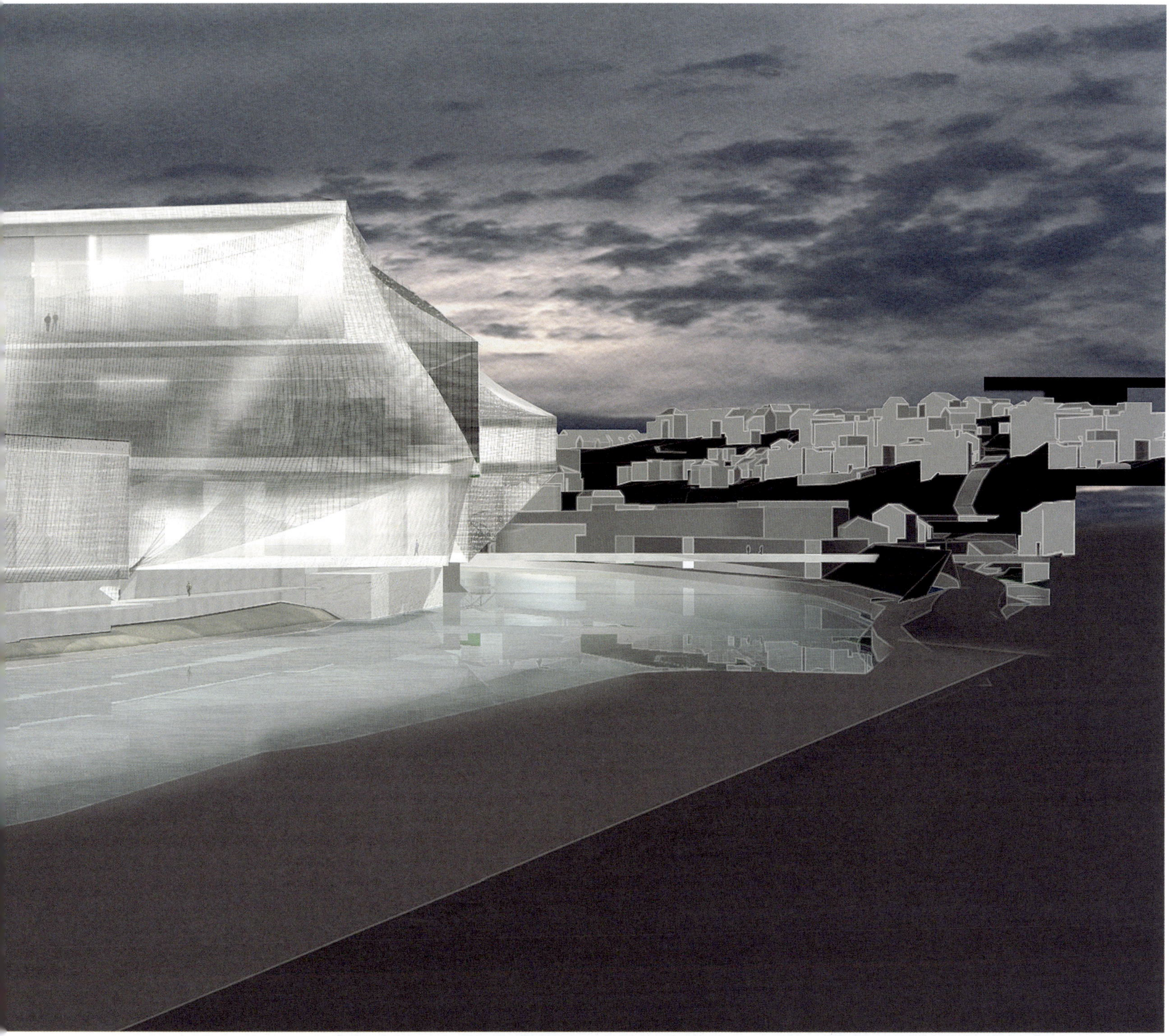
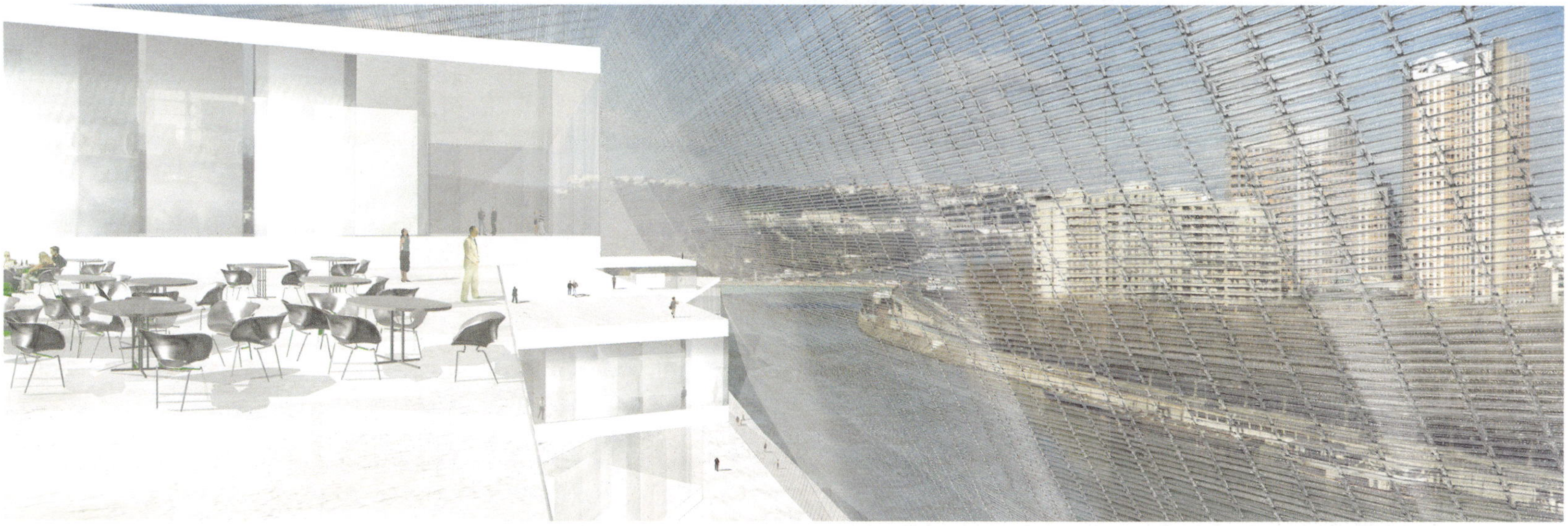

THÉÂTRE MARIINSKY II
THEATER MARIINSKY II

SAINT-PÉTERSBOURG, RUSSIE, *SAINT PETERSBURG, RUSSIA,* 2003

Clients: ministère de la Culture de la Fédération de Russie, Agence pour la Culture et la Cinématographie, Direction nord-ouest de construction, reconstruction et restauration de Saint-Pétersbourg
Concours international sur invitation, projet lauréat (contrat rompu)
Bureaux d'étude: Georeconstructzia - Foundamentproekt (fondations et structures), Nagata Acoustic (acoustique), Jean-Paul Lamoureux (acoustique), Bollinger & Grohmann (coque dorée), Setec Bâtiment (fluides), HL-Technik (études environnementales et fluides), Changement à vue (scénographie)
Programme: nouvelle scène connectée au théâtre historique : grande salle de 2 000 places, salles de répétition, studios, grand foyer public, espaces d'exposition, restaurants, commerces, passerelle technique reliant le nouveau bâtiment à l'ancien
Surface construite: 60 000 m² ; surface du site : 14 000 m²

Clients: Ministry of Culture of the Russian Federation, Agency for Culture and Cinematography, Northwest Direction of Construction, Reconstruction and Restoration of Saint Petersburg
International invitation to tender, winning entry (breach of contract)
Consultants: Georeconstructzia - Foundamentproekt (foundations and structures), Nagata Acoustic (acoustics), Jean-Paul Lamoureux (acoustics), Bollinger & Grohmann (gold-tinted shell), Setec Bâtiment (fluids), HL-Technik (environmental studies and fluids), Changement à vue (scenography)
Program: new stage connected to the historic theater: great hall with 2,000 seats, rehearsal rooms, studios, grand entry hall, exhibition spaces, restaurants, shops, technical services bridge linking old and new buildings
Built area: 60,000 m²; plot area: 14,000 m²

Le nouveau théâtre Mariinsky, implanté dans le quartier historique de Saint-Pétersbourg connu pour son enchevêtrement baroque de globes, de dômes, de coupoles et de flèches, se veut un point de rencontre entre la tradition et la modernité.
Pour fondre son projet dans un tel environnement, Dominique Perrault imagine une coque dorée, située à distance du corps de l'édifice, et libère ainsi de vastes espaces intérieurs. Cette grande galerie dessert les restaurants, les cafés, les commerces et, bien entendu, les différentes salles du théâtre, tout en dégageant des ouvertures sur la ville.
Abritée par un imposant volume de marbre noir, la salle principale est agrémentée d'une immense fresque aux tons rouge et or qui semble avoir aussi été peinte sur les sièges et les balcons. Le visiteur qui pénètre dans ce lieu digne des plus illustres théâtres européens a la sensation peu commune d'entrer dans une peinture ou une tapisserie. Derrière cette fresque, se loge l'envers du décor : locaux techniques, bureaux, loges et dressing. L'accès à chacun de ces espaces se fait grâce à un réseau de circulations efficace, véritable colonne vertébrale de l'édifice. L'organisation rationnelle des fonctions techniques crée ici un contraste intéressant avec l'architecture flamboyante de la façade extérieure.

The new Mariinsky Theater stands in the historic district of Saint Petersburg, famous for its forest of globes, domes, cupolas and spires and is intended as a crossroads of tradition and modernity.
Dominique Perrault imagined his project as a golden shell, blending it into its unique environment. This shell is placed at a distance from the main structure of the edifice, thereby creating vast interior spaces. This immense gallery provides access to restaurants, cafés, shops, and, of course, the different functions of the theater while also creating welcoming openings to the city.
Clad in an imposing volume of black marble, the main hall is decorated with enormous frescoes in shades of red that seem to be painted over everything, even the seats and balconies. The visitor entering this theater, a hall worthy of the greatest in Europe, has the impression of entering into a painting or a tapestry. Housed behind this fresco are all the functions traditionally found backstage – technical areas, offices, rehearsal room, green rooms and dressing rooms. Each of these spaces is accessed via a network of highly efficient corridors, the backbone of the building. Here, the rational organization of technical functions is in striking contrast with the flamboyant architecture of the façade.

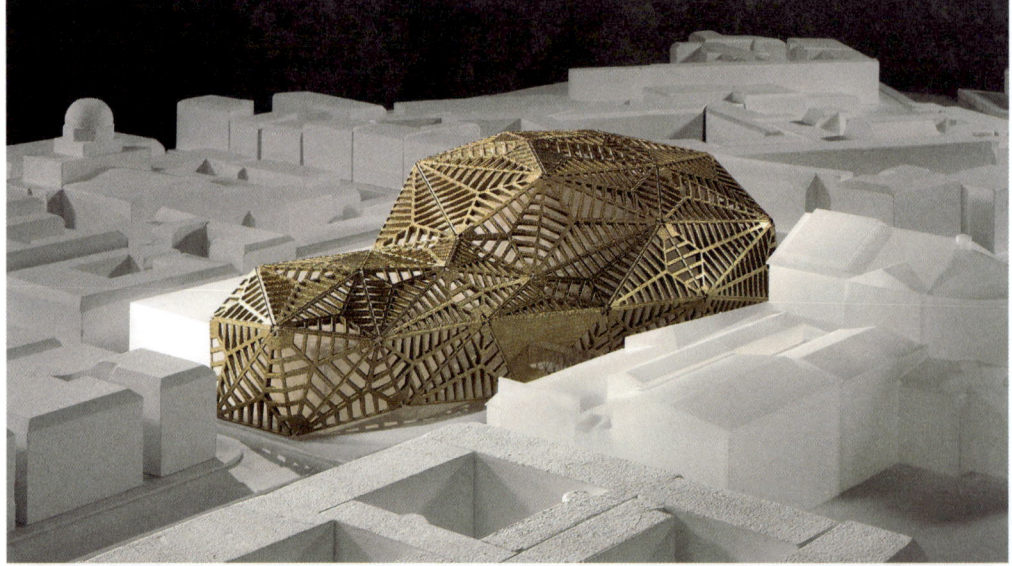

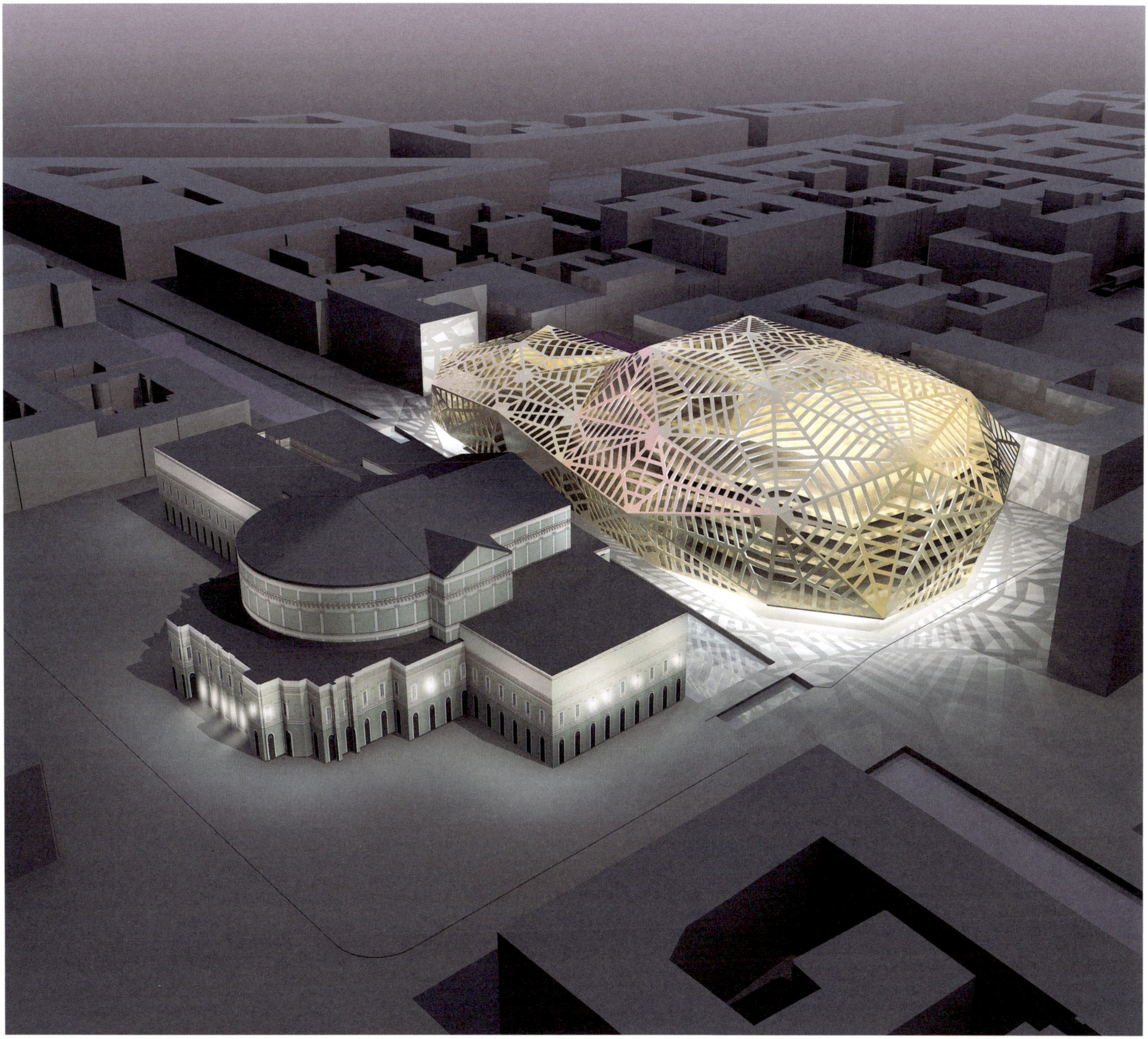

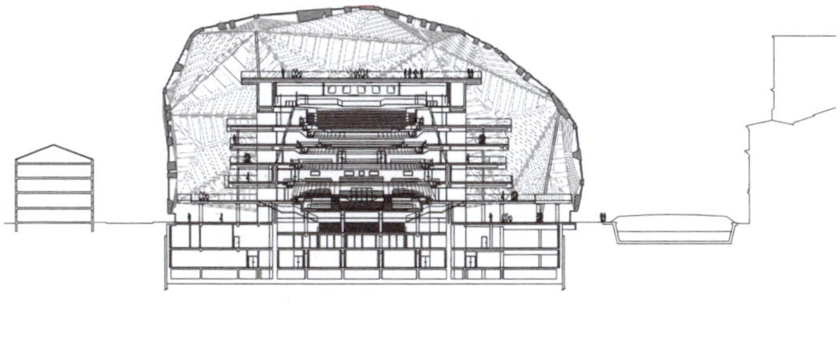

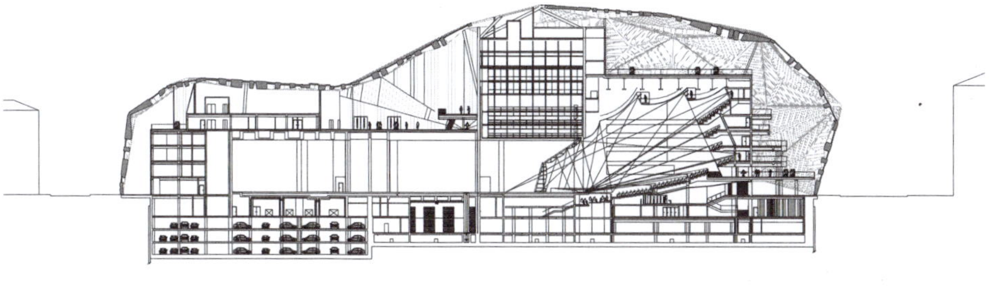

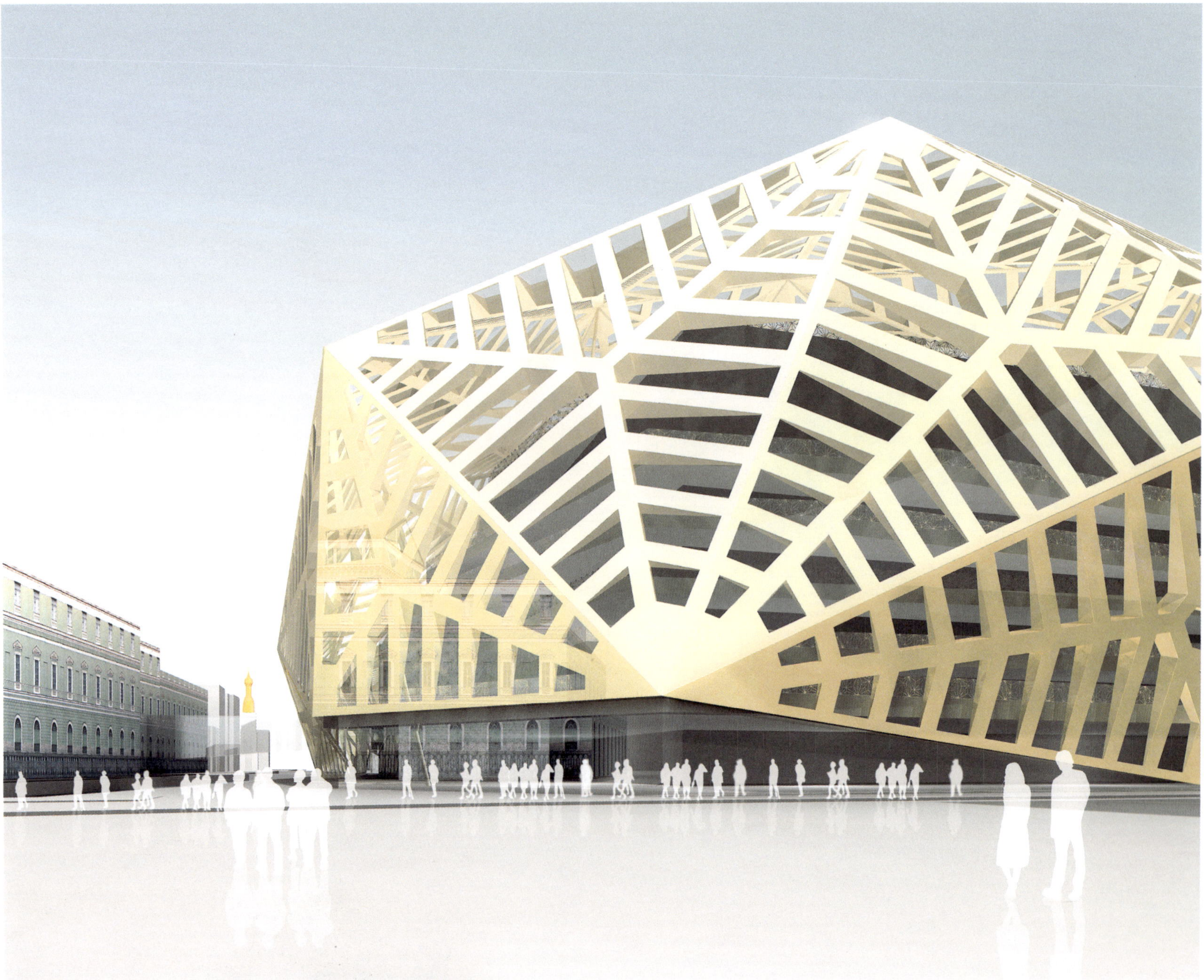
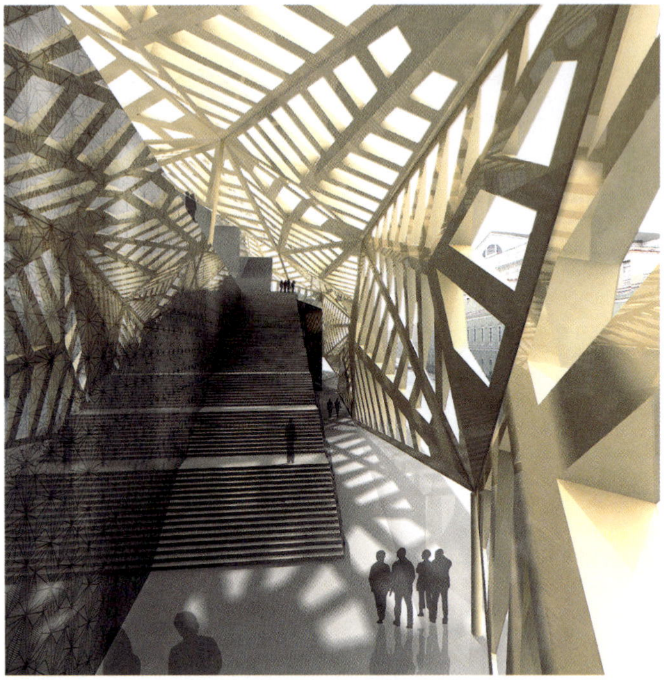
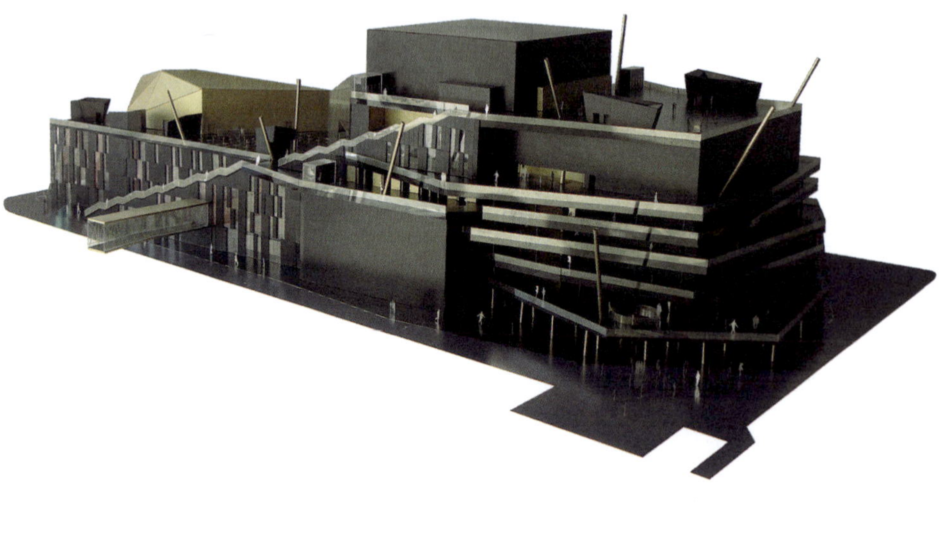

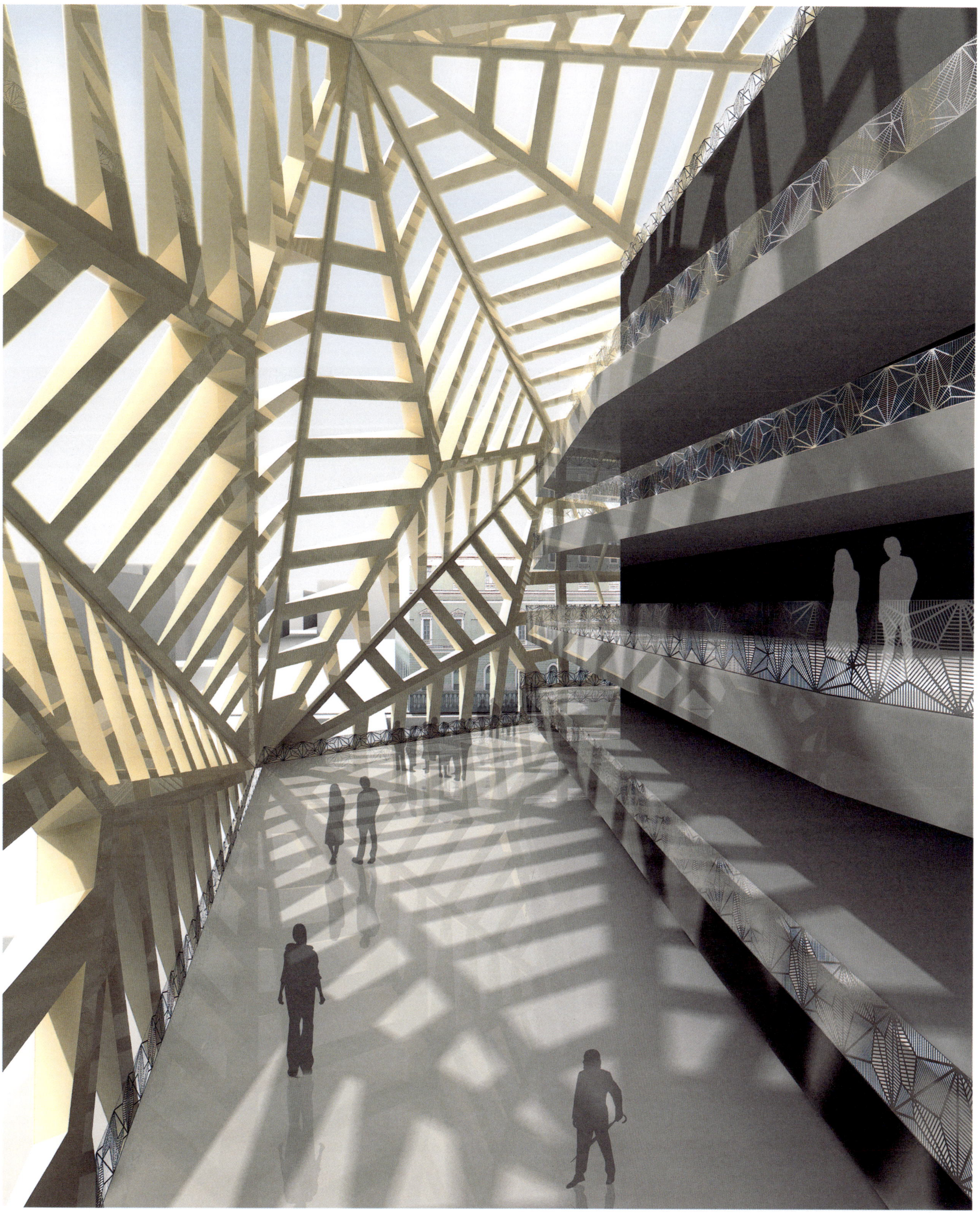

CENTRE POMPIDOU-METZ

METZ, LORRAINE, FRANCE, 2003

Client: Communauté d'Agglomération de Metz Métropole (CA2M), avec le partenariat de la ville de Metz et du Centre Pompidou
Concours international, non réalisé
Bureaux d'étude: Coyne & Bellier (structure), Jean Schmit Engineering (fluides), Claude Ripeau (économie), Jean-Paul Lamoureux (éclairage et acoustique)
Programme: création en région d'une antenne du Centre Pompidou: espaces d'exposition pour les collections permanentes et les expositions temporaires, salles de conférence, stockages, ateliers, bureaux administratifs, bibliothèque
Surface construite: 15 390 m²; surface du site : 28 000 m²

Client: *Communauté d'Agglomération de Metz Métropole (CA2M), in partnership with the city of Metz and the Centre Pompidou*
International competition, not realized
Consultants: *Coyne & Bellier (structure), Jean Schmit Engineering (fluids), Claude Ripeau (economy), Jean-Paul Lamoureux (lighting and acoustics)*
Program: *creation of a regional branch of the Centre Pompidou: exhibition galleries for the permanent collection and temporary exhibitions, conference rooms, storages, workshops, administrative offices, library*
Built surface: *15,390 m²; plot area: 28,000 m²*

La première antenne décentralisée du Centre Pompidou est envisagée par Dominique Perrault comme une architecture nomade, un simple abri. Sa proposition pour le concours consiste en un immense voile métallique, tendu au-dessus du musée et entrouvert aux quatre coins. Cette tenture, qui diversifie les accès, instaure une zone d'entre-deux et éveille la curiosité du passant pour ce qu'elle recouvre. Selon les heures du jour et les saisons, elle met en scène tout un jeu de lumière, allant du scintillement à l'ombre chinoise. La nuit venue, cette structure vivante, qui peut faire office d'écran géant, laisse filtrer l'éclairage intérieur.
Quant à « l'objet caché » que le visiteur pense découvrir en approchant, il se dérobe derrière un revêtement de verre sur lequel est déposée une fine couche argentée. Cette sorte de miroir sans tain renvoie l'image de ce qui le drape, tout en permettant d'entrevoir les silhouettes qui se meuvent à l'intérieur de l'édifice. Au cœur du bâtiment, une grande nef accueille les œuvres les plus monumentales. Aménagées en couronne autour d'elle, les salles d'exposition, ceinturées par un déambulatoire, sont conçues de manière à multiplier les parcours possibles.
Enfin, cette construction « dématérialisée » est résolument tournée vers la ville, comme en attestent à la fois le rez-de-parvis, qui s'impose comme un espace autonome et ouvert à tous, et la terrasse, située entre la toiture et la couverture métallique, qui offre une vue panoramique sur les alentours.

The first branch of the Centre Pompidou is envisaged by Dominique Perrault as a simple shelter, a sort of nomadic-like architecture. His entry for the competition consists of an immense metallic veil stretched over the museum and partially open at its for corners. In addition to the multiple points of access, the tent creates an "in-between" zone that piques the curiosity of passers-by, who then want to know what it conceals. Depending on the seasons and the time of day, it sets the scene for a natural lightshow, both inside and out. During the day, the interior effects range from shimmering and scintillating to something resembling Chinese shadow theater. At nightfall, this living structure, which can also serve as a giant film screen, lets the interior light filter through.
The "hidden object" the visitor expects to find upon entering, slips behind a glass wall covered with an ultra-thin layer of silver. This sort of two-way mirror reflects the image of what is covers, while still allowing one to perceive silhouettes circulating inside the edifice. At the center of the building, a huge nave houses monumental works of art. The exhibition galleries, organized in a sort of crown around the nave and encircled by a wide corridor, are designed to maximize the number of possible itineraries.
Finally, this "dematerialized" construction is determinedly turned outward to the city as the plaza level testifies. The plaza offers itself as an independent space open to everyone. The terrace, positioned between the roof and the metallic cover, offers a panoramic view of the surrounding neighborhood.

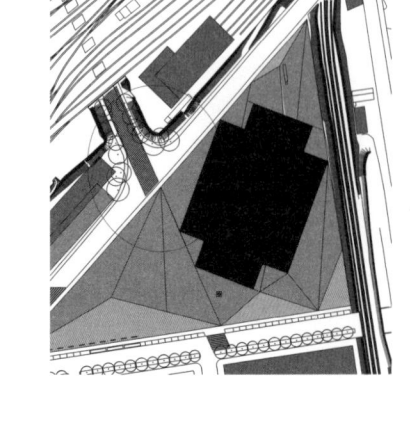

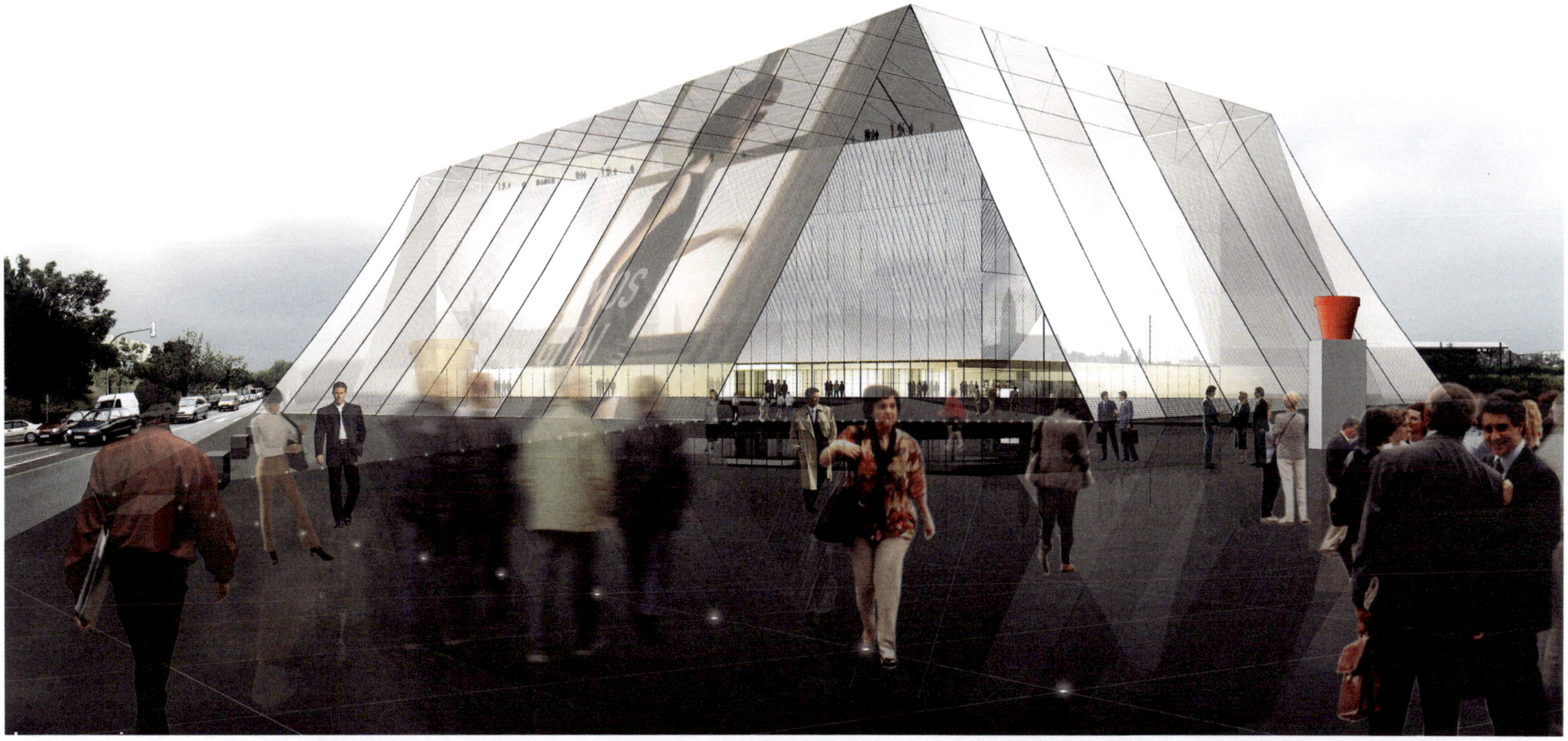

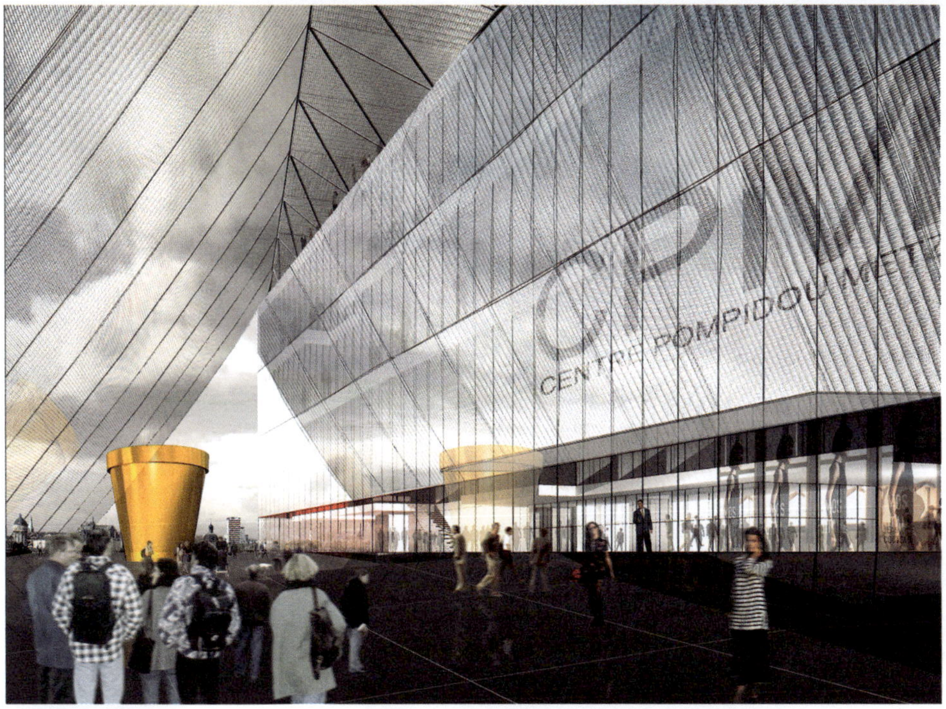
CENTRE POMPIDOU

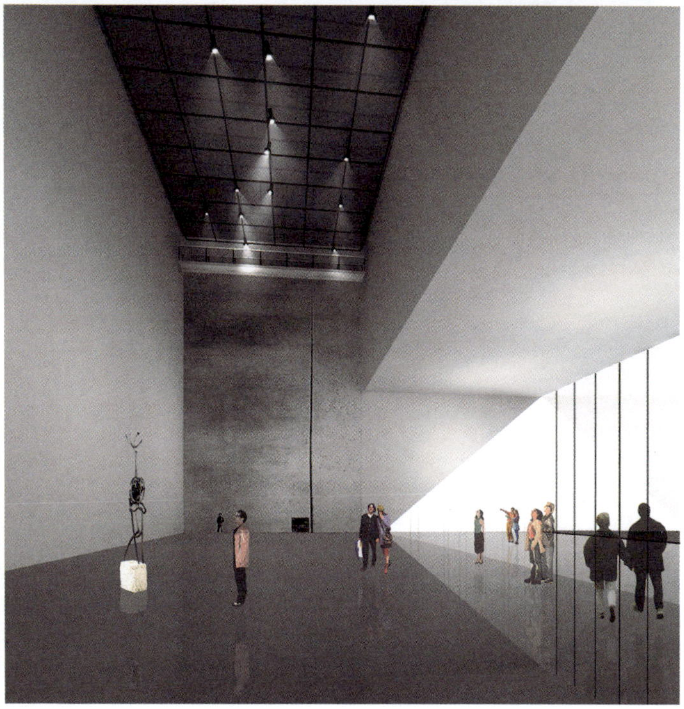

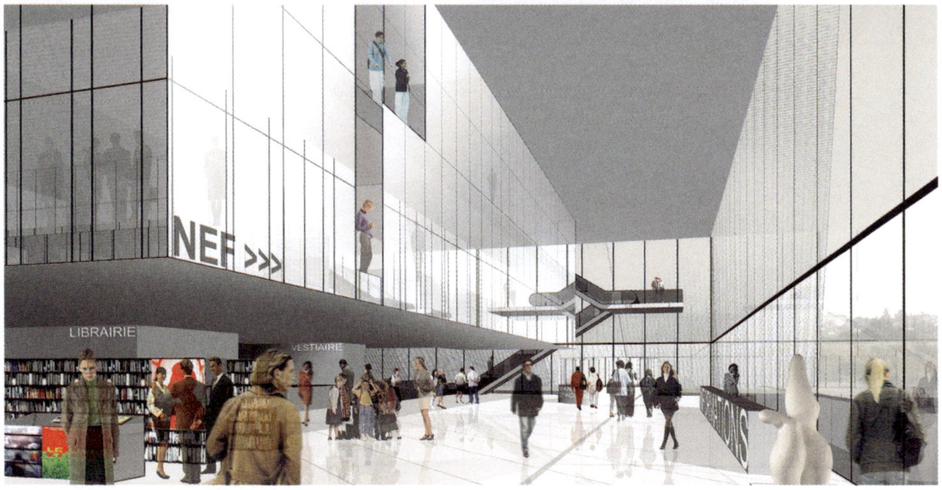
NEF >>>
LIBRAIRIE
VESTIAIRE

PILES
STACKS

TOUR DANS LE QUARTIER LEHRTER
BAHNHOF, BERLIN, ALLEMAGNE, 1998

TOWER SCHEMES, LONDRES,
ROYAUME-UNI, 1999

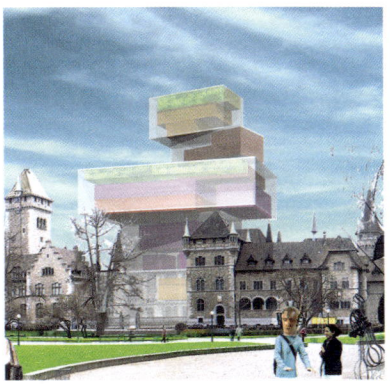

VANITY FAIR- TOWER OF FAITH,
NEW-YORK, ÉTATS-UNIS, 2001

LOCAUX AMAG-BVK, ZURICH, SUISSE, 2001

LOCAUX AMAG-BVK, ZURICH,
SUISSE, 2001

HÔTEL ST. PAULI, HAMBOURG, ALLEMAGNE, 2002

CITYGATE, BÂLE, SUISSE, 2003

LANDMARK BUILDINGS POUR LA PLACE
SHENGMING ZHIYUAN, PÉKIN, CHINE, 2003

EFSA, PARME, ITALIE, 2006

LANDMARK BUILDINGS POUR LA PLACE
SHENGMING ZHIYUAN, PÉKIN, CHINE, 2003

PORTE DE LA CHAPELLE, PARIS,
FRANCE, 2007

LA MAISON DU SAVOIR, BELVAL, LUXEMBOURG,
2007

DC TOWERS

VIENNE, AUTRICHE, *VIENNA, AUSTRIA,* 2002-2010
(en cours de construction / under construction)

Client: WED Wiener Entwicklungsgesellschaft für den Donauraum AG
Concours international d'urbanisme, projet lauréat
Bureaux d'étude: Perrault Projets (ingénierie architecturale), Bollinger & Grohmann, Gmeiner Haferl Zivilingenieure ZT GmbH (structure), Werner Sobek Ingenieure (façades), ZFG - Projekt (fluides), Dr Pfeiler GmbH (Bauphysik), TB Eipeldauer & Partner GmbH (électricité), AXIS Ingenieursleistungen ZT GmbH (VRD), Wacker Ingenieure (étude des vents)
Partenaire: Hoffmann & Janz Architekten
Programme: bureaux, hôtel 4 étoiles, logements, commerces, restaurants, café panoramique, parking souterrain
Surface construite: 175000 m² ; surface du site : 20000 m²

Client: WED Wiener Entwicklungsgesellschaft für den Donauraum AG
International competition for the urban plan, winning project
Consultants: Perrault Projects (architectural engineering), Bollinger & Grohmann, Gmeiner Haferl Zivilingenieure ZT GmbH (structure), Werner Sobek Ingenieure (façades), ZFG - Projekt (fluids), Dr Pfeiler GmbH (Bauphysik), TB Eipeldauer & Partner GmbH (electricity), AXIS Ingenieursleistungen ZT GmbH (VRD), Wacker Ingenieure (wind study)
Partner: Hoffmann & Janz Architekten
Program: offices, Deluxe hotel, housing, shops, restaurants, panoramic café, underground parking garage
Built area: 175,000 m² ; plot area: 20,000 m²

Lauréat du concours pour la restructuration du quartier de Donau-City, situé en périphérie de la capitale autrichienne, le projet de Dominique Perrault repose tout d'abord sur une analyse approfondie de la configuration du site et des connexions qui peuvent être établies entre le nouvel ensemble à édifier le long du Danube et les quartiers historiques bâtis sur l'autre rive du fleuve. L'architecte va alors imaginer d'implanter les bâtiments de ce centre d'affaires à quelques mètres de l'eau, sur une vaste terrasse publique. Il conçoit deux tours qui sont positionnées face à face, tout en étant légèrement orientées en direction du fleuve de façon à dialoguer avec le reste de la ville, à ne pas rester des machines célibataires.
Signe de la vitalité de ces deux édifices, tout un jeu de plis anime les façades de verre ouvertes sur l'espace public, rappelant ainsi les mouvements et les scintillements que l'on peut observer à la surface du fleuve. Constituant l'écrin de chaque immeuble, les trois autres façades, verticales et planes, font alterner plus sobrement les panneaux de verre et de métal. Ces tours homogènes à la structure complexe apparaissent finalement comme deux gigantesques masses minérales creusées par le temps et s'affirment comme des signes forts du renouveau de Donau-City.

For this winning entry in the competition for renewing the Donau-City neighborhood, on the outskirts of the Austrian capital, Dominique Perrault based his project on an in-depth analysis of the site's configuration and the connections that could be established between the new development to be built along the Danube and the historic neighborhoods lying on the other side of the river. The architect envisaged setting the office buildings of this business district a few meters back from the water, on a vast public terrace. He designed two towers facing each other, each slightly oriented towards the river to set up a dialog with the rest of the city and to avoid creating "lone machines."
The façades of the two towers that overlook the public areas are clad in undulating folds of glass. This vibrant sign of their vitality recalls the shimmering and rippling movement of the currents coursing through the nearby river. The other three façades of these two buildings are entirely vertical and flat, serving as a sort of presentation box, where glass and metal panels alternate in a more understated pattern. These homogenous towers with their complex structure resemble two gigantic minerals sculpted by time and the elements, standing out as powerful symbols of Donau-City's renewal.

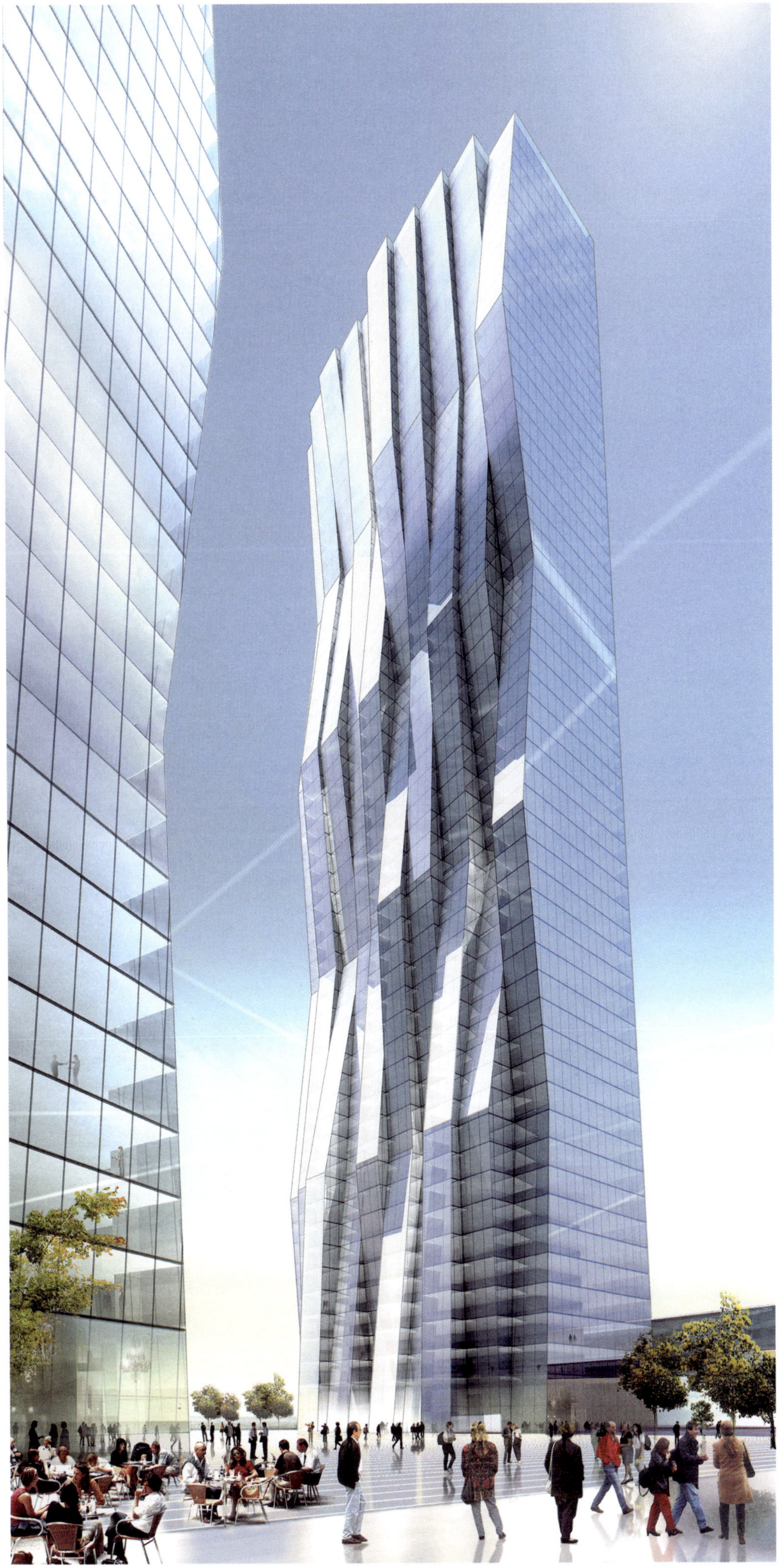
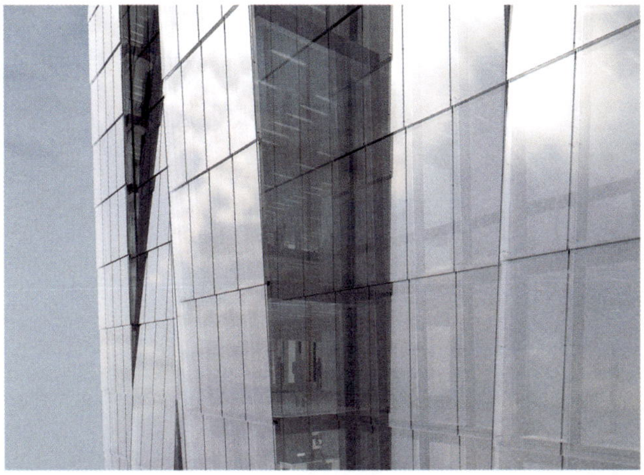
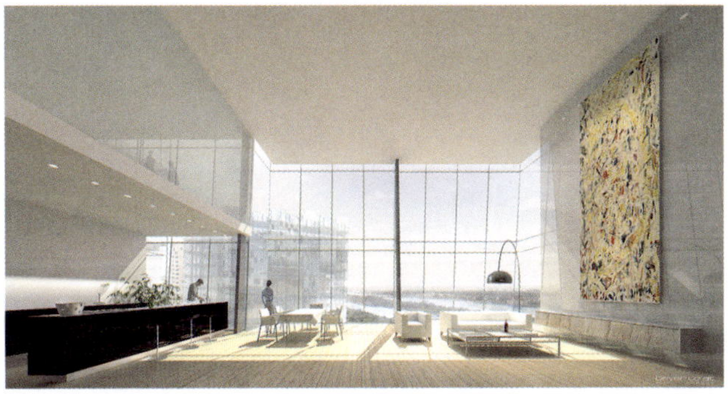
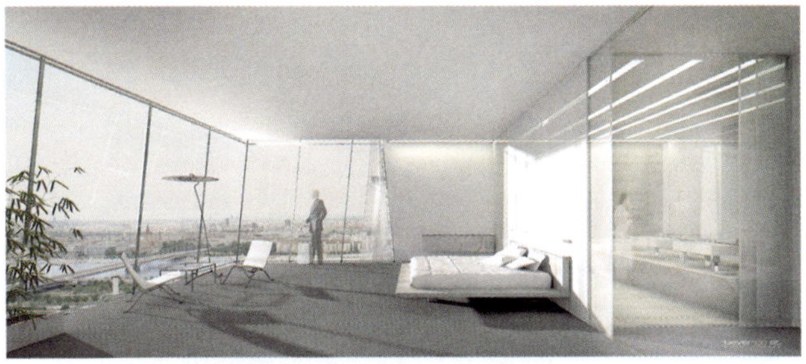
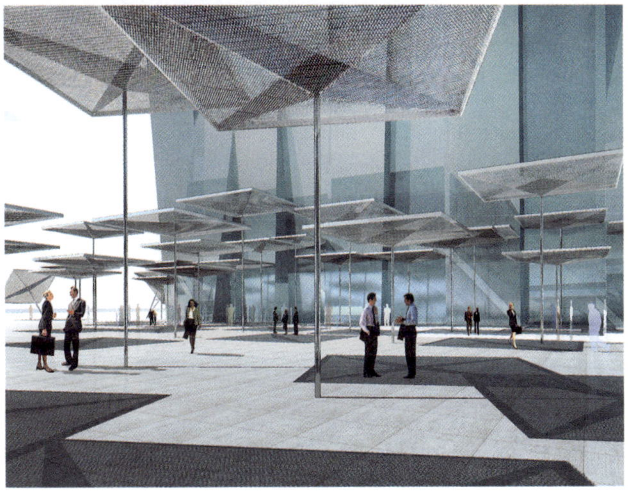

BANQUE CENTRALE EUROPÉENNE (BCE)
EUROPEAN CENTRAL BANK (ECB)

FRANCFORT-SUR-LE-MAIN, HESSE, ALLEMAGNE, *FRANKFURT AM MAIN, HESSE, GERMANY,* 2003

Client: Banque centrale européenne
Concours international, non réalisé
Bureaux d'étude: HL Technik AG (études environnementales et fluides),
Guy Morisseau (ingénierie architecturale)
Programme: nouveau site de la Banque Centrale Européenne : bureaux pour environ 2 500 personnes, salles de réunion, salle de presse, restaurants, espaces de détente ; aménagement urbain du site
Surface construite: 150 000 m² ; surface du site : 12 ha

Client: European Central Bank
International competition, not built
Consultants: HL Technik AG (environmental studies and fluids), Guy Morisseau (architectural engineering)
Program: new site for the European Central Bank: offices for approximately 2,500 persons, meeting rooms, press room, restaurants, relaxation areas; urban development of the site
Built area: 150,000 m²; plot area: 12 ha

Après avoir acquis en 2002 le site de la Grossmarkthalle (le marché de gros aux fruits et légumes de Francfort), la BCE lance un concours international d'architecture et d'urbanisme. Dominique Perrault y répond en proposant une tour de 36 étages, visible depuis le centre financier de la ville et composée d'un empilement de six volumes quadrangulaires indépendants et décalés les uns par rapport aux autres. Cette géométrie, dont on trouve maints échos dans les travaux les plus récents de l'agence, offre l'image d'une combinaison d'éléments autonomes et solidaires, à l'instar des différents États membres de la Communauté européenne.
La restructuration de la Grossmarkthalle, située au pied de l'imposant édifice, permet d'y implanter les fonctions relatives à l'accueil des visiteurs et du personnel : hall d'entrée, salles d'exposition, lieux de réunion, restaurants et cafés. Afin d'intégrer pleinement au programme l'ancien marché, l'architecte projette sur presque toute la parcelle un sol artificiel baptisé « lac à énergie » en raison des panneaux photovoltaïques qui y sont disposés. Ponctuellement interrompue par des patios dessinant des jardins paysagers, cette couverture abrite également en sous-œuvre des bureaux et orchestre les circulations sur tout le site. Cet espace se prolonge finalement en une place triangulaire qui connecte la banque centrale au reste de la ville.

The ECB held an international architecture and urbanism competition in 2002 for the development of its Grossmarkthalle acquisition (Frankfort's former wholesale fruit and vegetables market). Dominique Perrault's proposal includes a 36-story tower, visible from the city's financial district and composed of a stack of six staggered and independent quadrangular volumes. The geometry employed, which has many echoes in the firm's most recent work, gives the appearance of a combination of elements that are at once autonomous and connected, like the different member states of the European Union.
The restructured Grossmarkthalle, located at the foot of this imposing edifice, provides the space for locating visitor and personnel reception functions: lobby, exhibition galleries, meeting rooms, restaurants and cafés. In order to fully integrate the program of the former market, the architect lays out an artificial ground, dubbed the "energy lake" owing to the photovoltaic panels that are installed upon it, which covers virtually the entire area of the parcel. This covering, dotted here and there with patios and landscaped gardens, also houses offices beneath its underpinnings and organizes circulations for the entire site. This space is extended further into a triangular plaza that connects the bank to the rest of the city.

TOUR SANPAOLO IMI
SANPAOLO IMI TOWER

TURIN, PIÉMONT, ITALIE, *TORINO, PIEDMONT, ITALY,* 2006

Client: Sanpaolo IMI SpA
Concours international sur invitation, non réalisé
Bureaux d'étude: AI Engineering Srl (structure et HQE), Si.Me.Te. snc (structure), Teknema Srl (fluides), Luca Bergo (consultant architectural)
Programme: construction d'une tour pour le siège social du groupe bancaire Sanpaolo IMI
Surface construite: 49 850 m² ; surface du site : 7 000 m²

Client: *Sanpaolo IMI SpA*
International invitation to tender, not built
Consultants: *AI Engineering Srl (structure and HQE), Si.Me.Te. snc (structure), Teknema Srl (fluids), Luca Bergo (architectural consultant)*
Program: *construction of a tower for the headquarters of the Sanpaolo IMI banking group*
Built area: *49,850 m²; plot area: 7,000 m²*

En 1986, le groupe bancaire milanais Sanpaolo IMI invite Dominique Perrault à participer à un concours international en vue de la réalisation d'un nouvel ensemble de bureaux à Turin. L'architecte propose alors une tour composée d'un assemblage de quatre cubes. Deux autres cubes de mêmes dimensions que les précédents, mais disposés en biais et décollés de la partie principale de la construction, viennent les épauler, permettant ainsi de former un entablement pour l'entrée de l'édifice. Cet assemblage faussement désinvolte, associé au léger décalage des volumes placés en appendice, illustre l'inachèvement du bâtiment, ou plus exactement sa possible évolution.
Fonctionnellement, l'étagement de ces parallélépipèdes massifs – clin d'œil aux montagnes alpines qui enserrent la ville – permet la création de terrasses, en particulier pour le restaurant de l'entreprise situé à mi-hauteur de l'immeuble. L'orientation des blocs singularise chacun des bureaux en leur offrant une grande variété d'expositions et de vues sur les alentours. Quant aux façades, elles sont dessinées suivant une trame graphique en damier, dont la régularité est altérée par un système de brise-soleil mobiles. Découpés dans un tissu métallique, les panneaux fixes qui les composent, tout comme les stores intérieurs, se posent sur cette architecture de verre à la façon d'un vêtement protecteur.

In 1986, the Milanese banking group Sanpaolo IMI invited Dominique Perrault to participate in an international competition for a new office complex in Torino. The architect proposed a tower composed of four cubes. Two more cubes of the same dimensions as the first four, but standing in a slanted position and detached from the main part of the construction, lean against them, thereby forming an entablature for the entry to the edifice. This misleadingly nonchalant arrangement, associated with the slightly off-center volumes placed to the sides, illustrates the incomplete quality of the building, or more precisely the possibility of its future evolution.
Functionally, the staggered floors of these massive parallelepipeds – a wink to the alpine mountains surrounding the city – allow for the creation of terraces, in particular for the company's restaurant located at the structure's midpoint. The orientation of the blocs singularizes each office by creating a wide variety of exposures and views of the surrounding city. The design of the façades follows a graphic checkerboard pattern, whose regularity is altered by a system of mobile sunshades. Cut from metallic fabric, the fixed panels composing them, like the blinds inside, are placed on the glass architecture like a protective garment.

TOUR « PHARE »
"PHARE" TOWER

QUARTIER DE LA DÉFENSE, *LA DÉFENSE BUSINESS DISTRICT,* ÎLE-DE-FRANCE, FRANCE, 2006

Client: Unibail Développement
Concours international, non réalisé
Bureaux d'étude: Bollinger & Grohmann (structure), DS Plan (façades), HL-PP Consult, Elioth (Groupe IOSIS) (fluides), Cabinet Ripeau (économie), LBA (ascenseurs), Jean-Paul Lamoureux (acoustique), Agence d'Architecture Denis Thélot (sécurité)
Programme: tour de 290 m : salles de marché, bureaux, sky lobby, cafétéria, restaurant d'entreprise, restaurant public, restaurant privé, belvédère, jardin abrité, parking souterrain
Surface construite: 140 880 m² ; surface du site : 12 870 m²

Client: Unibail Développement
International competition, not built
Consultants: Bollinger & Grohmann (structure), DS Plan (façades), HL-PP Consult, Elioth (Groupe IOSIS) (fluids), Cabinet Ripeau (cost analysis), LBA (elevators), Jean-Paul Lamoureux (acoustics), Agence d'Architecture Denis Thélot (security)
Program: tower rising 290 m: trading rooms, offices, sky lobby, cafeteria, company restaurant, public restaurant, private club restaurant, belvedere, sheltered garden, underground parking garage
Built area: 140,880 m²; plot area: 12,870 m²

Lors du concours organisé en 2006 pour la construction de la tour « Phare », qui deviendra le plus haut gratte-ciel français, Dominique Perrault propose une architecture maximaliste. Tout à la fois solide et aérienne, elle naît de l'addition d'un bâtiment monolithique en verre sombre et d'une enveloppe légère en verre coloré. Celle-ci apporte aux usagers de ce building haut de 290 m un sentiment de sécurité et de confort. Elle agit surtout comme un filtre contre les éléments naturels, tout en autorisant l'ouverture des fenêtres et l'installation de terrasses. Elle permet également de mettre en place l'organisation fonctionnelle et technique de l'édifice et de répondre aux contraintes d'aménagement urbain sur cette zone jouxtant la Grande Arche et le Centre des Nouvelles Industries et Technologies (CNIT).
À l'image d'un séquoia géant, la tour est évasée à sa base, laquelle est traversée par une voie piétonnière qui favorise une certaine fluidité de la circulation sur la dalle de la Défense. Ce passage offre aussi des lieux abrités entre l'espace public et l'intérieur du bâtiment.
En effaçant les poteaux à tous les étages, les façades porteuses en béton dégagent la vue sur la ville et favorisent la flexibilité dans la configuration des bureaux. Quant aux plaques de verre non jointives de l'enveloppe, elles laissent la construction « à l'air libre » et lui confèrent une allure légère. Cette superposition des deux peaux, noire et tendue pour l'une, translucide et flottante pour l'autre, fait scintiller l'ensemble dans le ciel parisien, introduisant une véritable rupture dans un environnement pour le moins figé.

Dominique Perrault proposed a work of maximalist architecture for his entry in the 2006 competition for the construction of the "Phare" (lighthouse) tower, which will be one of the tallest skyscrapers in France. The tower's solid yet aerial design results from the combination of a monolithic building in dark glass with a light envelop in colored glass. This design gives occupants of the 290-meter skyscraper a feeling of safety and comfort. Most importantly, it acts as a protective filter screening the natural elements, while allowing for windows that open and the installation of terraces. It also structures the functional and technical organization of the structure and skillfully respects the urban development constraints imposed by this area adjacent to the Grande Arche and the Centre des Nouvelles Industries et Technologies (CNIT).
The tower resembles a giant sequoia. Its splayed base features a pedestrian passageway crossing through it, facilitating the flow of circulation on the vast public platform of la Défense. This passage also offers intermediate sheltered areas between public spaces and the building's interior.
The elimination of the forest of supporting piers on the floors, owing to the stress-bearing concrete framework of the façades, offers unobstructed views and complete flexibility in office floor plans. The jointless sheet glass of the skin leaves the structure standing in the "open air" and lightens its appearance. This overlaying of one skin by another, the one black and stretched, the other translucent and floating, causes the whole composition to glisten against the Parisian sky, introducing a rupture in an otherwise highly static environment.

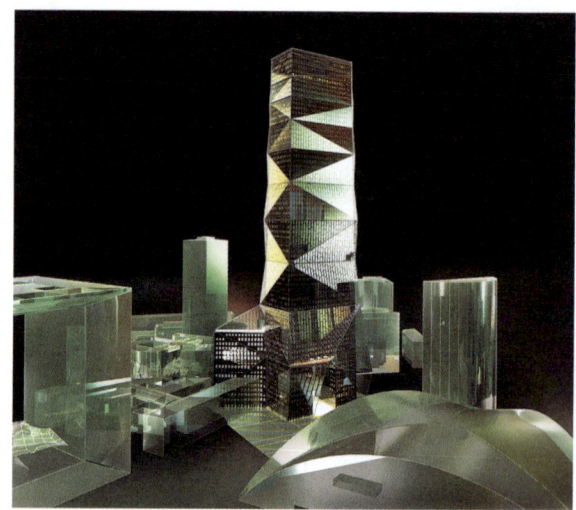

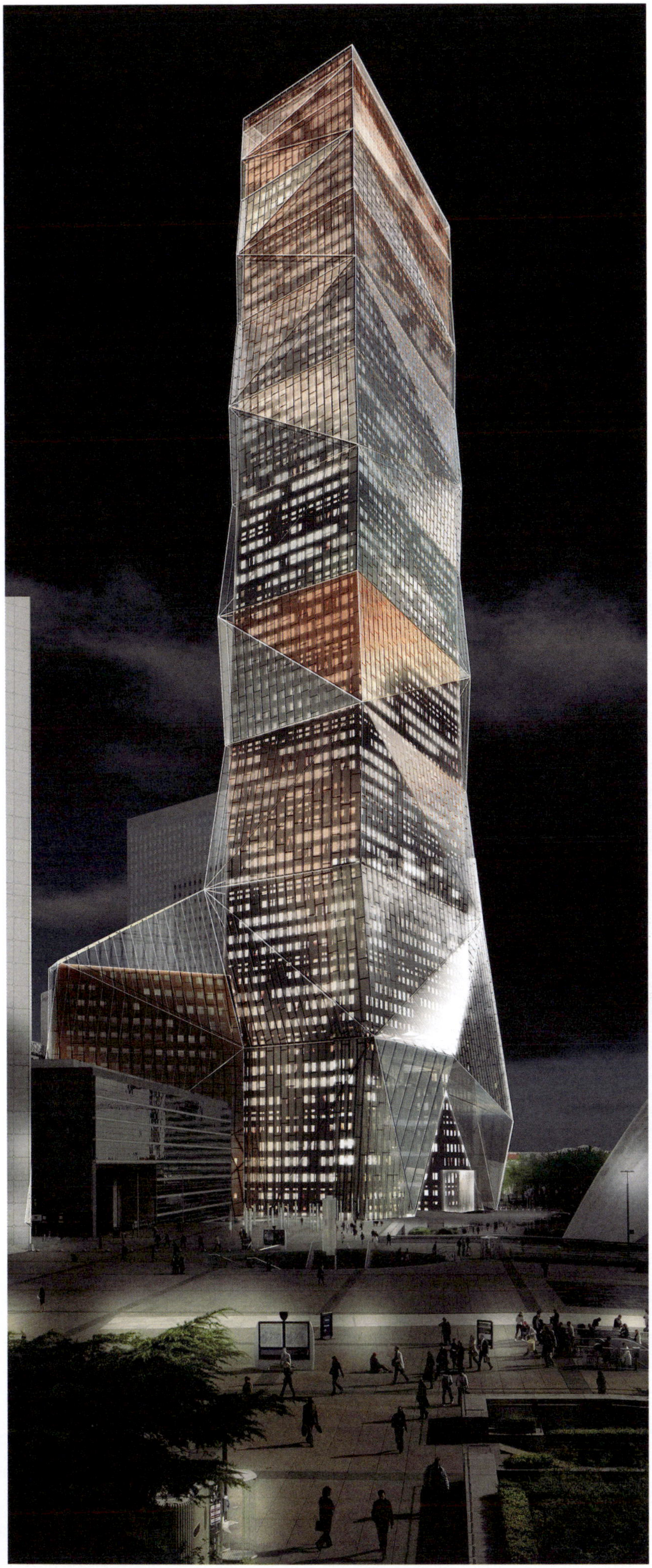

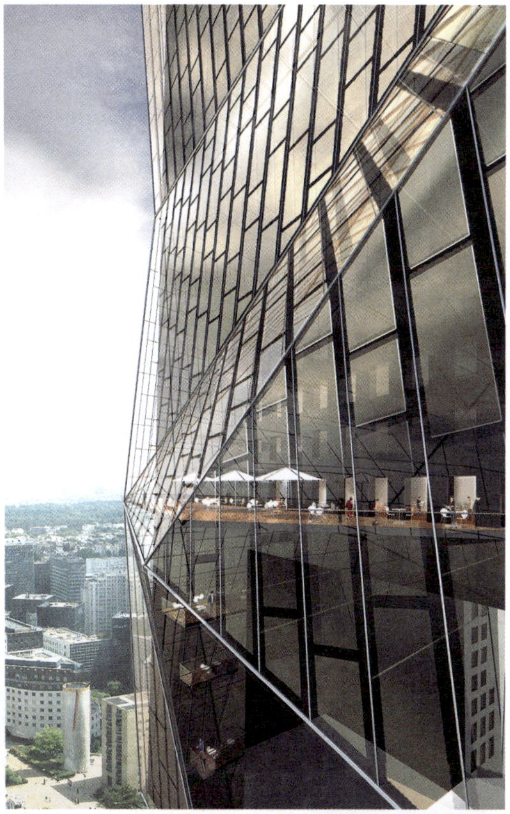

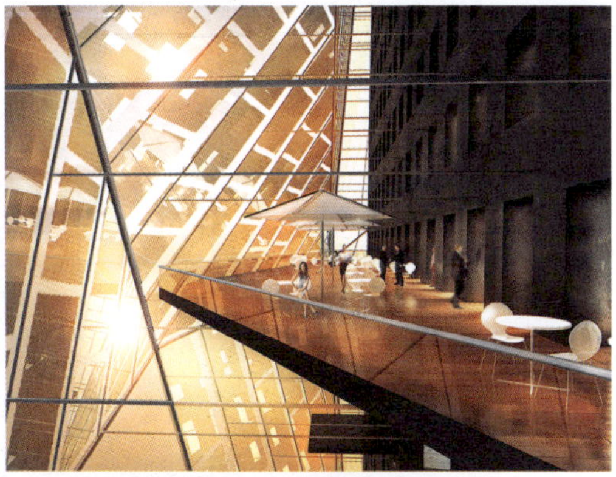

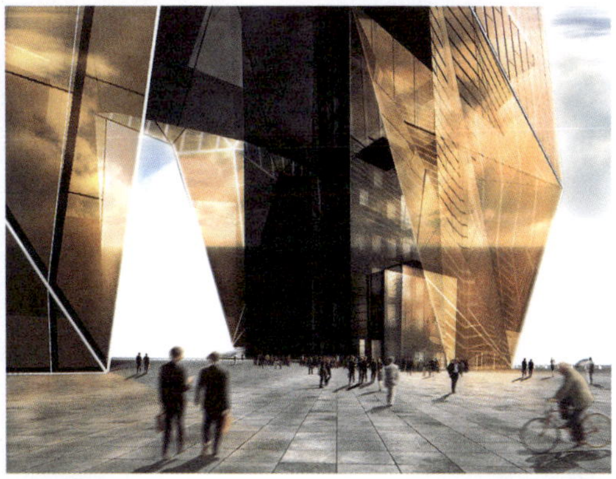

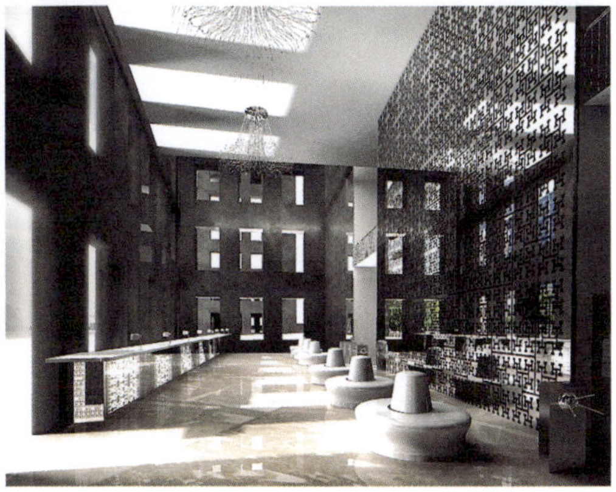

TOUR FUKOKU
FUKOKU TOWER

OSAKA, KANSAI, JAPON, *JAPAN,* 2006-2010
(en cours d'études / *under study*)

Client: Fukoku Mutual Life Insurance Company
Consultation internationale, projet lauréat
Bureaux d'étude: Perrault Projets (ingénierie architecturale), Shimizu Corporation Ltd.
Architecte associé: Shimizu Corporation Ltd.
Directeur de développement: Mitsubishi Estate Group
Programme: bureaux, commerces, locaux universitaires, parking
Surface construite: 62400 m²; surface du site : 3900 m²

Client: Fukoku Mutual Life Insurance Company
International consultation, award-winning proposal
Consultants: Perrault Projets (architectural engineering), Shimizu Corporation Ltd.
Associate architect: Shimizu Corporation Ltd.
Director of Development: Mitsubishi Estate Group
Program: offices, shops, university premises, parking
Built area: 62,400 m²; plot area: 3,900 m²

Le projet de tour pour la compagnie d'assurances Fukoku s'inspire du profil d'un arbre gigantesque dont les racines proliféreraient à la surface du sol. Évasée à sa base, elle s'affine en s'élevant, offrant à la ville l'image d'une asymptote verticale. Ce contraste entre la base et le reste de la construction est accentué par le traitement de l'« écorce » du bâtiment : les larges « copeaux » des premiers niveaux laissent progressivement la place à une paroi lisse et continue. La façade, vitrée, est incrustée de miroirs qui réfléchissent les couleurs du ciel et de l'environnement immédiat.
La poétique de la nature se poursuit avec l'implantation d'un vaste atrium, la Fukoku Forest of Life, où les fleurs et les plantes de toutes sortes se mêlent pour donner naissance à une composition paysagère à la fois naturelle et artificielle, visible depuis la rue.
Ce lieu accueillant, dont l'installation à la sortie de la grande gare d'Osaka est plutôt insolite, est appelé à devenir un signal durable dans le paysage urbain.

This tower project for the Fukoku insurance company takes inspiration in the profile of a gigantic tree whose roots proliferate on the surface of the ground. Splayed at its base, the tower's outline tapers elegantly as it rises, gracing the city's skyline with a vertical asymptote. The contrast between the structure's base and upper regions is accentuated by the treatment of the building's "bark": broad "wood chips" on the lower levels gradually give way to a sleek and uninterrupted wall. The glass façade is incrusted with mirrors that reflect the colors of the sky and the surrounding environment.
Nature's poetry is echoed in the vast atrium visible from the street, the Fukoku Forest of Life, where flowers and plants of every sort are intermingled, creating a landscape composition at once natural and artificial.
This inviting place, whose location at the exit of Osaka's main train station seems a rather unlikely spot, will surly become a lasting landmark in the urban landscape.

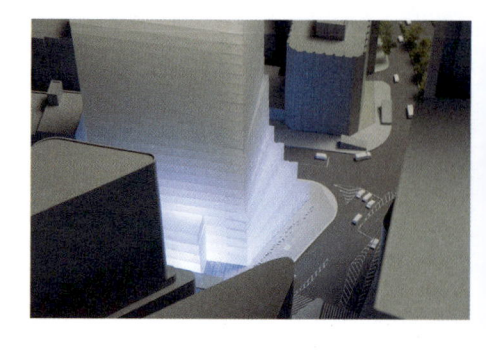

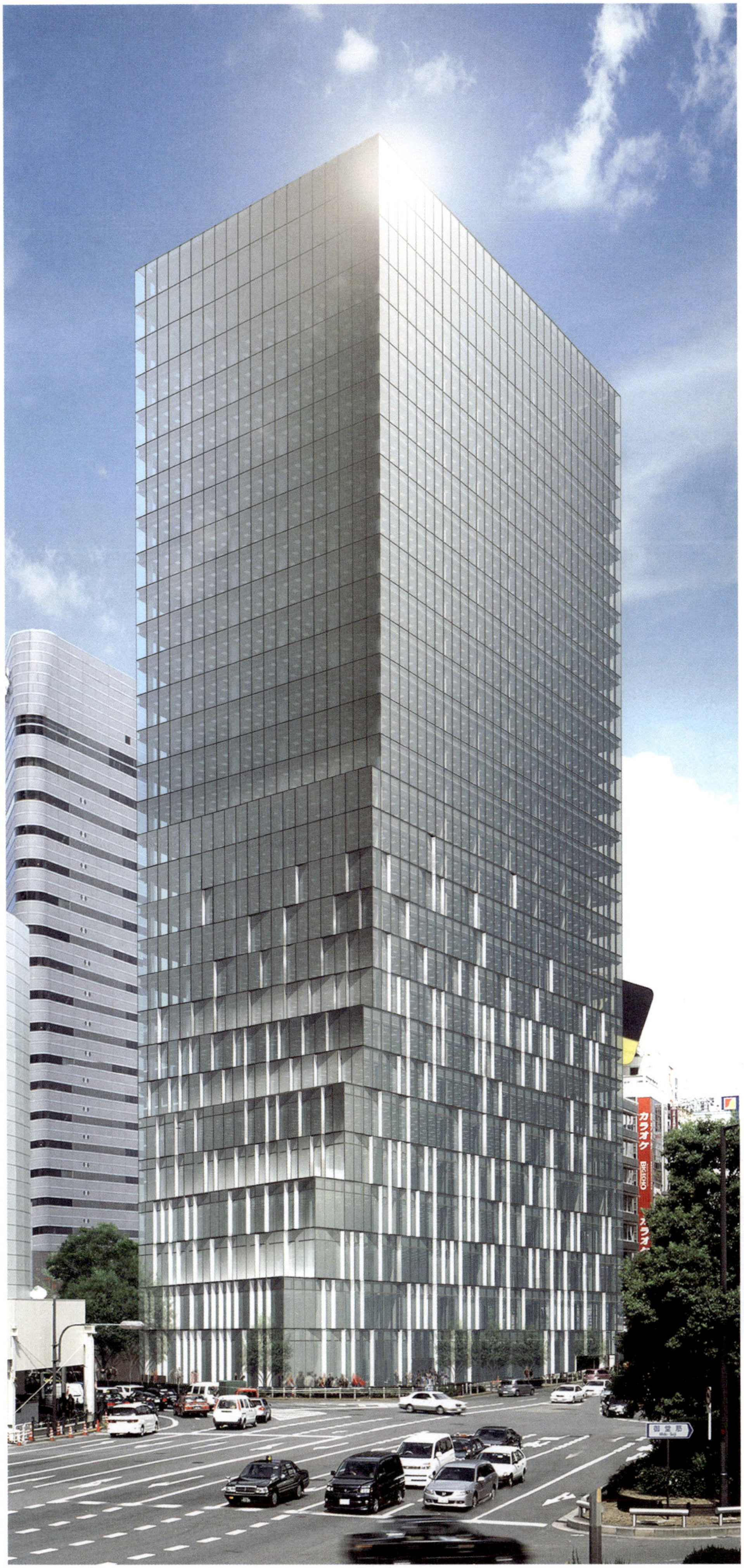
カラオケ
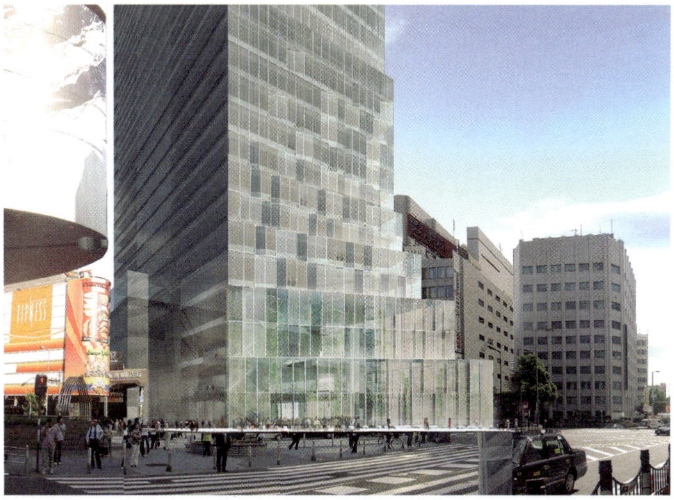
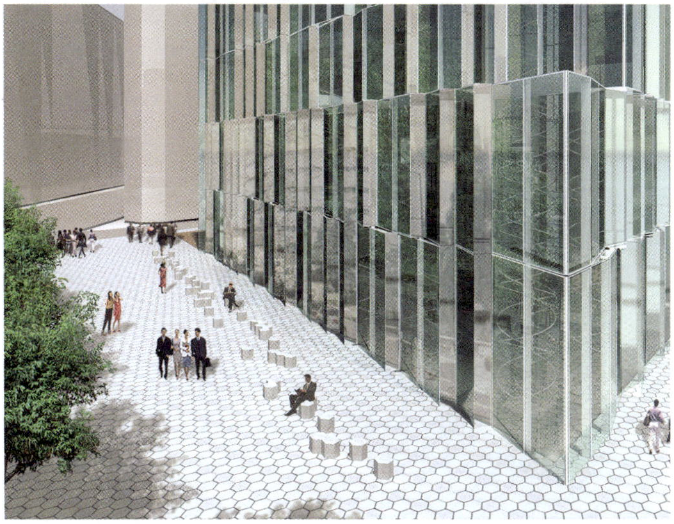
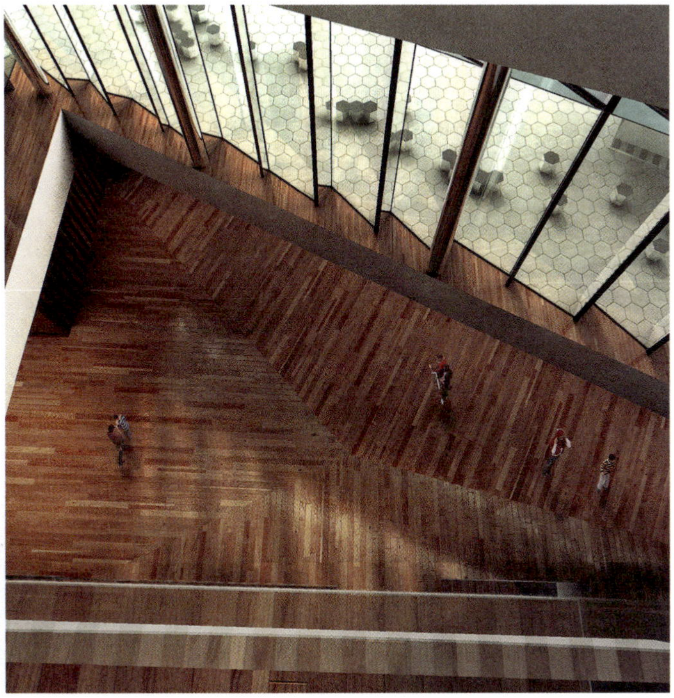

TOURS « FRENCH QUARTER »
"FRENCH QUARTER" TOWERS

BRISBANE, QUEENSLAND, AUSTRALIE, *AUSTRALIA,* **2007**

Client: Devine Limited
Concours international sur invitation, non réalisé
Bureau d'étude: AWP (paysagement)
Programme: logements, commerces, restaurants, centre de conférence et centre d'art
Surface construite: 122 000 m² ; surface du site : 12 000 m²

Client: Devine Limited
International invitation to tender, not built
Consultants: AWP (landscaping)
Program: housing, shops, restaurants, conference center and art centre
Built surface: 122,000 m² ; plot area: 12,000 m²

Entre univers urbain et espace paysager, ces deux tours symbolisent le passage d'un environnement à un autre. L'inflexion des deux volumes – l'un vers la ville, l'autre vers le parc –, est au cœur de la stratégie d'implantation : ces formes d'apparence biomorphique semblent véritablement « prendre racine » sur le site.
Les deux buildings sont liés à leur base par un bloc unique, aménagé en galerie commerciale, qui permet d'assurer une transition progressive entre les grandes avenues orthogonales et le dessin plus fantaisiste des allées du jardin. Si traditionnellement le socle instaure une rupture brutale entre le pied et le corps des bâtiments, il disparaît ici pour laisser place à une architecture homogène et continue. S'évasant vers le bas à la façon d'un séquoia géant, cette construction se déhanche légèrement comme un corps humain en mouvement.
L'enveloppe des tours est composée d'une double épaisseur : elles sont en effet habillées d'une grande « robe » en aluminium anodisé qui leur donne cet aspect scintillant, vêtement sous lequel on trouve un « jupon » associant panneaux de verre et d'aluminium. Cette seconde étoffe aux lignes courbes épouse la configuration des appartements et des chambres d'hôtel, tout en s'ajustant parfaitement à l'organisation technique de l'ensemble.

Between the urban cityscape and the country landscape, these two towers symbolize the passage from one environment to another. The inflexion of the two volumes – one towards the city, the other towards the park – is at the heart of the positioning strategy in that these biomorphic-shaped structures seem to actually "take root" in the site.
The two buildings are linked at their base by a single block, laid out as a shopping mall, which ensures a gradual transition between the wide orthogonal avenues and the more fanciful design of the garden's alleys. Although the traditionally the base of a building creates a brutal rupture between its foot and body, here it disappears, giving way to a homogeneous and continuous architecture. Splayed at the base like a giant sequoia, the structure twists slightly like human body in movement.
The two towers have a double skin. The outer skin, like a great "robe" in anodized aluminum, causes them to shimmer. Under this garment, a "skirt" made of glass and aluminum panels whose curved lines conform to the configuration of the apartments and hotel rooms, while perfectly adjusting to the technical organization of the whole.

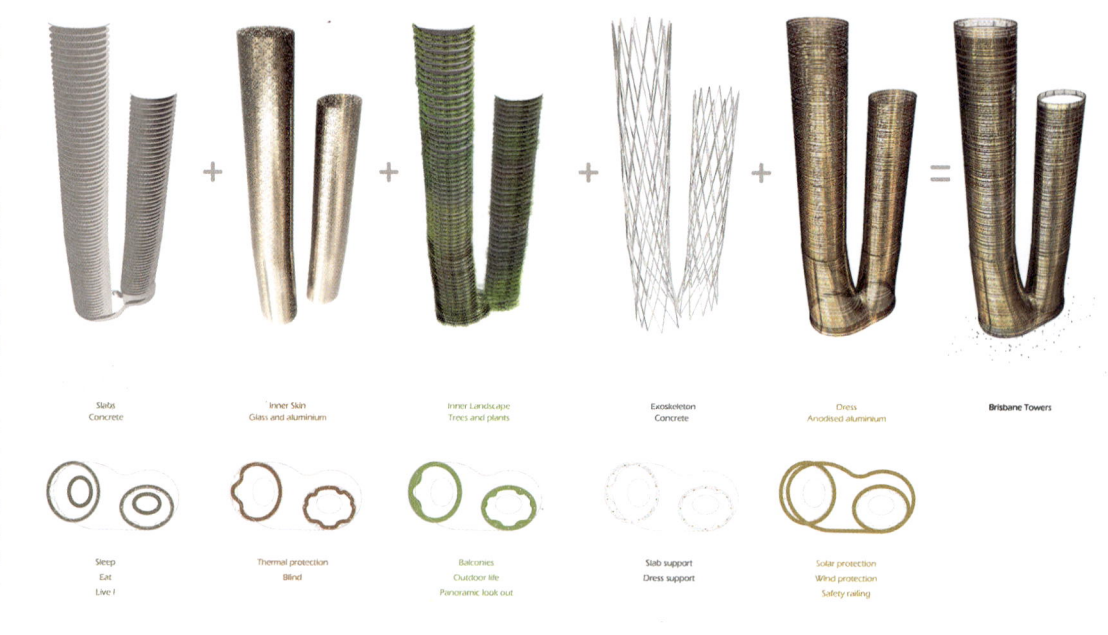

163

MÉRÉOLOGIES
MEREOLOGIES

UNIVERSITÉ D'ANGERS, ANGERS, FRANCE, 1985

LES SERRES DE CHEVRELOUP DU MUSÉUM NATIONAL D'HISTOIRE NATURELLE, FRANCE, 2000

PROMENADE DU JUNGFERNSTIEG, HAMBOURG, ALLEMAGNE, 2002

BASE INDUSTRIELLE D'INGÉNIERIE ET DE PHARMACIE, PÉKIN, CHINE, 2003

MUSÉE GOYA, SARAGOSSE, ESPAGNE, 2006

LU JIA ZUI BUSINESS CENTER, SHANGHAI - PU DONG, CHINE, 1992

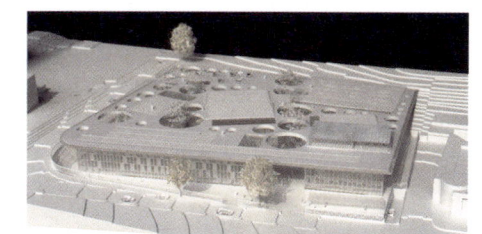

FONDATION DE L'ÉCOLE INTERNATIONALE, GENÈVE, 2001

LYCÉE FRANÇAIS, LE CAIRE, EGYPTE, 2002

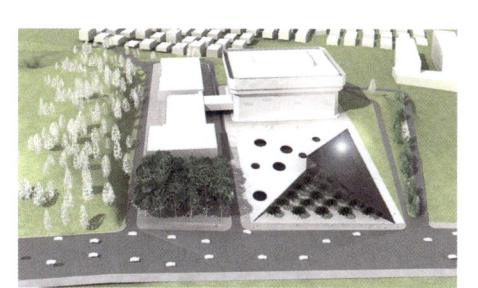

THE NATIONAL DIGITAL LIBRARY, SÉOUL, CORÉE, 2005

PONT PIÉTON ET AMÉNAGEMENT, PALERME, ITALIE, 2004-2011

AÉROPORT AMSTERDAM-SCHIPHOL, AMSTERDAM, PAYS-BAS, 2000-2020

PALAIS DES CONGRÈS ET HALL D'EXPOSITION
CONVENTION CENTER AND EXHIBITION HALL

LEÓN, CASTILLE-ET-LEÓN, ESPAGNE, *LEÓN, CASTILE AND LEÓN, SPAIN*, 2005-2011
(en cours d'études / *under study*)

Client: ville de León
Concours international, projet lauréat
Étude urbaine pour le réaménagement du site des gares de León-Ouest et l'implantation de la nouvelle gare des trains à grande vitesse; **client:** León Velocidad 2003 SA
Bureaux d'étude: Perrault Projets (ingénierie architecturale), TYPSA Madrid
Programme: hall d'exposition et palais des congrès comprenant auditoriums, salles de conférence, office du tourisme, restaurants et parking de 400 places
Surface construite: 41 000 m² ; surface du site : 25 000 m²

Client: city of León
International competition, winning project
Urban planning study for the redevelopment of the site of the of the León-West train stations and the position of the new station for high-speed trains; client: León Velocidad 2003 SA
Consultants: *Perrault Projects (architectural engineering), TYPSA Madrid*
Program: *exhibition hall and convention center with auditoriums, conference rooms, tourism bureau, restaurants and 400-place parking garage*
Built area: *41,000 m² ; plot area: 25,000 m²*

Le projet du palais des congrès et du hall d'exposition de la ville de León passe par la réhabilitation d'une ancienne raffinerie de sucre, ce qui donne à Dominique Perrault l'idée de réaliser une « usine allumée » incarnant tout le dynamisme de cette agglomération à l'aube du XXI siècle. Deux ensembles clairement différenciés sont définis. Le palais des congrès, situé dans l'usine désaffectée, bénéficie d'un espace intérieur résolument flexible, qui peut se dilater à l'occasion d'importants séminaires ou se fragmenter pour accueillir des manifestations sociales et culturelles plus réduites. Cette souplesse en fait un lieu incontournable, en perpétuelle effervescence. Le hall d'exposition, accolé au premier édifice, est lui aussi un espace modulable, doté d'une grande couverture minérale, translucide et photovoltaïque, dont les inclinaisons irrégulières font écho aux pentes douces des monts de León. Semblable, aux dires de l'architecte, à « un cristal de sucre ou de silice exposé au soleil et capable de capter, d'irradier et de transmettre l'énergie de la vie », il brille la nuit et absorbe le jour la lumière nécessaire à son fonctionnement.

Ces constructions s'intègrent à un programme de restructuration urbaine plus global. En effet, Dominique Perrault participe en 2005 au concours pour le réaménagement des terrains libérés par l'enfouissement de voies ferroviaires. Sur un site limitrophe, il tâche aujourd'hui de connecter les quartiers en expansion avec le centre-ville et d'articuler en permanence passé, présent et futur dans une approche écologique de la cité.

Enfin, toujours à León, l'agence reçoit en 2006 une commande de l'Agelco (Agrupación de Empresarios Leoneses de la Construcción) pour la conception de son siège social. Elle y répond par un bâtiment à la volumétrie irrégulière, que soulignent une série de bandes blanches verticales sérigraphiées.

The project for a convention center and exhibition hall for the city of León includes the rehabilitation of a former sugar refinery, which gave Dominique Perrault the idea of transforming it into a "switched-on factory" to materialize the dynamism of this metropolitan area at the dawn of the 21st century. Two clearly differentiated ensembles are defined. The convention center, located in the abandoned factory, benefits from the existence of a highly flexible space that can expand for large scale trade shows and seminars or be sectioned off for smaller social and cultural events. This flexibility makes it an indispensable focal point of the city and a place perpetually bustling with activity. The exhibition hall, immediately adjacent to the convention center, is also a modulable space, covered with a great translucent and photovoltaic mineral roof whose irregular slopes echo the gentle slopes of the hills of León. Reminiscent, according to the architect, of a crystal of sugar or silica lying in the sun and able to capture, irradiate and transmit the energy of life, it sparkles at night and absorbs the energy-giving light it needs to function during the day.

These buildings fit into the overall urban renewal program. Dominique Perrault participated in the 2005 competition for the redevelopment plan targeting the areas made available by the burying of the rail yards. He is currently working to connect this expanding district on the edges of the city with the urban core and to articulate past, present and future in an ecological approach to the city.

In 2006 and also in Léon, the firm received a commission from AGELCO (Agrupación de Empresarios Leoneses de la Construcción) to design its headquarters. The firm responded with a building of irregular volumes that underscore a series of silk-screened vertical white bands.

ÉTUDE URBAINE POUR LE QUARTIER LEÓN-OUEST, 2005.
URBAN STUDY FOR THE LEÓN-WEST DISTRICT, 2005.

IMMEUBLE AGELCO, ASOCIACIÓN DE EMPRESARIOS LEONESES DE LA CONSTRUCCIÓN, LEÓN, 2006-2010.
BUILDING AGELCO, LEON BUILDERS ASSOCIATION, LEÓN, 2006-2010.

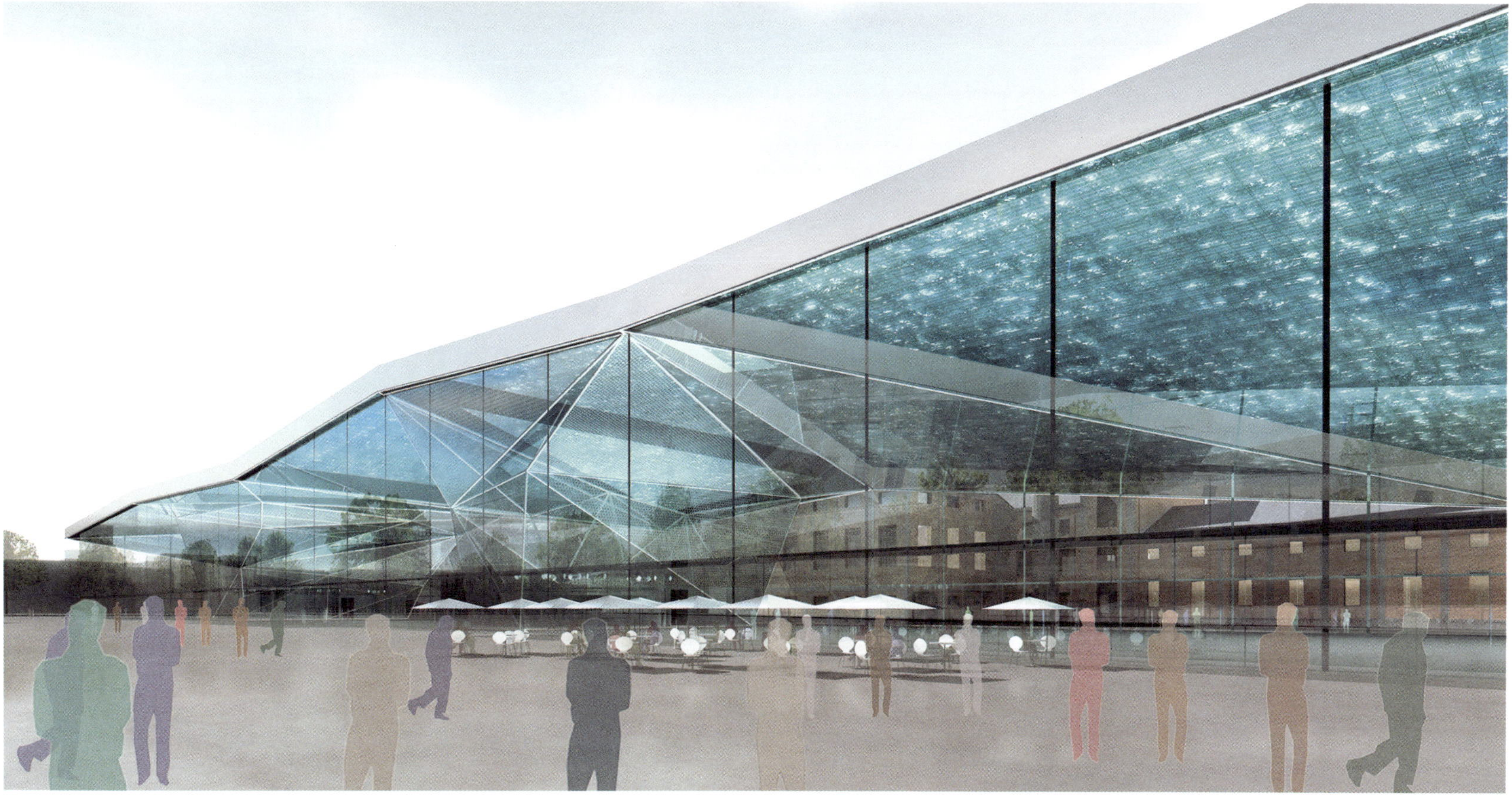
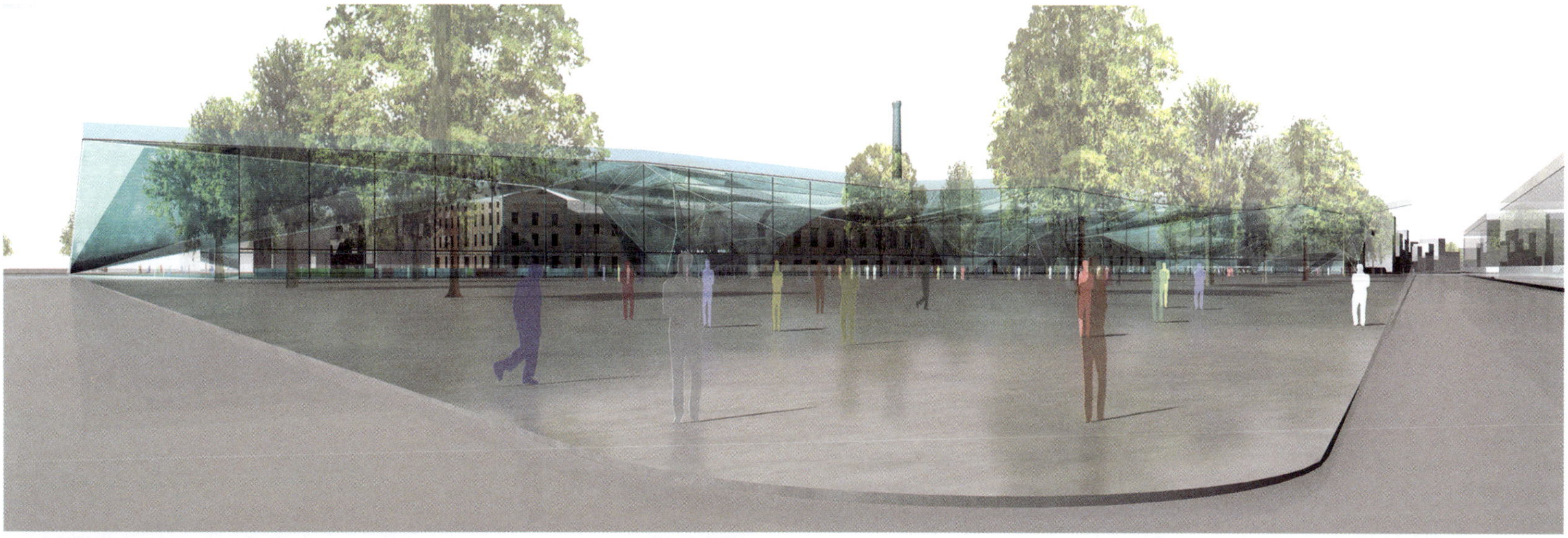
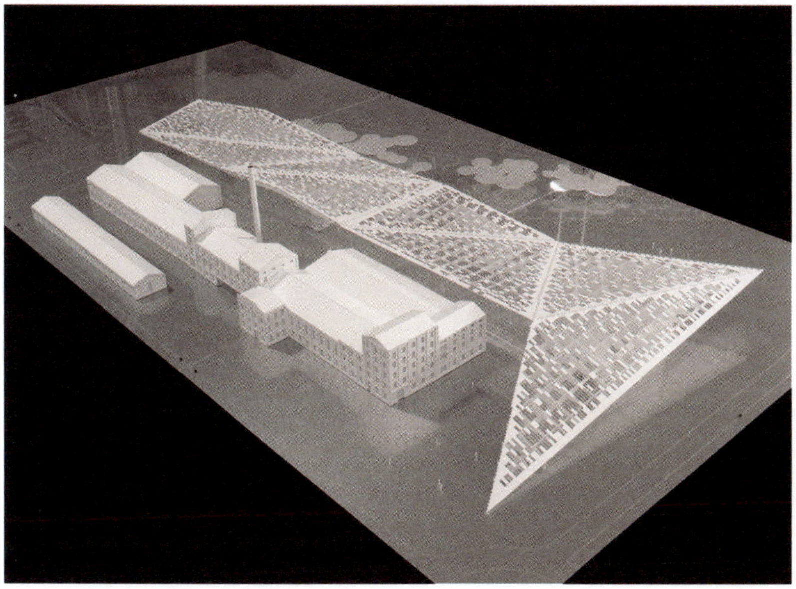
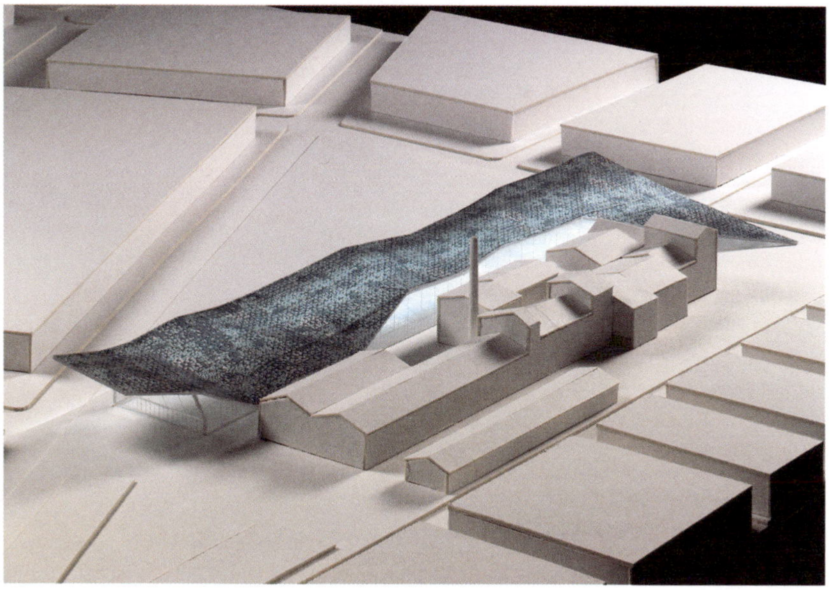

AMÉNAGEMENT DES RIVES DU MANZANARES
MANZANARES RIVER SHORELINE DEVELOPMENT

MADRID, ESPAGNE, *SPAIN,* 2005

Client: ville de Madrid
Concours international, projet mentionné, non réalisé
Programme: aménagement des rives du fleuve entre le nœud sud de la M-30 et le pont des Français
Surface de l'aménagement : 48 ha

Client: city of Madrid
International competition, special mention, not realized
Program: development of the river banks between the southern interchange of the M-30 and the Puente de los Franceses
Development area: 48 ha

L'enfouissement des tronçons de la voie rapide M-30 qui longe le Manzanares constitue une opportunité considérable en termes d'urbanisme. Si l'équipe lauréate du concours pour l'aménagement des rives est celle de Ginés Garrido Colmenero, les propositions de Juan Navarro Baldeweg, de Jacques Herzog et Pierre de Meuron ont toutefois été retenues pour être intégrées au projet, tout comme celle de Dominique Perrault. Celui-ci souhaite redessiner deux grandes zones sur ce vaste territoire et insiste, pour chacune d'elles, sur une stratégie à la fois longitudinale et transversale.

La première de ces zones, nommée « le Grand Fleuve », a été définie en partant du constat que le Manzanares n'est plus à l'échelle de la ville de Madrid ; le projet doit donc l'imposer davantage dans le paysage. Pour y parvenir, l'agence suggère notamment de multiplier les accès au fleuve, de connecter les deux rives et de créer des pavillons sur les plans d'eau.

La seconde zone est celle du « Grand Parc ». Rétablissant la continuité – rompue par la construction de la voie rapide – entre la Casa de Campo et le Campo del Moro qui s'étend sur l'autre bord du fleuve, Perrault conçoit un « poumon vert » composé de jardins historiques, scientifiques, ludiques et sauvages, autant de nouveaux espaces qui seront exclusivement réservés aux piétons.

Fleuve magnifié, parc amplifié : les territoires reconfigurés attestent des préoccupations écologiques d'une métropole tournée vers l'avenir.

The burying the stretch of the M-30 free way that runs parallel to the Manzanares river offers a considerable opportunity from the standpoint of urban planning and development. Though the Ginés Garrido Colmenero team won the overall competition for the shoreline development project, the proposals made by Juan Navarro Baldeweg, Jacques Herzog and Pierre de Meuron were nevertheless selected for integration into the overall plan, as was the case for Dominique Perrault's entry. His proposal involves the redesign of this vast area through its division into two large zones and emphasizing a longitudinal and transversal strategy for both.

The definition of the first of these zones, called the "Grand Fleuve", grew out of the observation that Manzanares is now dwarfed by the scale of Madrid. Thus, the project must reaffirm its presence in the urban landscape. The firm proposes to achieve this by increasing the points of access to the river, by connecting its banks and by creating pavilions over ponds.

The second zone, the "Grand Parc" reestablishes the continuity – interrupted up to now by the structure of the free way – of the areas extending between the Casa de Campo and the Campo del Moro along the opposite shore of the river. Perrault designed a "green lung" comprising historic, scientific gardens, playgrounds and wild areas. These new public spaces will be entirely reserved to pedestrians. Thus, the rehabilitated river and the enlarged park will testify to the ecological concerns of a metropolis focused on the future.

ÉTUDE POUR UNE PASSERELLE SUR LE MANZANARES
STUDY FOR A FOOTBRIDGE OVER THE MANZANARES

MADRID, ESPAGNE, *SPAIN,* **2008**

Client: ville de Madrid
Commande directe à la suite du concours international d'aménagement des rives du fleuve
Programme: étude pour une passerelle piétonne de 251 m de longueur

Client: city of Madrid
Direct commission following an international competition for the development of the river shoreline
Program: study for a footbridge 251 m in length

La passerelle traversant le parc de la Arganzuela est destinée à permettre une jonction entre les deux rives du Manzanares qui soit praticable pour les piétons et les cyclistes. Elle doit pouvoir accueillir des espaces de loisir et intégrer des activités de restauration, tout en assurant des connexions avec les espaces verts qu'elle surplombe sur une grande partie de son parcours.

Afin de répondre à ces différents enjeux, Dominique Perrault élabore une structure semblable à une bande de papier perforée, tendue d'une berge à l'autre, et découpée sur ses côtés de façon irrégulière. La passerelle ainsi conçue propose, sur un mode ludique, une multitude de cheminements et plusieurs points de vue sur les alentours, tandis que ses larges trous ronds la relient en permanence au site : certains d'entre eux laissent émerger la cime des arbres, d'autres abouchent avec des rampes d'accès qui descendent à mi-parcours jusqu'au sol, où de petits sentiers les prolongent. Autour de ces ouvertures, des bancs sont disposés pour le confort des promeneurs, ainsi que de petits kiosques pouvant abriter de multiples activités.

Grâce à ce découpage très particulier, à la fois géométrique et informel, Dominique Perrault offre une construction qui s'intègre véritablement, et à tous les niveaux, à ce secteur en pleine restructuration de la capitale espagnole.

The footbridge crossing the Arganzuela Park and connecting the opposite shores of the Manzanares River has to accommodate pedestrians and cyclists. It must also feature spaces for leisure activities and food services as well as provide access to the green spaces extending below a large section of its span.

In his answer to these various specifications, Dominique Perrault designed a structure that resembles a strip of perforated paper, stretching from one side of the river to the other, with irregularly spaced cutaways along its sides. The playful design of the footbridge offers a multitude of possible courses and several vantage points over the park and river, while wide round holes connect it to the site below. Some of these holes allow treetops to poke through and others contain ramps descending to the ground, where they are prolonged by little trails. Benches are arranged around these openings for the comfort of strollers and little kiosks can host a variety of activities.

Owing to this geometric yet informal shape, Dominique Perrault proposes a structure that is truly integrated on every level into this sector of the Spanish capital in the midst of a major restructuring.

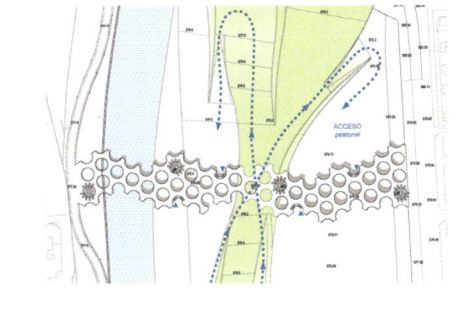

PONT SUR L'ARNO
BRIDGE OVER THE ARNO

FLORENCE, TOSCANE, ITALIE, *FLORENCE, TUSCANY, ITALY, 2005*

Client: Società ANAS Spa
Concours international, non réalisé
Bureau d'études: Werner Sobek Ingenieure (structure)
Programme: nouveau pont sur l'Arno pour le développement de l'autoroute SS.67
Longueur : 800 m

Client: *Società ANAS Spa*
International competition, not built
Consultants: *Werner Sobek Ingenieure (structure)*
Program: *new bridge over the Arno for the development of highway SS.67*
Length: *800 m*

Pour les besoins de ce programme, l'agence de Dominique Perrault a imaginé une construction donnant le sentiment de défier les lois de la gravité. En effet, ce pont surplombant l'Arno semble comme en apesanteur, effet d'optique qui s'explique notamment par le faible nombre de poteaux venant le soutenir. Mais l'on doit également cette allure très aérienne à la structure même du tube, une double spirale de métal, dont le dessin est directement inspiré de la double hélice de l'ADN et qui a pour principal avantage de minimiser les soutènements, tout en assurant des portées de 40 à 80 m.
Ce geste architectural s'inscrit dans la lignée des recherches du land art, dans la mesure où sa mise en œuvre, jouant sur la tension entre nature et culture, bouleverse l'équilibre du cadre paysager et modifie totalement la perception de la topographie.
Dès lors, le pont ne constitue plus un point de vue depuis lequel on peut contempler le panorama ; il concentre l'attention sur lui, à la manière d'une sculpture qui prendrait pour lieu d'exposition un espace entièrement végétalisé. Enfin, cet étrange monolithe fuselé puise sa vitalité du mouvement incessant des véhicules qui l'empruntent pour passer d'une rive à l'autre.

To fulfill the requirements of the program, Dominique Perrault's firm designed a structure that seems to defy gravity. This bridge actually seems to be weightlessly floating over the Arno in an optical effect that is mainly explained by its limited number of supporting piers. The bridge's light and airy appearance is also due to the structure of the tube itself, a double metal spiral whose outline is directly inspired by the double helix found in DNA. This form offers the advantage of minimizing the need for supporting piers while still ensuring spans of 40 to 80 m.
The architectural gesture is in line with the aims of land art, to the extent that its implementation, playing off the tension between nature and culture, upsets the balance of the surrounding landscape and utterly changes one's perception of the topography.
Here, the bridge is no longer a vantage point for contemplating the panoramic view but rather an object that attracts all attention to it, the way a solitary sculpture standing in a setting filled with vegetation does. Finally, this strange, streamlined monolith draws its vitality from the incessant passage of the vehicles that cross it.

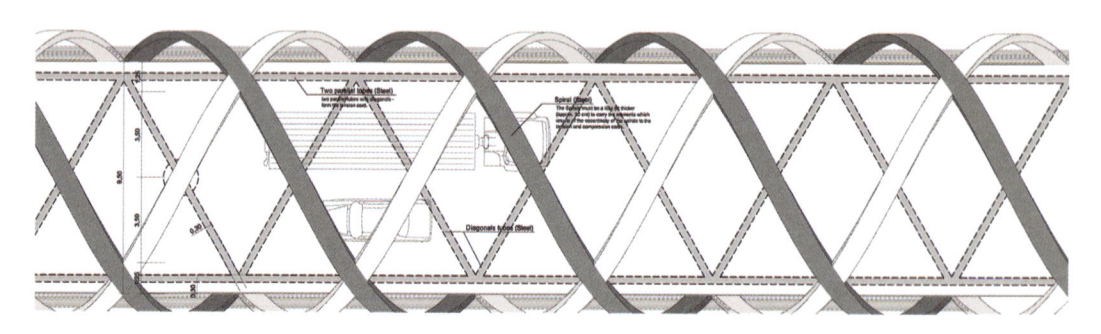

PAVILLON DU PRIORY PARK
PRIORY PARK PAVILION

REIGATE, ANGLETERRE DU SUD-EST, ROYAUME-UNI, *REIGATE, SOUTHEAST ENGLAND, UNITED KINGDOM, 2005-2008*
(en cours de construction / *under construction*)

Client: Reigate & Banstead Borough Council
Concours international, projet lauréat
Bureaux d'étude: Perrault Projets (ingénierie architecturale), Buro Happold Bath (fluides), momentum (structure)
Architecte local: CRGP Architects
Programme: pavillon d'accueil pour les visiteurs du Priory Park : café, bureau d'information
Surface construite: 350 m² ; surface du site : 3000 m²

Client: Reigate & Banstead Borough Council
International competition, winning project
Consultants: Perrault Projets (architectural engineering), Buro Happold Bath (fluids), momentum (structure)
Local Architect: CRGP Architects
Program: welcome pavilion for visitors to Priory Park: café, information office
Built surface: 350 m²; plot area: 3,000 m²

Situé sur l'axe de l'entrée principale, entre un jeu d'eau et un jardin encaissé, le « noyau » du Priory Park se compose d'un café et d'un bureau d'information pour les visiteurs.
Recherchant un équilibre entre l'artificiel et le naturel, Dominique Perrault a voulu une construction à la fois transparente et scintillante. C'est pourquoi il a opté pour des façades vitrées qui permettent de laisser passer le regard au travers, tandis que la structure elle-même, dessinant une forme circulaire ouverte sur le paysage, se dématérialise et disparaît, grâce à un revêtement métallique brillant qui reflète la végétation et les rayons du soleil. Le pavillon est posé sur un tapis constitué de plusieurs pelouses rondes qui le mettent en valeur, l'insèrent dans son environnement et peuvent également faire office d'aires de pique-nique. À l'intérieur, en écho à ces pelouses comme à la forme générale de l'édifice, des ronds aux couleurs vives sont peints sur le sol.
Afin d'intégrer une cuisine, un bureau et des toilettes dans cet espace complètement décloisonné, Perrault réalise au centre du pavillon une structure biomorphe. De part et d'autre de celle-ci, se répartissent le bureau d'information et le café. Tandis que le premier accueille les visiteurs du côté concave, le second s'appuie sur la face convexe, offrant ainsi aux clients une vue dégagée sur le parc.

The "focal point" of Priory Park stands on the axis of the main entrance between the dancing waters of a fountain and a hemmed-in garden. It houses a café and an information office for visitors.
In his quest to find a balance between the artificial and the natural, Dominique Perrault wanted to create a transparent and sparkling building. He opted for glass façades one can gaze through to the park to achieve his aim. Its circular shape, open to the landscape, tends to vanish, owing to the vegetation and sunlight reflected in its polished metallic cladding. The pavilion rests on a green carpet composed of a series of circular lawns that enhance its appearance by inserting it into its park environment. These lawns can also double as picnic areas. Inside the pavilion, large circles are painted on the floor, mirroring both the lawns and its own shape.
Perrault designed a biomorphic structure to fit a kitchen, restrooms and an office into this wall-less space. On its concave side the information office welcomes visitors, while on the convex side the café affords its customers with an unobstructed view of the park.

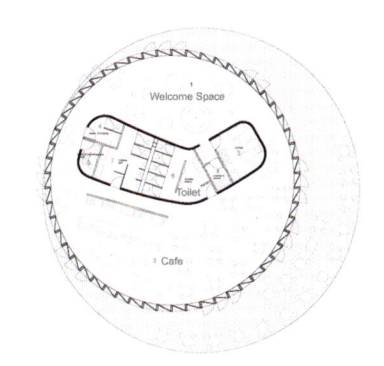

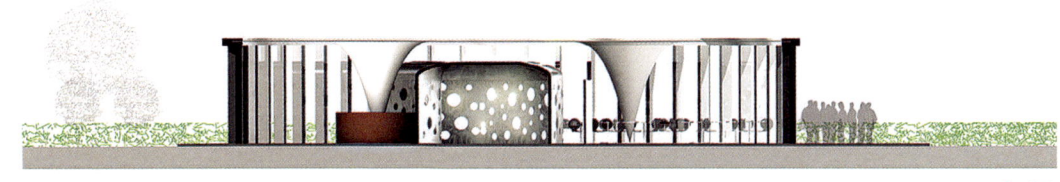

CENTRE DE CRÉATION D'ART CONTEMPORAIN DE CORDOUE
CÓRDOBA CENTER FOR CONTEMPORARY ART CREATION

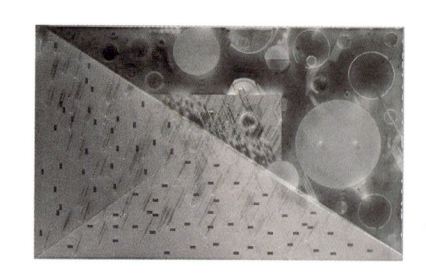

CORDOUE, ANDALOUSIE, ESPAGNE, *CÓRDOBA, ANDALUSIA, SPAIN*, 2005

Client: Junta de Andalucia
Concours international, non réalisé
Bureaux d'étude: TYPSA Madrid
Programme: espace de rencontre et d'accueil du public, zone des savoirs, zone de production artistique, zone de communication, zone de gestion, espaces de services, circulations, parkings
Surface construite: 8690 m²; surface du site : 53450 m²

Client: Junta de Andalucia
International competition, not built
Consultant: TYPSA Madrid
Program: meeting place and public reception area, knowledge zone, artistic production area, communication area, administration area, service areas, circulations, parking garage
Built area: 8,690 m²; plot area: 53,450 m²

Dans le parc Miraflores, à proximité du futur palais des congrès conçu par Rem Koolhaas, la proposition de Dominique Perrault pour le centre d'art contemporain de Cordoue vient se loger dans un froncement de la topographie engendré par la main de l'architecte.
Deux parties triangulaires s'opposent et se complètent. La première est une place qui conduit à l'entrée de la grande façade vitrée ; la seconde est la couverture qui s'élève en formant un pli, un « point de repère silencieux » dans le paysage – à telle enseigne que les promeneurs peuvent déambuler à loisir sur sa surface. Le musée à proprement parler est installé sur un seul étage, sous le niveau du sol. De petites incisions dans la toiture permettent d'offrir un éclairage zénithal maîtrisé, tandis que la grande verrière de l'entrée orientée nord nord-ouest laisse pénétrer la lumière dans les salles d'exposition. S'agissant de l'organisation interne, Dominique Perrault opte pour une progression qui se fait presque insensiblement depuis les espaces publics urbains vers l'espace public intérieur, dans lequel le visiteur s'engouffre toujours plus profondément. De la place, on avance ainsi vers la médiathèque, puis vers les expositions, et enfin vers les ateliers d'artistes. Ce fil conducteur répond à une logique du dévoilement : le cœur du lieu, celui où s'accomplit l'acte de création, apparaît au fur et à mesure que l'on approche.
Afin de donner la part belle aux œuvres présentées, l'architecture s'efface, se confond avec le paysage urbain, invitant chacun, par ce geste, à pénétrer plus avant dans les replis de l'édifice.

In Miraflores Park, near the future convention center designed by Rem Koolhaas, Dominique Perrault's proposal for Cordoba's contemporary art center is housed in a fold in the topography created by the architect.
Two triangular elements both oppose and complete each other. The first is the plaza that leads to the great glass façade; the second is the covering, which rises to form a fold, a "silent landmark" in the landscape. Visitors to the center can walk about its entire surface. The museum itself is laid out on one floor at ground level. Little incisions in the roof provide controlled natural light, while the glass curtain wall of the entrance oriented in a northwesterly direction allows light to penetrate into the exhibition galleries. For the internal layout, Dominique Perrault opts for an almost imperceptible transition from the urban public space towards the interior, into which the visitor penetrates deeper and deeper. From the plaza, one approaches first the media library, then moves on towards the exhibitions and finally to the artists' studios. This flow follows the logic of an unveiling as the heart of the place, where creation is under way, is gradually revealed the closer one comes the studios.
To ensure the focus remains on the works displayed, the architecture disappears, blends in with the urban landscape, and through this gesture invites everyone to wander further into the inner folds of the building.

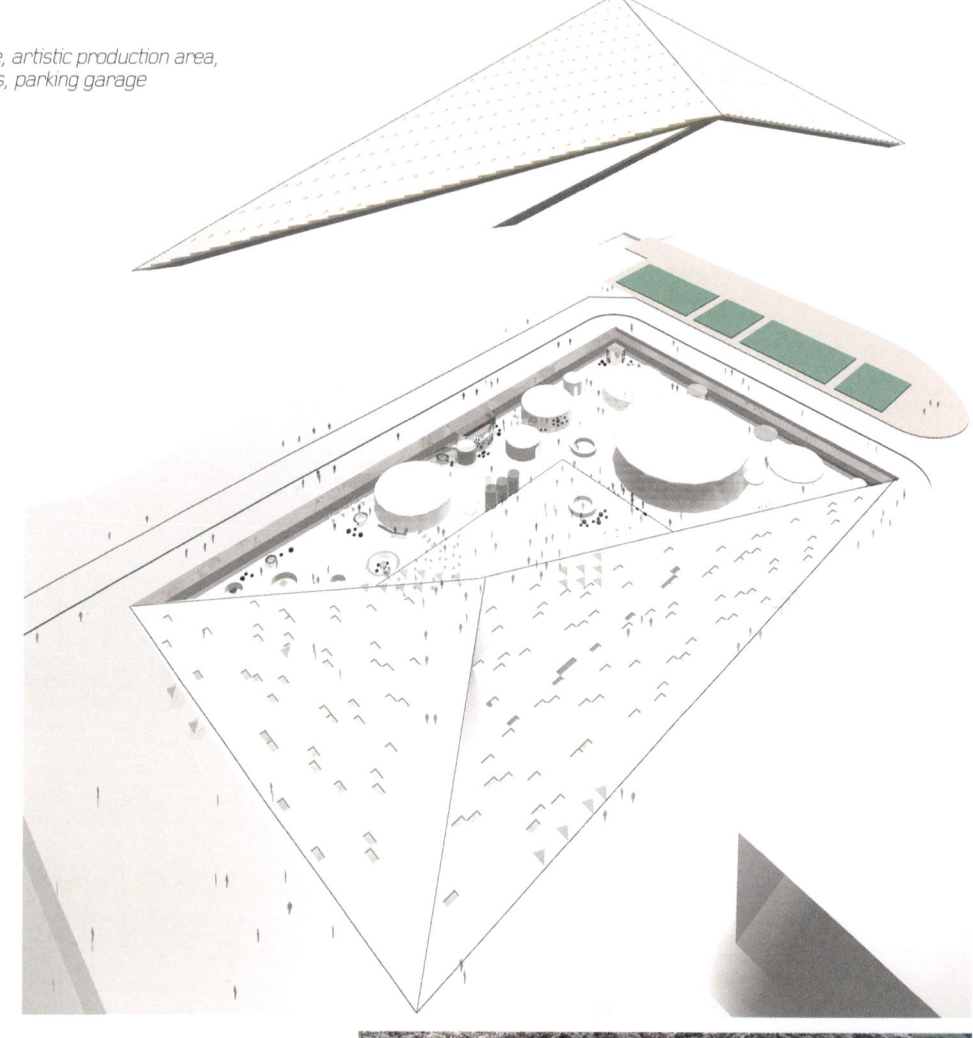

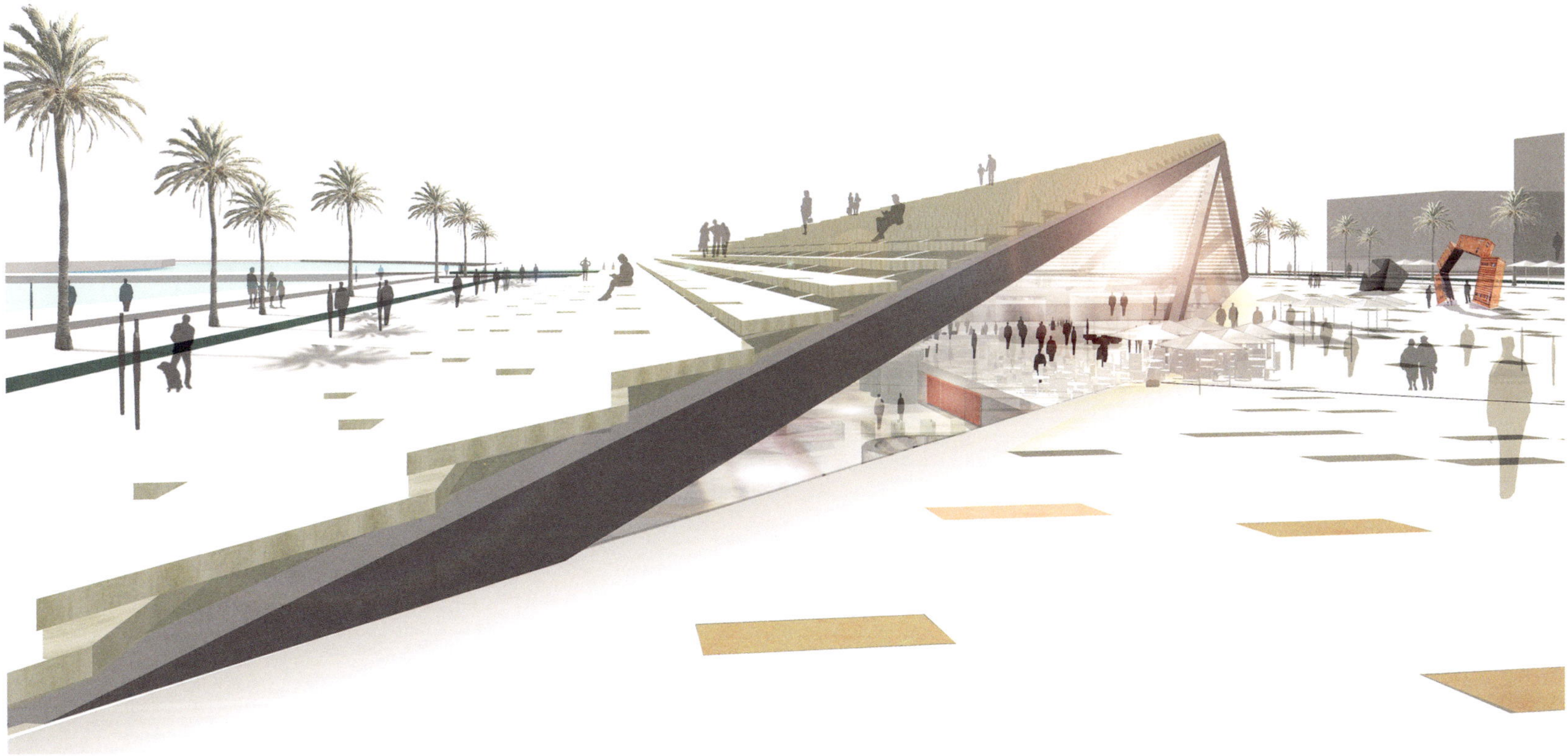

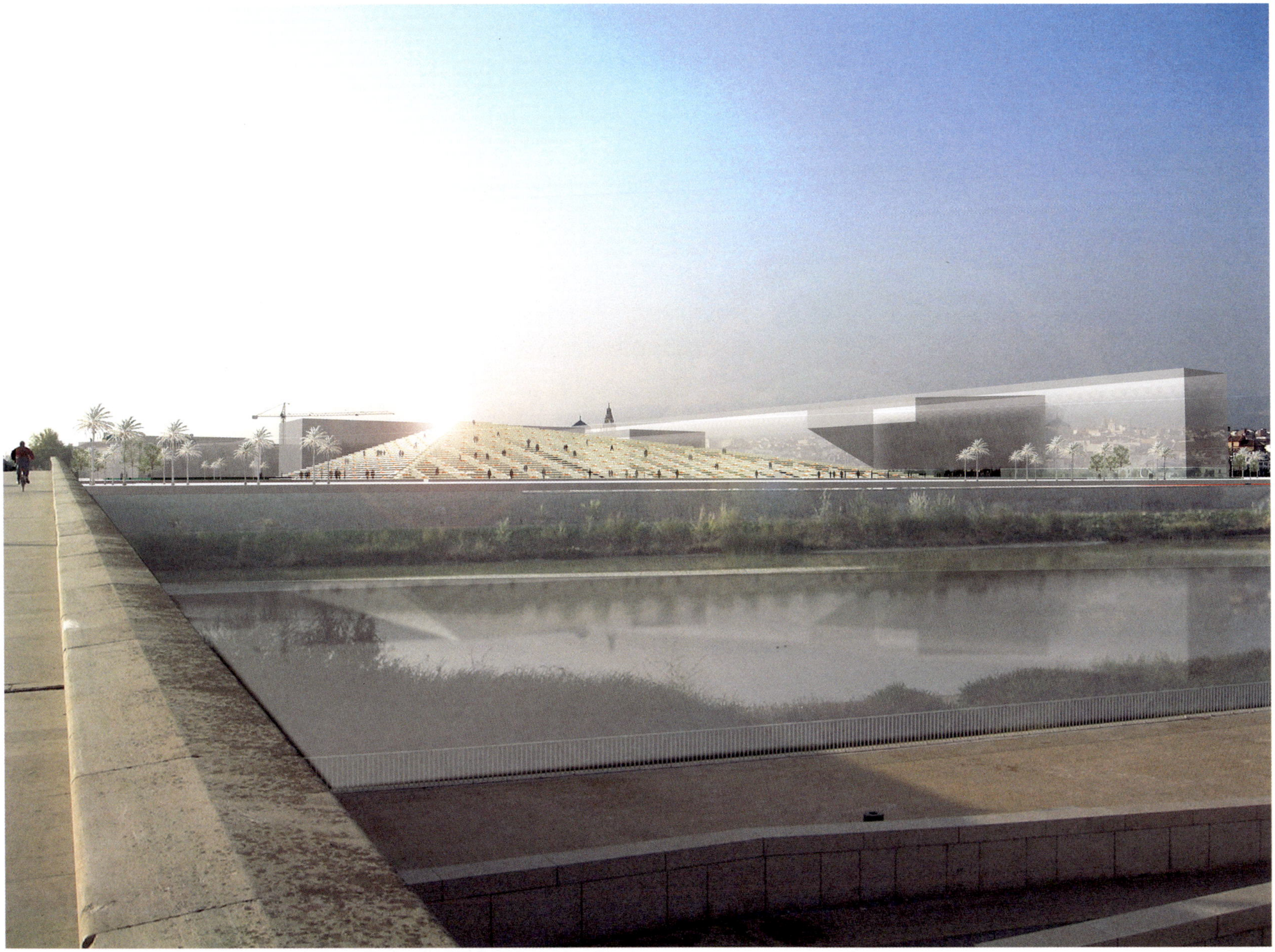

VELOPARK DE LONDRES
LONDON VELOPARK

LONDRES, ROYAUME-UNI, *LONDON, UNITED KINGDOM,* 2007

Client: Olympic Delivery Authority
Concours international sur invitation, non réalisé
Bureaux d'étude: Ove Arup & Partners Ltd. Londres (structure et fluides), Land Use Consultants Ltd. (paysagement), GUS Architekten Ingenieure (consultant sport)
Programme: vélodrome, espace pour les athlètes, salle de presse, espaces privatifs, administration et installations provisoires pour les jeux Olympiques
Surface construite: 19 000 m²; surface du site : 15 ha

Client: Olympic Delivery Authority
International invitation to tender, not built
Consultants: Ove Arup & Partners Ltd. London (structure and fluids), Land Use Consultants Ltd. (landscaping), GUS Architekten Ingenieure (sports consultant)
Program: velodrome, athletes' space, press area, private spaces, administration and temporary installations for the Olympic games
Built area: 19,000 m²; plot area: 15 ha

Ce projet a pour ambition de reconfigurer un fragment du paysage sur lequel il vient s'implanter. Entre nature et architecture, il entremêle les notions d'intérieur et d'extérieur, de dessus et de dessous, pour accueillir aussi bien des événements sportifs très spécifiques, que les promenades des flâneurs.

La couverture du vélodrome est conçue comme une extension de la topographie existante. La colline artificielle ainsi créée devient un point de vue panoramique, à partir duquel il est possible de contempler toute l'étendue du parc olympique et même au-delà, vers Canary Wharf et Square Mile. Au cœur de cette colline, un « cratère » est aménagé pour recevoir les compétitions et la foule des spectateurs massés dans des tribunes d'une capacité de 3 000 places. Les imposantes colonnes qui supportent le toit sont dessinées à partir d'un schéma structurel précis, en dehors de tout formalisme. L'irrégularité de leurs emplacements renvoie à la complexité des données physiques qui sous-tendent les phénomènes de gravité. Les systèmes de ventilation, d'aération et d'éclairage sont établis à partir d'un dispositif résolument écologique. L'arène n'est pas fermée par des façades, l'air peut y circuler librement, sans pour autant gêner le déroulement des épreuves. Dans le même ordre d'idées, une lumière zénithale permet d'éclairer l'ensemble du complexe.

En intégrant systématiquement ces logiques naturelles dans l'élaboration de son projet, Dominique Perrault parvient à réaliser un édifice hybride qui s'articule parfaitement à son environnement.

This project attempts to reconfigure a fragment of the landscape onto which it is placed. Between nature and architecture, it blends notions of interior and exterior and above and below that enable it to host very specific types of sporting events and people out for stroll too.

The roof of the velodrome is designed as an extension of the existing topography. The artificial hill this creates offers a panoramic vantage point from whence one can contemplate the full sweep of the Olympic park and far beyond, towards Canary Wharf and the Square Mile. A "crater" dug into the center of this hill contains the area dedicated to competitions and the crowd of spectators is massed in the surrounding stands with a capacity of 3,000 seats. The design for the imposing columns that support the roof is based on a precise structural schema, free of any formalism. Their irregular spacing reflects the complexity of the physical data underpinning phenomena of gravity. The ventilation, aeration and lighting systems function according to solid ecological principles. As the arena is not closed in by its façades, air circulates freely, without interfering with whatever contest is taking place within. In a similar vein, skylights flood the entire complex with natural light.

By systematically implementing the logic of nature in his project design, Dominique Perrault achieves a hybrid building that perfectly integrates with its environment.

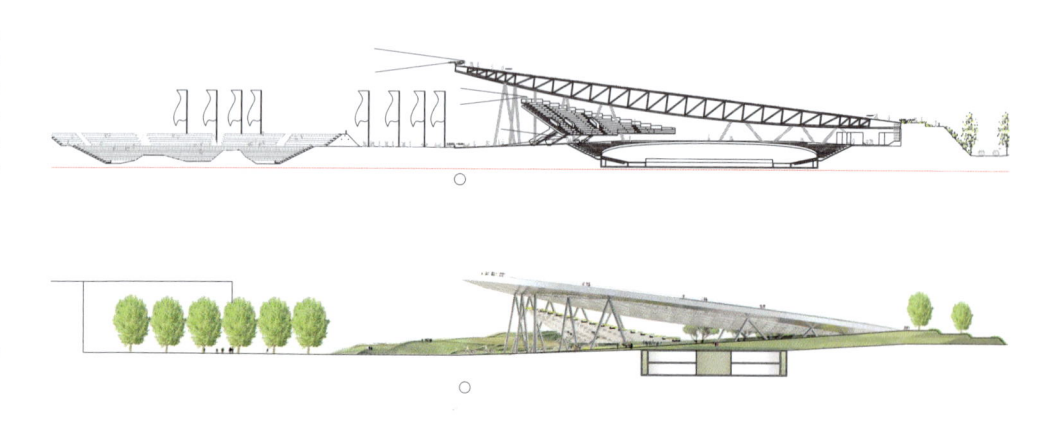

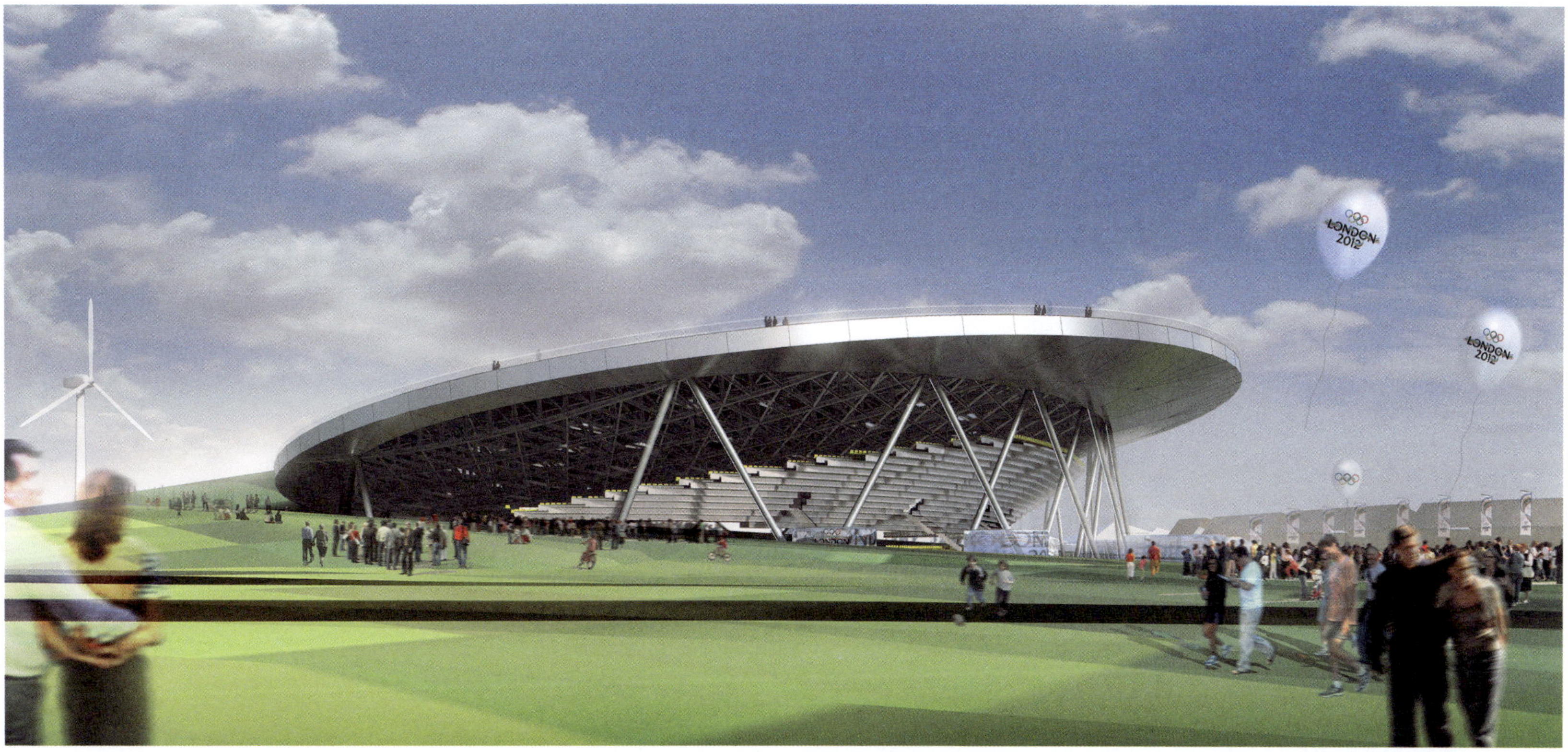
LONDON 2012

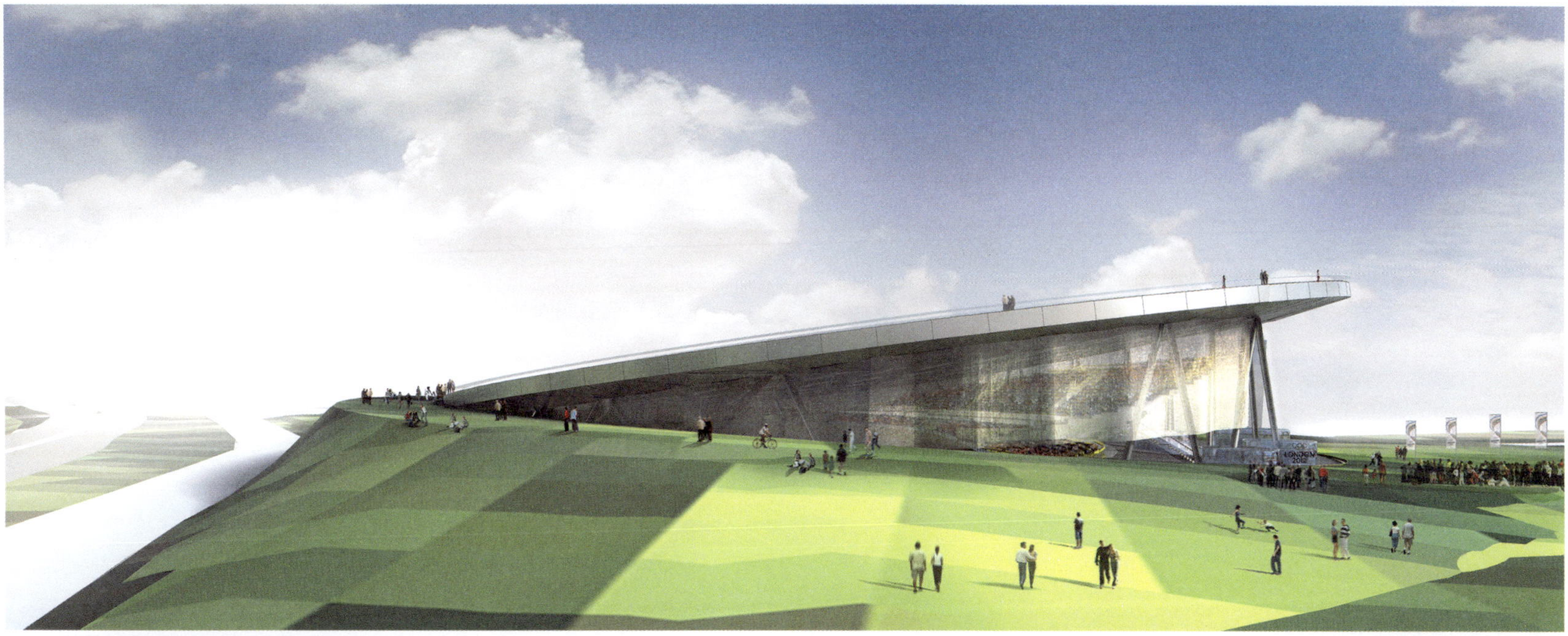

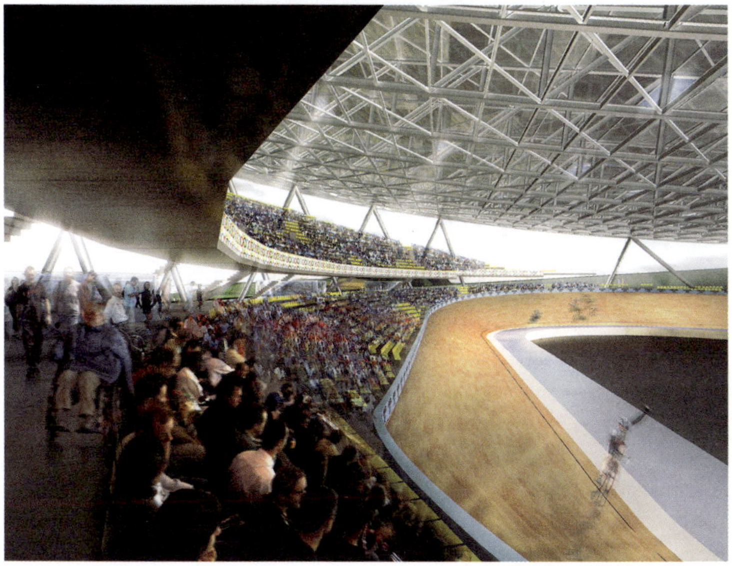

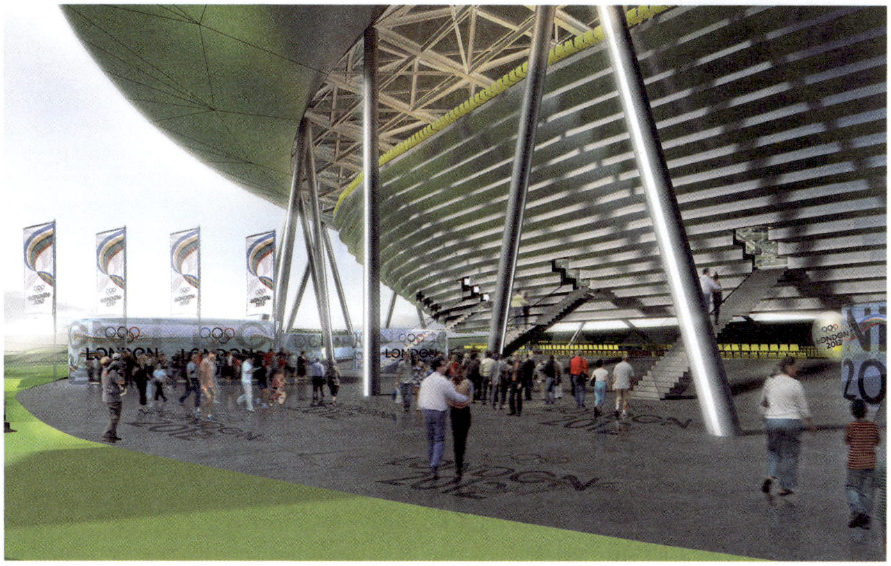

HÔTEL BERNIA
HOTEL BERNIA

ALTEA, COMMUNAUTÉ AUTONOME DE VALENCE, ESPAGNE, *ALTEA, AUTONOMOUS COMMUNITY OF VALENCIA, SPAIN,* 2007-2012
(en cours d'études / *under study*)

Client: Miragolf
Concours international sur invitation, projet lauréat
Bureaux d'étude: Perrault Projets (ingénierie architecturale)
Programme: hôtel 7 étoiles de 250 chambres, spa de 5 000 m² piscines et espaces extérieurs de 2 000 m², espace de congrès, café, restaurant
Surface construite: 44 000 m²; surface du site : 19 000 m²

Client: Miragolf
International invitation to tender, award-winning project
Consultants: *Perrault Projets (architectural engineering)*
Program: *7 star luxury hotel with 250 guestrooms, spa 5,000 m², swimming pools and 2000 m² of exterior spaces, convention area, café, restaurant*
Built area: *44,000 m²; plot area: 19,000 m²*

Ce luxueux hôtel vient se nicher dans un paysage vallonné, au pied de montagnes arides qui dominent la Méditerranée. Dominique Perrault souhaite en faire le cœur du territoire occupé par le vaste complexe commandé par la société Miragolf et s'inspire, pour le réaliser, de la géographie du lieu et de son histoire géologique.
Le bâtiment emprunte ainsi ses courbes à une topographie façonnée par l'eau et par le vent. Ses terrasses recueillent, à la façon d'un lac, l'eau qui ruisselle des hauteurs environnantes, avant de la laisser poursuivre sa course en petits ruisseaux jusqu'à la mer. Cette « grande cascade », gigantesque oasis dans ce paysage aride, constitue un hapax architectural à la fois magique et spectaculaire, qui s'impose à l'environnement tout en étant habillé par lui.
Des villas individuelles isolées, des ensembles de résidences, un terrain de golf complètent le site. Pour chacun de ces espaces, il a été fait appel à des concepteurs de grande renommée. Dominique Perrault a également dessiné une série de villas organisées sur deux ou trois étages. Celles-ci, comme l'hôtel au-dessus duquel elles se situent, suivent les courbes de niveau et s'agrippent au relief, les baies vitrées, les terrasses, et les jardins étant orientés vers la mer.

This luxurious hotel nestles into a rolling landscape, at the foot of arid mountains looming over the Mediterranean. Dominique Perrault wishes to make it the heart of the lands occupied by the vast complex commissioned by the Miragolf Company. To achieve this, he looks to the geography and geological history of the place for inspiration.
Thus, the building's curves are borrowed from the surrounding topography, shaped by the elements of wind and water over geological time. Its terraces, like lakes, collect the rivulets of water trickling down from nearby mountain heights. These lakes overflow into streams and continue their course all the way to the sea. This "grande cascade", an immense oasis welling up from the dry landscape, constitutes a magical and spectacular architectural hapaxes, imposed on the environment yet clothed by it too.
Isolated individual villas, multi-unit accommodations and a golf course round out the facilities offered by the hotel. All of these spaces have been imagined by renowned designers. Dominique Perrault has also designed a series of two-and three-story villas for the development. Like the hotel they overlook, these villas follow the curves of the mountain gradient, gripping onto its relief, their picture windows, terraces and gardens facing the sea.

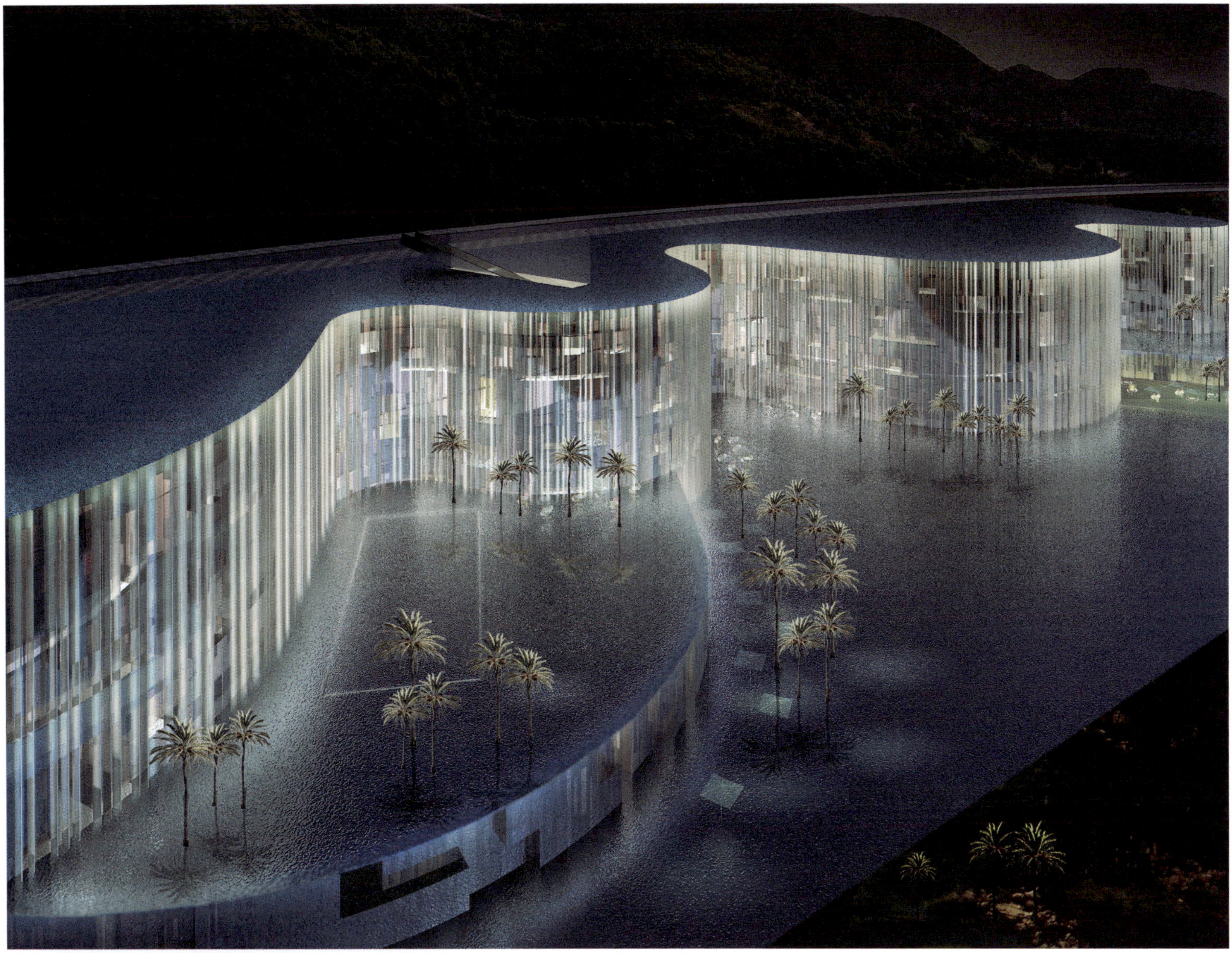

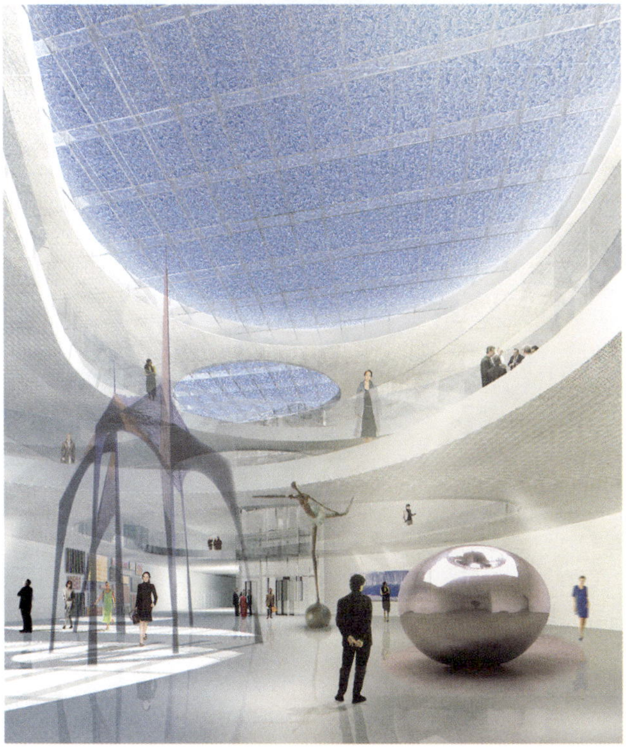

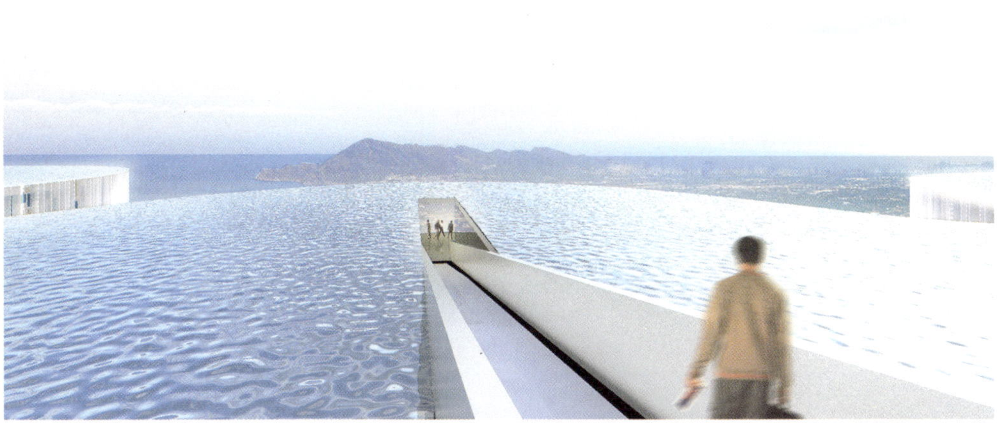

THERMES
THERMAL BATHS

SAN PELLEGRINO, LOMBARDIE, ITALIE, *SAN PELLEGRINO, LOMBARDY, ITALY,* 2008

Client: Sviluppo San Pellegrino SRL
Concours international sur invitation
Programme: thermes, hôtel 5 étoiles, logements, commerces, bureaux et plan d'urbanisme
Surface construite: 40 000 m² ; surface du site : 6 ha

Client: *Sviluppo San Pellegrino SRL*
International invitation to tender
Program: *thermal baths, 5 star hotel, housing units, shops, offices and urban plan*
Built area: *40,000 m²; plot area: 6 ha*

La mise en œuvre de ce programme se divise en deux parties : il s'agit d'inscrire le nouveau quartier dans une topographie très spécifique et de faire émerger une architecture spectaculaire, une nouvelle icône, capable de transformer la physionomie et l'identité de la ville.
Assurant le lien entre le bâtiment du casino et la montagne voisine, les thermes proposent de prolonger, en les amplifiant, les grandes terrasses du belvédère et d'aménager un vaste parc surplombant la vallée. Les volumes implantés sur cette nouvelle esplanade reprennent les formes des imposants blocs de pierre du paysage alentour. Cette construction libre et spontanée trouve naturellement sa place sur ce site, en apparaissant finalement comme un froissement supplémentaire du relief. À l'image d'un volcan, l'hôtel est creusé, sculpté, et s'ouvre sur la montagne et la vallée, grâce aux baies vitrées incrustées sur les façades tels des éclats ou des cristaux de roche. À l'intérieur de l'édifice, une lumière douce et colorée crée un espace harmonieux et reposant qui contraste avec le violent « fracas » que dessine l'ensemble de la structure.
Concernant le plan d'urbanisme, l'agence souhaite agrandir le tissu existant, en s'appuyant sur les caprices du sol. Escaliers, terrasses et rues en pente s'entrelacent alors pour reconstruire ce quartier. En son centre, est aménagé une place, où l'eau de San Pellegrino, élément fondateur du projet, s'impose.

The program comprises two main parts: the first involves inscribing the new neighborhood into its very specific topography and the second seeks the emergence of spectacular architecture, a new icon, to transform the city's physiognomy and identity.
The thermal baths project, which creates the link between the casino building and the neighboring mountain, proposes to prolong and widen the grand terraces of the belvedere and to develop a vast park overlooking the valley. The volumes placed on this new esplanade take on the forms of the imposing block of stone on the surrounding landscape. This open and spontaneous construction fits naturally into the site, looking like another outcrop of the geology. The hotel is hollowed out and sculpted like a volcano and open onto the mountain and the valley, owing to picture windows incrusted on the surface of the façades like shards of glass or rock crystal. Inside the edifice soft, colored light creates a harmonious and relaxing space that contrasts with the violent "fracas" of the overall structure.
For the urban plan, the firm wishes to expand the existing fabric, by taking advantage of the specific nature of the topography. Stairs, terraces and sloping streets mesh to form the new neighborhood. In its center a plaza is laid out where the waters of San Pellegrino, the constant element of the project, take center stage.

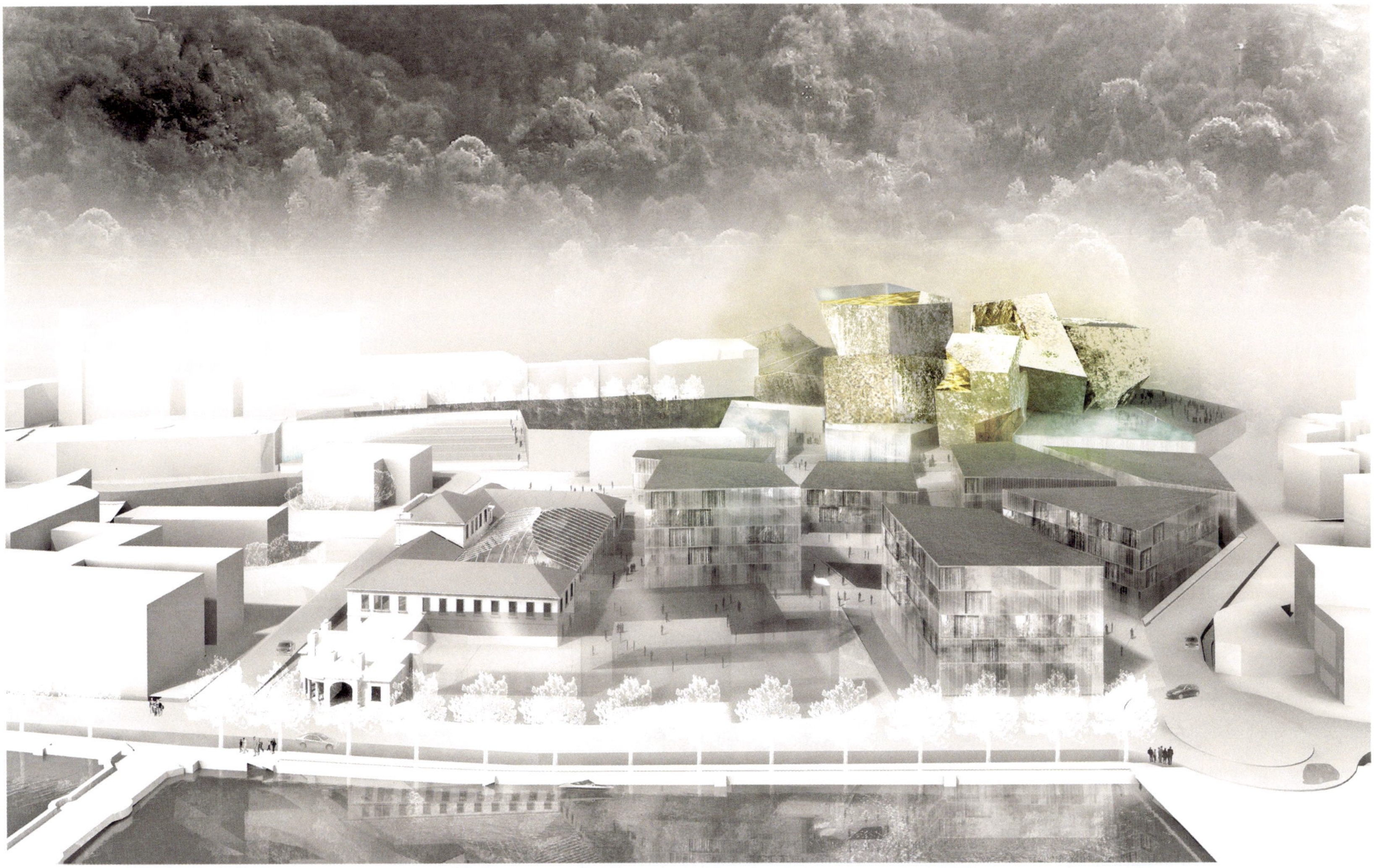

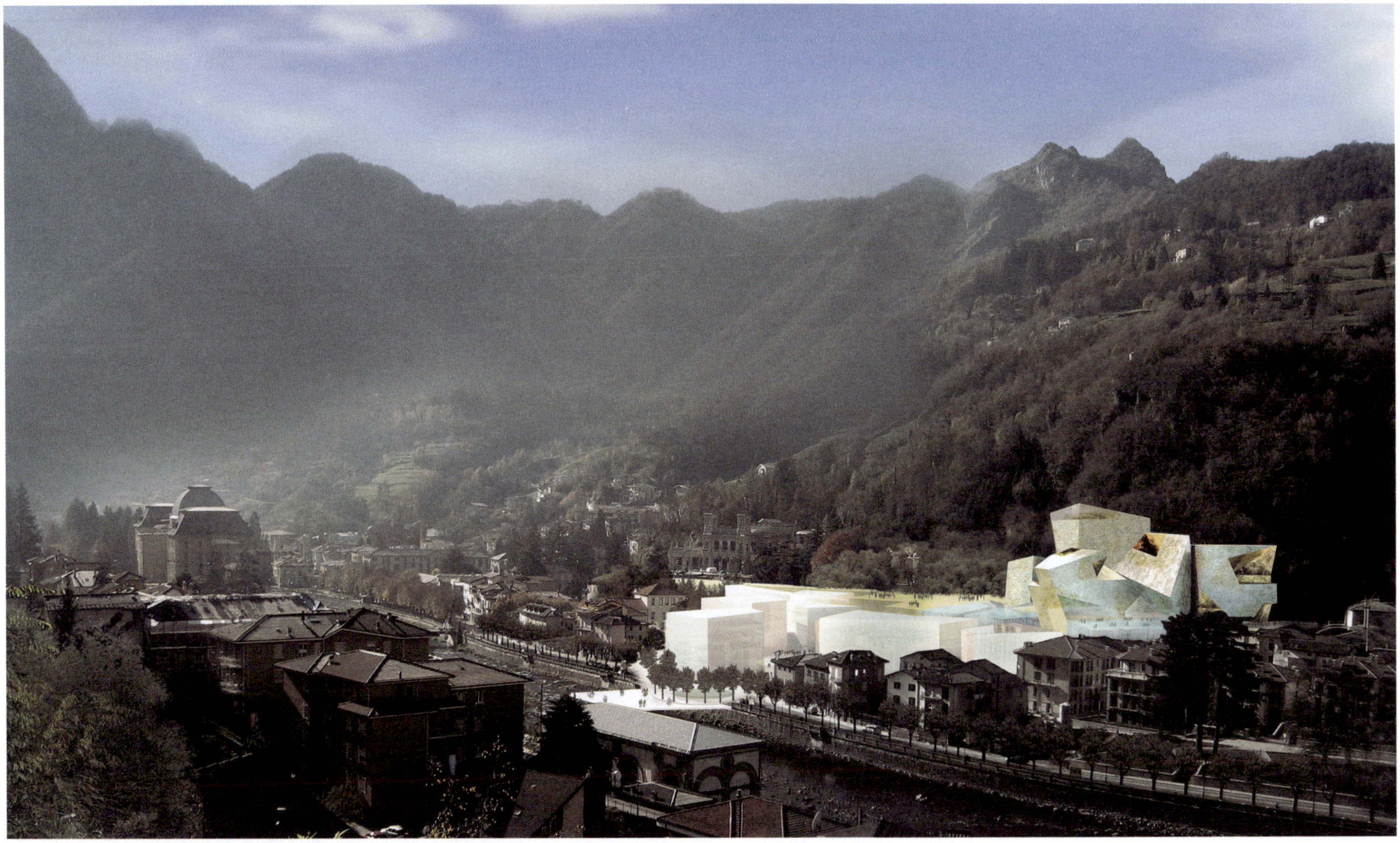

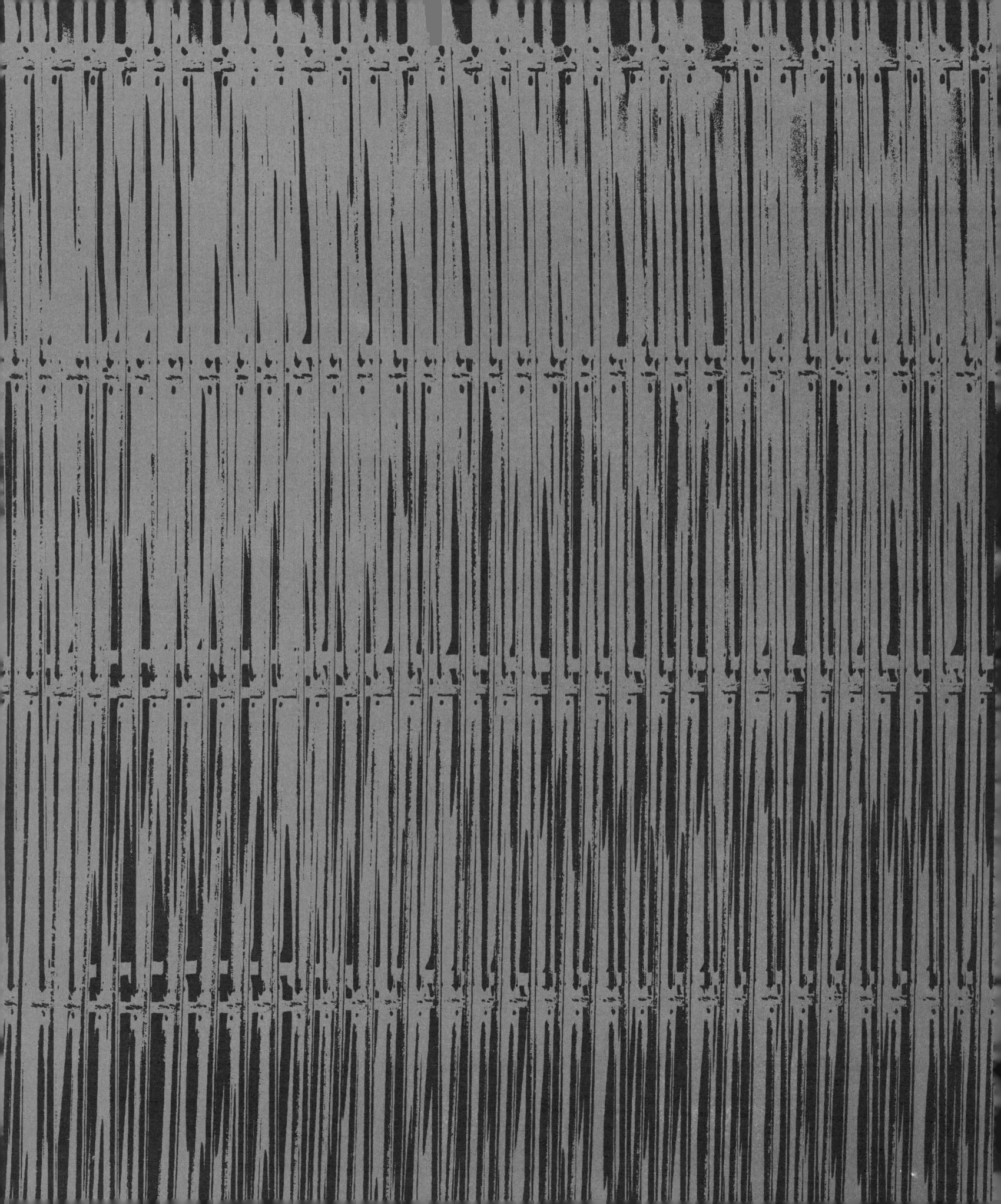

DPA

AGENCE DPA DOMINIQUE PERRAULT ARCHITECTURE
DPA DOMINIQUE PERRAULT ARCHITECTURE OFFICES

PARIS, FRANCE, 2005-2007

Client: Perrault Projets SAS
Bureaux d'étude: Cabinet Ripeau (économie), Alto Ingénierie (fluides), Jean-Paul Lamoureux (acoustique et éclairage)
Programme: agence d'architecture, espace d'exposition, logements
Surface construite: 4 230 m^2 ; surface du site : 1 480 m^2

Client: Perrault Projets SAS
Consultants: Cabinet Ripeau (economy), Alto Ingénierie (fluids), Jean-Paul Lamoureux (acoustics and lighting)
Program: architecture firm's offices, exhibition space, housing units
Built area: 4,230 m^2; plot area: 1,480 m^2

Après plus de quinze ans passés au septième étage de l'hôtel industriel Berlier, l'agence Dominique Perrault Architecture déménage en septembre 2007 dans une ancienne fabrique datant du début du XXe siècle, située dans le XIe arrondissement de Paris, rue Bouvier.

Pour ce projet, le squelette du bâtiment originel a été conservé, en particulier la structure métallique de sa charpente et son implantation en L dans la parcelle, qui dessine une cour intérieure et offre une double exposition. Cet édifice est pensé pour constituer tout à la fois un lieu de travail, de stockage et d'habitation. Sa géométrie est modulable pour permettre, en fonction des besoins, d'installer des cellules de recherche, des ateliers de maquettes ou d'éphémères salles de réunion.

Autre singularité : l'agence est directement connectée à un espace d'exposition de près de 450 m^2. Lors de l'inauguration, il a accueilli une partie de la collection de Françoise et Jean-Philippe Billarant (commanditaire de l'usine Aplix, près de Nantes). Une quarantaine de pièces y étaient rassemblées, pour la plupart signées des grands noms de l'art conceptuel et minimal (Carl Andre, Daniel Buren, Donald Judd, François Morellet, Claude Rutault, Niele Toroni, entre autres), autant d'œuvres qui entrent en résonance avec les propres travaux de l'architecte.

After fifteen years spent on the seventh floor of the Hôtel industriel Berlier, in September 2007, Dominique Perrault's firm moved into a former factory dating from the early 20th century, located in the 11th arrondissement of Paris, in rue Bouvier.

For this project, the skeleton of the original building was kept, in particular the metallic structure of the framework and its L-shaped footprint on the plot, which forms a courtyard and affords double exposure. The building is designed to serve as a workplace as well as a place for storage and housing. Its modular geometry can be easily adapted according to evolving needs, with the possibility of setting up research spaces, workshops for the construction of models or temporary meeting rooms.

Another distinguishing feature of the building is its direct communication with an exhibition space of almost 450 m^2. For the building's inauguration, this gallery welcomed part of the contemporary art collection of Françoise and Jean-Philippe Billarant (clients of the Aplix factory, near Nantes). Of the forty works on show, most were signed by the great names of conceptual and minimalist art (Carl Andre, Daniel Buren, Donald Judd, François Morellet, Claude Rutault, Niele Toroni, among others) – all pieces and artists that resonate with the Architect's own work.

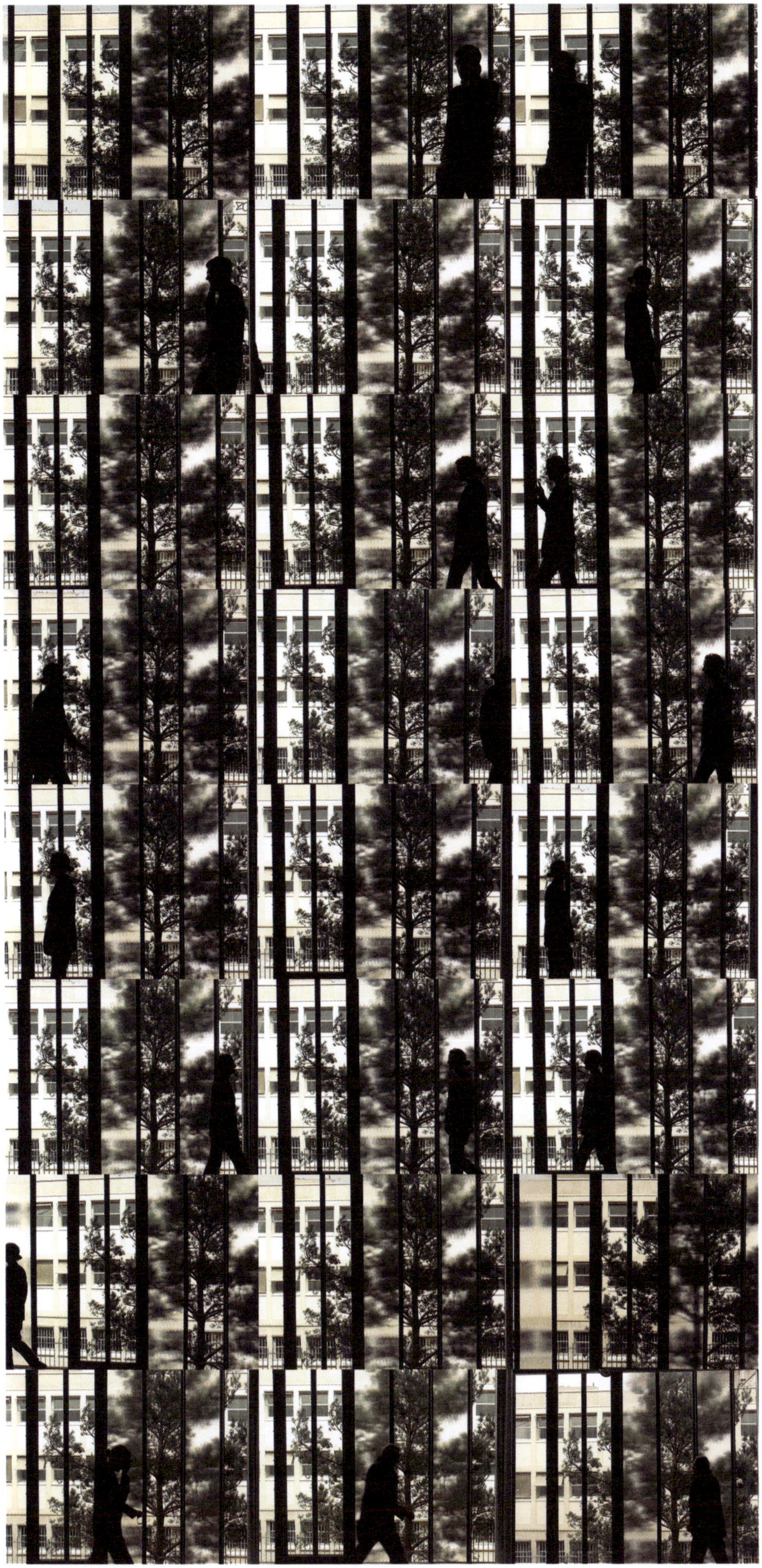
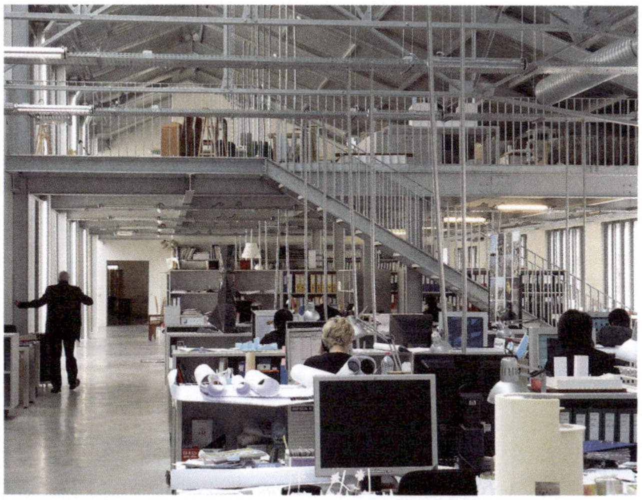
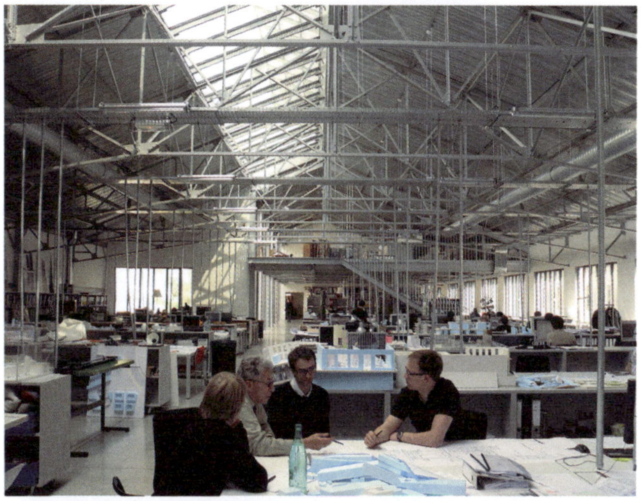
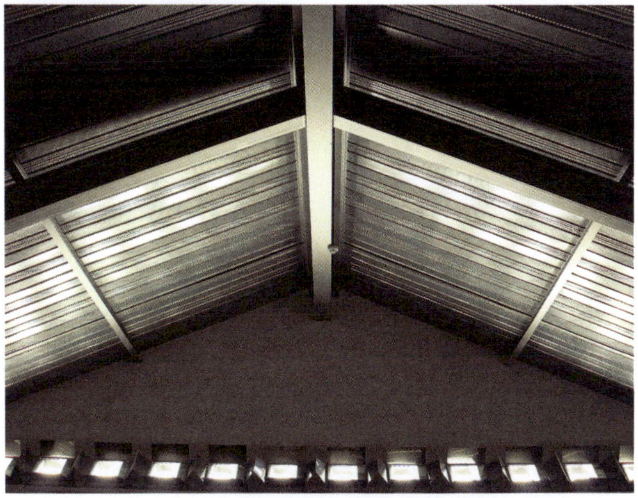
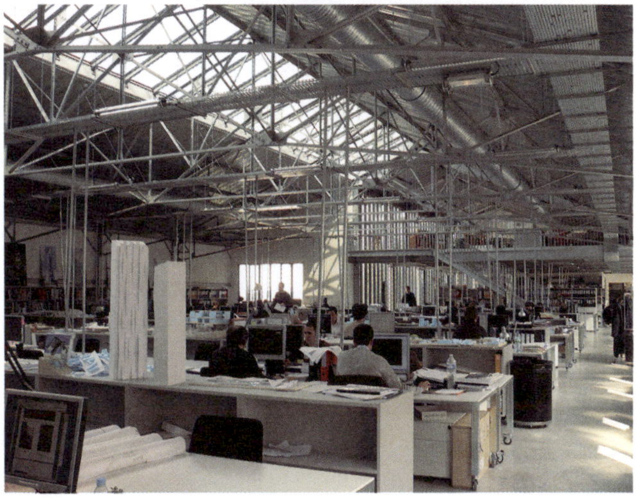

BIOGRAPHIE
BIOGRAPHY

Né à Clermont-Ferrand en 1953, Dominique Perrault étudie à Paris, tout d'abord à l'Unité Pédagogique d'Architecture de l'École nationale supérieure des Beaux-Arts (UP4), puis à l'École nationale supérieure d'architecture de Paris-La Villette (UP6), avant de revenir quai Malaquais. Devenu architecte DPLG en 1978, et résolu à dépasser les limites trop strictes de « l'architecture », il complète cette formation, en 1979, par un Certificat d'Études Supérieures en Urbanisme à l'École nationale des ponts et chaussées et par un Diplôme d'Études Approfondies en Histoire à l'École des Hautes Études en Sciences Sociales, obtenu l'année suivante.

Il fonde son agence en 1981 et livre dans la foulée sa première commande, l'usine Someloir (1982). En France, la politique des grands concours d'État va lui permettre de s'affirmer sur la scène architecturale. Il réalise alors l'école d'ingénieurs ESIEE à Marne-la-Vallée, puis l'hôtel industriel Jean-Baptiste Berlier – un bâtiment qui fera date –, situé à Paris entre le périphérique et les boulevards de ceinture. Ayant pris place pour une quinzaine d'années dans ces locaux d'un nouveau genre, il se lance, après avoir remporté le concours en 1989, dans la construction de la Bibliothèque nationale de France, dernier des grands chantiers du président François Mitterrand. Événement culturel et architectural majeur, récompensé par le prix Mies van der Rohe en 1997, ce projet pharaonique a été au cœur de vives controverses, dont la plupart sont désormais révolues.

À partir de 1992, grâce à sa victoire lors du concours pour la conception du vélodrome et de la piscine olympique de Berlin, Dominique Perrault fait son entrée dans le cercle très fermé des architectes d'envergure internationale. Pour mener à bien l'édification de ce complexe sportif, il choisit d'ouvrir une agence sur place, méthode qu'il emploie de nouveau à Luxembourg pour la Cour de justice des Communautés européennes, à Saint-Pétersbourg pour le théâtre Mariinsky II et à Madrid pour le centre olympique de tennis. La filiale madrilène, née en 2006, se voit rapidement confier le suivi de l'ensemble des projets espagnols, dont l'hôtel Habitat Sky à Barcelone et le palais des congrès de la ville de León.

Aujourd'hui, Dominique Perrault peut s'appuyer sur une équipe d'une soixantaine de collaborateurs originaires du monde entier et dont les compétences sont très diversifiées. Ils évoluent dans une structure comprenant une société d'architecture (DPA), laquelle est constituée de trois associés (Dominique Perrault, Gaëlle Lauriot-Prévost et Aude Perrault), un bureau d'études en ingénierie architecturale (PPSAS), et les deux succursales de Madrid et du Luxembourg. Depuis 2007, le barycentre de cette organisation se trouve dans l'est parisien, rue Bouvier, dans une ancienne usine totalement restructurée afin de pouvoir accueillir des espaces d'exposition temporaire, en plus des bureaux et des ateliers.

Dans le droit fil de ses projets architecturaux, Dominique Perrault conduit un important travail de recherche sur les matériaux. Il est notamment le premier à utiliser des mailles métalliques, étudiées avec son équipe. Ainsi, ont pu être développés, en étroite collaboration avec des industriels, de nouveaux types de tissage et des technologies spécifiques de mise en œuvre. Cet attrait pour la matière se retrouve dans tous les objets de design conçus avec Gaëlle Lauriot-Prévost, qu'il s'agisse des mobiliers de la Bibliothèque nationale de France ou des luminaires, des tables et des tapis dessinés pour

Born in Clermont-Ferrand in 1953, Dominique Perrault pursued his studies in Paris, first at the Pedagogical Unit of Architecture of the National School of Fine Arts (UP4 Beaux Arts) on the quai Malaquais, then at the National School of Architecture Paris-La Villette (UP6), before returning to the quai Malaquais. Although a licensed architect in 1978, he was determined to go beyond what he considered the prevailing overly strict vision of "architecture" by rounding out his education in 1979 with a Certificate of Advanced Studies in Urbanism from the National School of Bridges and Highways and a Diploma of Advanced Studies in History from the National Institute of Political Science, obtained the following year.

He founded his firm in 1981 and delivered his first commission, the Someloir factory (1982), in this initial whirlwind of activity. The French state policy of holding major competitions for great public works projects enabled him to stake out his place on the architectural scene. It was through this system he was awarded the project for the ESIEE engineering school in Marne-la-Vallée, followed by the Jean-Baptiste Berlier Industrial Hotel – an early milestone in his career – located on the edges of Paris between the boulevards and the beltway ringing the city. Ensconced in these unique premises for the next fifteen years, and having won the 1989 competition, he began to tackle the construction of the new National Library of France. The last of President François Mitterrand's "Grands Travaux," this project of pharaonic proportions was a major artistic and cultural event. Awarded the Mies van der Rohe prize in 1997, it was also the subject of lively controversies, most now settled.

Dominique Perrault's 1992 Berlin victory in the competition for the design of the Olympic velodrome and swimming pool ushered him into the extremely limited circle of architects of international stature. He decided to open an office in Berlin to ensure the successful completion of the vast sports complex. He repeated this method in Luxembourg for the Court of Justice of the European Communities, in Saint-Petersburg for the Mariinsky II Theater and again in Madrid for the Olympic Tennis Center. The Madrid branch, created in 2006, was quickly tasked with the responsibility of overseeing all Spanish projects, including the Habitat Sky Hotel in Barcelona and the León Convention Center.

Today, Dominique Perrault is supported by a team of sixty collaborators, assembled from around the globe and possessing a rich and diversified range of skills and expertise. They operate within a structure that includes the architectural firm (DPA), composed of three associates (Dominique Perrault, Gaëlle Lauriot-Prévost and Aude Perrault), a consulting firm in architectural engineering (PPSAS) and branch architectural offices in Madrid and Luxembourg. Since 2007, the organization's center of gravity resides in a former factory, completely restructured to house temporary exhibition spaces, offices and workshops, in the rue Bouvier on the eastern side of Paris,

In the continuum of his architectural projects, Dominique Perrault conducts research on materials. Notably, he is the primary user of metallic meshes, which he studies with his team. His research, carried out in close collaboration with manufacturers, has led to the development of innovative weaves and advanced implementation technologies. His fascination with materials shows through in all the objects he has designed with Gaëlle Lauriot-Prévost, whether in the furniture for the French National Library or the lamps, tables and

d'importants éditeurs (Fontana Arte, Sawaya & Moroni, Baccarat, Sammode, Martin Stoll, Poltrona Frau, etc.).

Au cours des dix dernières années, Dominique Perrault a souvent été sollicité pour partager les fruits de son expérience dans différents établissements d'enseignement, en particulier à l'École polytechnique fédérale de Zurich (2000-2003), à l'Institut Victor Horta de Bruxelles (2000), à l'École Technique Supérieure d'Architecture de Barcelone (1999), à la Urbana-Champaign de Chicago (1998), à l'École d'architecture de la Nouvelle-Orléans (1997) et à l'École d'architecture de Rennes (1995-1996). Son travail a également donné lieu à de nombreuses publications monographiques (éditées par Skira, Electa, Terrail, Birkhäuser, *TC Cuadernos*, *El Croquis*, etc.) et a récemment été exposé à Bordeaux (Arc en rêve), à Vienne (ArchitekturZentrum) et à Berlin (Galerie Aedes).

Enfin, Dominique Perrault s'est vu décerner de prestigieuses distinctions, parmi lesquelles le BTV Bauherrenpreis en 2002 et 2003, le World Architecture Award en 2001 et 2002, le prix Mies van der Rohe en 1997, le grand prix national d'Architecture en 1993 et l'Équerre d'argent du *Moniteur* en 1989. Il est par ailleurs chevalier de la Légion d'honneur, membre de l'Académie d'architecture, membre d'honneur de l'American Institute of Architects, de l'Association des Architectes Allemands, du Royal Institute of British Architects et fut président de l'Institut Français d'Architecture de 1998 à 2001.

carpets designed for renowned furniture and accessories manufacturers (Fontana Arte, Sawaya & Moroni, Baccarat, Sammode, Martin Stoll, Poltrona Frau, etc.).

Over the last ten years, Dominique Perrault has frequently been asked to share his knowledge and experience with different institutions of higher learning, in particular at the Federal Polytechnic School of Zurich (2000-2003), the Victor Horta Institute in Brussels (2000), the Technical School of Architecture of Barcelona (1999), the University of Illinois at Champaign-Urbana Illini Center campus in Chicago (1998), the New Orleans school of Architecture (1997) and the School of Architecture in Rennes (1995-1996). His work has inspired numerous monographs (published by Skira, Electa, Terrail, Birkhäuser, TC Cuadernos, El Croquis, *etc.) and was recently shown in Bordeaux (Arc en rêve), in Vienna (ArchitekturZentrum) and Berlin (Galerie Aedes).*

Finally, Dominique Perrault has received many prestigious prizes and awards, including the BTV Bauherrenpreis in 2002 and 2003, the World Architecture Award in 2001 and 2002, the Mies van der Rohe prize in 1997, the French National Grand Prize for Architecture in 1993 and the Équerre d'argent (silver T sqaure) awarded by the Moniteur *in 1989. Chevalier of the French Legion of Honor, member of the French Academy of Architecture, honorary member of the American Institute of Architects, the Association of German Architects, and the Royal Institute of British Architects, he served as president of the French Institute of Architecture from 1998 to 2001.*

ORGANIGRAMME
ORGANIZATION CHART

DPA – Dominique Perrault Architecture
avril 2008

Associés
Dominique PERRAULT, architecte – urbaniste (Fra)

Aude PERRAULT, architecte (Fra)
Direction administrative et financière

Gaëlle LAURIOT-PREVOST, architecte designer (Fra)
Direction artistique

Direction générale
DPA Paris
Nicolas ANDREATTA, ingénieur (Fra) – architecte (Ita)
Direction générale
DPA Madrid
Juan FERNANDEZ ANDRINO, architecte (Esp)
Direction générale
DPA Luxembourg
Thomas BARRA, architecte (All)
Direction des études

Direction architecturale
Giovanna CHIMERI, architecte (Ita)
Direction de projets
Gabriel CHOUKROUN, architecte (Fra)
Direction de projets
Shigeki MAEDA, architecte (Jap)
Recherche et développement architectural
Mark-Alexander MARTEN, architecte (All)
Direction de projets

Direction technique
Guy MORISSEAU, ingénieur (Fra)
Direction technique
Julien BOITARD, ingénieur (Fra) – architecte (Ita)
Recherche et développement environnemental

Architecture d'intérieur et design
Julien FUENTES, designer (Fra)
Recherche et développement

Responsables de projets
Niclas DÜNNEBACKE, architecte (All)
Alexandre FRANC, architecte (Fra)
Klaus LINDENBERGER, architecte (All)
Susanna LODDO, architecte (Ita) – urbaniste (Ita)
Ricardo LORENZANA, architecte (Esp)
Ainoa PRATS, architecte (Ita) – ingénieur (Esp)
Nelly PRAZERES LOPES, architecte (Por)
Eric SERVAS, architecte (Fra)

Architectes
Anaïs ALLARD, assistante maquettiste
Paolo APICELLA, infographiste (Ita)
Antonio BERGAMASCO, architecte (Ita)
David CHINEA, architecte (Esp)
Ryo CHOSOKABE, architecte (Jap)
Alfio FARO, architecte (Ita)
Simon GUILLEMOZ, architecte (Fra)
Aline HIELSCHER, architecte (All)
Tillmann Jörn HOHENACKER, architecte (All)
Kotaro HORIUCHI, architecte (Jap)
Nanako ISHIZUKA, architecte (Jap)
Carlos LAPRESTA, architecte (Esp)
Nam LE TOAN, architecte (Fra)
Jérôme MICHEL, architecte (Fra)
Joaquín MOSQUERA, architecte (Esp)
Miza MUCCIARELLI, architecte (Ita)
Caroline NACHTIGALL-MARTEN, architecte (All)
Matthieu NEUFVILLE, architecte (Fra)
Richard NGUYEN, architecte (Fra)
Jérôme PICARD, designer (Fra)
Marc-Emmanuel RIHOUEY, architecte (Fra)
Jakob SAND, architecte (Dan)
Elke STOERL, architecte (All)
Carlos WENDT, architecte (Esp)

Administration
Ekaterina BELOZEROVA
Secrétaire administrative
Fabienne DELANDEMARE
Assistante de direction
Sébastien GRAVIER
Assistant administratif
Nina GRIGORIEVA
Assistante de direction
Paz GUTIERREZ PLAZA
Assistante de direction
Christophe PERRUCHE
Accueil
Martine RIGAUD
Assistante de direction

Documentation – communication
Sophie DAUCHEZ
Assistante de communication
Ségolène PERENNES-PONCET
Archives et documentation
Astrid RAPPEL, architecte (Ita)
Relations publiques

Logistique
Erik BARBETTE
Technicien informatique
Jérôme THIBAULT
Logistique informatique

Stagiaires
Luis ALVES DA SILVA
Ronnie BERTOCCHI
Carolina GOMEZ MUÑOZ
Marcos GONZALEZ PUGA
Delphine LARCHERES
Manuel MARTINEZ RODRIGUEZ
Filipe MARTINS LOURENÇO
Sofia MICCICHE
Léa RICHARD-NAGLE
Stéphanie VAZAO BRANCO

LISTE DES COLLABORATEURS DES PROJETS EN COURS
COLLABORATORS ON PROJECTS UNDER WAY

* DPA en avril 2008

UNIVERSITÉ FÉMININE EWHA
Séoul, Corée du sud, 2004-2008
concours international, projet lauréat

Client: Ewha Campus Center Project T/F
Partenaire: Baum Architects
Architectes DPA:
Caroline Barat, Alain Chiffoleau, Kyung-Hwan Chun Charley Cloris, Marie Doucet, Stefan Felber, Julien Fuentes*, Véronique Gilotaux, Stefan Goeddertz, Simon Guillemoz*, Cyril Lancelin, Pascal Legrand, Ralf Levedag, Michael Levy, Woojin Lim, Klaus Lindenberger*, Shigeki Maeda*, Mark-Alexander Marten*, Guy Morisseau*, Miza Mucciarelli*, Caroline Nachtigall-Marten*, Jérôme Picard*, Nelly Prazeres Lopes*, Jérôme Santel, Gentaro Shimada, Suren Simonyan, Hosoub Shin, Jérôme Thibault*, Marie-Pierre Vandeputte

HÔTEL D'AGGLOMÉRATION DE PERPIGNAN
Perpignan, France, 2005-2009
(en cours de construction)
concours, projet lauréat

Client: Perpignan Méditerranée Communauté d'agglomération.
Assistant maîtrise d'ouvrage: SAFU
Architecte local: AGENA Architecture, Ivan Morin
Architectes DPA:
Charley Cloris, Ryo Chosokabe*, Alexandre Franc*, Simon Guillemoz*, Kotaro Horiuchi*, Nanako Ishizuka*, Cyril Lancelin, Jérôme Picard*, Nelly Prazeres Lopes*, Marco Punzi*, Ilaria Zippili

LOGEMENTS ET BUREAUX « LA LIBERTÉ »
Groningue, Pays-Bas, 2007-2010
(en cours d'étude)
commande directe

Client: Christelijke Woningstichting Patrimonium
Architecte local: Oving Architekten
Architectes DPA:
Kotaro Horiuchi*, Susanna Loddo*, Yves Moreau, Nelly Prazeres Lopes*, Ramses Salazar, Éric Servas*

TOUR FUKOKU
Osaka, Japon, 2006-2010
(en cours d'étude)
consultation internationale, projet lauréat

Client: Fukoku Mutual Life Insurance Company
Architecte associé: Shimizu Corporation Ltd
Directeur de développement: Mitsubishi Estate Group
Architectes DPA:
Ryo Chosokabe*, Charley Cloris, Nanako Ishizuka*, Shigeki Maeda*, Miza Mucciarelli*

HÔTEL HABITAT SKY
Barcelone, Espagne, 1999-2008
(en cours de construction)
commande directe

Client: Habitat Grupo Empresarial
Partenaire: Virginia Figueras / Franco Corada Arqts.
Architecte local: AIA
Architectes DPA:
Juan Fernandez Andrino*, Charley Cloris, Cyril Lancelin, Ricardo Lorenzana*, Guilhem Menanteau, Guy Morisseau*, Caroline Nachtigall-Marten*, Nathalie Plagaro-Cowee, Moisés Royo Márquez, Anne Speicher, Jérôme Thibault*, Marie-Pierre Vandeputte

BUREAUX HABITAT SKY
Barcelone, Espagne, 1999-2008
(en cours de construction)
commande directe

Client: Habitat Grupo Empresarial
Architecte local: AIA
Architectes DPA:
Juan Fernandez Andrino*, Stefan Goeddertz, Cyril Lancelin, Ricardo Lorenzana*, Caroline Nachtigall-Marten*, Moisés Royo Márquez

DEUX TOURS POUR UN HÔTEL 3 ET 4 ÉTOILES
Milan, Italie, 2006-2008
(en cours de construction)
concours international, projet lauréat

Client: Sviluppo Sistema Fiera e Fondazione Fiera Milano
Mandataire: Consorzio Cooperative Costruzioni; Cooperativa Muratori e Braccianti di Carpi; Marcora Costruzioni; Pessina Costruzioni
Architectes DPA:
Antonio Bergamasco*, Francesca Becchi, Francesco Cazzola, Giovanna Chimeri*, Ryo Chosokabe*, Charley Cloris, Kotaro Horiuchi*, Cyril-Emmanuel Issanchou, Cyril Lancelin, Enrico Martino, Shigeki Maeda*, Elena Martinez-Carabello, Yves Moreau, Miza Mucciarelli, Jakob Sand*, Jérôme Santel

IMMEUBLE DE LOGEMENTS
Durango, Espagne, 2004-2010
(en cours d'étude)
commande directe à la suite du concours pour l'aménagement du site de la gare de Durango

Client: EuskoTren- Ferrocarriles Vascos
Architectes DPA:
Juan Fernandez Andrino*, Cyril Lancelin, Taciana Laredo Torres, Mark-Alexander Marten*, Caroline Nachtigall-Marten*, Jérôme Santel

PALAIS DES SPORTS DE ROUEN
Rouen, France, 2006-2010
(en cours d'étude)
concours, projet lauréat

Client: Communauté de l'Agglomération Rouennaise
Architectes DPA:
Gabriel Choukroun*, Charley Cloris, Yves Moreau, Guy Morisseau*, Miza Mucciarelli*, Nelly Prazeres Lopes*, Jakob Sand*, Éric Servas*, Jan Skuratowski

PALAIS DES CONGRÈS ET HALL D'EXPOSITION DE LEÓN
León, Espagne, 2005-2011
(en cours d'étude)
concours international, projet lauréat

Client: ville de León
Architectes DPA:
Paolo Apicella*, Victor Armas Crespo, Julien Boitard*, David Chinea Sanz de Galdeano*, Juan Fernandez Andrino*, Diego Garcia Cuevas, Sergio Garcia-Gasco, Cyril Lancelin, Takayuki Kamei, Ricardo Lorenzana*, Beatriz Martinez, Yves Moreau, Guy Morisseau*, Miza Mucciarelli*, Caroline Nachtigall-Marten*, Roger Orriols, Carlos Wendt Alvarez

IMMEUBLE AGELCO
León, Espagne, 2006-2010
(en cours d'étude)
commande directe

Client: Agelco (Association d'entrepreneurs immobiliers)
Architectes DPA:
Victor Armas, Jorge Duro, Diego Garcia Cuevas, Ricardo Lorenzana*, Mark-Alexander Marten*, Miza Mucciarelli*, Renato Radicella, Christina Ried, Jakob Sand*, Enrique Soriano

COUR DE JUSTICE DES COMMUNAUTÉS EUROPÉENNES
Luxembourg, 1996-2008
consultation internationale sur invitation, équipe lauréate

Client: Cour de justice des Communautés européennes, Administration des bâtiments publics
Partenaires: Paczowski & Fritsch Architectes; m3 architectes
Architectes DPA:
Thomas Barra*, Geoffroy Belmont, Gabriel Choukroun*, Charley Cloris, Constantin Coursaris, Dieter De Vos, Mathias Fritsh, Julien Fuentes*, Maxime Gaspérini, Stéphanie Grandjacques, Florian Hartmann, Nanako Ishizuka*, Cyril Lancelin, Pascal Legrand, Mark-Alexander Marten*, Guy Morisseau*, Miza Mucciarelli*, Jérôme Picard*, Emmanuel Soyeux, Jérôme Thibault*, Marie-Pierre Vandeputte

ÉTUDES URBAINES POUR L'AMÉNAGEMENT DU PLATEAU DU KIRCHBERG
Luxembourg, 2004-2008

Client: Fond d'urbanisme et d'aménagement du plateau du Kirchberg
Architectes DPA:
Julien Boitard*, Cyril-Emmanuel Issanchou, Hana Kanehisa, Cyril Lancelin, Aline Hielscher*, Jakob Sand*

CENTRE OLYMPIQUE DE TENNIS
Madrid, Espagne, 2002-2009
(en cours de construction)
concours international, projet lauréat

Client: Madrid Espacios y Congresos
Architectes DPA:
Estefanía Branco, Frédéric Chartier, Gilles Delalex, Claudia Dieling, Stefan Felber, Juan Fernandez Andrino*, Véronique Gilotaux, Stefan Goeddertz, Florian Hartmann, Daniel Keppel, Cyril Lancelin, Lorena Lannefranque, Ricardo Lorenzana*, Shigeki Maeda*, Mark-Alexander Marten*, Yves Moreau, Guy Morisseau*, Philippe Muller, Sergi Palomares, Ainoa Prats Garcia*, Victor Pujol, Dolores Ruiz, Jérôme Santel, Luis Silva, Jérôme Thibault*, Marie-Pierre Vandeputte

AMÉNAGEMENT DE LA PLAGE ET HÔTEL LAS TERESITAS
Tenerife, Espagne, 2000-2010
(travaux d'aménagement en cours)
concours international, projet lauréat

Client: ville de Santa Cruz de Tenerife
Architectes DPA:
Frédéric Chartier, Constantin Coursaris, Claudia Dieling, Stefan Felber, Juan Fernández Andrino*, Mathias Fritsh, Mitsuru Hamada, Yoel Karaso, Cyril Lancelin, Carlos Lapresta, Ralf Levedag, Shigeki Maeda*, Yves Moreau, Guy Morisseau*, Caroline Nachtigall-Marten*, Iballa Naranjo Henriquez, Natalie Plagaro Cowee, Dolores Ruiz Lozano, Gentaro Shimada, Kristian de Solaun, Anne Speicher, Jérôme Thibault*

DC TOWERS
Vienne, Autriche, 2002-2010
(en cours de construction)
concours international d'urbanisme, projet lauréat

Client: WED Wiener Entwicklungsgesellschaft fur den Donauraum AG
Partenaire: Hoffman & Janz Architekten
Architectes DPA:
Tillmann Jörn Hohenacker*, Michael Kohl, Cyril Lancelin, Ralf Levedag, Michael Levy, Klaus Lindenberger*, Mark-Alexander Marten*, Jérôme Michel*, Miza Mucciarelli*, Richard Nguyen*, Anne Speicher, Renato Radicella, Christina Ried

THÉÂTRE MARIINSKY II
Saint-Pétersbourg, Russie, 2003
concours international sur invitation, projet lauréat, contrat rompu

Client: ministère de la culture de la Fédération de Russie ; Agence pour la Culture et la Cinématographie ; Direction nord-ouest de construction, reconstruction et restauration de Saint-Pétersbourg
Architectes DPA:
Florian Brillet, Francesco Cazzola, Frédéric Chartier, Charley Cloris, Claudia Dieling, Julien Fuentes*, Stefan Goeddertz, Dimitri Goldenberg, Florian Hartmann, Cyril-Emmanuel Issanchou, Takayuki Kamei, Daniel Keppel, Cyril Lancelin, Michael Levy, Klaus Lindenberger*, Alexis Lorch, Shigeki Maeda*, Mark-Alexander Marten*, Yves Moreau, Guy Morisseau*, Miza Mucciarelli*, Nelly Prazeres Lopes*, Christina Ried, Éric Servas*, Jan Skuratowski, Anne Speicher, Jérôme Thibault*

PONT PIÉTON ET AMÉNAGEMENT
Palerme, Italie, 2004-2010
commande directe

Client: ville de Palerme
Architectes DPA:
Antonio Bergamasco*, Giovanna Chimeri*, Kotaro Horiuchi*, Shigeki Maeda*, Gentaro Shimada

ÉTUDE POUR UNE PASSERELLE SUR LE MANZANARES
Madrid, Espagne, 2008
Commande directe à la suite du concours international d'aménagement des rives du fleuve

Client: ville de Madrid
Architectes DPA:
Ryo Chosokabe*, Juan Fernandez Andrino*, Nanako Ishizuka*, Shigeki Maeda*, Guy Morisseau*, Jakob Sand*, Marc-Emmanuel Rihouey*

AMÉNAGEMENT DES RIVES DU MANZANARES
Madrid, Espagne, 2005
concours international, projet mentionné

Client: ville de Madrid
Équipe DPA:
Florian Brillet, Cuong Nguyen, Juan Fernandez Andrino*, Cyril Lancelin, Ricardo Lorenzana*, Ana Manzanares, Yves Moreau, Roger Orriols

PAVILLON DU PRIORY PARK
Reigate, Royaume-Uni, 2005-2008
(en cours de construction)
concours international, projet lauréat

Client: Reigate & Banstead Borough Council
Architecte local: CRGP Architects
Architectes DPA:
Kangug Beak, Niclas Dünnebacke*, Florian Hartmann, Takayuki Kamei, Ralf Levedag, Mark-Alexander Marten*, Anne Speicher, Louis Clyde Wadell

IMMEUBLE DE BUREAUX
Lille, France, 2006-2009
(en cours de construction)
commande directe

Client: Codic ; Vinci Immobilier
Architectes DPA:
Florian Brillet, Gabriel Choukroun*, Charley Cloris, Nanako Ishizuka*, Cyril Lancelin, Guy Morisseau*, Matthieu Neufville*, Nelly Prazeres Lopes*, Éric Servas*, Jan Skuratowski

IMMEUBLE DE LOGEMENTS, BUREAUX ET COMMERCES
Lille, France, 2005-2010
(en cours de construction)
concours international, projet lauréat

Client: Icade Capri ; Loger Habitat
Architectes DPA:
Kangug Beak, Gabriel Choukroun*, Florian Hartmann, Aline Hielscher*, Takayuki Kamei, Michael Kohl, Cyril Lancelin, Sebastien Marty, Yves Moreau, Caroline Nachtigall-Marten*, Matthieu Neufville*, Christine Neuhoff, Jérôme Santel, Anne Speicher

IMMEUBLE DE BUREAUX
Boulogne-Billancourt, France, 2005-2009
(en cours de construction)
commande directe

Client: Vinci Immobilier
Architectes DPA:
Gabriel Choukroun*, Louis Clyde Wadell, Niclas Dunnebacke*,
Florian Hartmann, Anne Speicher

PLACE GARIBALDI
Naples, Italie, 2004-2011
(en cours de construction)
commande directe

Client: Metropolitana di Napoli
Architectes DPA:
Antonio Bergamasco*, Florian Brillet, Francesco Cazzola,
Giovanna Chimeri*, Ryo Chosokabe*, Kotaro Horiuchi*,
Takayuki Kamei, Cyril Lancelin, Shigeki Maeda*,
Guido Montecchio, Elena Martinez-Caraballo, Enrico Martino,
Guy Morisseau*, Caroline Nachtigall-Marten*, Yves Moreau,
Cédric Renaud, Miza Mucciarelli*, Renato Radicella

HÔTEL BERNIA
Altea, Espagne, 2007-2012
(en cours d'études)
concours international sur invitation, projet lauréat

Client: Miragolf
Architectes DPA:
Ryo Chosokabe*, Juan Fernandez Andrino*, Kotaro Horiuchi*,
Ricardo Lorenzana*, Shigeki Maeda*

GALERIE JEANNE BUCHER
Paris, France, 2007-2008
(en cours de construction)
commande directe

Client: Galerie Jeanne Bucher
Partenaire: UAPS
Architectes DPA:
Alexandre Franc*, Charley Cloris, Guy Morisseau*

COLLECTION BILLARANT
Marines, France, 2008-2009
commande directe

Client: Françoise et Jean-Philippe Billarant
Architectes DPA:
Alexandre Franc*, Guy Morisseau*, Miza Mucciarelli*

HÔTEL PARK INN
Porte des Lilas, Paris, France 2008-2011
concours, projet lauréat

Client: Vinci Immobilier
Architectes DPA:
Paolo Apicella*, Alexandre Franc*, Jérôme Thibault*

KRISZTINA PALACE
Budapest, Hongrie, 2007-2009
commande directe

Client: Codic International SA
Architecte local: Dezsö Ekler
Architectes DPA:
Niclas Dünnebacke*, Hana Kanehisa, Cyril Lancelin

ACCUEIL ET BIBLIOTHÈQUE DE L'HÔPITAL CARDARELLI
Naples, Italie 2005-2009
consultation internationale

Client: Hôpital A. Cardarelli
Partenaire: Luca Bergo
Architecte local: Sergio Rosanova
Architectes DPA:
Francesca Becchi, Antonio Bergamasco*, Francesco Cazzola,
Giovanna Chimeri*, Julien Fuentes*, Enrico Martino,
Jérôme Picard*, Cédric Renaud, Jérôme Santel, Elke Stoerl*

PROJETS ET RÉALISATIONS
PROPOSALS AND PROJECTS

ARCHITECTURE

2008
Opéra de Cologne, Cologne, Allemagne (concours)
Centre d'ingénierie globale de Samsung, Séoul, Corée du Sud (concours)
Aménagement urbain pour le quartier de Købmagergade, Copenhague, Danemark (concours)
Tour de la Recherche, Padoue, Italie (concours)
Thermes de San Pellegrino, Bergame, Italie (concours)
Aéroport d'Engadine, Saint-Moritz, Suisse (concours)
Collection Billarant d'art contemporain, Marines, France (commande, livraison en 2009)
Hôtel Park Inn, Porte des Lilas, Paris, France (consultation, livraison en 2011)

2007
Cité de l'environnement, Soria, Espagne (concours)
Gares ferroviaires de Fuengirola, Puerto Banus et Marbella, Espagne (concours)
The Cube, Berlin, Allemagne (concours)
Tours French Quarter, Brisbane, Australie (concours)
Siège de Landsbanki, Reykjavik, Islande (concours)
Extension du campus RWTH, Aix-la-Chapelle, Allemagne (concours)
Étude urbaine pour le site de Fujimi, Tokyo, Japon (concours)
Stade Jean-Bouin, Paris, France (concours)
Krisztina Palace, Budapest, Hongrie (commande, livraison en 2009)
Galerie Jeanne Bucher, Paris, France (commande, livraison en 2008)
OCH Handelskai, Vienne, Autriche (concours)
Trois pavillons pour le district de Bao'an, Shenzhen, Chine (concours)
Porte de la Chapelle, Paris, France (workshop, étude urbaine)
Hôtel Bernia, Altea, Espagne (concours, livraison en 2012)
Velopark de Londres, Londres, Royaume-Uni (concours)
Hôtel Penz, Innsbruck, Autriche (étude de faisabilité)
Siège de Salewa, Bolzano, Italie (concours)
La Maison du Savoir, Belval, Luxembourg (concours)
Maisons centrales, Condé-sur-Sarthe, Vendin-le-Vieil, France (concours)
Ciudad del Motor, Alcañiz, Espagne (concours)
Logements et bureaux La Liberté, Groningue, Pays-Bas (commande, livraison en 2010)
Boutique Cerruti, Paris, France (commande, sans suite)
Extension de l'hôtel départemental de la Meuse, Bar-le-Duc, France (commande, étude de faisabilité)

2006
Aménagement d'un pavillon et d'une terrasse sur le musée d'art AROs Aarhus, –The Skyspace, Aarhus, Danemark (concours)
Logements et locaux d'activité OPAC, Paris, France (concours)
Tribunal des mineurs de Madrid, Madrid, Espagne (concours)
Palais de justice de Douai, Douai, France (concours)
Étude urbaine pour le quartier El Cañaveral, Madrid, Espagne (étude urbaine)
Tour Fukoku, Osaka, Japon (concours, livraison en 2010)
Tour Phare, La Défense, France (concours)
Immeuble de bureaux Sully III, Nantes, France (concours)
Stadthalle, Hambourg, Allemagne (concours)
Immeuble Agelco, León, Espagne (commande, livraison en 2010)
Étude urbaine pour le Aménagement du quartier Outre-Mer, Hambourg, Allemagne (concours)
Opéra de Séoul, Séoul, Corée du Sud (concours)
Immeuble de bureaux, Lille, France (commande, livraison en 2009)
Programme Artem, Nancy, France (concours)
Scénographie de l'exposition « Scénographies d'architectes » au Pavillon de l'Arsenal, Paris, France (livraison 2006)
Tour Sanpaolo IMI, Turin, Italie (concours)
Campus de Taivallahti, Helsinki, Finlande (concours)

Étude urbaine pour le développement du site de la Neue Sihlpost, Zürich, Suisse (concours)
Zone d'Aménagement Concerté de Thiers, Lyon, France (concours)
Musée Goya, Saragosse, Espagne (concours)
Halls d'accueil de la Bibliothèque nationale de France, Paris, France (étude de définition)
Deux tours pour un hôtel 3 et 4étoiles, Milan, Italie (concours, livraison en 2008)
Bibliothèque et centre de recherche de l'université de Séville, Séville, Espagne (concours)
Palais des sports de Rouen, Rouen, France (concours, livraison en 2010)
The Beijing Chang and Road, Pékin, Chine (consultation)

2005
Centre de création d'art contemporain de Cordoue, Cordoue, Espagne (concours)
Étude urbaine pour le Aménagement du quartier León-Ouest, León, Espagne (concours)
Hôtel d'agglomération de Perpignan, France (concours, livraison en 2009)
Immeuble de bureaux pour la Zone d'Aménagement Concerté de la Porte des Lilas, Paris, France (concours)
Pôle de maintenance de l'aéroport de Nice, France (concours)
Aménagement des rives du Manzanares, Madrid, Espagne (concours, lauréat sur portion)
Scénographie des Globes de Coronelli, Paris, France (concours)
Tour Bois-le-Prêtre, Paris, France (concours)
Pôle nautique de Mantes-la-Jolie, Mantes-la-Jolie, France (concours)
Aménagement d'une terrasse pour le bâtiment Kastner & Ohler, Graz, Autriche (concours)
Bibliothèque Manica Lunga – Fondation Cini, Venise, Italie (concours)
Banque Slovenská Soritel'ña, Bratislava, Slovaquie (concours)
Centre des congrès, Zurich, Suisse (concours)
Pont sur l'Arno, Florence, Italie (concours)
Mémorial historial, Rivesaltes, France (concours)
Palais des congrès et hall d'exposition de León, León, Espagne (concours, livraison en 2011)
Immeuble de bureaux, Boulogne-Billancourt, France (commande, livraison en 2009)
Domplatz, Hambourg, Allemagne (concours)
Caisse d'Épargne de Lille, Lille, France (concours)
Douze stations de métro, Palerme, Italie (concours, projet lauréat, sans suite)
Centre des congrès de Krems, Krems, Autriche (concours)
Immeuble de logements, bureaux et commerces, Lille, France (concours, livraison en 2010)
Tour de bureaux, Dubaï, Émirats arabes unis (consultation)
Jardin botanique de Padoue, Padoue, Italie (concours)
Pavillon du Priory Park, Reigate, Royaume-Uni (concours, livraison en 2008)
Lantern tower, Shanghai, Chine (consultation)
Accueil et bibliothèque de l'hôpital Cardarelli, Naples, Italie (concours, livraison en 2009)
Centre des congrès de Palma de Majorque, Palma de Majorque, Espagne (concours)
Bibliothèque nationale numérique, Séoul, Corée du Sud (concours)
Théâtre Nô, Tokamachi, Japon (commande, livraison en 2006)
Airbus Delivery Center Saurous, Toulouse, France (concours)
Agence DPA Dominique Perrault Architecture, Paris, France (commande, livraison en 2007)

2004
Piscine olympique – Londres 2012, Londres, Royaume-Uni (concours)
Résidence particulière, Moscou, Russie (étude)
Stade – Moscou 2012, Moscou, Russie (étude)
Village olympique – Paris 2012, Paris, France (consultation)

Immeuble de logements, Durango, Espagne (commande suite concours)
Étude urbaine pour Masterplan pour la Tate Modern, Londres, Royaume-Uni (consultation)
La Cité radieuse, scénographie pour Frédéric Flamand, Marseille, France (commande, livraison en 2005)
Centre international des finances de Séoul, Séoul, Corée du Sud (concours)
Pont piéton et aménagement urbain, Palerme, Italie (commande, livraison en 2011)
Aménagement du plateau du Kirchberg, Luxembourg (études, en cours)
Façade-enveloppe de l'Ile Seguin, Boulogne-Billancourt, France (étude de définition)
Bibliothèque de l'université de Nantes, Nantes, France (concours)
Palais des festivals de Cannes, Cannes, France (concours)
Étude urbaine pour le quartier résidentiel Giustiniano Imperatore, Rome, Italie (concours)
Musée cantonal des beaux-arts, Lausanne, Suisse (concours)
Étude urbaine pour le quartier Cologne-Nippes, Cologne, Allemagne (concours)
Médiathèque de Braunschweig, Braunschweig, Allemagne (workshop)
Aménagement de la place Friedrich-Ebert, Düren, Allemagne (commande, livraison en 2004)
Couvent Sainte-Marie-de-Prouilhe, Fanjeaux, France (concours)
Étude pour le pont Globus Provisorium, Zurich, Suisse (consultation)
Aménagement de la place Garibaldi, Naples, Italie (commande, livraison en 2011)
Campus STIC, Sophia Antipolis, France (concours)
Nouveau site central EuskoTren, Durango, Espagne (concours)
Nouveau quartier Fiera, Milan, Italie (concours)
Bâtiment Sankei, Osaka, Japon (concours)
Musée de Sandnes, Sandnes, Norvège (concours)
Téléphérique Hungerburg, Innsbruck, Autriche (concours)
Université féminine Ewha, Séoul, Corée du Sud (concours, livraison en 2008)

2003
École internationale de Bonn, Bonn, Allemagne (concours)
Base industrielle d'ingénierie et de pharmacie, Pékin, Chine (concours)
Immeubles Landmark pour la place Shengming Zhiyuan, Pékin, Chine (concours)
Centre Georges Pompidou de Metz, Metz, France (concours)
Gare Afragola, Naples, Italie (concours)
Banque Centrale Européenne, Francfort-sur-le-Main, Allemagne (concours)
Piscine olympique de Pékin, Pékin, Chine (concours)
Étude urbaine pour le quartier Barking Reach, Londres, Royaume-Uni (étude)
Bibliothèque de Mexico, Mexico, Mexique (concours)
Lycée Ørestad, Copenhague, Danemark (concours)
Cité Descartes, Marne-la-Vallée, France (consultation urbaine)
Théâtre Mariinsky II, Saint-Pétersbourg, Russie (concours, contrat rompu)
Bibliothèque de Pékin, Pékin, Chine (concours)
Maison Schindler, Los Angeles, États-Unis (concours)
Hôtel de ville de Montpellier, Montpellier, France (concours)
Ilot du Cerisier, Vénissieux, France (concours)
City Gate, Bâle, Suisse (concours)
Stade du Letzigrund, Zurich, Suisse (concours)
Centre de conférence Barilla, Parme, Italie (étude, sans suite)
Bureaux Habitat, Barcelone, Espagne (commande, livraison en 2008)
Aménagement du quartier de la gare Nord, Osaka, Japon (concours)
Vitrines Lexus, Japon (concours)

2002
Extension de la foire de Barcelone, Barcelone, Espagne (concours)
Centre culturel de Sabadell, Barcelone, Espagne (concours)
Extension du musée du Palais Royal, Madrid, Espagne (concours)
Promenade du Jungfernstieg, Hambourg, Allemagne (concours)
Cité de la musique du nord du Jutland, Aalborg, Danemark (concours)
Pôle d'excellence Roissy-Gonesse, Roissy, Gonesse, France (consultation)
Immeuble de bureaux Gap 15, Düsseldorf, Allemagne (concours)
Siège de la CCTV, Pékin, Chine (concours)
Étude urbaine pour la quartier de Donau City, Vienne, Autriche (concours, projet lauréat)
Siège social de Novartis, Bâle, Suisse (concours)
Hôtel San Pauli, Hambourg, Allemagne (concours)
Uni-Park Nonntal, Salzbourg, Autriche (concours)
Centre olympique de tennis, Madrid, Espagne (concours, livraison en 2009)
Lycée français du Caire, Le Caire, Égypte (concours)
Casa de Francia, Mexico, Mexique (concours)
Étude de deux villas Velux, Malchen, Allemagne (commande)
Café Lichtblick, Innsbruck, Autriche (commande, livraison en 2005)
DC Towers Vienne, Autriche (commande suite concours, livraison en 2010)
Ilot Cuvier de l'université de Jussieu, Paris, France (concours)
Zone d'accueil de l'Institut Gustave Roussy, Villejuif, France (étude sans suite)
Université de Goldsmith, Londres, Royaume-Uni (concours)

2001
Extension du stade Grimonprez-Jooris, Lille, France (concours)
Musée Tomihiro, Shiga, Japon (concours)
Stations de métro de la ligne Wehrhahn, Düsseldorf, Allemagne (concours)
Étude urbaine pour le quartier de Mediacity Port, Hambourg, Allemagne (concours)
Banque Populaire du Sud-Ouest, Bordeaux, France (concours)
Musée Ordrupgaard, Copenhague, Danemark (concours)
Madrid 2012, Madrid, Espagne (workshop)
Locaux AMAG-BVK, Zurich, Suisse (concours)
Fondation François Pinault pour l'art contemporain, Boulogne-Billancourt, France (concours)
Villa Bonte, France (commande, livraison en 2004)
Établissement d'enseignement supérieur, Lyon, France (concours)
Zone ferroviaire de Canfranc, Canfranc, Espagne (concours)
Centre de design et de livraison BMW, Munich, Allemagne (concours)
Royex House, Londres, Royaume-Uni (étude)
Showroom Mercedes, Salzbourg, Autriche (concours)
Fondation de l'École internationale du campus de Saconay, Genève, Suisse (concours)
Scénographie de l'exposition Arne Jacobsen, Copenhague, Danemark (commande, livraison en 2001)
Hôtel et bureaux Hesperia, Barcelone, Espagne (commande, contrat rompu)
Commerces, logements et bureaux sur Anichstrasse, Innsbruck, Autriche (commande, livraison en 2003)
Supermarché MPreis WII, Wattens, Autriche (commande, livraison en 2003)
Supermarché MPreis Zirl, Zirl, Autriche (commande, livraison en 2003)
Usine GKD-USA, Cambridge (Maryland), États-Unis (commande, livraison en 2005)
Vanity Fair – Tower of faith, New York, États-Unis (concept)
Résidences, Aomori, Japon (concours)

2000
Ponte Parodi, Gênes, Italie (concours)
Aménagement du quartier de l'ancien Palace, Lugano, Suisse (concours)
Palais/palazzo dell' Arengario, Milan, Italie (concours)
Landesmuseum, Zurich, Suisse (concours)
Hôtel de la Ciudadela, Tenerife, Espagne (concours, livraison en 2012)
Aménagement de la plage Las Teresitas, Tenerife, Espagne (concours, livraison en 2010)
Siège de la radio et de la télévision danoises, Copenhague, Danemark (concours)
Galerie nationale d'art, Rome, Italie (concours)
Pont de Stonecutters, Hong-Kong, Chine (concours)
Parc de stationnement Émile-Durkheim, Paris, France (livraison en 2001)
Étude urbaine pour le quartier de Grosser Riederoh, Francfort, Allemagne (concours)
Étude urbaine pour les quartiers de Salmisaari et de Ruoholahti, Helsinki, Finlande (commande, étude)
Serres tropicales de Chèvreloup (Muséum national d'Histoire naturelle), Rocquencourt, France (concours, projet lauréat sans suite)
Aménagement de la place du Sarrail, Nantes, France (concours)
Galerie Durand-Dessert, Paris, France (études)
Aménagement de la rue de Bourgogne, Paris, France (étude de faisabilité)
Agence spatiale italienne, Rome, Italie (concours)
Centre culturel de Turin, Turin, Italie (concours)
Aéroport Amsterdam-Schiphol, Amsterdam, Pays-Bas (études, livraison en 2020)
Bureaux pour l'Organisation mondiale de la propriété intellectuelle, Genève, Suisse (concours)

1999
Tremplin de sauts à ski, Innsbruck, Autriche (concours)
Musée national Centre d'art Reina Sofia, Madrid, Espagne (concours)
Design de signaux lumineux, Milan, Italie (concours)
Bureaux du groupe Consiag, Prato, Italie (concours)
Complexe sportif René-Thys, Reims, France (concours)
Fondation Cognacq-Jay, Paris, France (concours)
Tower schemes, aménagement de la Tour de Londres, Londres, Royaume-Uni (concours)
Cité de la Culture de Galice, Saint-Jacques-de-Compostelle, Espagne (concours)
Palais de justice de Salerne, Salerne, Italie (concours)
Cité de la musique de Porto, Porto, Portugal (concours)
Parc des expositions de Stuttgart, Stuttgart, Allemagne (concours)
Hall et buffet de la gare de Blois, Blois, France (concours)
Centre des congrès de Graz, Graz, Autriche (concours)
Pavillon français pour l'Exposition 2000, Hanovre, Allemagne (concours)
Stand pour la foire Domotex, Hanovre, Allemagne (commande, livraison en 1999)
Supermarché MPreis WI, Wattens, Autriche (commande, livraison en 2000)
Hôtel Habitat Sky, Barcelone, Espagne (commande, livraison en 2008)
Étude urbaine pour la presqu'île de Courtine, Avignon, France (concours)
Étude urbaine pour la commune de Brétigny-sur-Orge, France (étude de faisabilité)
Hôtel de ville de Marseille, Marseille, France (concours)
Aménagement de la place Gramsci, Cinisello Balsamo, Italie (concours, livraison en 2004)
Siège de Philips, Eindhoven, Pays-Bas (étude)

1998
Murs antibruit pour autoroutes, France (concours)
Hôtel 4 étoiles pour le parc national Nahuel Huapi, Argentine (concours)
Banque AMSP-Seregno, Milan, Italie (concours)
Centre des congrès de l'EUR, Rome, Italie (concours)
Site industriel Falck, Sesto San Giovanni, Italie (concours)
Marché central de Nancy, Nancy, France (concours)
Passerelle Bercy-Tolbiac, Paris, France (concours)
Temple de Mitra, Naples, Italie (étude)
Serres de Brunoy (Muséum national d'Histoire naturelle), Brunoy, France (concours, projet sans suite)
Scénographie de l'exposition « Topkapi », Versailles, France (concours)
Institut d'architecture de Venise, Italie (concours)
Gare maritime corse, Marseille, France (concours)
Tour dans le quartier de la gare de Lehrte, Berlin, Allemagne (étude)
Pavillon Pfleiderer Bau99, Munich, Allemagne (commande, livraison en 1999)
Complexe sportif Montigalà, Badalona, Espagne (commande, projet partiellement réalisé)
Site de la tour Montparnasse, Paris, France (consultation)
Aménagement du quartier de la médiathèque de Vénissieux, Vénissieux, France (étude)
Téléphérique du plateau du Kirchberg, Luxembourg (concours)
Place des expositions, Bâle, Suisse (concours)
Aménagement de la Messeplatz, Bâle, Suisse (concours)

1997
Site du tramway de Bordeaux, Bordeaux, France (concours)
Médiathèque Lucie-Aubrac, Vénissieux, France (concours, livraison en 2001)
Usine Aplix, Le Cellier-sur-Loire, France (consultation, livraison en 1999)
Musée Costantini, Buenos Aires, Argentine (concours)
Village olympique de Kitzbühel, Kitzbühel, Autriche (concours)
Centre culturel Le Cargo, Grenoble, France (concours)
Extension du MoMA, New York, États-Unis (concours)
Villa La Bouvette, France (commande, livraison en 1998)
Étude urbaine pour les terrains BLEG, Berlin, Allemagne (étude)
Ambassade de France, Berlin, Allemagne (concours)
Archives départementales de la Haute-Savoie, Annecy, France (concours)
Trois hôtels aux Antilles, France (étude)
Aménagement de la place Roger-Salengro, Dunkerque, France (concours)
Étude urbaine pour Marly-le-Roi, Marly-le-Roi, France (étude)
Centre de politique de sécurité (Maison de la Paix), Genève, Suisse (commande suite concours, sans suite)

1996
Centre européen de Federal Express, Roissy, France (concours)
Mobilier d'éclairage pour la ville de Paris, Paris, France (concours)
Salle de spectacles de Château-Gontier, Château-Gontier, France (concours)
Nouveau terminal de l'aéroport de Dortmund, Dortmund, Allemagne (concours)
Bibliothèque nationale Kansai-kan, Kyoto, Japon (concours)
Cour de justice des Communautés européennes, Luxembourg (concours, livraison en 2008)
Archives municipales et communautaires de Reims, Reims, France (concours)
Parc scientifique de Sénart, Sénart, France (étude)
Ministère allemand des Affaires étrangères, Berlin, Allemagne (concours)
Aménagement de la place du Dr-Franz-Rehrl, Salzbourg, Autriche (étude de définition)
Hôtel de ville d'Innsbruck, Innsbruck, Autriche (concours, livraison en 2002)

Études urbaines pour les villes de Suzhou et de Lijiang, Chine (études)
Palais de justice de Laval, Laval, France (étude)
Stand central ELEC'96, Villepinte, France (commande, livraison en 1996)

1995
Usine de traitement des eaux, Nantes, France (concours)
Sortie de métro sur la place Leipziger, Berlin, Allemagne (concours)
Ministère français de la Culture, Paris, France (concours)
Stade Vélodrome, Marseille, France (concours)
La Grande Serre, Paris, France (concours, livraison en 1997)
Aménagement de la place des Nations, Genève, Suisse (concours)
Aménagement du centre-ville de Tremblay-en-France, Tremblay-en-France, France (étude, livraison en 1995)
Autoroute A20 Brive/Montauban, France (concours)
Design d'un pylône à très haute tension, France (concours)
Aménagement de la rue Storkower, Berlin, Allemagne (étude)
Centre multidisciplinaire de Créteil, Créteil, France (concours)
Zone d'Aménagement Concerté de Lognes, Lognes, France (étude)
Installation des œuvres du projet Hymn de Francis Giacobetti, Paris, France (étude)

1994
Terminal portuaire international de Yokohama, Yokohama, Japon (concours)
Site d'Unimétal, Caen, France (concours, prépaysagement réalisé en 1997)
Aménagement des quartiers Siemens et Wasserstadt Oberhavel, Berlin, Allemagne (concours)
Hypo-Bank Theatinerstrasse, Munich, Allemagne (concours)
Stand des musées du cinéma, Berlin, Allemagne (concours)
Maison de verre/Vision architecturale pour l'Europe, Düsseldorf, Allemagne (recherche)
Caisse d'épargne de Salzbourg, Salzbourg, Autriche (concours)

1993
Centre Technique du Livre, Bussy-Saint-Georges, France (commande, livraison en 1995)
Wilhelmgalerie, Potsdam, Allemagne (étude)
Stand Technal pour Bâtimat 93, Paris, France (commande, livraison en 1993)
Zoo de Vincennes, Paris, France (concours)
Villa One, France (commande, livraison en 1995)
Fondation Erol Aksoy, Istanbul, Turquie (concours)

1992
Requalification urbaine pour la Sulzerareal, Winterthur, Suisse (concours)
Vélodrome et piscine olympique de Berlin, Berlin, Allemagne (concours, livraison en 1999)
Aménagement de la place de Youville, Montréal, Canada (consultation)
Centre d'affaires Lu Jia Zui, Shanghai – Pu Dong, Chine (consultation)
Aménagement des deux rives, Bordeaux, France (étude urbaine, livraison en 1999)
Le Grand Stade de Melun-Sénart, Melun-Sénart, France (concours)
École des Mines de Nantes, Nantes, France (concours)
Aménagement de l'île Sainte-Anne, Nantes, France (étude urbaine, livraison en 1995)

1991
Alliance française de Singapour, Singapour (assistance au maître d'ouvrage)
Cité d'affaires de Créteil, Créteil, France (étude)
Technopole Citis, Hérouville-Saint-Clair, France (concours)
Vitrine de la Meuse en Ile-de-France, Marne-la-Vallée, France (concours)
Galerie Denise René, Paris, France (commande, livraison en 1991)

Centre mondial de la Paix, des Libertés, et des Droits de l'Homme, Verdun, France (concours)

1990
Bief de Niffer (liaison Rhin-Rhône), Mulhouse, France (étude)
Zone d'Aménagement Concerté Tolbiac-Masséna, Paris, France (consultation)

1989
Logements Les Balcons du Canal, Paris, France (commande, livraison en 1994)
Port de Boulogne-sur-Mer, Boulogne-sur-Mer, France (étude)
Zone d'Aménagement Concerté de la Croix-Blanche, Bussy-Saint-Georges, France (étude)
École ISMRA-ENSI, Caen, France (concours)
Lycée d'enseignement général et technologique de Clermont-Ferrand, Clermont-Ferrand, France (concours)
Institut fFrançais de mécanique avancée, Clermont-Ferrand, France (concours)
Hôpital Saint-Jacques, Clermont-Ferrand, France (concours)
Archives départementales de la Mayenne, Laval, France (concours, livraison en 1993)
Écoles ENPC et ENSG, Marne-la-Vallée, France (concours)
Immeuble de bureaux, Paris, France (concours)
Bibliothèque nationale de France, Paris, France (concours, livraison en 1995)
Showroom Castelli, Paris, France (étude)
Exposition Europan au Centre Pompidou, Paris, France (concours)
Siège de JCDecaux, Plaisir, France (étude)
Siège de Technip, Rueil-Malmaison, France (étude)
Palais européen des Droits de l'Homme, Strasbourg, France (concours)

1988
Tremplin de sauts à ski, Courchevel, France (concours)
Centre hospitalier d'Alberville, Albertville, France (concours)
Parc des expositions, Angers, France (concours)
Hôtel départemental de la Meuse, Bar-le-Duc, France (concours, livraison en 1994)
Tribune du stade Francis-Bosser, Laval, France (concours)
Centre de tri automatique de Laval, Laval, France (concours)
École des biotechnologies, de l'hôtellerie et de l'alimentation du futur de Nancy, Nancy, France (concours)
Pont Charles-de-Gaulle (anciennement Pont Genty), Paris, France (concours)
Siège du journal *Le Monde*, Paris, France (concours)
Siège de Canal +, Paris, France (concours)
Projet Hysope (intersection du boulevard Sébastopol et de la rue de Rivoli), Paris, France (étude)
Hôpital d'instruction des armées, Percy-Clamart, France (concours)
Centre de conférences, Saint-Germain-en-Laye, France (concours, livraison en 1991)
Logements Louis-Lumière, Saint-Quentin-en-Yvelines, France (concours, livraison en 1991)
Bureaux CGI, Villepinte, France (concours)

1987
Complexe sportif Viloiseau, Laval, France (concours)
Chartreuse Matalis, France (étude)
Maison Mas, Almería, Espagne (étude)
Usine de méthanisation, Angers, France (concours)
Usine de traitement des eaux pour la SAGEP, Ivry-sur-Seine, France (concours, livraison en 1993)
Gymnase municipal de Sèvres, Sèvres, France (concours)
Hôpital Purpan, Toulouse, France (concours)

1986
Maison des élèves de l'École des Mines de Douai, Douai, France (concours)
Synchrotron Européen, Grenoble, France (concours)
Hôtel industriel Jean-Baptiste Berlier, Paris, France (concours, livraison en 1990)
Siège de la Confédération Française Démocratique du Travail, Paris, France (concours)
Zone d'Aménagement Concerté du Chevaleret, Paris, France (étude)
Agence de publicité STAG, Paris, France (commande, livraison en 1987)
Aménagement du port de Trentemoult, Rezé-les-Nantes, France (étude)
Halle Saint-Louis, Lorient, France (concours)

1985
Université d'Angers, Angers, France (concours)
Aménagement du secteur des bains douches de Gentilly, Gentilly, France (concours)
Usine Somerep-Freschard, Marne-la-Vallée, France (concours)
Usine I2L, Marseille, France (concours)
Agence commerciale France Telecom, Moulins, France (concours)
Centre informatique de Nevers, Nevers, France (concours)
Poste de commandement central de la voirie de Paris, Paris, France (concours, livraison en 1987)
Zone d'Aménagement Concerté Citroën-Cévennes, Paris, France (concours)
Parc technologique de Trappes, Trappes, France (concours)

1984
École supérieure d'ingénieurs en électronique et électrotechnique, Marne-la-Vallée, France (concours, livraison en 1987)
IUT du Littoral, Calais-Boulogne, France (concours)
Centre de distribution Seita, Marne-la-Vallée, France (concours)
Aménagement des bords de Loire, Rezé-les-Nantes, France (étude)

1983
Laboratoire national de la santé, Montpellier, France (concours)

1982
Aménagement de la zone 1NA, Clermont-en-Beauvais, France (étude)
Logements Les Cap Horniers, Rezé-les-Nantes, France (commande, livraison en 1986)
Pan XII, trois maisons communes, Rezé-les-Nantes, France (étude, projet lauréat)

1981
Usine Someloir, Châteaudun, France (concours, livraison en 1983)
Aménagement de la zone Zocqs de Grandfresnoy, Grandfresnoy, France (concours)

MOBILIER - DESIGN

Fauteuil Tricot, édité par Poltrona Frau, 2008
Vase Quartetto, édité par Sawaya & Moroni, 2008
Table No Design, éditée par Alis, 2008
Panneau publicitaire pour la ville de Paris, avec Clear Channel, 2006
Luminaires ZZ, ZZZ, ZZZZ, ZZZZZ, édités par Fontana Arte, 2005
Lampadaires intérieurs M.A., édités par Fontana Arte, 2000
Lampadaire extérieur V Mast, édité par Fontana Arte, 2004
Tables, tapis et lustres, édités par Sawaya & Moroni, 2004
Concept de « laboratoire cuisine », pour Fagor, 2002
Écofrigo, en collaboration avec Fagor, 2001
Concept de cuisine modulaire, pour Fagor, 2000
Service à café, édité par Alessi, 2001
Chaise, éditée par Martin Stoll, 1999

MATÉRIAUX

Depuis 1990 : recherche et création de mailles métalliques pour l'architecture, notamment en collaboration avec l'entreprise allemande GKD

Depuis 1995 : recherche et développement pour l'adaptation de produits d'éclairage industriel dans l'architecture, notamment avec l'entreprise Sammode

INSTALLATIONS

The Design Annual, Francfort-sur-le-Main, Allemagne, 2007
Milan, capitale du design, Milan, Italie, 2007
Banc pour la fondation Wanas, Stockholm, Suède 1997
Installation Kolonihaven, Copenhague, Danemark, 1996

BIBLIOGRAPHIE
BIBLIOGRAPHY

DOMINIQUE PERRAULT

Monographies

Belmont, Joseph, *Dominique Perrault*, Paris, Institut Français d'Architecture/Pandora, coll. « Gros Plan », n° 11, 1991.
Bruschi, Andrea, *Dominique Perrault – Architettura assente*, Rome, Edizioni Kappa, 2002.
Bure (de), Gilles, *Mesh : les tissages métalliques de Dominique Perrault et Gaëlle Lauriot-Prévost avec GKD*, Paris, W Éditions, 2002.
Bure (de), Gilles, *Dominique Perrault*, Paris, Terrail, 2004.
Capitanucci, Maria Vittoria, *Dominique Perrault – Recent works*, Milan, Skira, 2006.
Mancini, Daniele, *Dominique Perrault – La Seconda natura dell'architettura*, Milan, Postmedia Books, 2007.
Ruby, Ilka, et Ruby, Andreas, *Dominique Perrault – Meta-Buildings*, Cologne, Walther König, 2006.
Dominique Perrault, Bordeaux/Zurich, Arc en rêve – Centre d'architecture/Artemis, 1994.
Dominique Perrault, Berlin/Paris, Aedes/Sens & Tonka, 1995.
Dominique Perrault, Plus, novembre 1995.
Dominique Perrault – Des Natures, Lucerne/Bâle, Édition Architekturgalerie/Birkhäuser, 1996.
Dominique Perrault, Gaëlle Lauriot-Prévost – Meubles et tapisseries, Bâle, Birkhäuser, 1997.
Dominique Perrault – Des Natures, Tokyo, TN Probe, 1998.
Dominique Perrault – Pequeña escala, Barcelone, Gustavo Gili, 1998.
I Dominique Perrault Sted, Copenhague, Dansk Arkitektur Center, 1998.
Dominique Perrault, Madrid, Centro de Publicaciones – Ministerio de Fomento, 1999.
With, Dominique Perrault Architecte, Bâle/Barcelone, Birkhäuser/Actar, 1999.
Dominique Perrault, L'Arca Plus, n° 20, mars 1999.
Dominique Perrault – Progetti e architetture, Milan, Electra, 2000.
Dominique Perrault – Selected and Current Works, Mulgrave, Images Publishing, 2001.
Dominique Perrault – 1990-2001, El Croquis, n° 104, 2001.
Dominique Perrault – Morceaux choisis, Paris, Sens & Tonka, 2003.
Dominique Perrault / Tissus, A+U, n° 391, avril 2003.
Dominique Perrault, WA – World Architecture, n° 3, 2004.
Dominique Perrault, CA, n° 64, janvier 2006.
Dominique Perrault (Arquitectura 1997-2007), Valence, Ediciones Generales de la Construcción, coll. « TC Cuadernos », n° 77-78, 2007.

Articles et essais

Adrià, Miquel, « Dominique Perrault : el arte de lo neutro », *Letras Libres*, n° 23, novembre 2000, p. 102-103.
Amiguet, Lluís, « La Contra : Dominique Perrault », *La Vanguardia*, 24 octobre 2004, p. 12-13.
Bankhamer, Alfred, « Der Maulwurf », *Bau & Immobilien Report*, janvier-février 1999, p. 24-31.
Bojardi, Gilda, « Dominique Perrault », *Interni*, n° 530, avril 2003, p. 276-283.
Boyer, Charles-Arthur, « Le Projet, acte fondateur », *L'Architecture d'aujourd'hui*, n° 282, septembre 1992.
Brausch, Marianne, et Emery, Marc, « Dominique Perrault », in *Fragen zur Architektur*, Bâle, Birkhäuser, 1995, p. 176-183.
Brausch, Marianne, « Le Contexte selon Dominique Perrault », *d'Land*, n° 23, 6 juin 2003, p. 23.
Buica, Viorica, « Dominique Perrault : Meta-arhitectura », *Igloo*, mai 2007, p. 114-130.
Bure (de), Gilles, « Dominique Perrault, l'homme qui scintille », *Technikart*, n° 31, avril 1999.
Bure (de), Gilles, « L'espace, par Dominique Perrault », *Psychologies*, numéro spécial, novembre-décembre 2007, p. 36-37.
Cambert, Mary, « Dominique Perrault », in *Les Plus Grands Architectes du Monde*, Barcelone, Atrium, 2005, p. 38-67.
Capitanucci, Maria Vittoria, « Dominique Perrault : profile », *Materia*, n° 50, août 2006, p. 76-97.
Colafranceschi, Daniela, « Dominique Perrault », in *Sull'involucro in architettura*, Rome, Edizioni Librerie Dedalo, 1996, p. 34-49.
Collyer, Stanley, « Interview : Dominique Perrault », *Competitions*, été 1994, p. 52-57.
Couceiro, A. Joana, et Baía, Pedro, « Dominique Perrault : o desaparecimento da arquitectura », *Nu*, n° 4, octobre 2002, p. 16-22.
Debray, Régis (sous la présidence de), « Où sont les monuments d'aujourd'hui ? Table ronde animée par François Chaslin, avec Jean Nouvel, Dominique Perrault, Christian de Portzamparc », in *L'Abus monumental ?*, Paris, Fayard/Éditions du Patrimoine, 1999, p. 389-408.
Haberlik, Christina, et Zohlen, Gerwin, « Dominique Perrault », in *Die Baumeister Des Neuen Berlin*, Berlin, Nicolai, 1997, p. 144-149.
Hakelová, Lucia, « Dominique Perrault : Verejná zákazka má byt' príležitost'ou na tvorbu verejného priestoru », *ASB*, décembre 2007, p. 96-100.
Hosch, Alexander, « Der Bio-Bauer », *Architectural Digest*, mai 2003, p. 36-40.
Ji, Eunkyung, « Dominique Perrault », *Clayarch*, juillet-août 2006, p. 36-41.
Koch, Katrin, « Architektur und Landschaft in ökologischer und poetischer Beziehung », *DBZ*, décembre 1993.
Koivisto, Maritta, « Arkkitehti Dominique Perrault », *Betoni*, janvier 1999, p. 24-27.
Laubadère (de), Bruno, « AD exclusif », *Architectural Digest*, n° 25, septembre 2002, p. 78-80.
Leboucq, Brice, « Entretien avec Dominique Perrault », *Études*, n° 401/1-2, juillet-août 2004, p. 77-88.
Lesnikowski, Wojciech, « Dominique Perrault », in *The New French Architecture*, New York, Rizzoli International Publications, 1990, p. 170-179.
Lichvárová, Mária, « Dominique Perrault », *Projekt*, février 2007, p. 60-67.
McCulloch, Patricia, « Architect of controversy », *Paris Boulevard*, n° 17, décembre 1992-janvier 1993.
Messerschmidt, Eric, « Dominique Perrault », in *Arne Jacobsen – Absolutely Modern*, Humlebæk, Louisiana Museum of Modern Art, 2002, p. 86-89.
Meyhöfer, Dirk, « Dominique Perrault », in *Architectural Visions for Europe*, Wiesbaden, Vieweg, 1994, p. 102-119.
Michel, Florence, « Les Villes de demain », *Enjeux du Monde*, n° 22, novembre 1994, p. 39-42.
Molina, Vis, « Personaje Dominique Perrault », *Fuera de Serie*, novembre 2004, p. 6-8.
Moncan (de), Patrice, et Chiambaretta, Philippe, « La Ville utopique vue par des architectes d'aujourd'hui : Dominique Perrault », in *Villes rêvées*, Paris, Les Éditions du Mécène, 1998, p. 166-175.
Nottrot, Ina, « Ich arbeite, was ich lebe », *Die Zeit*, 8 décembre 1995.
Paczowski, Bohdan, « Na nowy wiek Bohdan Paczowski rozmawia z Dominikiem Perrault », *Architektura Murator*, avril 2003, p. 21-31.
Paczowski, Bohdan, « Bohdan Paczowski s'entretient avec Dominique Perrault, fragments », in *Dok d zmierza architektura ?*, Varsovie, Wydawnietwo Murator, 2005, p. 47-60.
Paoletti, Ingrid, « Le Tele metalliche importate dal settore manifatturiero : il caso Dominique Perrault », in *Una finestra sul trasferimento – Tecnologie innovative per l'architettura*, Milan, Libreria CLUP, 2003, p. 111-118.
Redondo, Paloma, « Dominique Perrault : el arquitecto "mágico" », *Fuera de Serie*, n° 169, 5 décembre 2007, p. 20-22.
Régnier, Philippe, « L'actualité vue par Dominique Perrault, architecte », *Le Journal des Arts*, n° 269, du 16 au 29 novembre 2007, p. 6.
Roselieb, Arnd, et Tournier, Daniel, « The Master Builder », in *Encounters – Visionaries and Architects*, Düsseldorf, Egon Zehnder International, 2001, p. 66-83.
Roth, Bernard, « Entretien avec… Dominique Perrault », *Réflexions immobilières*, n° 39, décembre 2004, p. 65-73.
Slavid, Ruth, « The Architect of absence », *The Architects'journal*, 28 septembre 1995.
Stimmann, Hans, « Dominique Perrault », in *Babylon, Berlin, etc.*, Bâle, Birkhäuser, 1995, p. 210-217.
Tabak, Ebru, « Perrault'nun sezgisel akli », *Art+Decor*, décembre 2003, p. 132-135.
Thiba, Marion, « L'Architecture de Dominique Perrault », *Le Temps stratégique*, n° 83, septembre-octobre 1998, p. 8-30.
Veda, Minoru, « Dominique Perrault, l'architecte de l'invisible », *AT*, mai 1993, p. 5-17.
Vignal, Marion, « Dominique Perrault : archicouture », *L'Expressmag*, du 28 juin au 4 juillet 2004, p. 18-19.
Walker, Enrique, « Dominique Perrault », in *Summa+ Reportajes – Arquitectos y Obras*, Buenos Aires, Donn, 2005, p. 108-111.
Wierre, Florence, « La Production d'archives d'une agence : un entretien avec Dominique Perrault », *Colonnes*, n° 23, novembre 2006, p. 37-44.
« Die Dimension des Einfachen », *Leonardo*, mai 1993, p. 38-41.
« Architecture : Dominique Perrault », *Le Moniteur*, 12 novembre 1993, p. 84-85.
« France : Dominique Perrault », in *Award Winning Architecture 96*, Munich, Prestel, 1996, p. 106-111.
« Dominique Perrault », *World Architecture Review*, août 1999, p. 76-97.
« Dominique Perrault », in *World Architects in their Twenties*, Tokyo, University of Tokyo/Toto, 1999.
« Cover interview : Dominique Perrault », *Axis*, novembre-décembre 2000.
« Elementary Dispositions : Dominique Perrault », in *Anymore*, New York, Anyone, 2000, p. 272-282.
« Dominique Perrault », *IAOC*, août 2004, p. 134-136.
« Dominique Perrault », *Interni & Decor*, octobre 2005, p. 226-233.
« Der Grossmeister », *IdealesHEIM*, septembre 2006, p. 2-4.
« Dominique Perrault : Bes Yeni Proje », *Arredamento Mimarlik*, septembre 2006, p. 38-53.
« Dominique Perrault », in *Only with nature*, Barcelone, Col-legi d'Arquitectes de Catalunya/Fundación Caja de Arquitectos, 2006, p. 219-224.
« An Interview with Dominique Perrault », *Detail*, mai 2007.
« À conversa con… Dominique Perrault », *Mais Arquitectura*, octobre 2007, p. 52-59.

« Dominique Perrault », *Plus*, février 2008, p. 23-47.

ÉCOLE SUPÉRIEURE D'INGÉNIEURS EN ÉLECTRONIQUE ET ÉLECTROTECHNIQUE
Marne-la-Vallée, France, 1984 (concours, livraison en 1987)

Monographies

Tonka, Hubert, *Dominique Perrault Architecte – ESIEE, École Supérieure d'Ingénieurs en Électrotechnique et Électronique, Marne-la-Vallée*, photographies de Georges Fessy, Paris, Les Éditions du Demi-Cercle, coll. « Architecture & Cie / État & Lieux », 1990.

Articles et essais

Boissière, Olivier, « À l'aise l'ESIEE », *Archicréé*, décembre 1987-janvier 1988, p. 90-97.
Boissière, Olivier, « L'ESIEE at Marne-la-Vallée », *L'Arca*, n° 17, juin 1988, p. 10-23.
Gaillard, Marc, « L'École supérieure d'ingénieurs en électrotechnique et électronique de Marne-la-Vallée », *L'Oeil*, juin 1988.
Jong (de), Ted, et Ploigt, Marie-Dominique, « Architectuur voor het informaticatijdperk », *de Architect*, mai 1988, p. 97-107.
Lenglart, Denis, et Vince, Agnès, « ESIEE, Marne-la-Vallée, 1987 », in *Universités, Écoles Supérieures*, Paris, Éditions du Moniteur, coll. « Architecture Thématique », 1992, p. 72-75.
Meade, Martin, « Flight of science », *The Architects'journal*, 21 septembre 1988, p. 42-53.
Pélissier, Alain, « Dominique Perrault : la métaphore de l'envol », *Techniques et architecture*, n° 374, octobre 1987, p. 92-107.
Perrin, Jean, et Edelmann, Frédéric, « Les Électriciens s'installent à Marne-la-Vallée », *Le Monde*, 26 novembre 1987.
Zajdenweber, Marc, « Complicité intellectuelle », *L'Homme & l'architecture*, n° 14, septembre 1991.
« De Descartes à Disney : les paris de Marne-la-Vallée », *Le Moniteur*, 30 octobre 1987, p. 40-47.
« Dominique Perrault : E.S.I.E.E. », *SD*, août 1988, p. 37-41.
« College für Elektrotechnik und Elektronik, Cité Descartes- Marne-la-Vallée », *Baumeister*, mai 1989, p. 30-33.

HÔTEL INDUSTRIEL JEAN-BAPTISTE BERLIER
Paris, France, 1986 (concours, livraison en 1990)

Monographies

Dominique Perrault Architecte – Hôtel industriel, Paris treizième, photographies de Georges Fessy, Paris, Les Éditions du Demi-Cercle, coll. « Architecture & Cie / État & Lieux », 1990.
L'Hôtel industriel Berlier – Dominique Perrault, photographies de Marcus Robinson, Paris, Pandora Éditions, 1991.
Claude Rutault chez Dominique Perrault, Dijon, Le Consortium – Centre d'art contemporain, 2000.

Articles et essais

Duffaure-Gallais, Isabelle, « Un hôtel industriel transparent », *Le Moniteur*, 12 janvier 1990, p. 50-53.
Fillion, Odile, « Les Prix du "Moniteur" », *Le Moniteur*, 18 janvier 1991, p. 77-81.
Lamarre, François, « Hôtels industriels : la chaîne s'agrandit », *Architectes*, n° 194, janvier-février 1989, p. 16-18.
Lamarre, François, « Lieux d'exception : …à l'espace minimal de l'hôtel industriel », *Le Magazine de la construction*, n° 31, janvier-février 1991.
Lonchamp, Juliette, « Le Ventre de l'architecte », *Archi News*, février-mars 1991.
Lucan, Jacques, « Phénomène Perrault », *AMC – Le Moniteur Architecture*, n° 17, décembre 1990, p. 40-45.
Lueder, Christoph, « Gläserner Kubus Großartig in seiner Flexibilität », *DBZ*, avril 1992, p. 489-494.
Rougé, Marianne, « Les Hôtels industriels », *AMC – Le Moniteur Architecture*, n° 8, février 1990, p. 22-27.
Zabalbeascoa, Anatxu, « Dominique Perrault, París, 1990 », in *El taller del arquitecto*, Barcelone, Gustavo Gili, 1996, p. 130-133.
Zoffoli, Paolo, « Edificio industriale a Parigi », *L'Industria delle costruzioni*, janvier 1992, p. 46-51.
« Plan et arrière-plan », *Techniques et architecture*, n° 391, septembre 1990, p. 67-74.
« Gewerbe- und Bürogebäude Berlier, Paris, 1990 », *Werk, Bauen + Wohnen*, avril 1991, p. 38-41.
« Hôtel Industriel : Dominique Perrault », *de Architect*, octobre 1991, p. 90-91.
« Gewerbe- und Bürogebäude in Paris », *Baumeister*, janvier 1992, p. 12-14.
« Hotel Industrial Berlier », in *Arquitectura Francesa – 11 proyectos*, Séville, Junta de Andalucia, 1993, p. 72-81.

USINE DE TRAITEMENT DES EAUX POUR LA SAGEP
Ivry-sur-Seine, France, 1987 (concours, livraison en 1993)

Articles

Cividino, Hervé, « Traitement urbain pour nouvelles eaux », *L'Homme & l'architecture*, n° 21, mai 1992, p. 34-35.
« Reflets », *Techniques et architecture*, n° 413, mai 1994, p. 68-71.
« Un paisaje depurado », *Arquitectura Viva*, n° 37, juillet-août 1994, p. 58-63.

CENTRE DE CONFÉRENCES DE SAINT-GERMAIN-EN-LAYE
Saint-Germain-en-Laye, France, 1988 (concours, livraison en 1991)

Articles

« Im Verborgenen », *Bauwelt*, janvier 1992.
« Saint-Germain-en-Laye : Centro Congressi », *Abitare*, n° 309, juillet-août 1992, p. 105.

HÔTEL DÉPARTEMENTAL DE LA MEUSE
Bar-le-Duc, France, 1988 (concours, livraison en 1994)

Article

Davoine, Gilles, « La Métamorphose du lieu », *Le Moniteur*, 17 juin 1994, p. 94-96.

ARCHIVES DÉPARTEMENTALES DE LA MAYENNE
Laval, France, 1989 (concours, livraison en 1993)

Articles

Davoine, Gilles, « La Métamorphose du lieu », *Le Moniteur*, 17 juin 1994, p. 94-96.
Pace, Giovanna, « Mimesi e differenza », *L'Arca*, n° 86, octobre 1994, p. 80-85.
« Block aus Beton und Holz », *Bauwelt*, mai 1995.
« Un reflejo cálido », *Arquitectura Viva*, n° 43, juillet-août 1995, p. 82-85.
« Stratifications spatiales : deux projets cohérents », *Techniques et architecture*, n° 418, mars 1995, p. 36-41.

BIBLIOTHÈQUE NATIONALE DE FRANCE
Paris, France, 1989 (concours, livraison en 1995)

Monographies

Coleno, Nadine, *Perrault raconte la Bibliothèque nationale de France*, Paris, Éditions du Regard/Scéren-CNDP, 2002.
La Bibliothèque de France, Paris/Rome, Institut Français d'Architecture/Éditions Carte Segrete, 1989.
Bibliothèque nationale de France, 1989-1995, Bordeaux/Bâle, Arc en rêve – Centre d'architecture/Birkhäuser, 1995.
Bibliothèque nationale de France, *Connaissance des Arts*, numéro spécial, n° 99, 1996.

Articles et essais

Asensio Cerver, Francisco, « The French National Library », in *European Masters eleven Recent Works*, Barcelone, Arco Editorial, 1997, p. 54-65.
Bahamón, Alejandro, « Dominique Perrault : French National Library », in *Sketch. Plan. Build – World Class Architects Show How It's Done*, New York, HarperCollins, coll. « Harper Design », 2005, p. 166-171.
Boyer, Guy, « La BNF de A à Z », *Beaux Arts*, n° 132, mars 1995, p. 81-86.
Broto, Carles, et Mostaedi, Arian, « Bibliothèque nationale de France (Paris, France) 1995 », in *Architecture : An Overview*, Barcelone, Links, 1997, p. 76-85.
Buchanan, Peter, « Signos abiertos », *Arquitectura Viva*, n° 42, mai-juin 1995, p. 86-93.
Champenois, Michèle, et Chaslin, François, « La Bibliothèque de France », *L'Architecture d'aujourd'hui*, n° 265, octobre 1989.
Chan, Bernard, « Bibliothèque nationale de France », in *Libraries*, Hong Kong, Pace Publishing, 2002, p. 182-191.
Clana, Joseph, « Métal tissé : histoire d'un détournement », *Techniques et architecture*, n° 427, septembre 1996, p. 104-109.
Corgnati, Martina, « Bibliothèque nationale de France – Dominique Perrault »,
in *Architetture e Culture : passato, presente e futuro*, Bologne, Editrice Compositori, 2003, p. 38-43.
Coulange, Jean-Paul, « Du haut de ces 360 000 mètres carrés », *Le Nouvel Économiste*, n° 990, 30 mars 1995, p. 24.
Delatte, Jacqueline, et Facy, Gérard, « La TGB : projet culturel du xxie siècle », *Arts et métiers magazine*, n° 152, septembre 1990, p. 6-14.
Distrie, Olivier, « La TGB à fond de train », *Spectacle du Monde*, mars 1992, p. 86-90.

Donnaes, Philippe, « Coffrages hors normes pour ouvrage exceptionnel », *Le Moniteur*, mai 1993.
Downey, Claire, « The New Paris Library Reads Like an Open Book », *Architectural Record*, décembre 1995, p. 19-21.
Edelmann, Frédéric, et Roux (de), Emmanuel, « M. Mitterrand va inaugurer la Bibliothèque nationale de France », *Le Monde*, 28 mars 1995.
Edelmann, Frédéric, et Roux (de), Emmanuel, « La Bibliothèque nationale de France s'ouvre au public », *Le Monde*, 17 décembre 1996.
Ego, Renaud, « O palácio dos livros », *Grande Reportagem*, février 1997, p. 104-110.
En-Seok, Lee, « La Bibliothèque nationale de France », *Space*, août 1995, p. 91-103.
Escher, Gudrun, « Alles, was eine Stadt braucht », *Frankfurter Allgemeine*, 8 janvier 2006.
Fitchett, Joseph, « New Paris Library : Visionary or Outdated ? », *International Herald Tribune*, 30 mars 1995.
Frapier, Christel, et Brayer, Marie-Ange, « Dominique Perrault : Bibliothèque nationale de France », in *Architectures Expérimentales – 1950-2000 – Collection du Frac Centre*, Orléans, Éditions Hyx, 2003, p. 370-377.
Gandillot, Thierry, « La Bibliothèque du président qui aimait les livres », *Le Nouvel Observateur*, 30 mars-5 avril 1995, p. 90-93.
Garcias, Jean-Claude, « La Transparence ou l'obstacle », *Beaux Arts*, n° 98, février 1992, p. 76-80.
Gleiniger, Andrea, Matzig, Gerhard, Redecke, Sebastian, « Bibliothèque nationale François Mitterrand », in *Paris Contemporary Architecture*, Munich, Prestel, 1997, p. 42-49.
Gotlieb, Carlos, « Minimalismo monumental », *Summa +*, février 1996, p. 48-55.
Granon, François, et Perraud, Antoine, « Le Roman vrai de la Bibliothèque de France », *Télérama*, n° 2135, 12 décembre 1990, p. 10-16.
Granon, François, « … où le vide importe autant que les pleins" », *Télérama*, n° 2359, 29 mars 1995.
Gras, Pierre, « Loisirs et savoir », *Werk, Bauen + Wohnen*, juin 1995, p. 40-47.
Guibourgé, Stéphane, « La Bibliothèque nationale de France : à livre ouvert », *Beaux Arts*, n° 151, décembre 1996, p. 57-61.
Hanimann, Joseph, « In allen vier Ecken sollen Bücher drin stecken », *Frankfurter Allgemeine*, 31 mars 1995.
Hautern François, « L'Histoire secrète d'un grand projet », *Le Figaro*, 30 mars 1995.
Hoyet, Jean-Michel, Loriers, Marie-Christine, et Picon-Lefebvre, Virginie, « Bibliothèque de France, Paris », *Techniques et architecture*, n° 398, octobre-novembre 1991, p. 5-19.
Huchet, François, « Grande Bibliothèque : un lieu de travail, de recherche, comme une abbaye », *La Lettre de l'Institut François Mitterrand*, n° 15, avril 2006, p. 9-10.
Isitt, Mark, « Nya nationalbiblioteket i Paris », *Forum*, 1996, p. 52-59.
Jodidio, Philip, « Le Plein et le vide », *Connaissance des Arts*, n° 515, mars 1995, p. 130-139.
Jodidio, Philip, « Dominique Perrault », in *Contemporary European Architects*, volume IV, Cologne, Taschen, 1996, p. 114-123.
Königer, Maribel, « Vier Türme für Millionen Bücher », *Focus*, décembre 1995.
Kucza-Kuczynski, Jan, « Biblioteka Francuska », *Architektura & Biznes*, janvier 1995, p. 12-13.
Kunstlé, Marc, « La Cathédrale de la mémoire », *Le Figaro Magazine*, 14 décembre 1996, p. 49-56.

Lamarre, François, « Entrée en matière », *D'Architectures*, n° 54, avril 1995, p. 16-19.
Leibowitz, Nicole, « Un palais pour les livres », *Le Nouvel Observateur*, 13 au 13 décembre 1990, p. 138-141.
Loyer, Béatrice, « Monument et mémoire en réseau », *Techniques et architecture*, n° 430, mars 1997, p. 11-17.
Lucan, Jacques, « A simplicidade aparente oculta os esforços de uma arquitetura que encara a realidade da matéria bruta », *Projecto Design*, août 1996.
Macneil, James, « Livre transplant », *Building*, 15 juillet 1994, p. 32-37.
Mandrelli, Doriana O., « The Super Library », *L'Arca*, n° 69, mars 1993.
Mandrelli, Doriana O., « Une place pour Paris, une bibliothèque pour la France », *L'Arca*, n° 95, août 1995, p. 6-25.
Martí, Octavi, « Mitterrand inaugura su último proyecto cultural », *El País*, 31 mars 1995.
McGuire, Penny, « Tours de force », *The Architectural Review*, n° 1216, juin 1998, p. 77-81.
Melis, Liesbeth, et Melet, Ed, « Bibliotheque nationale de France ontworpen door Dominique Perrault », *de Architect*, octobre 1995, p. 80-95.
Melot, Michel (sous la direction de), « Paris – Bibliothèque nationale de France », in *Nouvelles Alexandries*, Paris, Éditions du Cercle de la Librairie, coll. « Bibliothèques », 1996, p. 260-295.
Moiraghi, Luigi, « Le trasparenze di Dominique Perrault », *L'Arca*, n° 46, février 1991.
Morrot, Bernard, « Mitterrand dans le décor », *France Soir*, 29 mars 1995.
Muschamp, Herbert, « Where the Readers Are Inside the Book », *New York Times*, 11 juin 1995.
Myerson, Jeremy, « Bibliothèque nationale de France », in *New Public Architecture*, Londres, Laurence King Publishing, 1996, p. 24-27.
Nougaret, Jean-Christophe, et Davoine, Gilles, « La BNF : un nouveau monument parisien », *Le Moniteur*, 17 mars 1995, p. 12-19.
Paganelli, Carlo, « Une cité dans la cité », *L'Arca*, n° 114, avril 1997, p. 10-19.
Panei, Roberto, « Come un libro aperto!? La Biblioteca Nazionale di Francia a Parigi », *iiC*, n° 734, juillet-août 1998, p. 588-605.
Pélissier, Alain, « Concours pour la Bibliothèque de France », *Techniques et architecture*, n° 386, octobre 1989, p. 34-45.
Perinic, Damir, « Paralele – BNF – Nacionalna Knjižnica », *Arhitektura*, 1996, p. 62-77.
Perriault, Isabelle, « Dossier spécial ouverture de la Bibliothèque nationale de France », *Archimag*, n° 100, décembre-janvier 1997, p. 21-24.
Poli (De), Aldo, « Bibliothèque nationale de France », in *Biblioteche – Architetture 1995-2005*, Milan, Federico Motta Editore, 2002, p. 54-61.
Pousse, Jean-François, « Trois lectures », *Techniques et architecture*, n° 420, juillet 1995, p. 14-23.
Rambert, Francis, « Dominique Perrault : "Les polémiques ont été très positives !" », *Le Figaro*, 21 mars 1995.
Régnier, Nathalie, « La Bibliothèque de France en construction », *Construction Moderne*, n° 78, janvier-mars 1994, p. 12-16.
Rémy, Serge, « Le Temple de la pensée », *Humanité Dimanche*, n° 356, 9 janvier 1997, p. 31-37.
Reuther, Romain, « La Bibliothèque nationale de France », *Archithese*, mai 1995, p. 32-37.
Robert, Jean-Paul, « Dossier : Bibliothèque nationale de France », *L'Architecture d'aujourd'hui*, n° 300, septembre 1995, p. 78-97.

Robert, Jean-Paul, « BNF départ (bis) », *L'Architecture d'aujourd'hui*, n° 309, février 1997, p. 20-21.
Ruby, Ilka, et Ruby, Andreas, « Dominique Perrault : Biblioteca Nacional de Francia, París, Francia, 1989-1995 », in *Groundscapes*, Barcelone, Gustavo Gili, 2006, p. 176-177.
Saint Pern (de), Dominique, « Bibliothèque de France : la folle histoire », *L'Express*, 31 décembre 1992, p. 66-72.
Scharfenorth, Heiner, « Der Anti-Architekt », *Architektur*, février 1995, p. 128-136.
Slessor, Catherine, « Grand gesture », *The Architectural Review*, n° 1181, juillet 1995, p. 60-65.
Söderlind, Jerker, « Bibliothèque nationale de France », *MAMA*, n° 13, 1996, p. 14-26.
Sonne, Wolfgang, « Dominique Perrault : Bibliothèque nationale de France », in *Icons of Architecture – The 20 th century*, Munich, Prestel, 1998, p. 170-171.
Suner, Bruno, « La Bibliothèque de France : évolution d'un projet », *L'Architecture d'aujourd'hui*, n° 272, février 1991.
Tasma Anargyros, Sophie, « Le TGB : une architecture du vide ou une architecture de la distance ? », *Intramuros*, juin-juillet 1995, p. 44-47.
Tric, Olivier, « La Bibliothèque de France », in *Conception et projet en architecture*, Paris, L'Harmattan, 1999, p. 33-80.
Vavasseur, Pierre, « Préface à la grande bibliothèque », *Le Parisien*, 30 mars 1995.
« Un projet en devenir », *Techniques et architecture*, n° 406, février 1993, p. 14-19.
« Biblioteca de Francia », in *Arquitectura Francesa – 11 proyectos*, Séville, Junta de Andalucia, 1993, p. 22-33.
« Bibliothèque nationale de France », *Formes et structures*, avril-juin 1995, p. 4-18.
« Een mooi projekt vol protest en kritiek », *PI – Projekt & Interieur*, n° 3, juin 1995, p. 40-43.
« Ouverture de la Bibliothèque nationale de France – Superposition de filtres en bois et de vitrages », *Nikkei Architecture*, 5 juin 1995, p. 138-145.
« Dominique Perrault : Bibliothèque nationale de France », *GA Document*, n° 44, août 1995, p. 92-107.
« Nationalbibliothek von Frankreich », *DBZ*, août 1995, p. 47-55.
« Bibliothèque nationale de France », *Archi News*, juillet 1995, p. 17-21.
« Enveloppe & Partition », *Techniques et architecture*, numéro spécial, octobre 1996, p. 30-34.
« Dominique Perrault : The National Library of France », *A+U*, n° 313, octobre 1996, p. 2-47.
« Biblioteca nazionale francese, Parigi », *Domus*, n° 793, mai 1997, p. 40-45.
« French National Library », in *5 th Mies van der Rohe Pavilion Award for European Architecture*, Milan, Electa, 1997, p. 14-23.
« Bibliothèque nationale de France », in *XII Prophecies for XXI Century*, Milan, L'Arca Edizioni, 1997, p. 70-81.
« La Bibliothèque nationale de France », in *Architectures et grands travaux – 1977-1997*, Paris, Éditions Vis à Vis, 1997, p. 102-115.
« El Escorial de Mitterrand », *AV Monografías*, n° 69-70, janvier-avril 1998, p. 160-163.
« Dominique Perrault : Biblioteca Nacional de França », *Mais Arquitectura*, janvier 2008, p. 32-43.

VÉLODROME ET PISCINE OLYMPIQUE DE BERLIN
Berlin, Allemagne, 1992 (concours, livraison en 1999)

Monographies

Dominique Perrault – Berlin, Zurich, Artémis, 1993.
Velodrom Landsberger Allee Berlin, Berlin, Stadtwandel Verlag, 2000.
Schwimm- und Sprunghalle Landsberger Allee Berlin, Berlin, Stadtwandel Verlag, 2000.
Dominique Perrault – Nature-architecture – Velodrom und Schwimmhalle, Berlin, Barcelone, Actar, 2002.

Articles et essais

Adam, Hubertus, « Unter dem Stahlsee », *Bauwelt*, août 1997.
Argenti, Maria, « Cycling Stadium », *Materia*, n° 33, décembre 2000.
Bachmann, Wolfgang, « Radsporthalle in Berlin », *Baumeister*, décembre 1997, p. 18-25.
Bahamón, Alejandro, « Dominique Perrault: Olympic Velodrome and Swimming Pool », in *Sketch. Plan. Build – World Class Architects Show How It's Done*, New York, HarperCollins, coll. « Harper Design », 2005, p. 172-175.
Cannatà, Michele, et Fernandes, Fátima, « Velódromo e piscina olímpicos », in *A Tecnologia Na Arquitectura Contemporânea*, Lisbonne, Estar Editora, 2000, p. 38-49.
Chan, Bernard, « Olympic Velodrome and Swimming Pool », in *Athletic Facilities*, Hong Kong, Pace Publishing, 2002, p. 170-183.
Durth, Werner, « Radsporthalle in Berlin », in *Architektur in Deutschland'99*, Stuttgart, Karl Krämer Verlag, 2000, p. 42-49.
Edelmann, Frédéric, « Berlin en formes olympiques », *Le Monde*, 24 juin 1993.
Edelmann, Frédéric, « L'Architecte Dominique Perrault réussit son double plongeon à Berlin », *Le Monde*, 12 novembre 1999.
Glas (van der), Marijke, « Wielerbaan en zwembad in Berlijn van Perrault », *de Architect*, septembre 1997, p. 48-55.
Jodidio, Philip, « Velodrome and Olympic Swimming Pool », in *Contemporary European Architects*, vol. 6, Cologne, Taschen, 1998, p. 144-151.
Jurado, José, « Dominique Perrault: Velódromo en Berlin », *Tectonica*, n° 6.
Köfler, Gretl, « Das Verschwinden der Oberfläche », *Tiroler Tageszeitung*, 17 septembre 1997, p. 6.
Mandrelli, Doriana O., « Sotto il grande giardino dei meli », *L'Arca*, n° 81, avril 1994, p. 26-37.
Monfo, Julien, « Dominique Perrault: piscine et vélodrome olympiques, Berlin », *AMC – Le Moniteur Architecture*, n° 104, février 2000, p. 40-46.
Natz, Stephan, « Bedeuten wie weiland Versailles », *TAZ*, 6 septembre 1994.
Nerdinger, Winfried, « Rad- und Schwimmsporthalle Berlin », in *Konstruktion und Raum in der Architektur des 20. Jahrhunderts – Exemplarisch*, Munich, Prestel, 2002, p. 86-87.
Paoletti, Ingrid, « Trame d'architettura », *Modulo*, n° 280, avril 2002, p. 272-275.
Rambert, Francis, « Berlin, le grand chantier des Français », *Le Figaro*, 3 mars 1994.
Rambert, Francis, « Berlin: sous les pommiers, la nage », *D'Architectures*, n° 97, novembre 1999.
Redecke, Sebastian, « Velodromo, Berlino », *Domus*, n° 812, février 1999.

Ruby, Ilka, et Ruby, Andreas, « Dominique Perrault: Velódromo y piscina cubierta, Berlín, Alemania, 1998-1999 », in *Groundscapes*, Barcelone, Gustavo Gili, 2006, p. 72-73.
Sabbah, Catherine, « Dominique Perrault primé pour le vélodrome de Berlin », 13 janvier 2000.
Sabbah, Catherine, et Vigneau, François, « Piscine et vélodrome à Berlin », in *Les Équipements sportifs*, Paris, Éditions du Moniteur, coll. « Techniques de conception », 2006, p. 186-193.
« Olympia 2000 Berlin – Schwimmhalle und Radsporthalle », *Wettbewerbe aktuell*, août 1992, p. 38-40.
« Olympische Träume », *Bauwelt*, janvier 1994.
« Radsporthalle in Berlin », *Detail*, mai 1997.
« Dominique Perrault: Velódromo y Piscina en Berlín », *El Croquis*, n° 91, 1998, p. 158-181.
« Rad- und Schwimmsporthallen Berlin-Prenzlauer Berg », *Wettbewerbe aktuell*, janvier 1998, p. 85-90.
« Sous les pommiers, la plage », *Techniques et architecture*, n° 438, juin 1998, p. 52-59.
« Dominique Perrault: Olympic Velodrome », *A+U*, n° 335, août 1998, p. 48-59.
« Un monde à part », *Techniques et architecture*, n° 446, janvier 2000, p. 90-93.
« Schwimmsporthalle, Berlin », *The Arup Journal*, janvier 2001, p. 39-45.
« Dominique Perrault: Olympic Velodrome And Swimming Hall », *GA Document*, n° 64, janvier 2001.
« Commodity, fitness, and delight », *Architecture*, juillet 2001, p. 88-93.
« Olympic Velodrome and Swimming Pool », in *Top Architects – Europe*, Séoul, Archiworld, 2006, p. 76-83.

CENTRE TECHNIQUE DU LIVRE
Bussy-Saint-Georges, France, 1993
(commande, livraison en 1995)

Monographie

Tonka, Hubert, *Dominique Perrault – L'Hôpital du livre – Centre technique de la Bibliothèque Nationale de France*, Paris, Sens & Tonka, coll. « Parole à… », 1998.

Articles et essais

Asensio Cerver, Francisco, « Marne-la-Vallée Technical Center », in *The Architecture of Minimalism*, New York, Hearst Books, 1997, p. 88-97.
Cardani, Elena, « Centre technique du livre », *L'Arca*, n° 100, janvier 1996.
Wilquin, Hugues, « Book Technology Centre », in *Aluminium Architecture*, Bâle, Birkhäuser, 2001, p. 76-79.
« Centre Technique, Bibliothèque Nationale de France – Marne la Vallée », *Formes et structures*, octobre-décembre 1995, p. 48-49.
« Volúmenes de reserva », *Arquitectura Viva*, n° 46, janvier-février 1996, p. 86-89.
« Centre technique du livre à Bussy-Saint-Georges », *AMC – Le Moniteur Architecture*, n° 70, avril 1996, p. 62-65.
« Centro Técnico del Libro. Biblioteca Nacional de Francia », in *High-Tech para High-Tech*, Barcelone, Loft Publications, 2001, p. 78-85.

SITE D'UNIMÉTAL
Caen, France, 1994 (concours, prépaysagement réalisé en 1997)

Articles

Havik, Klaske, « Industrielandschap in Caen, Frankrijk, door Dominique Perrault », *de Architect*, mars 2002, p. 70-73.
Pousse, Jean-François, « A propos de villes », *Techniques et architecture*, n° 429, janvier 1997, p. 32-35.
« Restitution des paysages », *Le Moniteur*, 31 janvier 1997.
« Huge Vacant Land Provides a Starting Point », *Landscape Design*, juin 1999, p. 104-107.
« Parque en una siderúrgica, Caen (Francia) », *AV Monografías*, n° 91, septembre-octobre 2001, p. 76-81.

COUR DE JUSTICE DES COMMUNAUTÉS EUROPÉENNES
Luxembourg, 1996 (concours, livraison en 2008)

Monographie

Brausch, Marianne, *La Grande extension de la Cour de Justice des Communautés Européennes*, Luxembourg, Fonds d'Urbanisation et d'Aménagement du Plateau de Kirchberg, 2002.

Articles

Braush, Marianne, « La Logique de la justice », *Land*, n° 43, octobre 2001.
Bure (de), Gilles, « Dominique Perrault: Court of Justice of the European Communities », *A+U*, n° 433, octobre 2006, p. 108-113.
Cour, Jean-Pierre, « La Justine européenne architecturée », *Tageblatt*, 8 mai 2003.
Kaiser, Gérard, « Gerecht Justice », *Staal Acier*, n° 15, juin 2007, p. 22-27.
Marteling, Luc, « Groß, teuer, atemberaubend », *Luxemburger Wort*, 23 septembre 2006.
Marteling, Luc, « Wo Luxemburgs höchste Türme entstehen », *Luxemburger Wort*, 25 septembre 2006.
Miguet, Laurent, « Le Quartier européen accueille des habitants », *Le Moniteur*, 14 octobre 2005, p. 76-79.
« Gerichtshof der Europäischen Gemeinschaft wird rund 400 Millionen Euro kosten », *Tageblatt*, 29 août 2007.

HÔTEL DE VILLE D'INNSBRUCK
Innsbruck, Autriche, 1996 (concours, livraison en 2002)

Monographie

Rathaus Innsbruck, photographies de Jordi Bernadó, Barcelone, Actar, 2004.

Articles et essais

Boeckl, Matthias, « Dominique Perrault/RPM », *Architektur'Aktuell*, novembre 2002, p. 66-81.
Boudet, Dominique, « Dominique Perrault: Mairie, hôtel et galerie marchande, Innsbruck », *AMC – Le Moniteur Architecture*, n° 131, février 2003, p. 37-43.

Broto, Carles, « Dominique Perrault : Town Hall / Hybrid Hotel », in *Shopping Halls*, Barcelone, Links, 2005, p. 158-173.
Gubitosi, Alessandro, « Geometria e natura », *L'Arca*, n° 177, janvier 2003, p. 20-29.
Köfler, Gretl, « Hôtel de ville, Innsbruck, Autriche », *L'Architecture aujourd'hui*, n° 343, novembre-décembre 2003, p. 28-29.
Kugel, Claudia, « Tyrolean Transformation », *The Architectural Review*, n° 1280, octobre 2003, p. 56-60.
Maillard, Carol, « Galerie commerciale sous verrières à Innsbruck, Autriche », in *25 centres commerciaux*, Paris, Éditions du Moniteur, coll. « 25 réalisations », p. 60-65.
Rambert, Francis, « Innsbruck, opération à cœur ouvert », *Le Figaro*, 17 octobre 2002.
Rambert, Francis, « Perrault donne des couleurs à Innsbruck », *Connaissance des Arts*, n° 602, février 2003, p. 58-63.
Schwerfel, Heinz Peter, « Porträt : Dominique Perrault », *Häuser*, mars 2003, p. 128-134.
Trad, André, « Radicale infinitude », *Déco Magazine*, n° 29, juin-septembre 2007, p. 84-86.
« Innsbruck : Dominique Perrault's city hall re-shapes the historic core », *Architecture Today*, novembre 2002, p. 8-13.
« Rathaus-Galerien Innsbruck », *GLAS*, avril-mai 2003, p. 16-24.
« Markante Fassadengestaltung », *Licht*, juin 2003, p. 530-531.
« Town Hall in Innsbruck », *Space*, juin 2003, p. 148-155.
« Grandes verrières », *AMC – Le Moniteur Architecture*, n° 137, octobre 2003, p. 110-112.
« Dificil intervención Ayuntamiento Innsbruck Austria », *Arkinka*, n° 125, avril 2006, p. 47-57.

USINE APLIX
**Le Cellier-sur-Loire, France, 1997
(consultation, livraison en 1999)**

Monographie

Aplix, photographies de André Morin, Baden, Lars Müller Publishers, 1999.

Articles et essais

Cannatà, Michele, et Fernandes, Fátima, « Instalações da Fábrica Aplix », in *A Tecnologia Na Arquitectura Contemporânea*, Lisbonne, Estar Editora, 2000, p. 50-63.
Dellux, Manuel, « Un bâtiment industriel conçu comme un process », *Le Moniteur*, 21 mai 1999.
Fuchigami, Masayuki, « Aplix, l'usine qui discute avec la nature », *Nikkei Architecture*, 19 mars 2001, p. 22-27.
Guimard, Emmanuel, « Dominique Perrault habille d'Inox la nouvelle usine d'Aplix », *Les Échos*, 30 septembre 1999.
Menard, Jean-Pierre, « L'Usine Aplix : brillante et discrète », *Le Moniteur*, 17 août 2001, p. 6-7.
Mostaedi, Arian, « Aplix Factory », in *Factories & office buildings*, Barcelone, Links, 2003, p. 132-141.
Vögtlin, Rudolf, « Deux œuvres à racines urbaines », *Fassade - Façade*, mars 2001, p. 71-75.
« Nantes, Diálogo con el paisaje », in *Re-création – 21 Architectures en France à l'aube du xxie siècle*, Paris, AFAA/Ministère de la Culture et de la Communication, 1998, p. 84-89.
« Perrault fait les mots croisés », *Archicréé*, 1999, p. 94-97.
« Une façade miroir en acier poli », *Le Moniteur*, 5 mars 1999, p. 69.

« Détails peaux », *AMC – Le Moniteur Architecture*, n° 99, juin-juillet 1999, p. 90-93.
« Jeux de miroir », *Techniques et architecture*, n° 444, août 1999, p. 26-29.
« Usine de tissu auto-agrippant », *AMC – Le Moniteur Architecture*, n° 103, décembre 1999, p. 190-193.
« Dominique Perrault : The Aplix Factory, Le Cellier, France 1997-1999 », *A+U*, n° 362, novembre 2000, p. 14-27.
« Variazioni di scala : nuove costruzioni », *Casabella*, n° 683, novembre 2000, p. 50-55.
« Fábrica Aplix », in *High-Tech para High-Tech*, Barcelone, Loft Publications, 2001, p. 70-77.
« Usine, Le Cellier-sur-Loire », in *Architecture du réel*, Paris, Éditions du Moniteur, 2003, p. 236-249.
« The Aplix Factory », *ATD*, n° 122, novembre 2004, p. 78-81.

MÉDIATHÈQUE LUCIE-AUBRAC
Vénissieux, France, 1997 (concours, livraison en 2001)

Monographie

Ferré, Albert, *La Médiathèque de Vénissieux : un maire, un architecte et un critique*, Barcelone, Actar, 2002.

Articles et essais

Belmessous Hacène, « La Médiathèque du coin de la rue… », *Urbanisme*, n° 304, janvier-février 1999.
Bure (de), Gilles, « Un bloc de grâce et de mystère », *Le Journal des arts*, n° 139, 21 décembre 2001.
Cardani, Elena, « Les Suggestions de la matière », *L'Arca International*, n° 44, janvier-février 2002, p. 90-91.
Ehret, Gabriel, « Des moucharabiehs pour jouer avec le soleil », *Le Moniteur*, 27 juillet 2001, p. 40-41.
Ehret, Gabriel, « Vénissieux : en verre et pour tous », *D'Architectures*, n° 115, novembre 2001, p. 31-33.
Hyatt, Peter, « Multimedia Library (Mediatheque) », in *Great Glass Buildings – 50 Modern Classics*, Mulgrave, Images Publishing, 2004, p. 156-159.
Jodidio, Philip, « Media Library », in *Architecture in France*, Cologne, Taschen, 2006, p. 130-135.
Kirchner, G.G., « Dominique Perrault : Mediathek Vénissieux, F », *Adata Architecture*, février 2002, p. 74-83.
Lamarre, François, « Livres en rayons », *L'Acier pour construire*, n° 72, février 2002, p. 18-21.
Lesniak, Dorota, « Szklana kasetka z mediami », *Architektura & Biznes*, octobre 2001, p. 44-47.
Ménard, Jean-Pierre, « Dominique Perrault – Médiathèque à Vénissieux », *AMC – Le Moniteur Architecture*, n° 118, septembre 2001, p. 73-77.
Pieters, Dominique, « Thermische en akoestische glimmende huid », *de Architect*, juin 2002, p. 74-77.
Rambert, Francis, « L'Énigmatique maison de verre », *Le Figaro*, 23 septembre 2001.
Santantonios, Laurence, « Le Deuxième conte de Perrault », *Livres Hebdo*, n° 441, 12 octobre 2001, p. 66-67.
« Racines urbaines », *Techniques et architecture*, n° 454, juillet 2001, p. 36-39.
« Médiathèque Vénissieux », *AMC – Le Moniteur Architecture*, n° 121, janvier 2002, p. 172-173.

« Mediathek in Vénissieux : Basilikal », *Intelligente Architektur*, n° 32, janvier-février 2002, p. 62-67.
« La "Grande maison" de Vénissieux », *Archi News*, mars 2002, p. 75-77.
« Dominique Perrault : Médiathèque, Vénissieux », *GA Document*, n° 69, avril 2002, p. 30-39.
« Light Box », *The Architectural Review*, n° 1265, juillet 2002, p. 55-59.
« Mediateca di Vénissieux, Francia », *L'Industria delle costruzioni*, n° 366, juillet-août 2002, p. 40-49.
« Mediothek in Vénissieux », *Detail*, janvier-février 2003.
« Médiathèque », in *CA – Contemporary Architecture*, Mulgrave, Images Publishing, 2003, p. 136-141.

COMPLEXE SPORTIF MONTIGALÀ
**Badalona, Espagne, 1998
(commande, projet partiellement réalisé)**

Articles

Audusseau, Martine, « Perrault jette un filet au-dessus de l'arène », *D'Architectures*, n° 93, mai 1999, p. 46-47.
Ayguavives, Pancho, « La Nova Badalona », *Avui*, 8 octobre 1998.
« Dominique Perrault : Montigala Sports Complex », *GA Document*, n° 61, avril 2000, p. 78-81.

TROIS SUPERMARCHÉS MPREIS,
**Wattens et Zirl, Autriche, 1999-2001
(commandes, livraison en 2000 et 2003)**

Monographie

MPreis by Dominique Perrault, photographies de Jordi Bernadó, Barcelone, Actar, 2006.

Articles et essais

Aira (Dell'), Paola V., « Centro Commerciale M-Preis 2 a Wattens, Austria », *L'Industria delle costruzioni*, n° 379, septembre-octobre 2004, p. 78-83.
Barreneche, Raul A., « MPreis Supermarket », in *New Retail*, Londres, Phaidon, 2005, p. 120-127.
Cutroni, Fabio, « MPreis supermarket », *Materia*, n° 52, décembre 2006, p. 120-129.
Maillard, Carol, « MPreis, une chaîne de supermarchés innovante », in *25 centres commerciaux*, Paris, Éditions du Moniteur, coll. « 25 réalisations », p. 18-19.
Malaguzzi, Francesca, « Sulle tracce tecnologiche dell'involucro commerciale », *Nuova Finestra*, n° 312, p. 138-139.
Menard, Jean-Pierre, « Dominique Perrault : Trois supermarchés, Autriche », *AMC – Le Moniteur Architecture*, n° 142, avril 2004, p. 88-91.
Nussbaum, Andrea, « Dominique Perrault : Eliminieren, Distanzieren, Abtrahieren », *Architektur'Aktuell*, mars 2001, p. 138-145.
Prösler, Martin, « Tageslicht im Supermarkt », *IndustrieBAU*, n° 48, février 2002, p. 23-26.
Vermeil, Jean, « Autriche : la distribution sous influence française », *D'Architectures*, n° 115, novembre 2001, p. 20-22.
Zerboni, Monica, « Riflessi di cristallo », *Costruire*, n° 222, novembre 2001, p. 78-79.

« M-Preis Supermarket », in *International Architecture – Yearbook 8 février*, Mulgrave, Images Publishing, 2002, p. 208-209.
« MPreis : un fenomeno commerciale su basi umanistiche », *Abitare*, n° 435, janvier 2004, p. 109-111.
« Architekturqualität im Supermarkt – Das Phänomen MPreis », *Detail*, mars 2004.
« MPreis-Einkaufszentrum in Wattens », *Detail*, mars 2004.
« MPreis : le pari de l'architecture », *D'Architectures*, n° 240, octobre 2004, p. 60-63.

HÔTEL HABITAT SKY
**Barcelone, Espagne, 1999
(commande, livraison en 2008)**

Articles

Angulo, Silvia, « Una flecha de plata en la Diagonal », *La Vanguardia*, 23 mars 2006.
Castán, Patricia, « El baile de un gigante », *El Periódico*, 23 mars 2006.
Cuesta, Elena, « Dominique Perrault », *El Mundo*, 23 mars 2006.
Giordano, Maurizio, « Matrici di segni per la città del futuro », *DHD*, n° 9, mars-mai 2006, p. 141-147.
Mataró, Aleix, « Dominique Perrault crea una "coreografía urbana" en la Diagonal de Barcelona », *ABC*, 23 mars 2006.
Ollés, Albert, « Dominique Perrault presenta su primer gran proyecto para BCN », *El Periódico*, 10 septembre 2004.
Serra, Catalina, « Arquitectos que construyen paisajes », *El País*, 23 mars 2006.
Zabalbeascoa, Anatxu, « La Mejor tienda del mundo », *El País*, 3 mars 2007.
« Dominique Perrault : Hotel And Congress Center », *GA Document*, n° 65, mai 2001, p. 98-99.
« Hotel Nueva Diagonal », *Dialogue*, n° 71, juillet 2003, p. 42-47.
« Radicalement abstrait », *Techniques et architecture*, n° 471, mai 2004, p. 72-73.
« Dominique Perrault : Habitat Sky Hotel, Barcelona », *L'Arca*, n° 232, janvier 2008, p. 48-53.

AMÉNAGEMENT DE LA PLAGE LAS TERESITAS ET HÔTEL DE LA CIUDADELA
**Tenerife, Espagne, 2000
(concours, livraison en 2010 et 2012)**

Articles

Banti, Sara, « Naturalmente », *Casamica*, mai 2005, p. 123-126.
Gonzáles, Orlando, « Una "nueva" playa, en 22 mese », *El Mundo*, 7 novembre 2006.
Merino, Dory, « Bienvenido "mister Perrault" », *El Día*, 8 septembre 2001.
Ramón, Noé, « La nueva playa pretende garantizar el uso público y la conservación natural », *La Opinión de Tenerife*, 7 novembre 2006.
Romeo, Filippo, « Effeto Giunglia », *Case da abitare*, septembre 2005, p. 85-88.
« Dominique Perrault : Tenerife, Spanien », *GAM*, n° 1, 2004.
« Thalasso », *Experimenta*, n° 58, juin 2007, p. 112-113.

USINE GKD-USA
**Cambridge (Maryland), États-Unis, 2001
(commande, livraison en 2005)**

Monographie

GKD-USA, photographies de André Morin, Paris, DPA, 2006.

Essai

Killory, Christine, et Davids, René, « GKD-USA, Inc. Headquarters Building », in *Details in Contemporary Architecture*, New York, AsBuilt, 2007, p. 128-137.

FONDATION FRANÇOIS PINAULT POUR L'ART CONTEMPORAIN
**Boulogne-Billancourt, France, 2001
(concours)**

Articles et essais

« Architettura vestita », *Ottagono*, n° 152, juillet-août 2002, p. 66-69.
« Fondation Pinault pour l'art contemporain, Boulogne-Billancourt », in *Architecture du réel*, Paris, Éditions du Moniteur, 2003, p. 250-255.

CENTRE OLYMPIQUE DE TENNIS
**Madrid, Espagne, 2002
(concours, livraison en 2009)**

Articles et essais

Ansede, Manuel, « La arquitectura tradicional ha muerto », *NAN arquitectura y construcción*, n° 3, juin 2005.
Asenjo, M., « La "Caja Mágica" olímpica encierra uno de los mayores centros de tenis del mundo », *ABC*, 10 juillet 2004.
Galaz, Mábel, « Una Caja Mágica para el tenis », *El País*, 12 décembre 2004.
Longhi-Bracaglia, Isabel, « La Caja mágica de Dominique Perrault », *El Mundo*, 28 mai 2002.
Lucas, Antonio, « Entrevista a Dominique Perrault : El mago del tenis », *El Mundo*, 9 avril 2006.
Moya, Daniel, « La Cabeza abierta, para ver tenis y jugarlo », *Clarin*, 7 août 2007, p. 12-15.
Navarro, Pura, « La Caja Mágica de Tenis : complejo deportivo de élite para recrear un paisaje », *Construcción Alimarket*, juillet 2007, p. 40-47.
Ridley, Terence, « Tennis Center », in *On-Site : New Architecture in Spain*, New York, The Museum of Modern Art, 2005, p. 116-121.
Zabalbeascoa, Anatxu, « Dominique Perrault », *El País*, 26 avril 2003.
« Dominique Perrault : Centro Olímpico de Tenis en el Parque del Manzanares », *Arquitectura Viva*, n° 89-90, mars-juin 2003.
« Dominique Perrault : Olympic Tennis Complex », *GA Document*, n° 73, avril 2003, p. 84-89.
« Dominique Perrault : Centro Olímpico de Tenis en Madrid », *Técnicas de vanguardia constructivas*, n° 2, décembre 2004, p. 44-45.
« Un Open à Madrid », *Techniques et architecture*, n° 478, juillet 2005, p. 86-89.

DC TOWERS
**Vienne, Autriche, 2002
(commande suite concours, livraison en 2010)**

Articles

Berger, Michael, « Donau City : Der höchste Turm Kommt erst », *Kurier*, 13 juin 2002.
Rosenberger, Werner, « Entwürfe sind zu wenig », *Kurier*, 7 juillet 2006.
Stuhlpfarrer, Martin, « Mega-Türme für Donaucity », *Die Presse*, 18 février 2006.
Taillandier, Ingrid, « L'Europe des tours », *AMC – Le Moniteur Architecture*, numéro spécial, décembre 2003, p. 86-90.
Woltron, Ute, « Türme im Dialog », *derStandard*, 8 juillet 2006.
« Dominique Perrault talks about Danube City, Vienna », *Axis*, juin 2004, p. 38-39.
« Donau-City », *Architektur'Aktuell*, mars 2005, p. 59.
« Dominique Perrault : Vienna DC Sky Tower », *GA Document*, n° 91, juin 2006, p. 120-125.
« Orizzontale e verticale : Donau City Sky Towers », *L'Arca*, n° 215, juin 2006, p. 32-37.

CASA DE FRANCIA
**Mexico, Mexique, 2002
(concours)**

Article

« Ampliación : Casa de Francia », *Arquine*, n° 22, automne 2002.

THÉÂTRE MARIINSKY II
**Saint-Pétersbourg, Russie, 2003
(concours, contrat rompu)**

Monographie

New Mariinsky Theater, Berlin, Aedes, 2003.

Articles et essais

Abelsky, Paul, « Mariinsky reloaded », *The St. Petersburg Times*, 24 juin 2005.
Accorsi, Florence, et Lamarre, François, « Théâtre Mariinsky II Saint-Pétersbourg / Russie », in *Exo-Architectures*, Paris, Éditions du Pavillon de l'Arsenal, décembre 2007, p. 132.
Bahamón, Alejandro, « Dominique Perrault : New Mariinsky Theater », in *Sketch. Plan. Build – World Class Architects Show How It's Done*, New York, HarperCollins, coll. « Harper Design », 2005, p. 178-181.
Capitanucci, Maria Vittoria, « Trame d'oro », *Casamica*, octobre 2005, p. 103-104.
Corgnati, Martina, « Mariinsky Opera House – Dominique Perrault », in *Architetture e Culture : passato, presente e futuro*, Bologne, Editrice Compositori, 2003, p. 116-121.
Dubini, Laura, « Un po' megastore un po' tempio, ecco il teatro più grande del mondo », *Corriere della sera magazine*, n° 24, 21 octobre 2004, p. 120-122.
Fuksas, Massimiliano, « San Pietroburgo di vetro e d'oro », *L'Espresso*, 17 juillet 2003.
Gandolfi, Emiliano, « Rinascita Russa », *Ottagono*, n° 164, octobre 2003, p. 150-157.

Gillier, Aurélie, et Sautereau, Marc, « Le Théâtre Mariinsky à Saint-Pétersbourg », *Archistorm*, n° 20, juillet-août 2006, p. 30-33.
Hammond, Michael, « New Mariinsky Theatre », in *Performing Architecture*, New York, Merrel Publishers, 2006, p. 196-199.
Korob'ina, Irina, « Il rivale del Bolšoj parla francese », *Il Giornale dell'architettura*, octobre 2003.
Lamarre, François, « Russie : un casque d'or pour le théâtre Mariinsky », *Les Échos*, 17 mai 2005.
Lesniak, Dorota, « Maska », *Architektura & Biznes*, septembre 2003, p. 70-73.
Likhacheva, Lyudmila, « Un bout de ciel », *Le Monde et la Maison – Saint-Pétersbourg*, mars 2004, p. 74-81.
Matveeva, Anna, « Le Mariinsky sera transparent et lumineux », *Izvestia*, 30 juin 2003.
Morange, Caroline, « Le Mariinsky drapé d'or », *Le Courrier de Russie*, n° 14, 14 juillet 2003.
Ovtchinnikov, Nikolay, « Le Mariinsky aura une coque dorée », *Le Soir de Saint-Pétersbourg*, 21 mars 2005.
Rau, Cordula, « Drama um ein Theater », *Deutsches Architektenblatt*, juillet 2007, p. 54-56.
Sánchez Vidiella, Àlex, « New Mariinsky Theater », in *The Sourcebook of Contemporary Architecture*, New York, HarperCollins, coll. « Collins Design », 2007, p. 580-589.
Sykes, Julian, « Les Folles ambitions du Théâtre Mariinsky », *Le Temps*, 4 décembre 2006.
Tarkhanov, Alexey, « Le Chapeau doré », *Kommersant*, 30 juin 2003.
Tarkhanov, Alexey, « Le Fantôme de l'Opéra », *Kommersant*, 14 mars 2005, p. 64-67.
« Toison d'or », *Techniques et architecture*, n° 472, juillet 2004, p. 54-57.
« Dominique Perrault : Second Stage Mariinsky Theatre », *GA Document*, n° 85, mai 2005, p. 90-95.
« Détails : enveloppes autonomes. Opéra Mariinsky II », *AMC – Le Moniteur Architecture*, n° 156, novembre 2005, p. 124-127.
« Mariinsky II », in *Top Architects – Europe*, Séoul, Archiworld, 2006, p. 84-89.
« Folle ambition », *Techniques et architecture*, n° 489, mai 2007, p. 46-55.

CENTRE POMPIDOU-METZ
Metz, France, 2003
(concours)

Articles

« Quand Beaubourg fait des petits », *Archicréé*, décembre-janvier 2004.
« Concurso Nuevo Centro Pompidou, Metz : Dominique Perrault », *AV Proyectos*, n° 2, mars-avril 2004, p. 52.

NOUVEAU SITE CENTRAL EUSKOTREN
Durango, Espagne, 2004 (concours)

Articles

« Concurso Sede de Euskotren, Durango : Dominique Perrault », *AV Proyectos*, n° 4, juillet-août 2004, p. 50-51.
« Dominique Perrault : El juego de la "case vide" (casilla vacía) », *Arketypo*, n° 4, octobre-novembre 2005, p. 56-67.

LA CITÉ RADIEUSE, SCÉNOGRAPHIE POUR FRÉDÉRIC FLAMAND
Marseille, France, 2004
(commande, livraison en 2005)

Articles et essais

Maeda, Shigeki, « Symposium on the Ballet National de Marseille's 2005 : Opus "La Cité Radieuse" », *A+U*, n° 437, février 2007, p. 80-83.
Redecke, Sebastian, « La Cité Radieuse », *Bauwelt*, août 2005.
Scott, Chris, « Urban Motion », *Frame*, n° 47, novembre-décembre 2005, p. 82-87.
Sirvin, René, « Les Magies d'un décor vivant », *Le Figaro*, 19 juillet 2005.
Vernay, Marie-Christine, « Le Ballet de Marseille reprend pied », *Libération*, 18 juillet 2005.
« Frédéric Flamand / Dominique Perrault / Ballet National de Marseille », in *Belgium new architecture*, Bruxelles, Prime Éditions, 2005, p. 246-249.
« La Cité Radieuse », in *Ultimate Paris Design*, Kempen, teNeues, 2007, p. 114-117.

FAÇADE-ENVELOPPE DE L'ÎLE SEGUIN
Boulogne-Billancourt, France, 2004
(étude de définition)

Articles

Roux (de), Emmanuel, « Quatre projets pour draper l'île Seguin dans le fantôme de la forteresse ouvrière », *Le Monde*, 6 mai 2004, p. 29.
Serafini, Tonino, « L'Ile-Seguin s'apprête à faire le mur », *Libération*, 4 mai 2004.
« Façade filtre pour l'île Seguin », *AMC – Le Moniteur Architecture*, n° 144, juin-juillet 2004, p. 16-17.

UNIVERSITÉ FÉMININE EWHA
Séoul, Corée du Sud, 2004
(concours, livraison en 2008)

Articles et essais

Accorsi, Florence, et Lamarre, François, « Université féminine Ewha Séoul / Corée-du-Sud », in *Exo-Architectures*, Paris, Éditions du Pavillon de l'Arsenal, décembre 2007, p. 257.
Bahamón, Alejandro, et Pérez, Patricia, « Campus de la Universidad Femenina Ewha », in *Arquitectura mineral*, Barcelone, Parramón Ediciones, coll. « Analogías », avril 2007, p. 74-81.
Choi, Won Sok, « Ewha Campus Center Invited – International Design Competition », *ANC – Architecture and Culture*, mars 2004, n° 274, p. 150-157.
Descombes, Mireille, « Construire en Corée du Sud : une aventure riche et troublante », *L'Hebdo*, n° 52/01, 28 décembre 2006, p. 34-37.
Dubois, Marc, « Kracht van de leegte », *de Architect*, septembre 2006, p. 15.
Ehret, Gabriel, « A Séoul Perrault, souterrain et aérien, l'emporte ! », *Archicréé*, février-mars 2004, p. 8.
Fontana (della), Jacopo, « La Strip ipogea », *L'Arca*, n° 195, septembre 2004, p. 58-63.
« Centro del campus de la universidad de EWHA », *Pasajes Arquitectura y Crítica*, n° 60, octobre 2004, p. 12-13.

« Dominique Perrault : Ewha Campus Center », *A+U*, n° 413, février 2005, p. 58-63.
« Interview : Dominique Perrault », *Space*, janvier 2006, p. 151-160.
« Centre du campus, université Ewha, Séoul, Corée », *L'Architecture d'aujourd'hui*, n° 364, mai-juin 2006, p. 78-81.
« Dominique Perrault : Ewha Womans University Campus Center, Seoul », *Mais Arquitectura*, mars 2007, p. 38-51.

AMÉNAGEMENT DE LA PLACE GARIBALDI
Naples, Italie, 2004
(commande, livraison en 2011)

Articles

Cuozzo, Paolo, « Verde e senz'auto : è la piazza Garibaldi del futuro », *Corriere del mezzogiorno*, 14 avril 2005.
Guardigli, Decio, « La Qualità dello spazio », *L'Arca*, n° 207, octobre 2005, p. 48-53.
Roano, Luigi, « Garibaldi : due piazze in una nella matita di Perrault », *Il Mattino*, 16 avril 2004.
Simone (de), Dario, « Ecco la nuova Piazza Garibaldi », *Il Giornale di Napoli*, 14 avril 2005.
« Dominique Perrault : Plaza Garibaldi, Nápoles », *AV Proyectos*, n° 15, mai-juin 2006, p. 26-29.
« Piazza Garibaldi Station », *Plus*, avril 2007, p. 142-145.

PONT PIÉTON ET AMÉNAGEMENT
Palerme, Italie, 2004
(commande, livraison en 2011)

Articles

Filippi, Antonella, « La Sfida di Perrault per il centro storico : "Il nuovo deve dialogare con l'antico" », *Giornale di Sicilia*, 15 mai 2004.
Naselli, Andrea, « Palermo unita da quattro ponti », *Italia Oggi*, 26 février 2005.
Nicita, Paola, « Ridisegnare Palermo », *La Repubblica*, 26 février 2005.
Romano, Marco, « Ponti di Perrault, appalto entro l'anno », *Giornale di Sicilia*, 26 février 2005.

BANQUE SLOVENSKÁ SORITEL'ŇA
Bratislava, Slovaquie, 2005 (concours)

Article

« Tender : New building of the SLSP Headquarters in Bratislava », *Projekt*, 2006, p. 4-9.

HÔTEL D'AGGLOMÉRATION DE PERPIGNAN
Perpignan, France, 2005
(concours, livraison en 2009)

Articles

Lelong, Jean, « Perpignan : consultation des entreprises relancée pour l'hôtel d'agglomération », *Le Moniteur*, 1er juin 2007.
« Sequenze in angolo in Perpignan », *L'Arca*, n° 219, novembre 2006, p. 88.

« Architectes, paysagistes, urbanistes et maîtres d'ouvrage… who's who en France en 2007 », *Archistorm*, n° 23, janvier-février 2007, p. 36-37.
« Les bâtiments exemplaires », *Le Moniteur*, 9 novembre 2007.

THÉÂTRE NÔ
Tokamachi, Japon, 2005
(commande, livraison en 2006)

Articles et essais

Accorsi, Florence, et Lamarre, François, « Théâtre Nô Niigata, Tokamashi / Japon », in *Exo-Architectures*, Paris, Éditions du Pavillon de l'Arsenal, décembre 2007, p. 260.
Vercelloni, Matteo, « Come un Origami », *Interni*, n° 38, 2 mars 2007, p. 32-34.
Yamaguchi, Makoto, « Le Papillon qui s'envole dans la nature de Tsumari », *GA Japan*, n° 82, septembre-octobre 2006, p. 138-139.
Yokobori, Junichi, « Butterfly Pavillon », *Shinkenchiku*, septembre 2006, p. 114-119.
« Butterfly Pavillon », *Detail Japan*, décembre 2006.
« Théâtre Nô », *Landscape Design*, mai 2007, p. 42-43.

PALAIS DES CONGRÈS ET HALL D'EXPOSITION DE LEÓN
León, Espagne, 2005
(concours, livraison en 2011)

Articles

Fernández-Galiano, Luis, « León al sol », *Arquitectura Viva*, n° 104, septembre-octobre 2005, p. 106-107.
« Palacio de congresos y recinto ferial », *Pasajes Arquitectura y Crítica*, n° 72, décembre 2005, p. 12.
« Concurso Palacio de Congresos y Recinto Ferial, León », *AV Proyectos*, n° 11, septembre-octobre 2005, p. 51-55.
« Concurso de Ideas para el Palacio de Congresos y Recinto Ferial de León », *Arqscoal*, n° 3, mars 2006, p. 32-37.
« Dominique Perrault proyectará el Palacio de Congresos de León », *Vía Construccion*, n° 49, octobre 2007, p. 16.

AMÉNAGEMENT DES RIVES DU MANZANARES
Madrid, Espagne, 2005
(concours, lauréat sur portion)

Articles

Mas, Fernando, « Un parque en el Calderón », *El Mundo*, 29 novembre 2005.
« Concurso Internacional Madrid Río Manzanares », *AV Proyectos*, n° 11, septembre-octobre 2005, p. 16-19.
« La "alfombra verde" empieza a tomar forma », *El País*, 30 novembre 2005.

IMMEUBLE DE LOGEMENTS, BUREAUX ET COMMERCES
Lille, France, 2005
(concours, livraison en 2010)

Articles et essai

Loreal, Annick, « Lille : Chaude-Rivière : un quartier d'affaires et de loisirs en germe », *Le Moniteur*, 21 juillet 2006, p. 22.

Sabbah, Catherine, « À Lille : immeuble mille-feuille », *La Vie immobilière*, n° 5, mars 2007, p. 82-83.
Schwartz, Guy, « Les Immeubles mixtes prennent leur place dans le paysage », *Les Échos*, 20 septembre 2007.
« Housing, Offices and Commercial Building », in *Cooperative housing*, Séoul, Archiworld, 2007, p. 222-229.

IMMEUBLE DE BUREAUX
Boulogne-Billancourt, France, 2005
(commande, livraison en 2009)

Essai

« Office Building at Boulogne-Billancourt », in *Ultimate Paris Design*, Kempen, teNeues, 2007, p. 108-113.

DEUX TOURS POUR UN HÔTEL 3 ET 4 ÉTOILES
Milan, Italie, 2006
(concours, livraison en 2008)

Articles

Pierotti, Paola, et Santilli, Giorgio, « Hotel Fiera, vincono coop e Perrault », *Progetti – Concorsi*, 24 avril 2006.
Pierotti, Paola, « I monoliti di Perrault con vista sulla Vela », *Edilizia e Territorio*, 5-10 juin 2006, p. 8-9.
« Monoliti e inclinati », *L'Arca*, n° 215, juin 2006, p. 26-29.
« Dominique Perrault : Designs Hotel Towers Near Fiera Milano », *A+U*, n° 431, août 2006.
« Dominique Perrault : Dos hoteles, Milán », *AV Proyectos*, n° 18, novembre-décembre 2006, p. 10-13.

PALAIS DES SPORTS DE ROUEN
Rouen, France, 2006
(concours, livraison en 2010)

Articles

Delacourt, Thierry, et Geslin, Alain, « Un Palais des sports à Rouen oui, mais en 2010 », *Paris Normandie*, 14 septembre 2006, p. 23.
Goasguen, Richard, « Rouen : un palais des sports pour 2010 », *Le Moniteur*, 6 octobre 2006, p. 42.
Monier-Vinard, Bruno, « Rouen : le nouveau palais des sports », *Le Point*, n° 1833, 1er novembre 2007, p. 24.
Sfar, Eric, « Stairway to Rouen », *Archistorm*, n° 23, janvier-février 2007, p. 28-29.

TOUR SANPAOLO IMI
Turin, Italie, 2006
(concours)

Article

Piccoli, Edoardo, « Un grattacielo a trentasei facce », *Intesa Sanpaolo*, n° 48, février 2007.

TOUR PHARE
La Défense, France, 2006
(concours)

Articles

Edelmann, Frédéric, « Dix projets pour renouveler l'idée de tour à la Défense », *Le Monde*, 20 janvier 2007.
« Concurso "Tour Phare" de la Défense, Paris : Dominique Perrault », *AV Proyectos*, n° 18, novembre-décembre 2006, p. 68-69.
« Concours : Tour phare à la Défense », *AMC – Le Moniteur Architecture*, n° 167, février 2007, p. 24.
« Concurso : Tour Phare en la Défense de París », *Pasajes Arquitectura y Crítica*, n° 86, avril 2007, p. 12.

FILMOGRAPHIE
FILMOGRAPHY

En 1994, alors que je filmais la forêt de Bord et le transport des pins jusqu'à la Bibliothèque nationale de France, j'ignorais que je m'engageais dans une entreprise de longue haleine. Par amitié, par curiosité, sans bien savoir au fond vers quoi ce compagnonnage allait me conduire, j'ai suivi quelques-unes des grandes étapes qui ont marqué l'œuvre de Dominique Perrault. Pas moins de dix-sept films sont là pour rendre compte de cette aventure : des monographies sur des bâtiments, des films sur sa pensée architecturale, un film pour un concours, d'autres encore pour des expositions et pour la télévision. Ayant eu le privilège d'accéder au quotidien de l'agence, j'ai également pu filmer une partie de l'avancée du projet pour la Fondation Pinault, après avoir tourné quelques images de l'installation de l'œuvre de Claude Rutault dans l'hôtel industriel Berlier.

Aujourd'hui, dans le cadre de l'exposition présentée au Centre Pompidou, une série de treize films muets est projetée, que vient compléter un DVD (disponible avec le catalogue) comprenant un documentaire de 50 min et un entretien de 20 min avec Frédéric Migayrou.

Naturellement, mes visées artistiques sont ici modestes. Il s'agit avant tout d'accompagner le travail d'un architecte. Toutefois, donner à voir sur les murs d'un musée et, de façon simultanée, des enfants berlinois en train de manger des pommes, les lecteurs de la bibliothèque du quartier des Minguettes happés par le roman qu'ils découvrent, ou ceux du campus EWHA à Séoul déambulant dans leurs lieux d'étude, peut ouvrir l'esprit à des fragments du réel qui nous sont ordinairement inaccessibles.

Chacun de ces films a pour ambition de montrer les mouvements d'une architecture, son dialogue avec les éléments naturels et le site qui l'accueille, mais aussi le rôle qu'elle occupe pour les habitants de la cité. En somme, tout ce qui lui permet d'exister au-delà des dessins, des formes, des matériaux. Tout ce qui fait que l'architecture demeure un art illisible sans ceux qui en font usage et vivant grâce à chacun de nous.

Back in 1994, when I was filming the pine trees during their voyage from the Bord Forest to their new home in the garden of the National Library of France, I had no idea I was getting involved in such a long-term undertaking. Through friendship, out of curiosity and without really knowing where this collaboration would lead, I have witnessed up close some of the milestones that have marked Dominique Perrault's career. No fewer than seventeen films document the ongoing adventure, including monographs on his buildings, films on his architectural thought, a film for a competition and others for exhibitions and television. Enjoying privileged access to the daily workings of the architectural firm, I was able to capture on film part of the work in progress on the Pinault Foundation project, just after a shoot I did on the installation of Claude Rutault's work in the Berlier Industrial Hotel.

A series of thirteen silent films is currently being projected for the exhibition on view at the Centre Pompidou. They round out the material on the DVD (available with the catalog), which includes a documentary with a runtime of 50 minutes and an interview of 20 minutes with Frédéric Migayrou.

My artistic aims in this endeavor are naturally rather modest. The main goal is simply to follow the work of an architect. Still, simultaneously viewing images projected onto the walls of a museum of children in Berlin eating apples, readers in the library of the Minguettes neighborhood engrossed in the novel they are discovering, or students on the EWHA campus in Seoul moving about their study areas can open the spectator's mind to fragments of reality that remain inaccessible to us most of the time.

Each of these films attempts to show this architecture in movement, its dialog with the elements of nature and with the site where it stands, but also the role it plays in city dwellers' daily lives. They portray everything that enables this architecture to exist beyond drawings, forms and materials and everything that makes it an unreadable art without the presence of its users and a living one thanks to each and every one of us.

Richard Copans

2008
LES ONZE MOTS DE L'ARCHITECTE
(français, anglais)
Réalisation : Richard Copans
Production exécutive : Les Films d'Ici
Production : Perrault Projets
Durée : 21'
Images : Richard Copans
Son : Sylvain Copans
Montage : Catherine Mabilat

2007
LA MÉDIATHÈQUE LUCIE-AUBRAC
(français)
Réalisation : Richard Copans
Production exécutive : Les Films d'Ici
Production : la ville de Vénissieux
Durée : 13'49"
Images : Richard Copans
Son : Sylvain Copans
Montage : Nicolas Milteau

2006
LA MÉDIATHÈQUE DE VÉNISSIEUX
(français)
Réalisation : Richard Copans
Production exécutive : Les Films d'Ici
Production : la Cité de l'architecture et du patrimoine
Durée : 6'45"
Images : Richard Copans
Son : Sylvain Copans
Montage : Nicolas Milteau

APLIX
(français)
Réalisation : Richard Copans
Production exécutive : Les Films d'Ici
Production : la Cité de l'architecture et du patrimoine
Durée : 6'27"
Images : Richard Copans
Son : Sylvain Copans
Montage : Nicolas Milteau

2004
SUPERMARCHÉS MPREIS
(français, anglais)
Réalisation : Richard Copans
Production exécutive : Les Films d'Ici
Production : Lille Métropole Communauté urbaine, Agence de développement et d'urbanisme de Lille Métropole
Durée : 7'11"
Images : Richard Copans
Son : Jean-Marie Moulin, Florence Hermitte
Montage : Alberto Marquardt

2002
UNE MAILLE À L'ENDROIT - UNE MAILLE À L'ENVERS
(français, anglais)
Réalisation : Richard Copans
Production : Les Films d'Ici, Perrault Projets
Partenaires : la Bibliothèque nationale de France
Durée : 3'36"
Images : Richard Copans
Montage : Boris Perrin

COMPETITION, PEKING CHINESE TELEVISION CENTER
Réalisation : Richard Copans
Production exécutive : Les Films d'Ici
Durée : 18'24"

1998
DOMINIQUE PERRAULT
(français, anglais, espagnol), série « Les mots de l'architecte »
Réalisation : Richard Copans
Production : Les Films d'Ici
Partenaires : Paris Première, la Direction de l'Architecture, CNC
Durée : 53'
Images : Richard Copans
Son : Olivier Schwob, Éric Thomas, Fabrice Naud
Montage : Catherine Gouze

CAEN, LE GRAND PLATEAU
(français, anglais)
Réalisation : Richard Copans
Production : Les Films d'Ici, District du Grand Caen, Perrault Projets
Durée : 13'55"

HÔTEL INDUSTRIEL JEAN-BAPTISTE BERLIER
(français, anglais)
Réalisation : Richard Copans
Production : Les Films d'Ici, Perrault Projets
Durée : 10'13"

BIBLIOTHÈQUE NATIONALE DE FRANCE
(français, anglais)
Réalisation : Richard Copans
Production : Les Films d'Ici, Perrault Projets
Durée : 15'12"

BERLIN, VÉLODROME OLYMPIQUE
(français, anglais)
Réalisation : Richard Copans
Production : Les Films d'Ici, Perrault Projets
Durée : 14'29"

1996
LE LIVRE, SES TOURS ET SES CHIFFRES
Réalisation : Richard Copans
Production : Les Films d'Ici
Partenaires : La Cinquième, la Bibliothèque nationale de France, CNC
Durée : 13'
Images : Richard Copans
Son : Olivier Schwob
Montage : Catherine Gouze

1994
L'ARBRE, LE LIVRE ET L'ARCHITECTE
(français, anglais, espagnol)
Réalisation : Richard Copans
Production : Les Films d'Ici, Perrault Projets
Partenaires : La Cinquième, la Bibliothèque nationale de France
Durée : 12'
Images : Richard Copans
Son : Olivier Schwob, Pierre Excoffier
Montage : Catherine Adda

EXPOSITION / *EXHIBITION*

DPA - DOMINIQUE PERRAULT ARCHITECTURE

Concepteur
Dominique Perrault

Direction artistique
Gaëlle Lauriot-Prévost

Direction de projet
Nelly Prazeres Lopes

Direction technique
Guy Morisseau

Direction administrative et coordination
Nicolas Andreatta

Équipe de projet
Cyril Lancelin, Filipe Lourenço, Sofia Miccichè, Richard Nguyen, Marc Emmanuel Rihouey, Elke Stoerl, Jérôme Thibault
maquettes : Miza Mucciarelli avec Anaïs Allard, Ronnie Bertocchi, Nanako Ishizuka, Delphine Larchères

Documentation
Sophie Dauchez, Ségolène Pérennès-Poncet avec Léa Richard-Nagle

Maquettistes
Jean-Louis Courtois, Patrice Debois, Philippe Dubois et Michel Goudin, Étienne Follenfant

Photographes
Jordi Bernadó, Georges Fessy, Roland Halbe, André Morin, Günter Richard Wett

Textes
auteurs : Noémie Giard, Aurélien Lemonier
traduction : Gammon Sharpley

Graphisme
Jérôme Picard
consultant signalétique : Laurence Guichard

Films
production exécutive : Les Films d'Ici
réalisation : Richard Copans
direction de production : Clémentine Noël
montage : Catherine Mabilat
son : Sylvain Copans

Presse et relations publiques
Sébastien Gravier, Astrid Rappel

Consultant lumière et acoustique
Jean-Paul Lamoureux

Menuiseries : James ébénistes, FINSA, Hue-Socoda
Mailles métalliques : GKD, Viry-FAYAT
Signalétique : Marcal
Assise : Poltrona Frau
Revêtement de sol : Arc Moquette, Westbond, SMR
Éclairage : Sammode
Peinture : Bechet
Son : Dispatch
Projection vidéo : Mission vidéo
Écrans : Samsung
Filtre solaire : CH équipement

CENTRE POMPIDOU

Commissaire
Frédéric Migayrou

Adjointe au commissaire
Valentina Moimas

Chargé de production
Hervé Derouault

Architecte-scénographe
Jasmin Oezcebi

Régisseur des œuvres
Lora Houssaye

Régisseur des espaces
Fabien Lepage

Éclairagiste
Philippe Fourrier

Restauration des œuvres
Isabelle Prieur

AUDIOVISUEL

Responsable artistique et technique audiovisuel
Gérard Chiron

Chargée de production audiovisuelle
Myriam Bezdjian

Infographistes
Patrick Arnold
Bernard Lévèque

Responsable exploitation
Vahid Hamidi
Assisté de Christophe Bechter, Éric Hagopian, Emmanuel Rodoreda

Responsable magasin
Nazareth Hékimian
Assisté de Georges Parent

MUSÉE NATIONAL D'ART MODERNE - CENTRE DE CRÉATION INDUSTRIELLE

Directeur
Alfred Pacquement

Directrice adjointe du Musée national d'art moderne – Centre de création industrielle en charge des collections
Isabelle Monod-Fontaine

Directeur adjoint du Musée national d'art moderne – Centre de création industrielle en charge de la programmation culturelle
Didier Ottinger

Directeur adjoint du Musée national d'art moderne – Centre de création industrielle
Conservateur en chef en charge de la création industrielle
Frédéric Migayrou

Administratrice
Sylvie Perras

DIRECTION DE LA PRODUCTION

Directrice
Catherine Sentis-Maillac

Chef du service administration et finances
Laure Rolland

Chef du service des manifestations
Martine Silie

Chef du service de la régie des œuvres
Annie Boucher

Chef du service architecture et réalisations muséographiques
Katia Lafitte

Chef du service des ateliers et des moyens techniques
Jess Perez

Chef du service audiovisuel
Laurie Szulc

Chef du service des collections
Catherine Duruel

DIRECTION DE L'ACTION ÉDUCATIVE ET DES PUBLICS

Directeur
Vincent Poussou

Chef du service éducatif
Marie Rouhète

Pédagogie ville, architecture et design
Yves Clerget

DIRECTION DE LA COMMUNICATION

Directeur
Laurent Glépin

Adjoint au directeur
Emmanuel Martinez

Pôle du développement et des partenariats
Florence Fontani

Pôle presse
Isabelle Danto

Attaché de presse
Quentin Farella

Partenariat média
Coralie de Rochebouët

Pôle image
Christian Beneyton

Pôle communication interne
Marie-Annick Hamon

Gestion administrative et financière
Yann Breheret

DIRECTION DES ÉDITIONS

Directrice
Annie Pérez

CATALOGUE / *CATALOG*

CENTRE POMPIDOU

Direction d'ouvrage
Frédéric Migayrou

Attachée de conservation
Valentina Moimas

DPA DOMINIQUE PERRAULT ARCHITECTURE

Direction administrative et coordination
Nicolas Andreatta

documentation
Sophie Dauchez, Ségolène Pérennès-Poncet avec Léa Richard-Nagle, Elke Stoerl, Jérôme Thibault

ÉDITIONS HYX
www.editions-hyx.com

Président
Olivier Buslot

Directeur
Emmanuel Cyriaque

Rédaction des notices
Noémie Giard
Aurélien Lemonier

Rédaction et relectures
Jacques Rigaut

Bibliographie raisonnée
Ellen Salvi

Traductions
Marianne Millon
Sameer Rawal
Gammon Sharpley

Conception graphique et mise en page
Laurent Pinon

DVD

Production
DPA Dominique Perrault Architecture

Direction administrative et coordination
Nicolas Andreatta

Avec le soutien
d'Arcelor Mittal

Production exécutive : Les Films d'ici

Réalisation : Richard Copans
Direction de production : Clémentine Noël
Montage : Catherine Mabilat
Son : Sylvain Copans

CRÉDITS PHOTOGRAPHIQUES
PHOTO CREDITS

© Jordi Bernadó : page 67
© Beyer : p. 154, p. 155
© Daniel Buren : p. 102
© Michel Denancé : p. 20, p. 21, 23, p. 27, p. 30, p. 32, p. 45, p. 47, p. 48, p. 49, p. 59, p. 93, p. 107, p. 115, p. 137, p. 165
© Georges Fessy : p.23, p. 34, p. 45, p. 50, p. 51, p. 52, p. 53, p. 54, p. 55, p. 56, p. 57, p. 82, p. 83, p. 98, p. 99, p. 107, p. 115, p. 116, p. 118, p. 137, p. 138, p. 140, p. 143, p. 146, p. 150, p. 165
© Vincent Fillon / unregard.net : p. 50
© Didier Ghislain : p. 84, p. 93, p. 116, p. 118
© Philippe Guignard : p. 47
© Thomas Jantscher : p. 62
© LUFTBILD & PRESSEFOTO ® : p. 54
© Centre Pompidou / MNAM Dist. RMN / Georges Meguerditchian p. 28
© Centre Pompidou / MNAM Dist. RMN / Philippe Migeat p. 20
© André Morin : p. 59, p. 61, p. 62, p. 84, p. 86, p. 87, p. 93, p. 98, p. 99, p. 107, p. 112, p. 121, p. 146, p. 153, p. 165, p. 172
© Dominique Perrault / Adagp : p. 18, p. 24, p. 25, p. 74, p. 96, p. 158, p. 174
© Pino Pipitone / Ballet de Marseille : p. 85
© Philippe Ruault : p. 45
© Philippe Rutault : p. 49
© Deidi Von Schaewen : p. 46
© Shimizu Corporation Ltd : p. 160
© Gunther Richard Wett : p. 60

Droits réservés pour toutes les autres illustrations.

© Dominique Perrault / Adagp
© DPA - Dominique Perrault Architecture
© Perrault Projets

Droits réservés pour toutes les images de l'agence (perspectives, plans, coupes, maquettes, photographies)

Droits réservés pour les autres photographies

Éditions HYX
1 rue du Taureau
F-45000 Orléans
T : + 33 (0)2 38 42 03 26
F : + 33 (0)2 38 42 03 25
www.editions-hyx.com
contact@editions-hyx.com

Achevé d'imprimer le 3 juin 2008
sur les presses de l'imprimerie IMP-Blanchard,
Le Plessis-Robinson, France

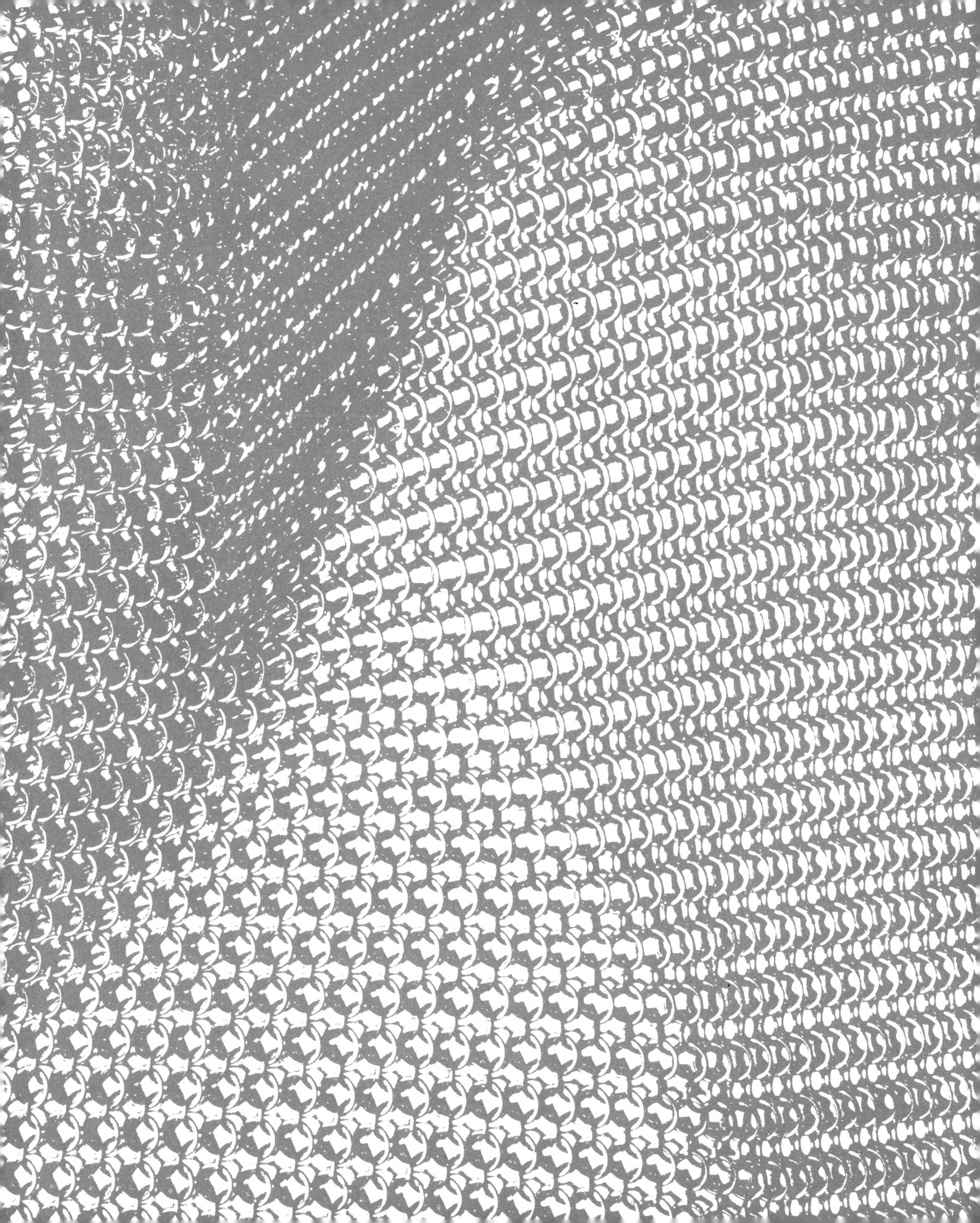